KB260262

Theory and Practice of Christian Counseling

기독교 상담의 이론과 실제

Marriage & Family

결혼과 가정

주 계 영 지음

크리스찬 카운셀링

결혼과 가정

1판 인쇄일 2006년 10월 17일
1판 발행일 2006년 10월 17일

지은이 / 주계영
발행처 / 크리스찬 카운셀링
발행인 / 주계영
사　　장 / 박철규
등록번호 / 제4-463호
등록일자 / 2004. 2. 23
주소 / 서울시 송파구 송파1동 8-13 세영빌딩 우편번호 138-848
TEL : (02)3432-0558 / 016-746-5434
E-mail : iccd1004@kornet.net

□ 크리스찬 카운셀링은 아름다운 가정을 만들기 위한
좋은 책을 만들기에 힘쓰고 있습니다.
□ 파본이나 잘못된 책은 교환해 드립니다.

ISBN 89-958691-0-0 03230

값 16,000원

책을 읽는 이들에게

우선 이 책을 쓰게 된 것을 감사한다. 이 책의 내용은 그간 연구원과 대학교에서 강의한 것을 중심으로 월간 크리스천 카운셀링에 실었던 글들을 모은 것이다. 그러다보니 의외로 반복되는 부분이 많다. 그래서 처음에는 반복되는 부분을 모두 없앨까도 했으나 문맥상 그리할 수도 없고 어떤 면에서는 반복되는 것이 "반복적인 효과를 주어 기억하는데 도움이 될 수도 있겠다" 싶어 그냥 두는 것이 좋겠다는 생각이 들어 굳이 고치지 않고 그냥 두었다.

세상이 아무리 달라졌다고 해도 신앙인은 신앙인다운 생각이나 행위에서 벗어나면 안 된다. 왜냐하면 복음은 변하지 않기 때문이다. 그러므로 세상의 가치변화가 나를 변화시켜서는 안 된다.

이제는 크리스천의 결혼이나 가정이나 성에 대해 좀 더 진솔하게 생각해야 한다. 그리고 아닌 것은 아니라고 해야 한다. 그게 삶의 지혜요 용기이다. 이 책을 쓰게 된 것도 바로 그것을 위해 썼다.

그러고 보면 소리 소문도 없이 참으로 많은 강의를 했고 많은 곳을 다녔다. 하나님께서 기회를 주신 것이다. 이 책이 나오기까지 성원해 주신 모든 분들께 감사한다.

어느새 여기까지 왔는가? 뒤돌아보니 후회로움이 많다. 가을의 낙엽처럼 나도 겨울을 기다리는가? 겨울이 저 쪽에서 손짓하는 것만 같아 스산하기만 한데 사랑하는 이들의 얼굴이 실루엣이 되어 위로를 한다.

이제는 평안히 보고, 평안히 느끼고, 평안히 말하고, 평안히 행동하게 되었다. 주님이 내게 주신 은혜이다. 이 책이 개인과 가정에 조금이라도 도움이 되었으면 한다. 벌써 닭 우는 소리가 들린다.

저 자

시작하면서

"우리는 하나님의 계획과 내 노력을 접목시킬 줄 알아야 한다"

"이 사람은 왜 이렇게 아파해야 하나?" 상담할 때마다 저며 오는 아픔이다. 행복하기 위해 결혼을 했는데 불행하다고 하면 그것은 너무도 억울하다. "운명으로 알고 그저 그러려니 알고 사는 거지 뭐"하는 사람들도 있다. 체념하고 산다고 하는 이야기인데 '그러려니' 체념하고 산다는 게 얼마나 힘든 일인가? 내가 상담을 한 사례 하나를 소개한다.

"너무 부끄럽고 답답하고 속상해서 의논을 드립니다.

3년 전에 우연하게 한 남자를 알게 되어 한 달 동안을 교제를 하다 결혼을 했습니다. 매일 만났고 매일 많은 이야기를 나눴습니다. 그 분은 상당히 신앙적인 이야기를 많이 했습니다. 저는 그게 그렇게 좋았어요. 헤어질 때는 서로가 서로를 위해 기도하고는 헤어지곤 했습니다. 그래서 결국 결혼도 서두른 것이지요. 당시 저는 28세 남편은 30세였습니다. 그런데 신혼여행을 가서부터 우리는 삐걱거리기 시작했습니다. 제가 너무도 제 멋대로 라고 하는 이야기에요. 독단적으로 무슨 일이든 하려고 한다는 거에요. 그래서 좀 티각 태각했습니다.

2박 3일의 여행을 마치고 공항에 나와 커피샵에서 커피를 마시는데 남편이 슬그머니 일어나 나가버리기에 화장실에 가나보다 했습니다.

그런데 비행기가 이륙할 시간이 되어도 남편은 나타나지를 않았습니다. 화도 나고, 오기도 나고, 또 부친 짐도 있고 해서 저는 그대로 그 비행기로 오고 말았습니다.

하루 후에 남편이 집으로 들어왔는데 그 때부터 나만 보면 '숨이 막힌다'고 합니다. 그러더니 결혼하고 한 달이 조금 지나 집을 나갔습니다. 행방을 알 수 없게 되었습니다.

지금 어디에 있는지 조차 모릅니다. 주변 사람들의 이야기로는 시골 어디에 있다거니, 타국에 있다거니 종잡을 수가 없습니다. 시댁 식구라곤 시집간 시누 한 사람뿐인데 시누도 모른다고 합니다. 너무도 황당합니다.

집을 나가게 된 직접적인 동기는 결혼 후 얼마 안 되어 남편이 결혼 전에 7년 연상의 이혼녀와 2년 이상을 동거 생활을 한 것을 제가 알고 따지기 시작하니까 나간 것 같습니다.

저희는 너무도 짧은 결혼 생활이어서 혼인 신고도 못했습니다.

생각하면 너무도 억울합니다. 잘못이 있으면 서로 고쳐가면서 살아야 하는 게 아닌가요? 그런데 훌쩍 떠나버리고는 아직 편지 한 장 없습니다. 이제는 기다리기도 지쳤어요. 그러나 '하나님이 짝지어주신 것인데' 하는 생각 때문에 미워하면서도 기다려야 한다고 하는 생각이 자꾸 듭니다. 저희도 교회에서 목사님의 주례로 결혼을 했거든요.

주변에서는 잊어버리라고 합니다. 새로 시작하라고 합니다. 그러나 잊지 못하겠어요. 모든 것이 내 탓인 것 같아서 남편이 돌아올 때까지 기다려야 한다고 하는 생각뿐입니다. 나는 어쩌면 좋겠습니까?"

사람 사는 이야기요 우리 주변의 이야기이다. 행복해지려고 결혼을 했는데 신혼여행에서부터 너무도 황당한 문제가 생겼다. 물론 이렇게 되게 된 데는 그럴 수밖에 없는 아주 잘못된 여건이 결혼 전에 이미 형성되어 있었다고 할 수 있다. 그렇다고 해도 이건 전혀 기대하지 않았던 일이다.

인생사는 이처럼 전혀 예기치 않았던 일들로 인해 장애를 겪게 된다. 그리고 그건 그렇게 살아왔기 때문에 그런 결과를 가져왔다고 할 수 있다.

시대가 변했다. 이제는 너나없이 지나치리만치 "깬" 시대이다. 배운 것도 많고, 아는 것도 많다. 그러므로 예전처럼 "벙어리 3년, 귀머거리 3년, 소경 3년"이라고 하는 말은 이 시대와 어울리지 않는다.

예전에는 여필종부(女必從夫)라고 하는 말에 별 거부감이 없었다. 남편을 따라 사는 것이 당연한 순리요 운명이라고 생각을 했다. 그러던 것이 요즘은 그렇지가 않다. 여필종부라고 하는 말은 이미 고방에 들어가 녹 쓸어 가고 있는지가 오래이다. 이제는 오히려 여필종부가 아닌 남필종부(男必從婦)여야 한다고 하는 사람까지 있다. 모계사회가 도래하고 있는 것일가? 그래서 한 때는 "간 큰 남편 시리즈"까지 생겨났다.

"당신 어디가?" 예쁘게 화장을 하고 집을 나서는 아내를 보고 "어디 가느냐?"고 묻는 남편은 간이 크다 못해 부어있는 상태로 자칫 아내로부터 "시원찮은 인간"이라는 말로 핀잔을 듣는다고 한다. 좀 과장스러운 이야기이기는 하나 그만큼 시대가 달라진 것을 보여주는 말이다. 이젠 시대가 변했고 생각이나 이해하는 것이 달라졌다. 그래서 혹자는 "간 큰 남편 시리즈"가 생겨난 것을 아주 긍정적으로 해석하기도 한다. "아내 말에 따라 살아야 가정이 평안한 거여. 중뿔나게 아내를 건드려 보아야 손해지" 그러나 이 모두는 잘못되었다. 여필종부도 아니요 남필종부도 아니다. 부부는 서로를 따라 살아야 한다. 여필종부하고 남필종부 하여야 한다. 그것이 하나님의 뜻이다.

여필종부라고 하는 말은, 얼듯 "남편이 아내의 머리"(엡5:23) 라고 하는 말과 같은 의미로 이해하기가 싶다. 그러나 그게 아니다. 여필종부의 의미는 육신적인 따름을 의미하는 것이고 "남편이 아내의 머리"라고 하는 것은 영적인 질서를 의미하는 것이다. 그러므로 두 문장 사이에는 전혀 다른 의미의 차이가 있다.

하나님의 뜻은 우리가 가정을 이루어 행복하게 사는 것이다. 그래서 우리는 그 행복을 그리스도 안에서 찾으려고 믿음 생활을 한다.

불행하기 위해서 결혼하는 사람도 없거니와 불행한 가정 때문에 행복해 하는 사람도 없다. 누구나 행복을 소망한다. 그런데도 불행하다고 하면 거기에는 분명히 그럴만한 이유가 있다. 행복을 원하면서도 행복할 수 있는 요건을 갖추지 못하고 있기 때문이다.

가정이 무너지고 있다

예전 같으면 가족끼리는 서로 양보하고, 서운한 것이 있어도 참고 사는 것을 미덕으로 알았다. 가족은 수직적인 관계로 형성이 되어 있어서 아랫사람이 윗사람(연장자)을 공경하는 일을 당연시 했고 그것이 질서요 아름다움이라고 생각했다.(Vertical Culture) 그러던 것이 이제는 가족이라도 남처럼 생각하는 시대가 되었다. 끈끈하거나 내 피, 내 혈족이라는 개념이 예전과 같지가 않다. 가족이 주어야 할 근본적인 만족을, 가족으로부터 공급받을 수 없다는 것에서부터 비롯된 이 시대의 불행이라고 할 수 있다. 동생이 잘 사는데 형이 잘살지 못하면 그것이 빌미가 될 수도 있고 형이 출세하는데 비해 동생이 뒤쳐져 있어도 빌미가 될 수 있다. 서로를 축복하고 기뻐하는 것이 아니고 이제는 형제인데도 경쟁적이요 시샘이 앞서고 있다. 그리고 이렇게 되게 된 것은 부모의 편애가 원인일 수도 있고, 형제가 서로 돕고 나누면서 살지 못하고 자기만이 잘 살려는 이기심이 원인이 될 수도 있고, 사회의 변화와 물질적인 것이 가치기준이 되어 그리할 수도 있다. 그래서 이제는 "젊은 자의 자식은 장사의 수중의 화살 같다"(시 127:4)거나 "시집을 가면 그 집 귀신이 되어야 한다."는 개념이 달라지고 있다. 형과 동생이 서로 말을 놓는가하면 "나이 차이만 있을 뿐이지 너와 내가 다를 게 무어냐?" 하는 생각으로 형제라도 서로를 인정하기보다 이기거나 지배하려고 한다. 그래서 어떤 이들은 무서운 것이 남이 아니라 가족이라며 가족이 더 무섭다고 하는데 이 모두는 그릇된 가치의 결과라 할 수 있다.

B.A.W.러셀은 "가족이 줄 수 있어야 할 근본적인 만족을, 가족이 공급할 수 없다는 것이 현대의 어디서나 볼 수 있는 불행이며 불만의 가장 뿌리 깊은 원인의 하나이다."라고 했다. 또 이어령은 "차(茶) 한 잔의 사상(思想)"에서 "삭막한 세상에 「가족적」이란 말처럼 정다운 것은 없

다. 타인들끼리지만 형이요, 아우요, 어머니요, 아들이라면 그보다 더 따뜻하고 아름다운 일이 어디 있겠는가? 잘못이 있어도, 서운한 일이 있어도, 한 울타리 안에서 한 핏줄기를 나눈 가족끼리는 모든 것이 애정의 이름으로 용서된다. 즐거운 일이 있으면 같이 즐기고 슬픈 일이 있으면 같이 슬픔을 나누는 것이 가족의 「모럴」이다."라고 했다. 그런데 이것이 자꾸 퇴색한 간다. 지나친 기대와 가치 기준이 달라지고 있어서이다. 그러나 그렇다고 하여 "나"를 버리거나 천박하게 하거나 포기할 수는 없지 않은가? "행복한 가정은 가족 서로가 닮아 있지만, 불행한 가정은 어느 사람이나 모두 따로따로 놀고 불행하다"고 한 톨스토이의 말처럼 가족이 서로 따로따로이기를 원할 때 가족은 타인(他人)이 되게 된다.

T.M.플라우투스는 "본의(本意) 아닌 결혼을 한 남자에게 있어, 그 여자는 처(妻)가 아니고 적(敵)"이라고 했다. "둥지는 새에 달려 있고 가정은 아내에 달려 있다."는 말도 있다.

너무 다급해서인가? 이제는 가족이 가족을 죽여 보험금을 타내 살아보겠다는 발상을 하는 사람도 있다. 너는 죽어도 나는 살아야 한다는

생각 때문일까? 역기능을 하는 가족들의 구역질나는 생각이다. 침몰해 가는 타이타닉 호에서 공포에 떠는 사람들에게 용기를 주겠다고 끝까지 손에서 악기를 놓지 않고 찬송을 부르던 사람들은 무엇인가? 마지막 한 사람만 더 탈수 있다는 말에 아내를 태우고 자신은 죽어간 남편은 또 무엇인가? 무엇이 우리들의 가치를 이렇게 혼란스럽게 만들고 있는가? 예전에는 까치가 "까악 까악"하고 울기만 해도 "오늘은 좋은 소식이 있으려나 보다"고 했는데 이제는 그런 것에 귀를 기울이는 정감이 없다. 그만큼 강팍해진 것이 오늘의 인성(人性)이다.

무섭다. 무섭다 해도 사람처럼 무서운 것이 없다고 한다. 그래서 외로운 밤길을 가다가도 저 쪽에서 사람이 오면 반갑기보다 무섭다고 한다. 인간이 그만큼 악해져서이다.

언제부터인가 "목적을 위해서는 수단과 방법을 가리지 않아도 된다"는 식의 논리가 우리 사회를 지배하고 있다. 감쪽같이 하거나 수단과 방법을 가리지 않고 내가 원하는 것을 얻기만 하면 된다는 식의 생각이 팽배하고 있다. 그래서 비겁한 수단도 정당화되는가 하면 불법적인 방법이 합법적인 것처럼 행해지고 있다. 그리고 거기에는 "내 가족의 희생"까지 태연히 들어있다. 그래도 되는가? 아무리 생각해도 이것은 아니다.

첫 단추부터 잘 끼워야 한다고 했다. 결혼은 시작부터 잘해야 한다. 그러기 위해서는 이 세대를 본받지 말고 그리스도를 본받아야 한다. 좋은 시작을 할 수 있도록 바른 요건을 갖추어야 한다. 시대는 우리를 부패케 해도 주님은 우리를 새롭게 하신다.

목 차

가정과 결혼과 만남의 중요성

"좋은 아내, 좋은 남편을 만나기 위해 간절히 기도하는 것은
자기 장래를 보장받으려는 것과 같다"

하나님이 가정을 주신 이유는 하나님의 영광을 위해서요 인생으로 하여금 하나님을 효과적으로 섬기게 하기 위해서이다. 그러므로 우리는 가정을 통하여 하나님과 나 사이를 이해할 수 있어야 한다.

오늘날 많은 가정들이 병들어 가고 있다. 통계청의 발표에 따르면 1994년 6쌍 중에 1쌍이 이혼을 하고 1999년도에는 총 인구 (46,858,463명)와 이혼건수(118,014쌍)를 분석한 결과 이혼률은 1천명당 2.6쌍인 것으로 나타났다. 1999년도 자료에 의하면 우리나라 이혼 부부들의 평균 연령은 남자가 37세, 여자는 35세이며, 결혼한지 평균8.4년이 지난 후에 부부의 불화가 나타난다고 한다. 이혼 부부의 동거기간은 5년 미만이 36.4%로 가장 많고 10-14년을 함께한 부부의 이혼률도 19.1%, 15-19년 사이가 15.7%, 그리고 20년 이상이 10.2%이다. 결국 15년 이상 함께 살다가도 헤어지는 부부가 26%, 즉 전체 이혼의 1/4이나 차지하고 있다. 2005년의 통계 또한 결혼 건수 대비 이혼 건수가 40. 6%에 이르고 있다. 결혼에 비해 이혼율이 상당히 높다고 하는 이야기이다.

결혼 생활의 위기는 우연히 생긴 어느 한 사건으로 인해 일어나는 것이 아니라 계속 쌓여온 부부의 누적된 갈등 때문에 생긴다.

갈등의 원인으로는 서로 다른 가치관, 시댁 식구들과의 마찰, 배우자의 결혼 전에 보지 못했던 다른 모습에 대한 실망, 자녀 양육에 따르는 의견차이 등 아주 다양하다. 이 때 자신의 감정을 억누르거나 피하려고만 하는 태도나 무분별하게 공격하는 따위는 부부 서로를 멀어지게 한다. 그러므로 자연스럽게 서로의 생각을 털어놓고 자신의 의견을 제시하면서 헤쳐 나갈 계획을 함께 세워 공감대를 형성하는 것이 중요하다.

결혼은 아름다운 가정을 이루기 위해 한다. 하나님은 인간을 지으시고 가정을 선물로 주셨다. 그러므로 가정은 하나님께서 최초로 만드신 제도이며, 인간을 축복하시는 장소요, 당신의 섭리를 이루시기 위한 교회이다. 결혼은 상대방의 결점까지 수용하는 것이다. 그러므로 결혼 후에 나타나는 결점에 대해 부부는 보다 더 관대해야 한다. 내가 존중받기를 원하면 내 배우자의 인격도 존중해 주어야 하는 게 아닌가? 그러므로 그의 과거나 약점으로 인해 상처를 주지 않도록 조심해야 한다.

풀러는 "결혼 전에는 두 눈을 커다랗게 뜨고 보고 결혼 후에는 한쪽 눈을 감으라"고 했다. 결혼 후에 "함께 살다보니 약점이 들어 나더라"고 해서 약점을 들추어내는 것은 부부생활에 있어 전혀 바람직하지 못한 일이다.

결혼 전에 상대방이 정말 여러 면에서 나와 맞는지 살펴보는 것은 아주 중요하다. 결혼 당사자들은 그러므로 혹시라도 그의 "외모나 조건에 끌려 결혼하는 것은 아닌지?" 도 살펴야 한다. 외모나 조건은 상시 바뀔 수 있다. 그러므로 외적인 어떤 것보다 그가 좋고 존경스러워 그를 선택할 수 있어야 한다. 그리고 설사 상대방의 모든 것이 좋아 보여 결혼을 했는데 후일 "아니다"라고 하는 생각이 들지라도 이미 결혼을 하였으면 자신의 선택을 존중해 그 부부됨에 대해 전적으로 자신이 책임지는 노력을 해야 한다. 그리고 일단 결혼하기로 마음을 먹었으면 일정기간 자신의 결심을 놓고 기도하는 것이 좋다. 또 확신한 것에 따라 긍정적인 사고와 용기를 가져야 한다. 결혼은 자신의 욕구를 충족시키면서 자기 성취를 이루는 것이요 배우자의 욕구를 충족시키면서 그의 꿈을 이루도록 도와주는 일이다.

인간의 욕구는 하나님이 원하시는 대로 사용을 할 경우 문제가 되지 않으나 잘못 사용하여 부도덕한 가치나 과욕, 탐욕과 같은 것들과 야합할 경우 그것들은 필연적으로 죄와 결탁하여 문제를 일으키게 된다. 그러므로 우리는 죄에 대한 경각심을 가져야 한다.

우리에게는 욕구(needs)가 있다. 이 욕구들은 적절히 충족되어야 한다. 충족되지 않으면 불안하게 되어 역기능을 하게 된다. 그러므로 정당한 욕구의 경우 우리는 그것을 채워 줄 수 있어야 하고 또 채움을 받을 수 있어야 한다. 이 점에 있어 부부 사이도 끊임없이 칭찬을 주고받을 수 있어야 하고 아낄 수 있어야 하고 사랑을 주고받을 수 있어야 하고 서로의 필요한 것을 공급할 수 있어야 한다. 결혼은 그 자체가 아름다움이므로 "보살핌"을 계속 받다보면 너그러움이 생기고 또한 폭넓은 사랑의 소유자가 될 수 있다.

가정 속에는
① 종교적인 기능
② 사랑의 기능
③ 생식의 기능
④ 교육과 양육의 기능
⑤ 협력과 번성의 기능
⑥ 부양과 안식의 기능 등 여러 가지 기능이 있다.

이 기능은 하나님께서 주신 기능으로 신자이건 불신자이건 인간 모두에게 주어진 기능이다. 그러므로 이 기능을 잘 유지할 때 가정은 행복하게 된다.

성경은 아름다운 가정들이 하나님을 아름답게 예배한 것을 기록하고 있다. 아브라함은 가는 곳마다 제단을 쌓았고 야곱은 도망 길에도 제단을 쌓았다. 또 노아는 방주에서 나오자 제단부터 쌓았다.

성공적인 가정이 되려면 가정 속에 하나님이 계셔야 하고 그를 섬기는 일이 있어야 한다. 오래 참고 가르치며 경책할 것은 경책하고 경계하면서 권하는 아름다운 기능은 가정으로부터 시작해야 한다.

가정은 부부의 성을 통해서도 거룩한 하나님의 목적을 이해할 수 있어야 하고 거룩한 자녀를 둘 수 있어야 한다. 결혼은 난폭한 자를 온화하게 하고 교양이 높은 자에게는 그 온정을 증명할 수 있는 곳이라고 했다. 그러므로 부부는 서로에게 필요한 도우미가 되어야 한다.

부양의 기능은 아주 소중한 질서이다. 부모가 자식의 양육을 포기하거나 자식이 부모를 보살피지 않는 것과 같은 것은 하나님의 질서를 거역하는 것이 된다.

가정은 가장 평안한 곳이어야 한다. 따뜻하고 정겹고 늘 마음이 가는 오케스트라처럼 아름다운 화음을 내는 장소로서의 의미를 지니는 곳이 가정이어야 한다. "지상에서 가장 빛나는 기쁨은 가정의 단란함이요, 자녀를 보는 즐거움은 사람의 가장 성스러운 즐거움이라"고 했다.

그러므로 가정은 행복을 저축하는 곳이며 주기 위해 이루어진 작은 사회라고 하는 이해에 동의하여 받기보다는 주려는 마음이 먼저여야 하고 이해받기보다는 이해해주고 용서해주는 곳이 가정이라고 생각해야 한다.

왜 결혼을 하려고 하는가? 결혼은 전 생애를 통해 이루어지는 전 인격의 전적인 헌신이다(Marriage is the total commitment of the total person for the total life). 결혼을 통해 진정한 행복을 얻으려면 자신의 인격 모두를 주는 전적인 헌신과 인격 전체에 대한 바른 개념과 이해를 가지고 전 생애동안 자신을 끊임없이 상대방과 스스로에게 줄 수 있어야 한다.

하나님은 창조질서를 계승케 하기 위하여 돕는 배필로 하와를 만드셔서 남자와 여자가 보완적인 관계가 되게 하셨다. 그러므로 하나님은 남자에게 그의 남성다움을 주셨고 여자에게는 그의 여성다움을 주셔서 육체적으로나 정서적으로 서로가 끌리게 하셨다. 그러므로 부부는 이 끌리는 부분을 서로에게 주어야 하는데 그것이 질서이며 은총을 받는 자의 길이다.

인생에 있어서 세 가지 중요한 만남이 있다. 그것은 '하나님과의 만남'과 '부모와의 만남', 그리고 '배우자와의 만남'이다.

하나님은 "나의 반석이시요 나의 요새시요 나를 건지시는 자시요 나의 하나님이시요 나의 피할 바위시요 나의 방패시요 나의 구원의 뿔이시요 나의 산성이시라"(시18:2)고 했다. 그런 하나님의 도우심과 지키시고 인도하심이 내 생애동안에 함께하신다고 하는 것이 얼마나 감사한 일인가! 그러므로 우리는 하나님과의 좋은 만남을 생의 우선순위로 삼아야 한다.

부모가 가지고 있는 정서나 삶의 태도는 자녀에게 많은 영향을 준다. 그러므로 "어떤 부모를 만나느냐"는 아이에게 있어 아주 중요하다. 아이들은 태어나면서부터 달라고만 한다. 그러므로 부모는 자녀가 필요로 하는 것을 주는 존재가 되어야 하고 사랑의 공급자가 되어야 하는데 이를 채우지 못하면 자녀는 살아가면서 늘 부족감을 느끼게 된다. 물질? 그것보다 중요한 것은 사랑이다.

좋은 부모가 되려면 좋은 짝을 만나 부부가 되어야 한다. 싫거나 좋거나 한 평생을 함께해야할 사이가 아닌가? 그러므로 믿음의 좋은 배필을 얻는 것이 복을 받는 길임을 알아 믿음 생활을 함께할 수 있는 동역자로서의 배우자를 선택해야 한다. 그래야 문제를 줄일 수 있다.

결혼은 첫 단추부터 잘 끼워야 한다. 가정을 이루는 첫 단추는 만남으로부터 시작하는데 신앙 안에서의 건전한 만남은 아름다운 신앙의 가정을 세우는 기초요 전제이다.

하나님께서는 우리가 배우자를 위해 기도할 때 우리에게 가장 적합한 배우자를 만날 수 있도록 인도하시고 배려하시며 우리의 미숙한 판단력과 분별력을 바르게 도와주신다.

신앙인들이 가장 자연스럽게, 쉽게 만날 수 있는 만남의 장소는 신앙 생활을 함께 하는 교회라 할 수 있다. 그러나 교회에서 대상자를 찾으려고 할 경우, 유의하여야 할 것은 다른 사람이나 교회에 물의를 일으키지 않도록 조심하고, 떳떳하고, 정당하고, 단정해야한다는 것이다. 예배와 헌신에 지장이 없어야 하고, 부정적인 말이 생기지 않도록 조심해야한다. 그러므로 경건한 성경 모임이나 가정 프로그램에 참여하여 자연스레 만나는 것이 바람직하다.

결혼은 전도의 수단이나 목적이 될 수 없다. 아울러 정략적으로나 의협심으로나 동정으로 만나서 결혼하는 것은 참사랑이 아니다.

크리스천이 이성을 사귀면서 접하는 가장 큰 문제는 같은 진리, 같은 가치나 인생관, 믿음을 공유하지 못하는 것에 있다. 그러므로 불신자와의 사귐과 결혼은 영적인 괴리(乖離)가 있음을 명심해야 한다.

하나님은 가장 좋은 가정을 만들기 위해 가장 잘 어울리는 배우자를 준비하시는 분이시다. 그 분은 우리의 의지나 감정을 무시하지 않으시면서 그의 뜻을 이루시는 분이시다. 그러므로 내 배필이 내게 있어 가장 잘 어울리는 최고라는 생각을 해야 한다.

부부됨을 전제로 만나는 것은 자신의 선택으로 타인에 의해서 조종되어서는 아니 된다. 그러므로 자신이 주체자가 되어 적극적인 사귐을 갖고 바른 선택을 하여야지 모든 것을 "하나님께서 적당히 알아서 해주시겠지"하고 자신이 해야 할 일을 방기(放棄)하는 태도는 옳지 못하다. 히브리서 기자는 그러므로 "믿음이 없이는 기쁘시게 못하나니 하나님께 나아가는 자는 반드시 그가 계신 것과 또한 그가 자기를 찾는 자들에게 상주시는 이심을 믿어야 할지니라"(11:6)라고 하셨다. 좋은 아내, 좋은 남편을 얻기 위해 적극적인 노력을 하며 간절히 기도하는 것은 자기 장래를 보장받는 것과 같다.

"이러므로 남자가 부모를 떠나 그 아내와 연합하여 둘이 한 몸을 이룰지로다"(창 2:24)

현대 교회가 직면하고 있는 가장 큰 위기는 결혼과 과정의 붕괴이다. 신자들이 죄를 죄로 여기지 않는 것이다. 이제는 교회가 영성 (Spirituality)이나 내적인 치유(Inner healing)나 인격(Personality)에 대해 좀 더 관심을 가져야 한다.

세상은 너무도 빨리 변하고 있다. 그러므로 교회는 이것에 대처할 수 있어야 한다.

인간이 꾸준히 추구해 온 것은 행복이다. 그래서 문명을 발달시켜 왔다. 그런데 우리는 과연 정말 행복하다 할 수가 있을까?

사람에게 있어서 행복한 결혼만큼 큰 축복은 없다. 그것은 하나님이 주신 삶의 기쁨을 내 것으로 하는 것이기도 하다. 하나님은 우리가 가정 (근원 가정, 출신 가정)을 떠나는 것을 통해 또 다른 가정을 만드신다.

결혼과 가정은 인간형성의 기초이다. 그러므로 우리는 좋은 결혼 아름다운 가정에 대해 좀 더 진지하게 생각해야 한다. 육신적인 열망만 가지고 남들도 다 하는 일이니까 나도 결혼을 한다는 식의 결혼은 아주 위험한 생각이요 행위이다. 결혼은 결혼에 따르는 의무와 희생을 강요한다. 그러므로 그것에 잘 부응하는 노력을 해야 성공할 수 있다.

우리는 결혼으로 가장 가까운 이들을 새로 만들어 가며 그들과 함께 협력적으로 의존하며 공생하는 법을 배우며 터득하게 된다. 그러므로 어떤 사람과 어떤 모습으로 살아가는가에 따라 가정의 형태는 달라진다.

결혼할 때 중요한 것은 신중한 선택이다. 누구를 만나 평생을 반려삼아 살아갈 수 있는지? 바르게 선택하는 것으로 우리는 후일 죽음이 내게 임할 때 "난 참으로 행복한 사람이다. 너무도 감사하다"는 만족을 가질 수가 있다.

흔히 사람들은 결혼하는 순간 이미 자신들에게 행복이 주어지는 줄로 아는데 이것은 착각이다. 결혼하는 순간 주어지는 것은 완성된 행복이 아니고 행복으로 성장할 수 있는 씨를 심는 순간이다. 그러므로 결혼한 이후 부부 두 사람은 이 씨를 키울 수 있는 지혜와 인내가 필요하다. 한 그루의 나무를 심어 물을 주고 거름을 주고 기다려야 하듯 행복이라는 나무도 부부 두 사람이 인내로 사랑을 주고 감사를 주고 이해를 줄 때 하나님께서 자라게 해 주신다.

결혼에 대해서는 여러 사람이 여러 가지 이야기를 한다.

'결혼하는 것이 좋은가 하지 않는 것이 좋은가. 그 어느 쪽이든 너희는 후회할 것이다.' (소크라테스)

'결혼은 새장과 같은 것이다. 밖에 있는 새들은 쓸데없이 그 속으로 들어가려 하고, 속에 있는 새들은 쓸데없이 밖으로 나가려고 애쓴다.' (몽테뉴)

'결혼이란 남자의 권리는 반분하고 의무는 두 배로 늘리는 것이다.' (쇼펜하우어)

'꿈속에 있는 것이 연인들이고 꿈에서 깨어난 것이 부부이다.' (포프)

'결혼하려는 자는 후회의 길로 발을 내디딘 사람이다.' (필레몬)

'결혼과 교수형은 숙명에 따른다.' (셰익스피어)

'결혼이란 모든 자랑스러운 혼(魂)과 독립적인 모든 것의 정신적 죽음이다.' (또스토예프스키)

'늘 현명한 인간이 되고 싶으면 결코 결혼을 하면 안 된다. 결혼이란 것은, 미꾸라지를 잡으려다가 뱀이 들어 있는 자루 속에 손을 집어넣는 꼴이 되는 것이다. 결혼을 하느니 중풍에 걸리는 편이 오히려 낫다.' (페레즈코프스키)

'죽음으로써 모든 비극은 끝나고, 결혼으로써 모든 희극은 끝난다.' (바이런)

'눈 깜짝할 동안의 많은 우행……그것을 제군(諸君)은 사랑이라고 한다. 그리고 제군의 결혼은, 하나의 장기간에 걸친 우행이다.' (니체)

‘결혼이란 꾀꼬리를 죽여 가죽으로 만드는 것이다.’ (쿠르베)

‘결혼이란, 인간이 만든 제도 중에서 가장 방종한 것이다. 결혼이 인기가 있는 것은 이 때문이다.’ (쇼)

‘어떠한 남자도 일생에 한 번은 우행(愚行)을 범하지만 전 생애를 통한 우행은 결혼생활이다.’ (콩그리브)

‘결혼은 필요악이다.’ (메난드로스)

‘결혼이란 사람을 속박하고, 특별히 정신을 구속하며, 사람의 정력을 허비하는 일이다.’ (이광수)

이런 이야기들의 대부분은 자기 주관적이요 개인적인 체험에서 나온 것이다. 결혼의 가치나 맛을 몰랐던 사람들의 경험에서 나온 이야기이다. 하나님이 “왜?” 한 남자와 한 여자를 택해 부부가 되게 해 주셨는지를 전혀 이해하지 못했던 사람들의 이야기이다. 물론 이들 모두는 지식인들이다. 그러나 그 속에 부부의 참 가치나 기쁨을 아는 지혜는 없었다 할 수 있다. 그러니 이런 견해가 나올 수밖에 없다.

반면에 결혼에 대해 긍정적인 생각을 가진 이들도 있다.

‘좋은 결혼이 극히 적은 것은, 그것이 얼마나 귀중하고 위대한 것인가를 보여 주는 증거이다.’ (몽테뉴)

‘애정은 결혼의 열매이다.’ (몰리에르)

‘결혼은 적절한 치료가 된다. 결혼은 인간의 가장 자연스러운 상태이다. 따라서 사람은 결혼에서 진정한 행복을 찾게 된다.’ (프랭클린)

‘합해졌을 때 성공의 가능성이 가장 크다. 총각은 결혼해서 지니게 될 값어치를 혼자서는 발휘하지 못한다. 그는 미완성의 동물이다. 그는 꼴사납게 반쪽 난 가위와 같다.’ (프랭클린)

‘사랑은 사람을 맹목으로 만들지만 결혼은 시력을 되찾아 준다.’ (리히텐베르크)

‘사랑은 욕구와 감정의 조화이며, 결혼의 행복은 부부간의 마음의 화합으로부터 결과적으로 생기는 것이다.’ (발자크)

‘결혼은 개인을 고독으로부터 구하며, 그들에게 가정과 자식들을 주어서 공간 속에 안정을 시킨다. 그리고 그것은 생존의 결정적인 목적수행이다.’ (보부아르)

‘결혼을 미루는 인간은, 전장(戰場)에서 도망하는 병사와 같다.’ (스티븐슨)

이 또한 다분히 개인적인 체험에서 나오는 것이다. 행복했으니까 그만큼 행복하다는 이야기를 하는 것이 아니겠는가!.

우리는 흔히 상대방에게 문제가 있다고 생각하기가 싶다. 아니다. 성공적인 결혼의 전제는 상대방이 아닌 “내게 문제가 있다”고 하는 생각과 이해가 있어야 한다. 그래야 성공적인 가정을 이룰 수 있다.

모루아는 “결혼에 성공하는 가장 긴요한 조건은 약혼 시기에 영원한 결합을 원하는 의지가 진실 되어야한다”고 했다.

성공적인 결혼은 적당한 짝을 찾는 것에 있기 것보다도 적당한 짝이 되는 데 있다. 그러므로 톨스토이는 “결혼에 대하여 긴요한 것은, 스무 번이고 백 번이고 깊이 생각해 보는 것”이라고 했다.

결혼은 결혼 이상의 의미를 지닌다

"죄는 아무리 예쁘게 포장을 해도 죄이지 선(善)이 아니다"

하와이에서 강의할 때의 일이다. Y 목사님이 자신의 고민을 털어놓는 데, 신자 중에 술파는 클럽의 호스티스로 일하는 여인이 때로 손님과 외박을 하고는 그 주일에 십일조나 감사 헌금을 드리는데 이 일을 어떻게 하면 좋으냐는 것이었다. 부정한 것이니 드리지 말라고 할 수도 없고 드려진 예물에 대한 기도를 할 때 "하나님 이것은 받아주시고 저 것은 몸 팔아 바친 것이오니 받지 말아 주시옵소서"라고 기도할 수도 없고. 헌금을 드릴 때마다 기도드리기가 무척 곤혹스럽다는 것이었다. 그렇다고 직업을 바꾸라고 하면 대책 없는 이야기를 한다거나 자기를 무시해서 그런다고 교회를 떠날 것이 뻔하고. 어떻게 하면 좋겠느냐는 것이었다. 현대 교회의 실상을 보는 것 같아 무척 씁쓸했다.

현대 교회가 직면하고 있는 가장 큰 위기는 죄를 죄로 여기지 않는 것이다. 죄에 중독이 되어 죄를 짓지 않고는 살 수 없게 된 것이다. 그러다 보니 결혼, 가정, 성, 인간관계 모두가 붕괴되고 있다. 어떤 이는 이를 가르켜 시대 상황에 따른 변화라고 말한다. 그렇다고 죄가 선이 될 수는 없지 않은가. 죄는 아무리 예쁘게 포장을 하고 가꾸어도 죄는 죄이지 선은 아니다.

성경은 죄를 육체의 일이라 규정하고 있고 그것은 "음행과 더러운 것과 호색과 우상 숭배와 술수와 원수를 맺는 것과 분쟁과 시기와 분 냄과 당 짓는 것과 분리함과 이단과 투기와 술 취함과 방탕함과 또 그와 같은 것들"이라고 밝히고 있다. 그러므로 이것들을 경계하고 있다.(갈 5:19-21) 그 일을 하면 실패요 하지 않으면 성공이라고 하는 공식을 주신 것이다. 그런데도 우리는 얼마나 부주의하게 살고 있는가?

결혼은 남자와 여자가 성적으로 맺어지는 것 이상의 의미를 지니고 있다.

결혼은 하나님의 창조 질서를 계승하는 일이요 하나님을 좀 더 가까이 느낄 수 있게 하기 위해 주어진 하나님이 만드신 수단이요 연합이다. 이 수단이나 이 연합을 통해 하나님이 느껴지지 않고 실감되지 않는다고 하면 그 사람은 하나님의 형상을 가진 사람이 아니다.

"여호와 하나님이 흙으로 사람을 지으시고 생기를 그 코에 불어넣으시니 사람이 생령이 된지라"(창 2:7) 아담은 하나님이 지으신 인류 최초의 남자로 지음을 받았다. "하나님이 가라사대 우리의 형상을 따라 우리의 모양대로 우리가 사람을 만들고"(창 1:26상)

하나님께서 아무 목적 없이 사람을 만드셨겠는가? 하나님이 왜 우리를 자기 이미지를 닮게 하셨겠는가? 아프게 살라고? 원망하면서 살라고? 아니다.

하나님의 형상을 간직한다고 하는 것은 아주 중요하다. 그것은 '바다의 고기와 공중의 새와 육축과 온 땅과 땅에 기는 모든 것을 다스릴' 수 있는 복의 전제 조건이다. 그 일을 이루기 위해서 하나님은 돕는 배필로 하와를 아담의 짝으로 주셨다.

"여호와 하나님이 아담에게서 취하신 그 갈빗대로 여자를 만드시고 그를 아담에게로 이끌어 오시니"(창 2:22)

성경은 하나님이 남자의 갈빗대로 여자를 만들어서 아담에게 이끌어 오신 것을 기록하고 있다. 그리고 그것은 결혼이 우리가 생각하고 있는 것 이상의 의미를 지니고 있음을 함축하고 있다.

키에르케고르는 "결혼이란, 사람들이 사랑에 어떤 종교적 표현을 부여하는 것과 사랑을 종교적 의무로 높이는 것 외에 무슨 의미가 있는가?"라고 했다. 과연 그럴까? 그렇지가 않다. 결혼이라고 하는 행위 속에는 사람들의 행위 이상의 하나님과의 "하나됨"이라고 하는 의미가 있다. 하나님의 거룩에 참여하고 하나님의 계획을 유지한다고 하는 의미가 있다. 그렇기 때문에 결혼은 전 세대, 전 인류를 통해 예나 지금이나 가장 중요하고 성스러운 예식으로 계승되어 오고 있다.

결혼은 아름다운 가정을 이루기 위해 아름답게 연합하는 것이다. 둘이 하나 되어 서로를 "영원히 사랑하겠다"고 하여 하는 것이 결혼이다. 그러므로 평생을 싸울 작정을 하고 결혼하는 사람은 없다.

"그대는 이 여자를 결혼한 아내로 맞아 하나님의 거룩한 혼인 법도에 따라 함께 살며 이 여자가 병들거나 건강할 때를 막론하고 그를 늘 사랑하고 위로하며 존경하고 보호하며 두 사람이 사는 날까지 이 여자만을 위하여 그대 몸을 지키겠습니까?" 집례자가 물으면 신랑은 "예"하고 대답한다. 하나님과 사람들 앞에서 약속을 한 것이다. "그대는 이 남자를 결혼한 남편으로 맞아 하나님의 거룩한 법도에 따라 함께 살며 이 남자가 병들거나 건강할 때를 막론하고 그를 늘 사랑하고 존경하며 순종하고 돌보며 두 사람이 사는 날까지 이 남자를 위하여 그대 몸을 지키겠습니까?" 신부 역시 하나님과 많은 사람들 앞에서 그렇게 하겠다고 "예"라고 대답을 한다. 그러면 집례자는 "이제는 이 남자와 이 여자가 거룩한 결혼을 이루기로 합의하여 하나님과 여기모인 모든 증인 앞에서 손을 마주잡고 서약하였으므로 나는 이제 성부와 성자와 성령의 이름으로 이 두 사람이 부부가 된 것을 공표 합니다"하고 성혼 선언을 하게 된다. 부부가 되는 순간이다.

하나님 앞에서의 결혼 서약은 신성한 것이다. 그것은 도전할 수 없는 하나님의 엄위한 권위 앞에서 서약하는 것이다. 남자는 성혼의 전제로 "하나님의 거룩한 혼인 법도에 따라 함께 산다"고 하는 것과 "어떤 환경에서든지 늘 사랑한다. 위로하고 존경하고 보호한다"고 하는 것과 "아내만을 위해 자신의 몸을 지키겠다"고 하는 것을 약속을 한다. 여자 역시 "하나님의 거룩한 혼인 법도에 따라 함께 산다"는 약속과 함께 "어떤 환경에서든지 늘 사랑하며 존경하며 순종하며 돌보며 두 사람이 사는 날까지 남편을 위해 순결을 지키겠다"고 서약한다. 이때부터 두 사람은 신앙적으로나 법적으로나 윤리적으로 공인 받는 부부가 되어 가정을 이루게 된다.

두 사람의 서약 가운데 무심히 그냥 지나칠 수 있는 차이가 있는데, 신랑은 "위로하고 보호한다"인데 비해 신부의 서약은 "순종하며 돌본 다"고 하는 서약의 차이이다. 다분히 속성의 차이요. 역할의 차이이다. 그러나 이것은 아주 작으면서도 큰 차이로 실생활에 거의 절대적인 영 향을 끼치는 차이이다. 남자가 남편으로서 꼭 해야 할 일은 아내를 위 로하고 보호하는 것이고 여자가 아내로서 할 일은 남편에게 순종하며 돌보는 것이 반듯이 있어야 한다고 하는 이야기이다. 이 역할 분담이 성실하게 잘 지켜질 때 결혼은 성공적이게 된다.

남편은 아내를 위로하고 보호할 수 있어야 한다. 위로도 하지 못하고 보호도 하지 못하면 그것은 남편의 구실을 제대로 하지 못하는 것이라 할 수 있다.

나는 7년 동안이나 한 여인을 쫓아다니며 "사랑한다"고 벼라 별 달콤 한 이야기로 설득하여 결혼을 해 자기 아내로 삼은 남자가 아내가 병들 자 위로와 보호는 커녕 욕하고 방치하고 나가 바람을 피우므로 아내를 아프게 한 사례를 알고 있다. 흔히 있는 이야기라 생각할 수 있다. 그렇 다. 육적인 사람들에게 있어서는 흔한 이야기이다. 그러니까 불륜이 로 맨스처럼 드라마화 되는 것이 아니겠는가! 그러나 이것은 분명 떳떳하 거나 정당한 이야기는 아니다. 이 행위는 하나님을 무시하고 증인으로 온 하객들을 무시하는 행위이다. 반듯한 인격을 가진 선한 일을 사모하 는 하나님의 사람으로서의 할 일은 아니다.

아내 역시 결혼 당시의 서약대로 남편에게 순종하며 가사를 지혜롭게 돌보아야 한다.

가정에는 두 머리가 있을 수 없다. 비록 남편이 좀 처진다고 할지라도 아내는 아내의 위치를 지킬 수 있어야 한다. 지키지 못하면 지키지 못하는 그것으로 인해 자신과 주위의 사람들을 아프게 할 수가 있다.

결혼 서약 속에는 "늘"(always)이라고 하는 용어가 나타나고 있다. "늘"이라고 하는 말은 "언제나, 항상"이라고 하는 말이다. 부부가 될 때에는 "늘 사랑하겠다. 늘 존경하겠다"고 약속을 하고 부부가 되는 것이다. 결혼은 일시적인 장난이나 호기심으로 잠시 테니스 한 게임을 치르는 것과 같이 할 수 있는 것이 아니다.

시대가 변하다보니 결혼에 관한 이해도 달라지고 있다. 과연 이래도 되는지? 행복해지기 위해 결혼을 하면서도 왜 자꾸 불행을 자초하는지 모르겠다. 부부는 늘 사랑하고 존경할 수 있어야 한다. 아무리 많은 약속들이 있다고 해도 지켜지지 않으면 필연적으로 아프게 되어 있다.

다음은 코리아 타임즈에 실린 기사이다.

"소위 X-세대라고 불리는 미국의 20대 젊은이들 가운데 가볍게 실험삼아 결혼하는 '예행 결혼'(Starter marriage) 이 있다.

베네사 모블리는 22세에 처음 결혼했을 때, 베네사도 남편도 서로 맞는 짝인지 확신할 수 없었다. 그러나 이를 리허설로 여기고 결혼한 모블리는 1년 내로 서로 맞지 않는다고 하는 것을 알게되어 별거하고 26세에 이혼했다. 실험은 실패했지만 많은 것을 배웠다는 모블리는 '우리 X-세대는 실수를 저질러도 수리하지 못할 것이 없는 재출발의 문화에서 자랐다' 며 예행 결혼이 긍정적인 결과를 가져왔다고 말한다.

최근 출판된 저서 "예행 결혼과 혼인의 미래"에서 저자 패멀라 폴은 모블리와 같은 X-세대 가운데 초혼을 실험으로 여기는 풍토가 등장하고 있다고 주장하고 있다.

폴은 "예행 결혼"을 자녀를 두지 않고 5년 이내에 이혼으로 끝난 결혼으로 정의하고 있는데 예행 결혼에 대한 통계적인 자료는 없으나 센서스 통계에서 90년에 18-29세 연령가운데 300만 명이 이혼했으며 평균 초혼연령이 25세인 것으로 나타났다. 반면 62년에는 25-29세 가운데 이혼한 사람이 25만 명이었으며 50년대의 평균초혼 연령은 20세였다.

폴에 의하면, 예행 결혼을 하는 커플은 크게 두 종류로, 학교를 졸업하고 부모와 함께 사는 젊은이들이 독립하기 위해 서두르는 경우와 사회적으로 출세한 파워 커플이 성공적인 직장 생활을 보충하기 위해 하는 경우의 두 경우가 있다. 이어 이혼한 가정의 자녀들이 예행 결혼을 하는 경우가 많으며 사회 및 경제적인 불안도 섣부르게 결혼에서 안정을 찾게 하는 요인 중 하나로 지적되고 있다. 또 많은 젊은이들이 화려한 결혼식에 매료되어 결혼에 따르는 장기적인 책임에 대해 생각지 않고 결혼을 하기도 한다. 폴은 그러나 예행 결혼을 거친 많은 사람들이 경험을 통해 재혼할 때 신중하고 평생의 관계를 찾는데 더 지혜롭게 된다고 지적하고 있다."

과연 이래도 되는가? 있을 수 있는 일이기는 하다. 그러나 정당하다거나 순결하다고는 할 수 없다. 그런데 왜 이런 일을 하는가? 죄에 대한 경각심이 없어서이다.

아라비아 속담에 "결혼은 아흔 아홉 마리의 뱀과 한 마리의 뱀장어가 들어 있는 주머니"라는 말이 있다. 그만큼 위험도가 높은 것이 결혼이라고 하는 이야기이다. 그래서 이스라엘 사람들은 "땅을 사려거든 서둘러라. 그러나 결혼을 하려거든 시간의 여유를 가지라"라고 하였다. 결혼은 조심에 또 조심스럽게 해야 한다. 연습 삼아 한번쯤 해보는 것으로는 결혼의 참 맛이나 행복을 맛볼 수는 없다.

결혼은 해야 한다. 그렇다고 아무렇게나 해서는 안 된다. 아무렇게나 하면, 아무렇게나 한 그것으로 인해 평생을 후회하면서 살게 되는 게 결혼이다. 좋은 결혼은 자기가 노력하는 가운데 하나님이 세워주시고 지켜주신다. 그것은 베푸는 것을 통해 소유하는 것이다. 보석처럼 캐어 인내로 조금씩 다듬어야 하는 것이 결혼이다.

결혼 속에 있는 부정적인 요소와 긍정적인 요소의 차이는 다분히 개인적인 체험에서 나오는 것이다. 그것은 자신이 체험한 결혼의 결과로부터 얻어진 것이다. 또 그것은 자신의 속사람 속에 있는 가치와 정서에 따라 주어진 것이기도 하다.

우리는 흔히 상대방에게 문제가 있다고 생각하기가 쉽다. 아니다. 성공적인 결혼의 전제는 상대방이 아닌 "내게 문제가 있다"고 하는 생각과 이해로 시작을 해야 한다. 그래야 성공적인 가정을 이룰 수 있다.

> 너희는 이 세대를 본받지 말고 오직 마음을 새롭게 함으로 변화를 받아 하나님의 선하시고 기뻐하시고 온전하신 뜻이 무엇인지 분별하도록 하라 (롬 12:2)

성공적인 결혼은 그가 내게로 다가오기를 기다리는 것이 아니고 내가 그에게로 다가가 그를 보살피는 것이다.

"잘된 결혼은 날개가 돋고 잘못한 결혼은 족쇄에 묶인다."고 했다. 누가 족쇄에 묶는가? 상대방이라고? 아니다. 자기 자신이다.

결혼은 인격과 인격의 만남이다. 내가 존중받기를 원하면 나도 내 배우자의 인격을 존중해 주어야 하는 게 결혼 생활이다. "남에게 대접을 받고자 하는 대로 너희도 남을 대접하라"(눅 6:31)고 했다.

부부는 남(他人)이 아닌 남(他人)이다. 부부 사이를 무촌(無寸)이라고 한다. 촌수가 필요 없을 만큼 가까운 사이라고 하는 의미이다. 그러나 동시에 그 의미 속에는 남남과 같이 아주 먼 사이라고 하는 의미도 있다. 그래서 부부는 등 돌리면 남(他人)이라고도 한다. 그러므로 부부일수록 서로에게 더 조심을 해야 한다.

　인격적인 모독을 당하고서도 "좋다. 기쁘다"고 할 사람은 없다. 모독을 당하면 기분이 나쁘고, 자연스레 모독적인 말을 한 사람이 싫어지게 되는 게 우리가 가진 정서이다. 그러므로 부부는 서로에게 상처를 주지 않도록 조심해야 한다. 조심하지 않으면 우리가 쓰고 있던 보이지 않은 가면이 다 벗겨져 상대방에게 상처를 주게 되고 그것은 다시 내 상처로 남게 된다. 결국 서로에게 정이 가지 않는 지경에까지 이르게 된다.

　러시아에는 "싸움터에 나갈 때에는 한 번 기도하라. 바다에 갈 때에는 두 번을 기도하라. 그리고 결혼을 할 때에는 세 번을 기도하라"고 하는 속담이 있다. 결혼을 결심하기까지는 많은 준비를 하여야 한다. 또 조심해 살펴야 할 일들도 많이 있다. 눈에 무언가 씌워 상대방의 잘못된 것도 좋게 보았다고 하면 그것은 전적으로 자신이 책임져야할 일이다. 상대방이 "정말 여러 면에서 나와 맞는지?"를 구체적으로 조심스레 살펴야 한다. "혹여 그의 인품이 아닌 외모나 조건에 끌려 결혼을 결심한 것은 아닌지?" 도 살펴야 한다. 그리고 결정을 했으면 결정한 것에 대해 확신을 가지고 긍정적인 사고와 용기를 가져야 한다. "가시가 무서우면 장미를 꺾지 못한다"고 했다. 확신하고 결정한 사실에 대해서는 후일 어떤 경우, 어떤 어려움이 다가와도 죽기까지 그 결정을 존중해야 한다. 왜냐하면 그것은 자신의 선택이었기 때문이다. 만일 그렇게 하지 않으면 그 사람은 자기의 선택이나 결정을 자기가 무시하는 멍청한 사람이 되게 된다.

인간에게는 욕구가 있다

"탐욕으로부터 걱정이 생기고 탐욕으로부터 불안과 두려움이 생긴다"

한 때 일부 기독교 사회에서는 사람이 가지고 있는 욕구(Needs)를 죄악시 한 적이 있다. 욕구란 아주 천박한 것이고 더러운 것이라고 생각했다. 그것은 신앙인이 가져서는 안 될 부끄러운 것이라고 생각했다. 그래서 욕심없이 사는 것이 아름다움이라고 했다. 그럴싸하지만 아주 잘못된 이해이다.

사람의 욕구를 누가 만들었는가? 자신이 만드는 것인가? 아니다. 욕구를 만드신 이는 하나님이시다.

우리는 태어나면서부터 욕구(needs)를 갖고 있다. 그래서 간난 아기도 배고프면 젖을 달라고 울며 보챈다. 하나님이 그리 만드신 것이다. 문제는 그것을 하나님이 원하시는 대로 쓰지 않고 죄악과 결탁을 하니까 문제가 되는 것이지 죄와 상관없이 하나님이 원하시는 대로만 쓰여진다면 아무 문제 될 것이 없는 게 우리가 가지고 있는 욕구이다.

늘 문제가 되는 것은 잘못된 해석이요 가치이다. 초자아적인 가치만을 가치라고 생각하고 자기중심의 해석만을 옳다고 생각해 죄를 죄로 보지 않으니까 문제가 된다. 또 과욕이나 탐욕을 부리니까 문제가 된다. 하나님이 우리에게 허락해 주신 바른 이해를 가진 하나님 중심의 정상적인 욕구라고 할 것 같으면 아무 문제가 될 것이 없다.

남편과 아내가 잠자리에 들어 서로 사랑을 나눈다고 하여 그것을 가르켜 죄라고 할 사람은 없다. 아내가 있는데도 다른 여자를 찾고, 남편이 있는데도 다른 남자를 찾으니까 그것을 가르켜 탐욕이라고도 하고, 음욕이라고도 하고 죄라고도 한다. 그것은 욕구(needs) 이상의 일을 하는 것이다. 살아가기에 불편하지 않을 만큼 넉넉히 소유하고 있는데도 더 갖겠다고 하니까 과욕이 되고 탐욕이 되는 것이다. 성경도 "음행과 온갖 더러운 것과 탐욕은 너희 중에서 그 이름이라도 부르지 말라 이는 성도의 마땅한 바니라"(엡5:3)라고 했고 베드로 후서 2:14에는 "음심이 가득한 눈을 가지고 범죄하기를 쉬지 아니하고 굳세지 못한 영혼들을 유혹하며 탐욕에 연단된 마음을 가진 자들이니 저주의 자식이라"고 까지 했다. 소용되는 것 이상의 것을 추구하거나 잘못된 것을 추구하는 것은 저주의 자식이라고 하는 이야기이다.

우리는 보리떡 한 덩어리를 가지고도 감사하는 어느 노인의 그림처럼 우리에게 주어진 것에 대해 크고, 작고, 좋고, 나쁘고 와 상관없이 감사할 수 있어야 한다. 또 그것을 아끼고 사랑하여야 한다. 그래야 아름다운 욕구를 가질 수 있다.

"너희도 이것을 정녕히 알거니와 음행하는 자나 더러운 자나 탐하는 자 곧 우상 숭배자는 다 그리스도와 하나님 나라에서 기업을 얻지 못하리니"(엡5:5)

성경은 탐욕을 우상을 숭배하는 것이라고 하였다. 그리고 그것은 죽음에 이르는 결과를 가져온다고도 하였다.(약1:15참조) 논밭은 잡초 때문에 손해를 보고, 사람은 탐욕 때문에 손해 본다는 말이 있다. 탐욕으로부터 걱정이 생기고 탐욕으로부터 불안과 두려움이 생긴다. 그런데도 우리는 그것에 억매여서 하나님이 주신 욕구 외의 것들에 매달린다.

우리는 주어진 것에 대해 만족할 줄 알아야 한다. 만족하지 못하면 불평으로 이어지게 되고, 불평은 또 다른 잘못된 욕구를 추구하게 한다.

A. 매스로우는 인간의 욕구를 다섯 가지로 분류하고 있다.

그는 그 첫째를 생리적인 욕구(Physiological Needs)라고 했다. 생리적인 욕구란 배고프면 먹어야 하고, 목마르면 마셔야 하고, 부부끼리는 성적인 나눔을 가져야 하는 것과 같은 기본 되는 욕구를 말한다.

우리는 먹고 마셔야 살 수 있다. 이 살 수 있게 하기 위해 주어진 것이 생리적인 욕구이다. 배고픈데도 먹을 생각이 없고 목마른데도 마실 생각이 없다고 하면 그 사람은 먹고 마시지를 못해 죽을 수밖에 없다. 부부가 성적인 나눔을 갖는 것은 종족보존 본능과도 관계가 깊다. 그런데 성적인 나눔의 욕구가 없다고 하면 그 후손을 어떻게 얻을 수 있겠는가? 생리적인 욕구로 인해 우리는 건강을 얻을 수도 있고 자식을 얻을 수도 있다. 이 점 하나님께서 왜 우리에게 욕구를 주셨는지가 확연히 나타난다고 할 수 있다.

둘째는 안전에 대한 욕구(Safety Needs)이다. 시도 때도 없이 협박 전화가 걸려 오거나 원치 않는 일들이 계속하여 일어나는 것을 좋아할 사람은 없다. 사람은 누구나 안전하기를 원하고 동가식서가숙(東家食西家宿) 하기를 원치 않는다. 안전이 주어지지 않으면 우리는 불안하게 되어있다.

셋째는 사랑과 소속에 대한 욕구(Belonging and Love Needs)이다. 인간은 사랑을 받기 원하고 또 주기를 원한다. 우리는 사랑 속에서 사랑으로 인해 삶의 동기를 갖는다. 아가서 8:6에 보면 "너는 나를 인같이 마음에 품고 도장같이 팔에 두라 사랑은 죽음같이 강하고 투기는 음부같이 잔혹하며 불같이 일어나나니 그 기세가 여호와의 불과 같으니라"고 했다. 사랑은 죽음과 같이 강한 것이다. 그것은 집요하리만큼 우리 주변에서 맴돌고 있다. 그런가하면 "다툼을 일으켜도 사랑은 모든 허물을 가리운다"(잠 10:12)고도 한다. 사랑이 있어서 사람은 행복할 수가 있고 소망을 가질 수가 있고 내일을 기다릴 수가 있다.

넷째는 자존심에 대한 욕구(Self Esteem Needs)이다. 하나님은 우리 모두에게 가장 잘 어울리는 적절한 가치를 주셨다. 그리고 그 가치가 우리를 지탱해 주고 있다. 그러므로 누구나 자신의 가치에 손상이 주어지는 것을 원치 않는다. 속된 말로 팔푼이라고도 하고 또라이라고 불리는 사람들도 있다. 비록 그렇게 불림을 받는다고 할지라도 그들도 타인으로부터 멸시를 받거나 천대를 받거나 무시당하는 것은 싫어한다.

자존심은 교육을 많이 받았거나 받지 못했거나, 재산이 많거나 적거나, 지위가 높거나 낮거나 상관없이 모든 사람이 갖고 있는 그다운 가치이다. 그러므로 우리는 그 가치를 지키려하고 또 그것은 지켜져야 하는 것이기도 하다. 그래야 사람은 그의 가치에 따라 그답게 살수가 있다.

다섯째로 인간에게는 자아실현의 욕구(Self-actualization Needs)가 있다. 좀 더 나은 자기, 좀 더 밝은 미래를 추구하는 것이 인간이다. 오늘과 같으면 살지 못해도 내일이 있기에 살 수 있는 것이 인간이다. 꿈과 비전과 자기 성취의 욕구가 있어서 살 수 있다고 하는 이야기이다. 우리 모두에게는 내일에 대한 기대가 있다. 이 기대는 노점상을 하는 사람에게도 있고, 구두닦이를 하는 사람에게도 있고, 농부나 도시인이나 너나 할 것 없이 우리 모두에게 있다. 로토 열풍이 불던 때의 이야기다. 매 주마다 1만원씩 로토 복권을 사는 행상 한 분이 "왜 그리도 열심히 복권을 사느냐?"고 하니까 "한 번만 맞으면 이 행상을 그만둘 수 있으니까"라고 대답하는 것이었다. 그 다운 꿈이라고 하겠다.

C. 힐티는 "내일(來日)은 시련에 응할 새로운 힘을 가져올 것"이라고 했다. 살아 있다고 말할 수 있는 것은 오늘이 내일에 대한 소망을 가지고 있을 때이다. 내일에 대한 자아실현의 꿈이 없으면 우리는 오늘에서 절망을 할 수밖에 없다. 사람은 "내일은, 내일만은..." 하고 그것에 기대를 걸므로 오늘을 위로로 삼고 있다. 내일에 속으면서도 계속 "내일, 내일에는..." 하면서 무덤까지 가게 되는 것은 보다 나은 내일에 대한 자아실현의 욕구가 있기 때문이다.

정당한 욕구의 경우 우리는 그것을 채워 줄 수 있어야 하고 또 채움을 받을 수 있어야 한다.

결혼은 바로 이와 같은 "욕구들을 충족하면서 자기 성취를 이루기 위해" 하는 것이다.

사람에게 있어서 행복한 결혼만큼 큰 축복은 없다고 한다. 그것은 하나님의 인간 창조 목적의 완성이기도 하다. 하나님이 예비하여 주신 온갖 삶의 기쁨의 본질을 내 것으로 소유하는 것이 결혼이다. 그러므로 우리는 그에 대한 바른 욕구와 이해를 가지고 있어야 한다. 이제는 정당한 욕구와 잘못된 욕구를 구분하자.

불평을 하면서 살려고 하면 세상에는 먼지처럼 많은 게 불평이다. 결혼을 할 때는 "좋다. 사랑한다" 그것도 "영원히 내 목숨보다 더 사랑한다"고 해 놓고는 불과 얼마 되지 않아 변심하는 예는 허다하다. 쓰레기 같은 불평 때문에 생기는 일이다. 불평은 결혼에 아무런 도움이 되지를 않는다.

역기능을 하는 아내나 남편을 만들기는 아주 쉽다. 서로 얼굴을 대할 때마다 불평이나 욕을 해 보라. "병신 같은 것. 꼴도 보기 싫은 것. 생긴 것은 미련 곰퉁이 같이 생겨 가지고. 몸에서는 시큼털털 구린내만 나는 년. 희망이라고는 깨알만큼도 없는 놈. 왜 저렇게 못난 짓만 하는지 몰라. 너만 보면 재수 없어. 눈앞에서 꺼져" 거기에다 '쌍년, 죽일 년. 나쁜 놈, 개 같은 놈"과 같은 비어(卑語)를 계속 사용하면 얼마 가지를 않아 욕을 당한 쪽은 역기능을 하게 된다. 결혼을 할 때 80점짜리였다고 하여도 불평이나 욕을 계속하여 듣게 되면 기능이 80점에서 50점이나 40점짜리로 떨어지게 되어 있는 게 우리가 가지고 있는 정서의 구조이다.

욕이나 불평은 그만큼 무섭다. 반면에 늘 "사랑한다. 너무 너무 예쁘다. 당신으로 인해 사는 것이 무척 행복하다. 당신이 내 곁에 있는 것만으로도 나는 삶의 용기를 얻는다. 당신이 있으므로 나는 감사가 무엇인지를 알게 되었다. 당신의 분위기나 냄새가 무척 좋다. 당신과 늘 함께 있고 싶다. 당신의 눈을 보면 황홀해"와 같은 칭찬을 아끼지 않고 계속해 보라. 그 사람은 얼마가지를 않아 전보다 더 기능을 잘하는 밝고 자신감이 넘치는 사람이 될 수 있다. 결혼 당초에는 60점짜리 밖에 되지 않았을 지라도 계속되는 아름다운 이야기로 인해 그는 80점짜리와 같은 기능을 발휘하게 되어 있다. 그러므로 부부는 서로를 계속하여 칭찬하고 아낄 수 있어야 한다. 정말 서로의 "것"이 될 수 있어야 한다. 그럴 때 서로의 좋은 것을 나눌 수가 있다.

필자는 얼마간 미국 교회에서 일한 적이 있다. 그 교회에서는 1년에 한, 두 번 새 신자를 중심으로 서로 간에 자기 가정을 소개하는 모임이 있다. 이 때 늘 느끼는 것이, 우리 같으면 "제 아내입니다. 안사람입니다. 같은 방을 쓰는 사이입니다. 내 그림자입니다" 고작 그렇게 소개할 것을 그들은 한결같이 "내 사랑하는 아름다운 아내입니다."라고 소개하는 것이 너무도 좋은 느낌을 주었다. 물론 그 가운데는 사랑스럽다고 느끼기에는 외모가 너무도 뚱뚱하고 초라한(?) 사람들도 있다. 그러나 그들은 그들이 쓸 수 있는 최상의 찬사로 아내를 소개하는 것이었다.

그렇다. 서로를 나쁘게 이야기하고 헐뜯어 돌아올 소득이 무엇이 있는가? 결혼하고도 나쁘게 헐뜯으면 돌아올 소득은 상처나 아픔밖에 없다. 결혼은 결혼 자체만으로도 찬양을 받을 수 있어야 한다.

부부 서로가, 상대방을 아프게 하는 것은 결국 자신을 아프게 하는 일이 된다. 부부는 서로를 칭찬할 수 있어야 한다. 그것이 바로 자신을 위하는 일이다. 그러기 위해서 우리는 아가서에 좀 관심을 가져야 한다.

"내 사랑 너는 어여쁘고도 어여쁘다 너울 속에 있는 네 눈이 비둘기 같고 네 머리털은 길르앗 산기슭에 누운 무리 염소 같구나 네 이는 목욕장에서 나온 털 깎인 암양 곧 새끼 없는 것은 하나도 없이 각각 쌍태를 낳은 양 같구나 네 입술은 홍색실 같고 네 입은 어여쁘고 너울 속의 네 뺨은 석류 한 쪽 같구나 네 목은 군기를 두려고 건축한 다윗의 망대 곧 일천 방패, 용사의 모든 방패가 달린 망대 같고 네 두 유방은 백합화 가운데서 꼴을 먹는 쌍태 노루 새끼 같구나 날이 기울고 그림자가 갈 때에 내가 몰약산과 유향의 작은 산으로 가리라 나의 사랑 너는 순전히 어여뻐서 아무 흠이 없구나 나의 신부야 너는 레바논에서부터 나와 함께 하고 레바논에서부터 나와 함께 가자 아마나와 스닐과 헤르몬 꼭대기에서 사자 굴과 표범 산에서 내려다보아라 나의 누이 나의 신부야 네가 내 마음을 빼앗았구나 네 눈으로 한 번 보는 것과 네 목의 구슬 한 꿰미로 내 마음을 빼앗았구나 나의 누이 나의 신부야 네 사랑이 어찌 그리 아름다운지 네 사랑은 포도주에 지나고 네 기름의 향기는 각양 향품보다 승하구나 내 신부야 네 입술에서는 꿀 방울이 떨어지고 네 혀 밑에는 꿀과 젖이 있고 네 의복의 향기는 레바논의 향기 같구나 나의 누이, 나의 신부는 잠근 동산이요 덮은 우물이요 봉한 샘이로구나 네게서 나는 것은 석류나무와 각종 아름다운 과수와 고벨화와 나도초와 나도와 번홍화와 창포와 계수와 각종 유향목과 몰약과 침향과 모든 귀한 향품이요 너는 동산의 샘이요 생수의 우물이요 레바논에서부터 흐르는 시내로구나 북풍아 일어나라 남풍아 오라 나의 동산에 불어서 향기를 날리라 나의 사랑하는 자가 그 동산에 들어가서 그 아름다운 실과 먹기를 원하노라"(아 4:1-16)

이런 찬사를 계속적으로 받으면 어떻게 될 것 같은가? 글쎄 사람에 따라 교만해질 사람도 있을게다. 그러나 진실이 담겨있는 순수한 사랑의 고백은 사람의 심금을 울리게 되어 있다. 이런 찬사를 계속해 받다 보면 너그러움이 생기게 되고 여유가 생기게 된다. 결국 보다 폭넓은 사랑의 소유자가 될 수 있다.

이제는 정서에 대해 좀 더 관심을 가져야 한다. 예전에는 지능지수에 대한 관심이 많았다. 지능지수가 높으면 사회적으로 긴히 쓰인다고 생각했다. 그런데 지금은 지능지수가 아니다. 지능지수가 높은 것도 좋지만 살아가는 데는 정서지수가 더 중요하다.

지능지수가 높은 사람 속에 나쁜 정서가 가득할 때 그 사람은 그 좋은 두뇌로 무엇을 할 것 같은가? 좋은 일을 할 것 같은가? 아니다. 좋은 일보다는 나쁜 일을 더 많이 하게 되어 있다. 왜냐하면 그는 속에 쓴 상처를 갖고 있기 때문이다.

나쁜 정서는 상처받은 마음으로 인해 생긴다. 그러므로 그 속에는 분노, 미움, 불만, 불안, 상처, 근심, 슬픔, 좌절, 잘못된 욕구와 같은 것들이 들어있다. 그리고 그것들은 좋은 두뇌를 가지고 있는 사람으로 하여금 지능적으로 죄를 짓게 하거나, 우쭐대게 하거나, 교묘하게 남을 속이거나 이기심에 가득 찬 사람으로 만들어 사회나 가정에 해를 끼치게 한다. 또 공격성을 가지고 있어 잘못된 것을 갈구하게 하고 갈구한 것을 실행하게 한다. 다시 말해 저질스런 정서는 자신을 파괴하고 주위사람들에게 상처를 준다.

좋은 정서에는 감사가 있고 기쁨이 있으며, 사랑이 있고 인내와 자비와 양선과 온유함과 용서, 너그러움과 여유가 있다. 양질의 정서를 가진 사람은 나쁜 정서를 가진 천재보다 더 아름답게 살 수 있고 주위 사람들의 사랑과 존경을 받을 수 있다. 그러므로 좋은 정서의 소유자가 되어야 하는데 완전한 양질의 정서를 소유하는 자가 되려면 속에 "하나님을 섬기는" 영적 지수와의 만남이 필연적으로 있어야 한다. 그러므로 "자신이 어떤 정서를 가지고 있는지?" 살펴보는 것은 아주 중요하다.

우리는 쓰레기와 같은 저질스러운 정서의 노예가 되어서는 안 된다. 저질스러운 정서는 자신을 파괴한다. 주위의 사람들에게 상처를 준다.

다음은 정서 지수를 살펴보는 표이다. 도표의 물음에 솔직하게 대답하라.

1. 화를 잘 낸다.

   [아니다 1 2 3 ← 4 5 6 ↔ 7 8 9 → 그렇다]

   이유는?

2. 근심이 많다.

   [아니다 1 2 3 ← 4 5 6 ↔ 7 8 9 → 그렇다]

   어떤 근심인가?

3. 불안하다

   [아니다 1 2 3 ← 4 5 6 ↔ 7 8 9 → 그렇다]

   왜?

4. 불만스럽다

   [아니다 1 2 3 ← 4 5 6 ↔ 7 8 9 → 그렇다]

   무엇이?

5. 앞날이 걱정된다.

   [아니다 1 2 3 ← 4 5 6 ↔ 7 8 9 → 그렇다]

   왜?

6. 남이 잘되는 것이 싫다.

   [아니다 1 2 3 ← 4 5 6 ↔ 7 8 9 → 그렇다]

   왜?

7. 지금 생활이 만족하지가 않다.

   [아니다 1 2 3 ← 4 5 6 ↔ 7 8 9 → 그렇다]

   무엇이?

8. 직장 생활이 짜증스럽다.

   [아니다 1 2 3 ← 4 5 6 ↔ 7 8 9 → 그렇다]

   이유는?

9. 주변 사람 모두는 나의 경쟁자다.

   [아니다 1 2 3 ← 4 5 6 ↔ 7 8 9 → 그렇다]

   왜?

10. 비난받는 것이 두렵다.

　　[아니다 1 2 3 ← 4 5 6 ↔ 7 8 9 → 그렇다]

　　어떤?

11. 일이 잘되지 않아 짜증스럽다.

　　[아니다 1 2 3 ← 4 5 6 ↔ 7 8 9 → 그렇다]

　　어떤 것이?

12. 보기 싫은 사람이 너무도 많다.

　　[아니다 1 2 3 ← 4 5 6 ↔ 7 8 9 → 그렇다]

　　이유는?

◆ 9 쪽으로 숫자가 갈수록 질문의 대답에 "그렇다"고 1 쪽으로 갈수록 '아니다' 이다. 질문에 답한 후 1에서 12까지 각 항목에 해당하는 숫자를 합산해 자신의 정서가 지금 어떤 상태인지를 살피고, 이유가 무엇인지를 찾아라. 총점이 108에 가까이 갈수록 정서는 나쁘고 총점이 12점으로 향해 가까이 갈수록 정서가 좋은 것을 보여준다. 총점이 60점 전후일 경우는 보편적인 상태이다.

◆ 1에서부터 12까지의 각 항목의 합산 합 :

　다음은 신앙 지수를 살펴보는 표이다. 자신의 신앙이 어느 정도인지를 살펴보자.

　다음 질문에 정직히 대답하라.

1. 교회에 너무 많은 모임이 있다고 생각한다.

　　[아니다 1 2 3 ← 4 5 6 ↔ 7 8 9 → 그렇다]

2. 주일이 되면 교회 가기가 짜증이 난다.

　　[아니다 1 2 3 ← 4 5 6 ↔ 7 8 9 → 그렇다]

3. 예배 시간이 너무 답답하다.

　　[아니다 1 2 3 ← 4 5 6 ↔ 7 8 9 → 그렇다]

4. 기도할 시간이 없다.

　　[아니다 1 2 3 ← 4 5 6 ↔ 7 8 9 → 그렇다]

5. 식사 기도 외에는 하지 않는다.

　　[아니다 1 2 3 ← 4 5 6 ↔ 7 8 9 → 그렇다]

6. 교회 안에 꼴 보기 싫은 사람이 있다.

　　[아니다 1 2 3 ← 4 5 6 ↔ 7 8 9 → 그렇다]

7. 예수 믿는 사람들 모두가 위선적으로 보인다.

　　[아니다 1 2 3 ← 4 5 6 ↔ 7 8 9 → 그렇다]

8. 자기 앞가림도 못하는 사람이 교회 일을 열심히 하는 것을 보면 미련
　　스럽게 보인다.

　　[아니다 1 2 3 ← 4 5 6 ↔ 7 8 9 → 그렇다]

9. 바쁠 때는 주일 예배에 빠질 수도 있다.

　　[아니다 1 2 3 ← 4 5 6 ↔ 7 8 9 → 그렇다]

10. 기도회는 여유 있을 때만 참석한다.

　　[아니다 1 2 3 ← 4 5 6 ↔ 7 8 9 → 그렇다]

11. 성경 모두를 하나님의 말씀이라고는 생각지 않는다.

　　[아니다 1 2 3 ← 4 5 6 ↔ 7 8 9 → 그렇다]

12. 예배드릴 때 '아멘' 하는 사람들을 보면 우습게 보인다.

　　[아니다 1 2 3 ← 4 5 6 ↔ 7 8 9 → 그렇다]

13. 가족 가운데 누가 교회 일을 열심히 하는 것이 못마땅하다.

　　[아니다 1 2 3 ← 4 5 6 ↔ 7 8 9 → 그렇다]

14. 헌금은 형편에 맞게 드려야 한다고 생각한다.

　　[아니다 1 2 3 ← 4 5 6 ↔ 7 8 9 → 그렇다]

15. 바친 헌금이 하늘나라에 쌓인다고는 생각지 않는다.

　　[아니다 1 2 3 ← 4 5 6 ↔ 7 8 9 → 그렇다]

16. 시간을 내어 성경을 보지는 않는다.

　　[아니다 1 2 3 ← 4 5 6 ↔ 7 8 9 → 그렇다]

17. 교회에서 허드렛일을 하는 것이 자존심 상한다.

[아니다 1 2 3 ← 4 5 6 ↔ 7 8 9 → 그렇다]

18. 전도는 하고픈 사람만 하는 것이라고 생각한다.

[아니다 1 2 3 ← 4 5 6 ↔ 7 8 9 → 그렇다]

19. 담임 목사로부터 부탁을 받는 것이 싫다.

[아니다 1 2 3 ← 4 5 6 ↔ 7 8 9 → 그렇다]

20. 전화를 해서 누가 기도를 함께 하자고 할 때가 가장 싫다.

[아니다 1 2 3 ← 4 5 6 ↔ 7 8 9 → 그렇다]

21. 성경 공부를 하는 것이 무척 부담이 된다.

[아니다 1 2 3 ← 4 5 6 ↔ 7 8 9 → 그렇다]

22. 누가 나를 가르치려 할 때 기분이 나쁘다.

[아니다 1 2 3 ← 4 5 6 ↔ 7 8 9 → 그렇다]

23. 바쁜 시대다. 이제는 교회에 모이기보다는 시대에 맞는 신앙생활을 해야 한다.

[아니다 1 2 3 ← 4 5 6 ↔ 7 8 9 → 그렇다]

24. 선교는 여유 있을 때 해야 한다.

[아니다 1 2 3 ← 4 5 6 ↔ 7 8 9 → 그렇다]

25. 금식을 한다고 하는 것은 어리석은 일이다.

[아니다 1 2 3 ← 4 5 6 ↔ 7 8 9 → 그렇다]

◆ 9 쪽으로 숫자가 갈수록 질문의 대답에 "그렇다"고 1 쪽으로 갈수록 "아니다"이다. 총점이 225에 가까이 갈수록 신앙지수는 나쁘고 총점이 25점으로 향해 갈수록 좋은 것을 보여준다. 총점이 125점 전후일 경우는 보편적인 신앙 상태이다.

◆ 1에서 25까지의 각 항목의 합산 합 :

신앙 구조와 결혼 구조와 가정 구조
"맞춰가는 지혜가 필요한 게 가정이다"

기독인의 가정 구조는 에베소서 5:22-33과 고전 11:3-6을 통해 이해할 수 있다.

"아내들이여 자기 남편에게 복종하기를 주께 하듯 하라 이는 남편이 아내의 머리됨이 그리스도께서 교회의 머리됨과 같음이니 그가 친히 몸의 구주시니라 그러나 교회가 그리스도에게 하듯 아내들도 범사에 그 남편에게 복종할지니라 남편들아 아내 사랑하기를 그리스도께서 교회를 사랑하시고 위하여 자신을 주심같이 하라 이는 곧 물로 씻어 말씀으로 깨끗하게 하사 거룩하게 하시고 자기 앞에 영광스러운 교회로 세우사 티나 주름잡힌 것이나 이런 것들이 없이 거룩하고 흠이 없게 하려 하심이니라 이와 같이 남편들도 자기 아내 사랑하기를 제 몸같이 할지니 자기 아내를 사랑하는 자는 자기를 사랑하는 것이라 누구든지 언제든지 제 육체를 미워하지 않고 오직 양육하여 보호하기를 그리스도께서 교회를 보양함과 같이 하나니 우리는 그 몸의 지체임이니라 이러므로 사람이 부모를 떠나 그 아내와 합하여 그 둘이 한 육체가 될지니 이 비밀이 크도다 내가 그리스도와 교회에 대하여 말하노라 그러나 너희도 각각 자기의 아내 사랑하기를 자기같이 하고 아내도 그 남편을 경외하라"(엡 5:22-33)

"그러나 나는 너희가 알기를 원하노니 각 남자의 머리는 그리스도요 여자의 머리는 남자요 그리스도의 머리는 하나님이시라 무릇 남자로서 머리에 무엇을 쓰고 기도나 예언을 하는 자는 그 머리를 욕되게 하는 것이요 무릇 여자로서 머리에 쓴 것을 벗고 기도나 예언을 하는 자는 그 머리를 욕되게 하는 것이니 이는 머리민 것과 다름이 없음이니라 만일 여자가 머리에 쓰지 않거든 깎을 것이요 만일 깎거나 미는 것이 여자에게 부끄러움이 되거든 쓸지니라"(고전11:3-6)

위의 두 성경에서 볼 때 우리는 그 말씀 속에서 하나님의 질서 속에 있는 신앙구조 결혼구조 가정구조의 모형을 볼 수 있다. 하나님이 원하시는 신앙, 결혼 그리고 가정은 어떤 질서 속에 어떤 형태로 있어야 하는가? 그것을 바로 이해하는 것이 삶을 성공적으로 경영하는 일이라 할 수 있다. 위의 말씀을 개괄적으로 그려보면 다음과 같은 도표가 될 수 있다.

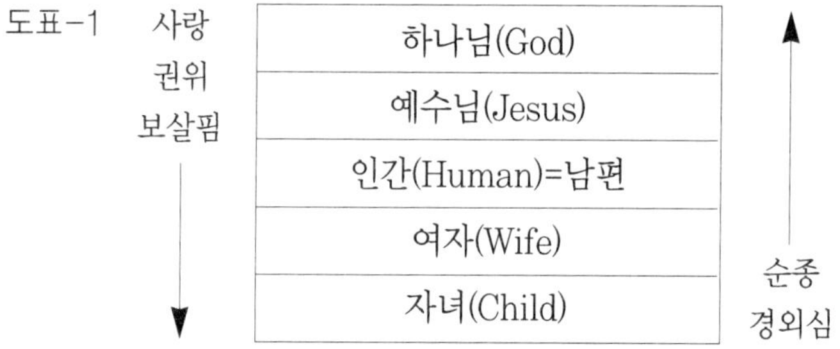

이 도표에서 위로부터 아래로는 늘 사랑과 권위와 보살핌이 흐르고 있고 (Love, Authority, discipline are always passed down.) 아래로부터 위로는 늘 경외심과 순종이 요구되고 있다.(Honor and obedience is passed up.) 이것이 하나님이 원하시는 신앙질서요 결혼질서요 가정질서이다. 그러므로 이 질서를 벗어나지 않도록 해야 한다. 그래야 성공할 수 있다.

위로부터 아래로는 하나님의 사랑이 바탕이 되어 있기 때문에 항상 (Always)이라고 하는 말이 들어 있고 그것은 그대로 실천되고 있다. 반면에 아래로부터 경외심과 순종이 늘 위로 올라가는 것은 기대할 수가 없다. 그럼에도 질서는 하나님은 언제나 머리시고 자녀는 언제나 순복하여야 하는 위치에 있는 것을 보여준다.

우리는 위에 있는 권세에 순종할 줄 알아야 한다.(사 55 참조) 주님께서는 이 순종의 중요성을 알아 자신이 순종하므로 영화롭게 되실 것을 아셨다. 그래서 그는 자신을 인간의 수준까지 비하(卑下)하셨고 십자가에 달려 죽기까지 하셨다.

하나님은 언제나 우리들에게 신실하신 분이시기 때문에 늘 우리들의 순종을 받으시기에 합당하신 분이시다. 피조물이 존재하는 목적이 무엇인가? 하나님을 영화롭게 하기 위함이 아닌가? 그러면 인간은 그를 경외하므로 그를 영화롭게 하여야 한다. "하나님을 알되 하나님으로 영화롭게도 아니하며 감사치도 아니하고 오히려 그 생각이 허망하여지며 미련한 마음이 어두워졌다"(롬 1:21)고 한 모습으로 살아서는 안 된다.

위 도표 가운데 남편의 위치가 가운데 있다고 하는 것에 관심을 가져야 한다. 그것은 하나님의 세계와 인간의 세계를 잇는 것이 남편 곧 남자임을 나타내고 있다. 다시 말해 남자(남편)는 인간의 대표로서 하나님의 가르치심을 잘 받아 아내와 자녀를 가르치고 양육할 책임이 있는 것을 보여주고 있다.

신앙구조

도표-2

하나님 – 머리(Head)
예수님 – 중보자(Mediator)
남편(인간) – 반응자(Responder)

이 도표에 의하면 신앙구조의 머리는 하나님이시고, 중보자는 예수님시고, 반응자는 남편인 것을 보여주고 있다. 또 남편(남자)은 인간의 대표로 하나님께 순종하여야 하는 것이 나타나고 있다.

신앙구조의 핵심은 인간은 예수님을 통해 하나님께 나아갈 수 있는 것을 보여주고 있다. 그러므로 예수님을 부인하는 기독교 신앙은 기독교 신앙이 아니다. 기독교의 구원론은 반드시 주님을 통해 이루어짐을 알아야 한다.

예수님은 늘 하나님께 순전하게 순종하시는 이시므로 인간에게 항상 좋은 것을 주신다. 그러므로 인간은 예수님의 가르치심에 따라 반응하는 삶을 살아야 한다. 그것이 질서요 성공하는 비결이요 문제없는 삶을 사는 방법이다.

하나님은 모든 질서의 머리이시다. 그는 인간의 존경과 찬양과 영광을 받으시기에 합당하신 분이시다. 하나님은 인간의 반응 여하에 상관없이 늘(Always) 우리를 사랑해 주 신다.

예수님은 인간을 죄로 부터 구원하시기 위해서 오신 분이시다. 그는 하나님과 인간 사이를 중보하시면서 인간에게 늘(Always) 사랑을 주시며 구원의 길이 되신다. 그러므로 인간은 예수 그리스도를 중보자로 하여 하나님을 섬겨야 하며 그의 가르치심에 따라 살아야 한다. 그럴 때 인간은 가장 아름다운 모습으로 성공하며 살 수 있다.

□ 하나님을 변화시키려는 시도보다는 내가 하나님께 반응하여 변화하는 노력이 필요하다.

결혼구조

도표-3

예수님 – 머리(Head)
남편(인간) – 중보자(Mediator)
여자(아내) – 반응자(Responder)

　　성경상 결혼 구조는 주님이 결혼의 중심이요 머리가 되시는 것을 보여준다. 그리고 남자(남편)는 중보자의 위치에 있고 아내는 반응자 곧 순종자의 위치에 있는 것을 보여준다. 그러므로 남편이 예수님의 가르치심을 잘 수용하여 아내에게 잘 전달할 때 아내는 중보자인 남편을 통해 주님을 더 잘 알 수 있게 되어 좀 더 행복한 삶을 살 수 있다. 그러나 남편이 예수님의 가르치심에 따라 살지 않고 자신의 지식에 따라 살 때 그는 성경에서 요구하는 중보자의 역할을 포기하는 위치에 있게 되므로 결혼구조 자체가 흔들리게 된다.

　　남편이 중보자로서의 역할을 잘못하면 아내가 신앙생활을 잘하기가 어렵게 된다. 주님이 머리가 되어 있지 않은 가정은 질서 있는 바른 가정이라고 할 수 없다. 결혼질서의 원리는 남편이 예수님의 모습을 닮아갈 때, 아내도 그 남편의 권위에 순종하게 되는 것을 보여주고 있다.

　　남편이 신앙생활을 하지 않는 것은 머리의 자리를 찬탈하려고 하는 의도가 있어서라고 할 수 있다. 그러므로 성공적인 바른 결혼이 되려고 하면 남편이 먼저 예수님의 가르치심에 잘 순종해 아내를 양육하는 모습을 보여야 하고 아내는 또한 그런 남편의 가르침에 잘 반응하는 아름다운 모습을 보여야 한다. 그럴 때 성공적인 결혼이 되게 된다.

　　아내의 경우, 남편이 중보자의 역할을 잘하는데도 제대로 반응을 하지 못하는 경우, 아내의 속에 그것에 저항하는 상처가 있기 때문이다. 그러므로 남편은 인내를 가지고 좀 더 아내를 이해하고 사랑하고 불쌍히 여겨야 한다. 그리고 전문적인 치료를 받을 수 있도록 조력해야 한다.

가정구조

도표-4

남자(남편) – 머리(Head)
아내 – 중보자(Mediator)
자녀 – 반응자(Responder)

가정 구조에 있어서의 머리는 남편이다. 그리고 아내는 남편과 자녀 사이의 중보자로 남편의 가르침을 자녀들에게 잘 전달하여야 하는 위치에 있다. 그리고 자녀는 늘(Always) 윗 권위에 순종해야 하는 위치에 있다. 그러므로 머리가 머리로서의 역할을 제대로 하지 못할 경우 중보자도 잘못된 것으로 자녀들을 양육하게 되어 그것은 결국 자녀들로 하여금 머리의 권위에 순복하지 않는 패역의 결과를 가져오게 한다.

그러므로 남편이 불신자인 경우 아내가 신앙생활을 한다고 해도 남편의 잘못된 머리역할 때문에 아내는 위축된 신앙생활을 할 수 있다. 그런가 하면 아내에게는 남편의 구원의 통로로서의 역할마저 주어지게 되므로 신앙생활을 하는 것이 부부가 함께 힘을 모아 신앙생활을 하는 것보다 더 힘들어지게 된다.

때로 부모에게 반항하는 아이들이 있는데 이 경우는 아이들이 가정의 질서를 무시하고 머리가 되고자 하는 잠재된 의식 때문에 그런 시도를 한다고 할 수 있다. 그리고 그 책임의 일부는 부모의 태도에 있다.

가정 구조에 문제가 생기는 것은 대체적으로 자녀가 중보자의 위치에 있던가 아내가 남편을 무시하고 머리가 되고자 하는 따위의 자기 위치를 이탈할 때 생긴다.

가정 질서의 경우 자녀들이 부모중 어느 한 쪽의 편을 들 수 있도록 허락이 되어 있지를 않다.

결혼 생활에 있어서의 머리는 언제나 예수님이시다. 그러나 가정 구조에 있어서의 머리는 남편이다. 이것이 성경적 질서요 하나님의 법이다. 그러므로 남편은 신앙구조에 있어서의 반응자(순종자)의 역할과 결혼구조에 있어서의 중보자의 역할과 가정구조에 있어서의 머리의 역할을 동시에 잘 수행하여야 한다. 또 아내는 결혼구조에 있어서의 반응자의 역할과 가정구조에 있어서의 중보자의 역할을 잘 하여야 한다.

남편은 신앙구조는 물론 결혼 구조와 가정 구조 모두에 참여하여 있는 위치에 있으므로 교회에서나 사회에서나 가정에서 영적으로 강해야 한다. 그래야 성공할 수 있다. 남편(남자)이 영적으로 강하지를 못하면 가정과 하나님 사이가 바로 정립하지 못하게 된다.

남자가 가정이나 교회에 미치는 영향은 인간 생활의 약 80%를 차지한다.

남편이 그리스도의 권위에 순복하여야 하는 것처럼, 아내도 비록 육적으로는 동등한 위치에 있다고 할지라도 남편의 영적인 권위에 순복하여야 하고, 자녀도 그 부모에게 순복하여야 한다.

좋은 남편이 아내를 좋게 만든다고 하는 보장은 없지만 나쁜 남편이 아내를 나쁘게 만든다고 하는 것은 거의 절대적이다. 또 좋은 어머니가 좋은 자녀를 만든다고 하는 보장은 없지만 나쁜 어머니가 나쁜 자녀를 만든다고 하는 것은 거의 절대적이다.

남편(남자)은 하나님과 인간 사이의 중간 역할을 한다. 남편이 성경대로 자기의 역할을 잘 감당할 때 아내에게 아름다운 것(영향)을 줄 수 있다. 그러므로 남편이 성경대로 행할 수 있도록 아내도 남편을 잘 도와야 한다.

"아내된 자들아 이와 같이 자기 남편에게 순복하라 이는 혹 도를 순종치 않는 자라도 말로 말미암지 않고 그 아내의 행위로 말미암아 구원을 얻게 하려 함이니 너희의 두려워하며 정결한 행위를 봄이라 너희 단장은 머리를 꾸미고 금을 차고 아름다운 옷을 입는 외모로 하지 말고 오직 마음에 숨은 사람을 온유하고 안정한 심령의 썩지 아니할 것으로 하라 이는 하나님 앞에 값진 것이니라 전에 하나님께 소망을 두었던 거룩한 부녀들도 이와 같이 자기 남편에게 순복함으로 자기를 단장하였나니 사라가 아브라함을 주라 칭하여 복종한 것같이 너희가 선을 행하고 아무 두려운 일에도 놀라지 아니함으로 그의 딸이 되었느니라 남편된 자들아 이와 같이 지식을 따라 너희 아내와 동거하고 저는 더 연약한 그릇이요 또 생명의 은혜를 유업으로 함께 받을 자로 알아 귀히 여기라 이는 너희 기도가 막히지 아니하게 하려 함이라"(벧전 3:1-7)

▫ 남편 역할의 규범은 세상에 있지 않고 예수님에게 있다.

▫ 하나님은 우리를 자기 형상에 따라 지으셨으므로 우리가 자기 형상에 따라 살 때 지켜 주신다. 그럼에도 하나님의 형상을 따라 살지 못하는 것은 우리가 죄를 짓기 때문이다.

▫ 죄를 짓는다고 하는 의미는 "하나님을 거절한다"고 하는 의미이다.

하나님은 인간의 삶과 죽음의 기간(一生)을 통해 그의 뜻과 약속을 분명히 보여 주시므로 우리를 회복시키는 일을 하신다. 그러므로 우리는 우리 속에 내재(內在)하시는 하나님의 형상과 뜻에 따라 살아야 한다.(에베소서, 골로새서 참조)

남자와 여자는 속성상 차이가 있다. 남자는 자기 영역과 가정을 지키기 위해서 싸우는데 비해 여자는 관리하고 보살피는 일을 한다.

남자는 용맹스러움을 들어내는데 비해 여자는 부드러움을 들어낸다.

어떤 남편들은 아내도 자기와 같은 취향을 가져야 한다고 생각하나 이는 잘못으로 상담사는 상담할 때 절대로 "남편과 같은 취향을 가지라"고 권해서는 안 된다.

▫ 어린이의 어렸을 때 행동은 자기 이익만을 취하는 것에 있다.

▫ 남자 아이는 총이나 칼과 같은 것을 가지고 놀거나 땅따먹기 같은 놀이를 통해(영토 확장) 자기 욕망을 충족시키는 법을 개발하고 여자 아이는 소꿉장난과 같은 것을 통해 주어진 영역을 관리하는 경향을 보인다. 그러다가 고등학교 시절이 되면 남자 아이들은 자동차나 스포츠에 관심을 갖게 되고(外部擴張) 여자 아이들은 결혼에 관심을 갖게 된다.(內部形成)

▫ 남아의 이러한 성향은 남자가 가정의 머리가 되는 이유로 설명이 되기도 한다.

성경의 가르치심은 그리스도께서 교회를 사랑하시고 우리를 구원하시기 위해 우리가 죄인 되었을 때에 우리 곁으로 오신 것처럼 남편이 아내에게 다가 가야 하는 것을 보여준다. 또 아내의 취미나 이익에 동의할 수 있어야 하고 이해할 수 있어야 한다.(그리스도의 비하(卑下), 요 13장, 요 17장 참조) 다시 말해 남편과 아내 사이에 문제가 생겼을 때 남편이 먼저 "미안하다"고 할 수 있어야 한다. 그럴 때 그 모습을 따라 아내도 자녀를 잘 양육하게 된다.

▫ 히브리 문화는 섬기는 것을 통해 존경을 나타낸다.

내 손이 내 뜻과는 달리 제 멋대로 움직이면 당황할 수밖에 없다. 그럴 때 나 자신이 나를 제어하지 못하면 필연적으로 타인으로 부터 억압을 받게 된다. 부부 사이도 마찬가지이다. 만일 한 쪽이 제 멋대로 굴면 필연적으로 억압받는 일이 생기게 된다. 그것이 다툼의 시초요 갈등의 시작이다.

▫ 부부 사이의 중요한 것은 의사소통이다. 서로간의 의사가 단절이 된 상태일 경우 결혼은 위기에 직면하게 된다.

부부는 한 몸이 되어야 한다. "한 몸이 된다"고 하는 의미는 내 몸의 일부가 된다고 하는 뜻이다. 또 성적으로 가까이 결합한다고 하는 뜻이다.

부부 싸움을 할 때 성(性)이나 재정적인 것으로 무기 삼는 것은 옳지 않다.

에베소서 5:21의 "그리스도를 경외하므로 피차 복종하라"는 그리스도를 모형과 동기로 삼아 남편은 아내에게 아내는 남편에게 서로 복종하라고 하는 뜻으로 경외란 사랑하고 아끼고 존경하는 마음을 말한다.

순종이란 용어는 본래 군사용어로 같은 계급의 장군이 다른 장군의 요청에 기쁘게 따르는 것을 말한다.

남자만큼 여자도 하나님 앞에 소중하다. 성경은 남자가 여자보다 영적인 권세를 더 가지고 있다고 할지라도 남자가 여자보다 나은 것은 아니라고 가르치고 있다.

"남편은 그 아내에게 대한 의무를 다하고 아내도 그 남편에게 그렇게 할지라 아내가 자기 몸을 주장하지 못하고 오직 그 남편이 하며 남편도 이와 같이 자기 몸을 주장하지 못하고 오직 그 아내가 하나니"(고전7:3-4)

남편은 아내를 양육하여야 한다. 아내가 필요로 하는 것을 채워주어야 하고 아내를 사랑하되 공개적으로 사랑하여야 한다. 자기 차가 마음에 들면 늘 닦아주고 광을 내는 것처럼 남편도 아내를 갈고 닦아주어 광이 나도록 해주어야 한다. 부부 사이의 관계보다 친근한 것이 있다고 하면 그것은 주님과의 관계뿐이다.

혹자들은 때로 부모나 자녀에게 더 많은 관심을 가져야 한다고 주장하나 그것은 성서적인 가르침이 아니다. 부모나 자녀보다 아내에게 더 초점을 맞춰야 한다.

"서로 분방하지 말라 다만 기도할 틈을 얻기 위하여 합의상 얼마 동안은 하되 다시 합하라 이는 너희의 절제 못함을 인하여 사단으로 너희를 시험하지 못하게 하려 함이라 그러나 내가 이 말을 함은 권도요 명령은 아니라" (고전 7:5-6)

여자를 보호할 수 있는 것은 하나님으로 부터 남자에게 주어진 하나의 특권이다.

부부는 서로 아껴야 한다. 그 표시로 자주 포옹을 하는 것이 좋다.

포옹 요법(Hug Therapy)은 따뜻한 애정을 전달한다. 포옹은 긴장을 풀어주며 기분을 좋게 해 주며 사랑을 느끼게 해준다. 그래서 하나님은 "너희가 노년에 이르기까지 내가 그리하겠고 백발이 되기까지 내가 너희를 품을 것이라 내가 지었은즉 안을 것이요 품을 것이요 구하여 내리라"(사 46:4)고 하셨다.

□ Hug/Hugging(포옹)이라고 하는 말은 "껴안는다"고 하는 뜻으로 그 뜻 속에는 "평안을 준다. 위로를 준다"는 뜻이 있다. 특히 포옹(hug)의 문화와 거리가 먼 동양권에서의 포옹 요법은 때로 예기치 않은 큰 효과를 가져오기도 한다. 특히 부부 사이와 아이들과 노인들에게는 포옹이 때로 아주 중요한 역할을 하기도 한다.

우리는 행복을 위해 결혼을 한다. 그런데도 결과는 기대했던 것만큼 만족치가 않다. 왜인가? 두 사람사이의 장애 때문이다. 어떤 것들이 있는가?

결혼 생활에 장애가 되는 것들

1. 잘못된 대화 2. 이기심 3. 간통 4. 재정문제 5. 고부문제 6. 자녀 7. 성격차이 8. 폭행 9. 마약중독 10. 도박중독 11. 술중독 12. 일중독 13. 컴퓨터 중독 14. 전화중독 15. 사랑중독 16. 종교 17. 성생활 18. 취미 19. 생활방식 20. 도덕관의 차이 21. 교만 22. 교육의 차이 23. 건강 24. 경력 25. 낮은 자존감

이와 같은 것들이 결혼생활의 장애가 된다. 그러므로 부부는 이런 장애를 극복할 수 있는 노력과 지혜로운 방법을 찾아야 한다.

결혼과 가정의 의미

"남편과 아내는 서로에게 순복하여야 한다"

결혼은 무엇이고 가정은 무엇인가? 그것은 하나님의 계획이고 축복이다. 모래알처럼 흩어져 살 수 없는 게 인간의 삶이 아닌가? 그래서 하나님은 한 남자와 한 여자가 부부되는 것을 통해 가정을 이루게 하셨고 그 둘이 정서와 육체의 연합을 통해 공동의 경제바탕 위에 여러 가지 일을 공유하며 한 울타리 속에서 사랑을 나누며 살게 하셨다. 그러므로 결혼은 작은 하나의 사회를 구성하는 일이 된다. 동시에 두 가정이 하나가 되어 사회적인 연합(Social Networks) 즉 인척이 되는 것을 의미한다. 또 사회적으로도 법적으로도 인정받는 조직이 된다. 그리고 이때부터 부부 서로에게는 의무와 권리와 책임이 주어진다.

가정은 고향과 같은 곳이요 결혼으로 형성되는 보금자리이다. 그러므로 결혼과 가정은 많은 의미를 지니며 실제로 많은 일이 일어나는 곳이기도 하다. 따라서 어떤 기초 위에 세워진 가정인가? 는 아주 중요하다.

왜 결혼을 하려고 하는가?

22년간의 결혼 생활 후 남편과의 관계에서 만족해하는 아내는 겨우 6%라는 통계가 있다. (James A. Peterson) 그만큼 행복보다 불행하기가 쉬운 게 결혼이다. 그런데도 인간은 행복하리라는 막연한 기대감으로 결혼을 한다. 왜인가? 본래 그것은 하나님이 보시기에 가장 아름다웠던 모습이기 때문이다.

미국의 경우, 한 조사에 의하면 18세 이상의 미국인 80%가 행복한 가정생활을 그들의 생의 첫 번째 목표로 삼고 있다. 그런데 결혼 생활에서 "행복하다"고 느끼며 사는 부부는 겨우 3%이며 전통적인 가정생활을 유지하는 경우는 7%에 불과하다.

한국의 경우는 매년 별거나 이혼하는 가정이 2만 가정씩 증가하고 있다. 특히 50대 이후 황혼 이혼율이 증가하고 있다. 그리고 부부생활에서 행복을 느끼는 부부는 10% 정도로 추정을 한다. 또 1년간 배우자로부터 폭행당하는 경우가 전체의 30.9%로 남편으로부터 폭행을 당하는 부인이 37.5%, 아내로부터 폭행을 당하는 남편이 23.2%(전국 남녀 1,316명을 조사)나 된다. 이러려고 결혼을 한 것은 아니지 않은가?

버지니아 새틸(Virginia Satir)은 "가정은 사람을 만드는 공장이다. 모든 사회적인 병리현상은 가정이 그 기능을 잃는 데서부터 시작한다"고 했다. 이 말은 가정이 불량품을 만드니까 사회가 불량해 진다고 하는 이야기이다. 그러므로 좋은 가정을 이루기 위한 좋은 결혼에 우리는 깊은 관심을 가져야 한다.

결혼(가정)은 하나님이 제일 먼저 만드신 기관이자 공동체이다. 이점 폴 스티븐스 (Paul Stevens)는 "가정은 역사가 제일 오래된 공동체이다. 국가나 교회보다 먼저 생긴 것이 가정이다"라고 규정하고 있다.

그러면 왜 하나님은 가정이라는 제도를 두셨을까? 그것은 한마디로
1. 하나님의 영광을 위하여
2. 하나님의 창조를 계승케 하기 위하여
3. 하나님과 인간의 관계를 알게 하기 위하여서
라고 요약할 수 있다.

그래서 성경은 "그러나 주 안에는 남자 없이 여자만 있지 않고 여자 없이 남자만 있지 아니하니라 여자가 남자에게서 난 것 같이 남자도 여

자로 말미암아 났으나 모든 것이 하나님에게서 났느니라"(고전11:11-
12)고 기록하고 있다.

□ 남자와 여자는 그 역할에 많은 차이가 있다.

인간은 하나님의 형상대로 지으심을 받았다.

"하나님이 자기 형상 곧 하나님의 형상대로 사람을 창조하시되 남자
와 여자를 창조하시고"(창 1:27)

이 "하나님의 형상대로 지음을 받았다"고 하는 말씀은 인간이 하나님
과 교통할 수 있고 예배할 수 있는 근거를 부여받았다는 이야기이다.

□ 오늘날은 하나님의 형상을 일반화 하려는 경향이 있다.

□ 히브리 원어는 글 자체를 통해 남녀가 서로 다른 것을 나타내고 있다.

하나님을 아버지라고 부르는 것은 대표성의 원리에 의한 것으로 하
나님이 보호자의 자리에 계신 분임을 인지시키기 위해서이다.

□ 하나님은 그가 이성적이시기 때문에 인간도 이성적으로 만드셨다.

□ 하나님은 성(Sex)을 갖지 않으신 분이시다.

□ 남녀가 부부되게 하신 것은 하나님을 더욱 온전하게 깨닫게 하기 위
   함이다.

□ 하나님은 남녀가 하나가 되는 것을 모형으로 하나님과 교회가 하나
   될 것을 촉구하신다.

남자와 여자는 섬세성에 차이가 있다. 남자는 결론에 도달하고자 하
는 습성이 있는데 비해 여자는 섬세한 과정을 중시한다. 그러므로 부부
는 이 차이를 이해하고 상대방이 원하는 것을 주어야 한다.

결혼은 완전한 반쪽이 완전한 하나를 이루어 하나님을 온전하게 섬
기게 하기위한 제도이다. 그러므로 인간의 육욕만을 충족키 위한 결혼
으로 끝나서는 안 된다.

하나님은 남녀가 서로 의존하면서 서로를 필요로 할 수 있게 하기 위
해 남자와 여자를 다르게 창조하였다.

□ 남자와 여자는 서로에게 순복하여야 하는 사이이다.

성경은 여성적인 것에 관해서도 여성 명사를 사용하므로 남성과 여성을 분명하게 구별하고 있다.(루하 = 파라크레테 = 성령)

성부 하나님과 성자 하나님은 남성으로 나타나고 있는데 비해 성령 하나님은 여성 명사로 나타나고 있다. 우리는 이것을 통해 하나님은 남성적인 요소와 여성적인 요소 모두를 가지고 계신 분임을 이해해야 한다.

□ 부드럽게 다가오시는 성령. 파라크레테는 아기를 키우는 보모를 뜻하는 여자 노예를 지칭하는 말이다.

성령 사역의 세밀성은 가정에 있어서의 여자의 역할을 잘 나타내고 있다. 그러므로 부부는 서로의 속성을 잘 연합할 때 보다 더 나은 역할을 할 수 있다. 그렇지 않고 각자 독립적으로 하려할 때는 필연적인 문제에 직면할 수가 있다.

"너희는 그리스도의 몸이요 지체의 각 부분이라"(고전12:27)

가족은 가정의 구성원을 말한다. 가족의 전통적인 개념은 혈연적인 관계를 가진 부모와 자녀, 손(孫)의 유기적인 연합을 말한다.

가족은 서로의 필요를 채워주며 서로에게 소속하여 있는 것을 통해 동질 의식을 갖는다.

가족 관계는 서로에게 소속하려는 본능으로 부터 출발한다. 그러므로 때로 이것은 애증(愛憎)의 관계로 발전하기도 한다.

가족은 보다나은 것을 추구하기 위해 같은 공간속에서 공통된 목표를 추구하는 조직이다. 그러므로 건강한 가정이라거나 가족이라는 말에 좀 더 관심을 가져야 한다.

□ 부부 상담을 할 때는 꼭 하나님의 말씀에 근거하여 상담하여야 한다.

"결혼은 하나님이 주신 최고의 선물이다"

남자와 여자가 부부 되게 하신 것은 하나님의 놀라운 아이디어이다. 하나님은 부부를 서로 아끼고 협력하는 하나가 되게 하셨다.

"여호와 하나님이 가라사대 사람의 독처하는 것이 좋지 못하니 내가 그를 위하여 돕는 배필을 지으리라 하시니라"(창 2:18)

"만일 절제할 수 없거든 혼인하라 정욕이 불같이 타는 것보다 혼인하는 것이 나으니라"(고전 7:9)

혼자 사는 것은 좋지 못하다. 혼자 살아야 할 만한 두렷한 목적이 있어 혼자 사는 것은 그럴 수 있다고 할지라도 그렇지 않고 그저 혼자 살 수밖에 없어 혼자 산다고 하는 것은 사실상 힘든 일이다. 그것은 그 사람을 외롭게 하는 것이요 고독케 하는 것이다. 그러므로 인간은 고독을 해결하기 위해서라도 결혼을 해야 한다.

결혼은 하나님이 주신 최고의 선물이다. 그리고 그것은 행복을 위한 것이다. 그래서 하나님은 여자를 돕는 배필로 지으셨는데 이는 보완적인 관계를 형성케 하기위해서이다.

동시에 여자 없는 창조의 완성은 있을 수가 없다. 하나님은 하나의 성(性)만으로는 창조 질서를 계승할 수 없도록 하셨다.

하나님은 남자에게는 그의 남성다운 것을 주셨고, 여자에게는 그의 여성다운 것을 주셔서 육체적으로나 정서적으로 서로 끌리게 하셨다. 그러므로 남자가 여자에게 끌리고 여자가 남자에게 끌리는 것은 아주 자연스러운 일이요 이치이다. 바로 이 이치를 통해 이루어지는 것이 결혼으로 부부는 이 끌리는 부분을 서로에게 주어야 한다. 그러므로 부부는 자신의 좋은 것을 개발하여 배우자에게 느끼게 하여야 한다.

"아담이 가로되 이는 내 뼈 중의 뼈요 살 중의 살이라 이것을 남자에게서 취하였은즉 여자라 칭하리라 하니라"(창 2:23)

성경은 아내를 얻는 것은 복 받는 길이라고 선언하고 있다.

"아내를 얻는 자는 복을 얻고 여호와께 은총을 받는 자니라"(잠 18:22)

그러므로 자신에게 맞는 올바른 사람을 찾는다고 하는 것은 아주 중요하다. 그리고 그보다 더 중요한 것은 자신이 먼저 올바른 사람이 되는 것이다. 그래야 부부 서로는 아주 친근한 관계가 될 수 있다.

□ 자신의 행복을 위해서 결혼을 잘 해야 한다.

□ 결혼을 위한 교제는 일생의 동반자를 발견하는 방법이다.

□ 경건한 자녀들을 보존하기 위해서도 부부의 삶은 경건하고 아름다워
  야 한다.

아무리 좋은 조건을 갖추고 있는 사람이라고 할지라도 불신자와는
결혼을 하지 않는 것이 좋다.

"너희는 믿지 않는 자와 멍에를 같이 하지 말라 의와 불법이 어찌 함
께 하며 빛과 어두움이 어찌 사귀며 그
리스도와 벨리알이 어찌 조화되며 믿는
자와 믿지 않는 자가 어찌 상관하며 하
나님의 성전과 우상이 어찌 일치가 되리
요 우리는 살아 계신 하나님의 성전이라
이와 같이 하나님께서 가라사대 내가 저
희 가운데 거하며 두루 행하여 나는 저
희 하나님이 되고 저희는 나의 백성이
되리라 하셨느니라"(고후 6:14-16)

> 누가 누구에게 불만이 있거든 서로 용납하여 피차 용서하되 주께서 너희를 용서하신 것 같이 너희도 그리하고 이 모든 것 위에 사랑을 더하라 이는 온전하게 매는 띠니라 (골 3:13-14)

"다투며 성내는 여인과 함께 사는 것보다 광야에서 혼자 사는 것이
나으니라"(잠 21:19)고 했다. 잘못 선택하면 그만큼 힘들고 고달픈 게
부부의 삶이다.

우리 모두는 성공적인 결혼을 하기 원한다. 그러려면 성공할 수 있는
여건이 갖추어져 있어야 할 것이 아닌가? 남자와 여자가 만나 살을 맞
대고 산다고 하여 다 행복할 수 있는 것은 아니다.

성공적인 결혼을 하려면 다음의 3M이 전제가 되거나 기초가 되어야
한다.

1) Master(주님과의 만남)

인생살이에 있어 주님을 만났는가? 만나지 못했는가? 는 아주 중요

하다. 우리는 시시각각 주어지는 문제 때문에라도 주님을 만나 그를 믿고 의지해야 한다. 그에게 내 문제를 맡길 수 있어야 한다.

2) Mission(소명)

우리는 무엇엔가 이끌려가며 살고 있다. 그러므로 "무엇을 위하여 어떻게 살 것인가?"는 아주 중요하다. 목적이 없는 삶은 죄를 지을 수 있는 기회를 증가시킨다.

태어난다고 하는 것은 목적을 부여받는다는 이야기와도 같다. 그러므로 내가 사는 목적이 무엇인지? 분명하고 뚜렷한 목적이 있어야 우리는 피곤치 않은 삶을 살 수 있다.

3) Mate(배우자)

누가 하나님께서 맡기신 일을 함께 할 자로 선택되었는가? 좋은 결혼, 나쁜 결혼의 의미가 무엇인가? 행복의 기준은 욕구 충족에 있다. 부부가 되는 것은 서로의 욕구를 충족하며 좀 더 하나님을 가까이 섬기기 위해서이다. 그러므로 좋은 배우자를 만난다고 하는 것은 아주 중요하다.

▢ Master(누구를 섬기는지?)와 Mission(무엇을 위해 살 것인지?)의 문제가 해결되지 않으면 아무 것도 해결되지 않게 되며, 이런 사람은 육적으로 혹은 충동적으로 Mate(배우자)를 선택하게 된다.

▢ 부부가 하나가 된다고 하는 것은 육체적인 결합을 의미한다.

▢ 부부는 결혼을 통해 하나님과 "나" 사이를 이해해야 한다.

가족의 형태

"Therefore comfort each other and edify one another,
just as you also are doing"(살전 5:11 NKJV)

이제는 가족의 형태도 예전 같지 않다. 사회가 다변화되면서 결혼제도도 바뀌게 되었고 그러다보니 가족구성도 예전과는 상당한 차이가 있다. 그것을 구분해보면

1. 전통적인 의미로서의 가족(Traditional) 2. 핵가족(Divided) 3. 독신가족(Individual, Unmarried) 4. 동거가족(Common-law) 5. 재혼가족(혼합가족 Blended) 6. 연쇄혼합가족(재혼, 3혼, 4혼으로 인한 가족, Serial) 7. 양자(Adopted) 8. 유전 공학 기법(Generic Engineering)에 따라 정자배양으로 낳은 자녀(Surrogate)를 가진 가족, 9. 연장 가족(조부모, 삼춘, 고모등과 함께 사는 대가족, Extended) 10. 집단 주거가족(여러 가족이 같은 목적을 가지고 한 테두리 속에서 사는 것, Community) 11. 세대 가족(2대, 3대등 몇 대가 한 집에서 사는 것, Generational) 12. 노인 가족(Aging) 13. 동성가족(Homosexual) 14. 결손 가정(Single Parent) 15. 무자녀 가정(Child Free)

예전 같으면 상상치도 못할 일들이 우리 주변에서 일어나고 있다. 그것은 어쩌면 거역할 수없는 변화이기도 하다. 그러므로 상담사는 상담할 때 피상담자가 어떤 형태의 가정에 속해 있는지를 반듯이 살펴야 하

고 그것에 잘 적응하고 있는지를 확인해야 한다.

일반적인 가족 형성의 단계는

결혼 → (취직) → 자녀 출생 → (새로운 역할이 주어지고, 거주지 등이 변할 수도 있다. 자녀들이 성장하여 학교를 다니게 됨) → 자녀들이 사회로 진출 → 자녀 결혼 (새로운 가족이 형성됨) → 은퇴 → (외롭게 혼자 살다가) → 죽음에 이르면 가족을 떠나게 된다.

가정에 있어서 아내의 역할

성경상 아내에게는 머리의 위치가 허락되지 않는다. 남편과 아내는 하나님 앞에 동등한 자격을 갖게 되나 가정 질서상으로는 남편에게 아내가 순복하게 되어 있다.

구원의 개념으로 볼 때, 우리가 예수 그리스도 안에 들어가야 참 자유를 누릴 수 있는 것처럼 아내가 진정 자유스러울 수 있는 것은 남편 안에 들어 갈 때이다.

복종한다고 하는 의미는, 두 사람이 동격이지만 상대방의 의견에 따른다고 하는 의미이다. 그러므로 아내가 남편에게 순종한다고 하여 더 낮은 위치에 서는 것은 아니다.

성경적인 의미에서의 복종은 때로 강제적인 것으로 나타나지 않고 자발적인 것으로 나타난다. 바로 "아내가 남편에게 복종하기를 주께 하듯 하는 것"이 이를 말해준다.

복종은 강요에 따라 순종하는 것이고 순종이란 자발적으로 자원해서 복종하는 것으로 이해되고 있지만 사실상 이 둘은 차이가 없다.

부부로 살다보면 서로의 약점을 알게 된다. 그런데도 용납할 수 있는 것은 한 몸이 되었기 때문이다. 그러므로 부부는 서로를 대할 때 육신적으로 대하지 말고 영적으로 대하여야 한다.

부부의 경우 일반적으로 자기 문제보다 상대방의 문제점을 지적하기를 즐기는데 이 때 주의 하여야 할 것은 상대방의 문제보다 자기의 문제이다. 그러므로 둘 사이에 갈등이 생길 경우 먼저 자신에게 초점을 맞춰야 한다.

상대편의 부정적인 것만 보려고 하면 영적인 눈을 가질 필요가 없다. 세상은 성령의 도움이 없이도 부정적인 것은 다 볼 수 있도록 죄에 물들어 있다. 그러므로 부정적으로 볼 수 있는 일도 긍정적으로 보는 지혜가 필요하다.

우리를 실족치 않게 하여 주시는 주님은 우리가 항상 복종할만한 근거와 자격을 갖추시고 계신 분이시다. 그러므로 부부는 예수님의 마음을 늘 소유하므로 서로에게 스스로 복종할만한 근거를 계속하여 제시하여야 한다. 서로가 자기에게 맞도록 상대편을 교정하거나 지배하려 하는 것은 무모한 일이다. "답답한 일이 있는가?" 답답한 것이 있으면 하나님께 아뢰는 것이 좋다. 하나님은 우리의 기도를 들으시는 하나님이시다.

이 때 유의하여야 할 것은 열심히 기도하는데도 때로 응답을 받지 못할 때가 있다고 하는 사실이다. 이 때 우리가 알아야 할 것은 하나님은 무응답을 통해서도 하나님의 목적을 이루신다고 하는 사실이다. 또 목적 가운데는 우리의 성품을 변화시키고자 하시는 목적도 있음을 알아야 한다.

아내는 남편을 제쳐놓고도 할 수 있다고 하는 유혹을 물리칠 줄 알아야 한다. 남편이 남편으로서의 역할을 다하지 못할 때 아내는 인내할 줄 알아야 하고 그를 무시하거나 멸시하기보다 그를 도와 남편으로서의 구실과 역할을 잘 할 수 있도록 돕는 배필의 지혜를 가져야 한다.

부부가 서로에게 영향을 주는 것은 신자가 불신자에게 영향을 주는 것과 같은 영적인 관계이다.

육적인 방법은 바가지를 긁는 것이고 영적인 방법은 존경과 사랑과 인 내와 순종으로 힘을 북돋아 주는 것이다.

아내는 그러므로 남편이 자신의 머리됨을 늘 잊지 않고 기억해야 한다.

가정에 있어서의 아내의 역할
1. 남편을 돕는 역할(창 2:18, 잠 212:4, 잠 31:10-12)
2. 남편을 일깨우는 역할(잠 31:30, 벧전 3:1-2)
3. 가사경영자의 역할(잠 31:13-19, 딛 2:5, 벧전 3:3-4)
4. 베푸는 역할(잠 31:20, 딤전 2:10, 딤전 5:4)
5. 순종의 본을 보이는 역할(딤전 2:11-12)이 있다.

남편은 아내의 머리이다

성경은 여자는 머리에 수건을 쓰라고 권고하고 있다.

"만일 여자가 머리에 쓰지 않거든 깎을 것이요 만일 깎거나 미는 것이 여자에게 부끄러움이 되거든 쓸지니라 남자는 하나님의 형상과 영광이니 그 머리에 마땅히 쓰지 않거니와 여자는 남자의 영광이니라 남자가 여자에게서 난 것이 아니요 여자가 남자에게서 났으며 또 남자가 여자를 위하여 지음을 받지 아니하고 여자가 남자를 위하여 지음을 받은 것이니"(고전11:6-9)

이것은 문화적인 관습에서 온 것이기는 하나 본래는 신자와 불신자를 구분키 위해 행해진 일이요 신분구별을 위해 주어진 일이다.

유대 여인이 머리에 수건을 쓴다고 하는 것은 현대 사회에 있어서 결혼 반지를 끼는 것과 같다.

당시에는 머리에 수건을 쓰지 않으면 거리의 여자로 간주되었다.

여인이 수건을 쓰는 것은 시험을 당치않기 위해서이고 시험을 주지 않기 위해서이다. 이 의미는 여자 스스로가 상대방으로 하여금 잘못을 저지를 수 있는 여건을 만들거나 유도해서는 안 된다고 하는 뜻이다.

사람은 눈으로 볼 때 그 보는 것으로 인해 시험을 당케 되어 있다. 특히 남자의 경우, 여자의 외모만으로도 그 가치관이 흐려질 수가 있다.

아내의 아름다움은 남편만을 위해 간직되는 아름다움이어야 한다.

□ 여인이 머리에 수건을 써야 하는 이유는 여성이 유혹에 약하기 때문이다.

세상의 광고 매체(Media)는 주로 여성을 상대로 하고 있으며 특히 텔레비전의 상업 광고의 약 80%가 여자나 어린이를 대상으로 하고 있다.

여자는 감정에 많이 끌리고 유혹에 약하며 소욕이 남자보다 더 많다. 그러므로 세일즈맨은 남자보다 여자를 더 쉽게 공략한다. 유능한 세일 즈맨은 남녀가 함께 있는 시간보다 여자가 혼자 있는 시간을 선택하여 자신의 상품을 소개한다.

□ 여자는 세일(Sale)이라고 하는 글자만으로도 미혹을 당한다.

> 남편들아 아내 사랑하기를 그리스도께서 교회를 사랑하시고 그 교회를 위하여 자신을 주심 같이 하라 이는 곧 물로 씻어 말씀으로 깨끗하게 하사 거룩하게 하시고 자기 앞에 영광스러운 교회로 세우사 티나 주름 잡힌 것이나 이런 것들이 없이 거룩하고 흠이 없게 하려 하심이라 (엡 5:25-27)

□ 여자는 자기의 마음을 중요하게 생각한다. 그러므로 이치보다는 기분에 많이 좌우된다.

결혼을 하면 여자들은 대체적으로 남편이 자기에게 마춰주기를 바란다. 그래서 남편을 변화시키려고 시도한다. 그래서 속칭 바가지를 긁는다. 그 결과 남편이 변화하기 보다는 오히려 바가지를 긁는 당사자가 자신도 모르는 사이에 변해 본래의 품성을 상실하게 된다.

남편의 변화는 하나님께 속한 것이다. 그러므로 인위적으로 아내가 남편을 변화시키려고 시도하는 것은 잘못이다.

빌리그래함 목사의 부인은 "내 임무는 남편을 사랑하는 것이고 그의 임무는 하나님을 사랑하는 것이다"라고 했다. 얼마나 좋은 이야기인가.

여자는 자기의 꿈이 깨여지거나 욕구 충족이 되지 않을 때 바가지를 긁게 된다. 그러므로 남편들은 그 깨여져가는 꿈을 보상할 수 있어야 한다.

상대방을 바꾸려면 좋은 일로 바꾸어야 한다.(갈 6장 참조)

여자는 남편을 존경하고 사랑하여야 한다. 특히 자녀들 앞에서 아내가 남편을 경외하는 모습, 순종하는 모습을 보이는 것은 자녀로 하여금 가정의 질서가 무엇인지를 알게 하며 머리는 하나라고 하는 깨달음을 주어 가정 질서를 유지케 한다.

사탄은 부부가 자녀들 앞에서 싸우도록 하므로 머리를 없애려고 시도한다. 또 그 일을 통해 자녀들이 부모에게 순종치 않도록 가르친다. 그러므로 부부는 싸울 때 사탄이 그 가정을 휘저을 수도 있다고 하는 사실에 관심을 가져야 한다.

가정에 있어서의 남편의 역할

1. 희생하는 역할(엡 5:25, 요 13:34, 고전 13:5)
2. 가꾸어 주는 역할(엡 5:26-27, 잠 5:15-17)
3. 보살피는 역할(엡 5:28-30, 빌 4:19, 골 3:19)
4. 영원한 사랑의 역할(엡 5:31, 고전 7:11)

하나님이 가정을 주신 이유

"남자는 우선 집을 세우고 들판에 포도를 심어 포도원을 만들고
그리고는 아내를 맞이할 일이다.
이 순서를 거꾸로 해서는 안 된다"(유태 격언)

하나님이 가정을 주신 이유는 하나님의 영광을 위하여서요 하나님을 효과적으로 섬기게 하기 위해서이다. 그저 우리 멋대로 살라고 가정을 주신 것이 아니다. 그러므로 가정은 남자와 여자가 만나 함께 살며 자식을 놓는 것 이상의 의미를 지닌다. 우리는 가정을 통해 하나님과 나 사이를 이해하여야 한다. 나는 하나님에게 어떤 의미를 지니는 자이며 하나님은 얼마나 나를 사랑하시고 계신지? 무엇 때문에 나를 선택해 그의 자녀로 삼으셨고 왜 내게 가정을 주셨는지? 그는 과연 어떤 분이신지? 를 알아야 한다. 그러기 위해서는 하나님이 결혼의 머리요 가정의 중심이라고 하는 사실을 시인해야 한다. 하나님은 자기의 형상을 닮게 하기까지 우리를 사랑하신다.

하나님은 자신의 창조를 계승하게 하기 위해서 남자와 여자가 부부 되게 하셨다. 톨스토이는 그러므로 "결혼도 일반의 약속과 같이, 성(性)을 달리하는 두 사람이 「나와 당신 사이에서만 자식(子息)을 얻읍시다.」라고 하는 계약적인 행위"라고 했다. 그리고 "그 계약을 어기는 것은 기만이며, 배신이며, 죄악"이라고 했다. 조금은 속된 것 같으나 솔직하고 재미있는 표현이라고 생각한다. 물론 결혼은 그의 말 이상의 의미를 지니고 있다. 그러므로 가정 속에는 하나님이 원하시는 창조적인 것들이 있어야 한다.

가정에는 여러 가지 기능이 있다. 종교적인 기능이 있고, 사랑의 기능이 있고, 생식의 기능이 있고, 교육과 양육의 기능이 있다. 또 협력과 번성의 기능이 있고, 부양의 기능이 있고, 안식의 기능이 있는 게 가정이다.

1. 종교적인 기능에 대해서는 성경 곳곳에 잘 나타나 있다.

"노아가 여호와를 위하여 단을 쌓고 모든 정결한 짐승 중에서와 모든 정결한 새 중에서 취하여 번제로 단에 드렸더니"(창 8:20)

"여호와께서 아브람에게 나타나 가라사대 내가 이 땅을 네 자손에게 주리라 하신지라 그가 자기에게 나타나신 여호와를 위하여 그 곳에 단을 쌓고"(창 12:7)

지금과는 달리 족장 시대에는 가정이 곧 교회였다. 혹 자들은 가정 따로 교회 따로라고 생각을 한다. 그렇지가 않다. 에클레시아도 교회요 가정도 교회이다. 그래서 성경은 아름다운 가정들의 아름다운 예배를 기록하고 있다.

성공적인 가정이 되려고 하면 가정 속에 하나님이 계셔야 한다. 하나님의 요구는 "너는 말씀을 전파하라 때를 얻든지 못 얻든지 항상 힘쓰라 범사에 오래 참음과 가르침으로 경책하며 경계하며 권하라" 하는 것이다.(딤후 4:2)

말씀의 전파는 가정 안에서부터 시작하여야 한다. 오래 참고 가르치며 경책할 것을 경책하고, 경계하며, 권하는 아름다운 기능은 가정으로부터 시작해야 한다. 부부가 손잡고 기도하는 것이라든가 온 가족이 모여 기쁨으로 예배를 드리는 것은 아주 아름다운 모습이다. 하나님의 요구는 그런 기능이 꼭 가정 속에 먼저 있어야 한다고 하는 것이다.

2. 가정 속에는 사랑의 기능이 있다.

사랑이 없는 가정은 가정이라고 할 수가 없다. 가정이 가정다울 수 있는 것은 사랑하는 이들이 모여서 사랑을 나누기 때문이다. 그러므로 사랑이 없는 가정은 역기능의 가정일 수밖에 없다.

장년에 이를 때까지 사랑을 미루어 온 사람은 비싼 이자를 지불하여야만 한다는 말이 있다. 사랑은 뒤로 미룰 일이 아니다. 그것은 즉시 행동으로 옮겨야 할 일이다. 그래서 B. 파스칼은 팡세에서 "사랑에는 연령이 없다. 그것은 어느 때든지 생길 수 있다"고 했다. 또 푸블릴리우스 시루스는 "사랑의 맹세는 정부의 인가가 필요치 않다"고 했다. 그만큼 개인 감정의 소유인 것이 사랑이다. 그것은 어느 누구도 간섭할 수 없는 따듯함이요 온유함이다.

"사랑은 지식의 어머니"라는 말이 있다. 사랑하는 사람은 그만큼 좋은 기능을 할 수 있다. 자신감을 가질 수 있으며 여유를 가질 수 있다. 그래서 A.F.프레보는 마농 레스코에서 "사랑이 많은 기적을 낳지 않았다면 사람들은 사랑을 신성(神聖)하게 여기지 않을 것이다"라고 말하고 있다. 그렇다. 사랑은 기적을 낳는 특별한 정서이다. 그것은 "가장 달고 가장 쓴 것"이라고 표현한 것처럼 아주 다양한 형태이지만 그것을 본 사람이 없다. 그러나 우리는 그것을 실감한다.

W.셰익스피어는 로미오와 줄리엣에서 "사랑이란 깊은 한숨과 함께 사는 연기, 또한 맑아져서는 연인의 눈동자에 반짝이는 불도 되고, 헝클어져서는 연인의 눈물에 넘치는 대해(大海)로도 된다. 그뿐만 아니라, 아주 분별하기 어려운 광기, 숨구멍도 막히는 고집인가 하면, 또 생명을 기르는 감로(甘露)이기도 하다"고 했다.

사랑은 인간을 구성하는 주성분이다. 그것은 쉽게 변하기도 하고 쉽게 변하지 않기도 하는 증오를 달고 다니는 아주 불가사의한 감정이다. 인간의 실존처럼 사랑은 인간과 함께 있다. 그리고 그 중심은 가정으로, 가정은 사랑의 본질을 실천하는 근원적인 사회이기도 하다.

3. 가정 속에는 생식의 기능이 있다.

부부가 되는 것은 이 시대뿐만 아니라 다음 세대를 이어간다고 하는 큰 의미를 갖는다. 자녀를 두는 것은 아름다운 일이요 복된 일이다. 나는 가더라도 하나님이 내게 주신 자녀들이 남아 다음 세대를 이어가는 것이 하나님의 질서요 방법이다. 그러므로 부부는 생식의 기능을 통해 보다 거룩한 하나님의 목적을 이해하여야 하고 그것에 걸 맞는 거룩한 자녀를 두어야 한다. 그것이 질서요 계획이다.

4. 가정 속의 교육과 양육의 기능은 아주 중요하다.

우리는 흔히 학교 교육을 탓할 때가 있다. 아니다. 자녀가 제일 먼저 만나는 스승은 학교가 아니고 아버지와 어머니이다. 그러므로 성장기에 부모로부터 "어떤 교육과 양육을 받았는가?"는 아주 중요하다. 그것은 후일 그 사람의 생애를 지배하는 것이 되게 되어 있다.

버지니아 사틸은 "가정은 사람을 만드는 공장이다. 모든 사회적인 병리현상은 가정이 그 기능을 잃는데서 부터 시작을 한다"고 했다. 이 말은 가정이 불량품을 만드니까 사회가 불량해 진다고 하는 이야기이다. 그러므로 우리는 좋은 가정을 이루기 위한 좋은 가정교육과 부모의 역할에 깊은 관심을 가져야 한다.

5. 가정 속에는 협력과 번성의 기능이 있다.

이 말은 서로를 돕고 협력하는 것이 아름답다고 하는 이야기이다. 그러므로 부부는 서로 도울 수 있어야 하고 부모와 자식도 서로 협력할 수 있어야 한다. "나 몰라라. 네 멋대로 살아라. 나는 관심이 없다"고 하는 것은 가정의 기능이 아니다. 톨스토이는 안나 카레리나에서 "모든 행복한 가정은 가족 서로가 닮아 있지만, 불행한 가정은 어느 사람이나 모두 따로따로 놀고 불행하다"고 했다. 협력이 있는 가정은 서로를 먼저 생각하는 가정이요 닮아 가는 가정이다.

인간은 자연(Nature)과 보살핌(Nurture) 속에서 살아가고 있다. 자연이라고 하는 것은 하나님에게 속해 있는 질서이다. 그러므로 잠을 자도 우리는 늙을 수밖에 없다. 늙어 가는 것은 하나님의 질서 속에 속한 것이기에 어쩔 수 없다고 할지라도 그 속에는 반듯이 양육이라는 인간에게 속해 있는 질서가 있음을 알아야 한다.

보살핌을 받아야 할 사람이 보살핌을 받지 못하면, 받지 못한 것만큼 아프게 되어있다. 그러므로 협력한다고 하는 의미 속에는 서로를 양육한다고 하는 의미가 있음을 알아야 한다.

괴테는 "결혼생활은 모든 문화의 시작이며 정상(頂上)이다"라고 했다. 가정은 같은 배를 타고 있는 가족들의 모임이다. 그러므로 서로에게 꼭 필요한 협력자가 되어야 한다. 그래야 인생항해를 성공적으로 할 수 있다.

6. 가정이 가지고 있는 부양의 기능은 아주 소중하다.

갓 태어난 아기는 아무 것도 할 수가 없다. 부모가 돌보아야 한다. 또 노인이 된 부모들도 기운이 진하여 이제는 전처럼 일을 할 수가 없다. 그러므로 자녀들이 이들을 돌보아야 한다.

우리는 내가 이만큼 성장한 것이 내가 잘나 성장한 것으로 생각할 때가 있다. 그것은 무서운 오해요 죄이다. 부모가 계셨기에 내가 있고, 또 이만큼이라도 성장할 수 있게 되었다. 불평을 하지마라. 부모가 여유가 있고 배운 것이 많고 가진 것이 많은 데도 그리했을까?

부모가 자식의 양육을 포기하거나 자식이 부모를 보살피지 않는 것은 하나님의 질서를 거역하는 일이다. 그러므로 가정 속에는 한 조각의 빵도 나누는 아름다움이 있어야 한다.

7. 가정 속에는 안식의 기능이 있다.

이 의미는 가장 평안한 곳이 가정이 되어야 한다고 의미이다. 가족이 있는 곳. 그 곳은 따뜻함과 정겨움이 있는 곳이요 늘 마음이 가 있는 곳이다. 어떤 이는 한 나라를 통치하는 것보다도 더 다스리기가 어려운 곳이 가정이라고 했다. 왜 그랬을까? 가정이 가지고 있는 기능이 자아 중심이기 때문이다. 가족 간에 이기심이 가득하고 사랑이 없기 때문이다. 죄가 자연스럽게 가정을 지배하고 있기 때문이다. 그래서 이웃이 사촌이지 형제는 원수(?)라는 말도 있다. 그만큼 역기능을 하는 가정은 아픔이 많다고 하는 이야기이다.

소포클래스는 "자기 가정을 훌륭하게 다스리는 자는 국가의 일에 대해서도 가치 있는 인물이 된다"고 했다. 좋은 사회성은 가정으로부터 시작한다.

페스탈로치는 '가정의 단란함이 지상에 있어서의 가장 빛나는 기쁨이다. 그리고 자녀를 보는 즐거움은 사람의 가장 성스러운 즐거움'이라고 했다. 그렇다. 역사는 가정으로부터 시작을 한다. 가정이 없는 사회가 없고, 가정이 없는 국가는 없다. 가정은 이처럼 소중한 곳이다.

가정이 제 기능을 한다고 하는 이야기는 가정이 하나님 안에 있다고 하는 이야기이다.

가정의 생명력은 사랑이다. 사랑이 없는 가정은, 혼 없는 신체가 생명력을 상실하므로 썩는 것처럼 썩게 되어 있다. 가정을 가정답게 유지하려면 가정 속에는 반듯이 사랑이 있어야 한다.

가정이라는 곳은 몸은 떠나도 마음은 남아 있게 되는 곳이다. 비록 가족을 떠나 홀로 타향살이를 한다고 할지라도 마음은 언제나 그 곳에 머물러 있는 곳이 가정이다. 그러므로 가정은 행복을 저축하는 곳이 되어야 한다. 그것은 주기 위해 이루어진 작은 사회이다. 그러므로 얻으려고 하는 노력보다는 주려고 하는 마음이 먼저여야 한다. 이해를 받기보다는 먼저 이해를 해 주고 먼저 용서해 주는 곳이 가정이어야 한다. 행복한 가정을 얻은 사람은 천하를 얻는 것과 같다. 이제부터는 어두운 가정이 아닌 밝은 가정에 더 관심을 가져야 한다.

전통적 가정과 현대적 가정의 차이

1. 전통적 가정에서는 남편이 모든 것을 결정한다. 그러나 현대적 가정에서는 남편과 아내가 의논해 결정한다.
2. 전통적 가정에는 성에 의한 고정된 역할을 있다. 그러나 현대적 가정에는 개인적 선택과 능력에 따라 역할이 다르다.
3. 전통적 가정에서는 남편은 부양자, 아내는 가정주부이나 현대적 가정에서는 융통성 있는 역할이 배분된다.
4. 전통적 가정에서는 남편이 성생활을 주도하고 아내는 순종하여 따르게 되어 있으나 현대적 가정에서는 부부중 아무나 성적으로 접근할 수 있다.
5. 전통적 가정에서는 기본적으로 결혼은 위계질서를 형성하는 것이나 현대적 가정에서의 결혼은 동등한 동반자 관계를 수립하는 것이다.
6. 전통적 가정에서는 율법적 원칙과 규칙에 따라 문제를 해결하나 현대적 가정에서는 개인 및 서로의 필요에 따라 문제를 해결한다.
7. 전통적 가정에서는 자녀에게 남편은 권위와 훈계를 하는 위치에 있어 자녀들은 어머니와 더 가까우나 현대적 가정에서는 부모 모두에게 동일한 권위가 주어지므로 동시에 모두와 가깝다.
8. 전통적 가정에서는 남편이 종교적인 가장이나 현대적 가정에서는 부부가 함께 종교적 기능을 공유한다.
9. 전통적 가정에서는 남편은 계속하여 공부할 수 있으나 아내에게는 필요치 않다고 했다. 그러나 현대적 가정에서는 부부 모두가 공부할 수 있다.
10. 전통적 가정에서는 남편의 직업에 따라 거주지를 결정하나 현대적 가정에서는 형편과 모든 입장에 따라 거주지를 결정한다.

"본래 가족이 주어야 할 근본적인 만족을, 가족이 공급할 수 없다는

것이 현대의 불행이며 불만의 가장 뿌리 깊은 원인의 하나이다" 라고
B. 러셀이 말했다. 가족은 받기보다 주는 것에 익숙해야 한다.

가족관계는 다양한 악기들로 구성된 오케스트라의 연주와도 같다.
각자 자기 소리를 잘 낼 때 아름다운 화음이 되는 것처럼 가족도 자기
역할을 잘할 때 기능을 잘하게 되어있다.

우리는 순기능을 하는 가정과 역기능을 하는 가정에 대해 알고 있다.
순기능을 한다고 하는 것은 가정이 가정다운 역할을 잘 한다는 이야기
요 역기능을 한다고 하는 것은 가정이 가정다운 기능을 상실하고 있다
고 하는 이야기이다.

순기능의 바람직한 가정의 기능은 어떤 것인가?

1. 생산적이다.
2. 서로에게 배운다.
3. 자기에게 주어진 것을 잘 감당한다.
4. 자기의 공간을 가지고 있다.
5. 세상 사람처럼 살지 않고 믿는 사람처럼 산다.
6. 정서적, 정신적, 육신적으로 서로를 돕는다.
7. 주어진 환경을 감사한다.
8. 서로에게 감사한다.

이렇게 하기위해서는 가족에게 꼭 있어야 할 것들이 있는데 그것은
1. 좋은 자부심
2. 자기역할인식
3. 개방과 정직
4. 존중과 애정

5. 서로를 인정하는 것

6. 가정의 전통과 관습을 존중하는 것.

7. 양육

8. 따뜻함

9. 대화

10. 이해와 사랑과 용서와 감사

11. 협력

등과 같은 것들이 있어야 한다. 그래야 순기능을 하는 가운데 무엇이 행복인지를 알게 되고 그것 때문에 삶의 용기를 얻게 된다.

어느 하나라도 부족하면 가정은 서서히 서로를 불신하거나 아프게 할 수 있다. 그러므로 서로를 먼저 생각하는 가족이어야 한다. 그래야 바람직한 기능을 할 수 있다.

가정 속에는 하나님 아버지가 계셔야하고 믿음의 반석도 굳건해야 한다. 또 부모와 자식사이는 물론 형제들이 사랑으로 뭉쳐 서로 신뢰하며 기쁨도 설움도 서로 나누며 온 식구가 다 같이 일하는 가정이어야 한다. 온 가족이 한 상에 둘러 앉아 먹으며 담소하며 즐거워하는 모습을 생각해 보라. 그게 바람직한 가정의 모습이 아니겠는가?

세계 속에 가정이 있는 게 아니라 가정 속에 세계가 들어 있다고 한다. 무슨 말인지 한번쯤은 생각해 보아야 할 말이다.

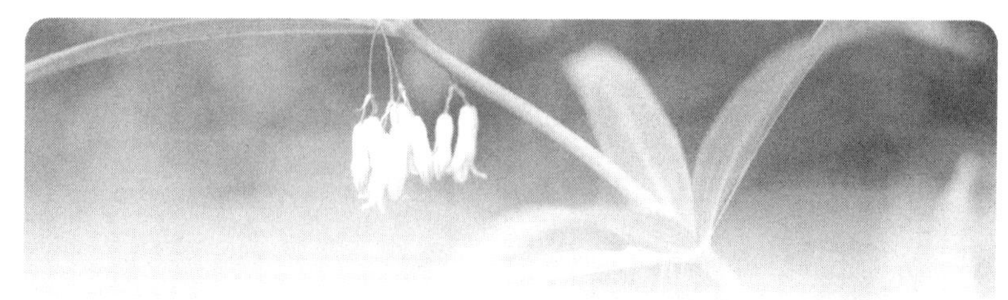

왜 결혼을 하려고 하는가?

"결혼은 회개와 용서의 교제요, 확실한 사랑의 언약이다" (웨인 오츠)

온갖 진실한 일 중에서, 결혼이란 것이 제일 장난기가 많다고 했다. 행복할 것 같으면서도 행복하지 않고, 그렇다고 불행이라고 여기기에는 너무도 피할 수 없는 그런 것이 결혼이다.

결혼은 "3주 동안 서로 연구하고, 3개월 동안 서로 사랑하고, 3년 동안 싸우고, 30년 동안 서로 참는 것"이라고 했다.

결혼은 세대에서 세대로 이어지는 것이다. 내 당대에서 끝나는 예전이 아니다. 그러므로 반복되는 역사 속에서, 사라지지 않고 오늘까지 꾸준히 이어져 오는 결혼과 가정의 형성에 대해 관심을 가지고 살핀다고 하는 것은 아주 중요하다. 관심을 가져야 좋은 결혼이 어떤 것이고 나쁜 결혼이 어떤 것인지를 분별할 수가 있다.

분명한 목적이나 의식이 없이 결혼을 하는 것은 비극을 잉태하는 일이 될 수 있다. 그러므로 결혼을 결심하기까지는 심사숙고를 하여야 한다. 그리고 하나님께 자신의 결혼을 신탁(神託)하여야 한다. 앨튼 트루불럿은 "결혼은 죄 많고 다투기 좋아하는 사람들이 그들 자신보다도 더 크고 거대한 꿈과 목적에 매달려서 반복되는 실패에도 아랑곳하지 않고 그 꿈을 실현하기 위해 오랜 세월을 수고하는 조직이다"라고 했다.

결혼을 통해 진정한 행복을 얻으려면 결혼생활에 대한 전적인 헌신과 인격 전체를 통한 삶 전체에 대한 바른 개념과 이해를 가지고 있어 그것을 자기 자신과 상대방에게 줄 수 있어야 한다. 그래야 결혼이 하나님이 주신 최고의 선물이 될 수 있다.

결혼은 행복을 위한 것이지 불행을 위해 하는 것이 아니다. 싸우기 위해 결혼하는 사람이 어디 있는가? 죽을 때까지 "미워하리라" 작정을 하고 결혼을 하는 사람은 없다. 행복하기 위해서 하는 것이 결혼이다. 그런데 왜 불행한 결혼이 있는가? 결혼 속에 하나님이 계시지 않기 때문이다.

하나님은 남자와 여자를 짝지어, 서로 아끼고 협력하는 하나가 되게 하셨다. "여호와 하나님이 가라사대 사람의 독처하는 것이 좋지 못하니 내가 그를 위하여 돕는 배필을 지으리라 하시니라" (창2:18)

혼자 사는 것이 "좋지 못하다"고 하는 의미 속에는, 여자가 없는 창조의 완성은 사실상 있을 수가 없다고 하는 의미가 들어 있다. 또 고독을 해결하기 위해서도 결혼은 필요한 것이고, 죄를 짓지 않기 위해서도 결혼은 꼭 있어야 할 행위라고 하는 의미가 함축되어 있다.

하나의 성(性)만으로는 창조 질서를 계승할 수가 없다. 하나님은 창조를 계승하게 하기 위해 아담을 돕는 배필로 하와를 지으셨다. 그러므로 남편과 아내 사이에는 보완적인 관계가 잘 형성이 되어 있어야 한다. 그래야 "아담이 가로되 이는 내 뼈 중의 뼈요 살 중의 살이라 이것을 남자에게서 취하였은즉 여자라 칭하리라 하니라"(창2:23)고 한 고백을 완성할 수가 있다.

남자와 여자는 그 근본이 하나이다. 둘 모두가 하나님의 형상대로 지음 받아 서로에게 속해있는 아름다운 존재이다. 적어도 무죄 시대의 아담의 눈에 비쳤던 하와의 모습은 "뼈 중의 뼈요 살 중의 살"이었다. 자기 몸의 가장 중요한 부분이라고 하는 이야기이다. 그러므로 거기에는 "잘나고, 못나고"가 있을 수가 없다. 차이가 있다고 하면 역할의 차이가 있을 뿐이다.

부부는 부부됨을 통해 상대방을 귀한 복 덩어리로 알아야 한다. 남편은 아내를, 아내는 남편을 축복의 열매로 알아야 한다. 따지고 보면 자식 하나를 키우는 데 많은 사랑과 물질과 시간이 소요된다. 오랜 세월동안 먹이고 입히고 공부를 시켜야 한다. 투자라고 생각하면 정말 많은 것을 투자하는 것이 자녀 양육이다. 결혼은 부모가 그토록 아끼지 않고 투자한 것을 자기 것으로 소유하는 행위이다. 그러므로 부부는 부부됨에 "보물을 얻었다는 심정으로 늘 서로에게 감사하여야 한다.

부부 사이보다 더 가까운 사이는 없다. 우리는 그러므로 두 사람이 다른 사람들보다 "더 가까워지기 위해" 하는 것이 결혼이라고 하는 이해를 가져야 한다.

한 사람의 생애를 하나님의 지켜주시고 이끌어 주시고 도와주신다고 하는 것은 아주 중요하다. 그것은 실패할 수 없는 인생살이를 의미하는 것이다. 그러므로 우리는 하나님과의 좋은 만남을 생의 우선순위로 삼아야 한다.

사랑이 많은 부모라고 하는 의미는 사랑을 많이 받은 부모요, 사랑을 심고 있는 부모라고 하는 의미이다. 부모가 가지고 있는 정서라든가 삶의 태도는 자녀들에게 많은 영향을 준다. 그러므로 "부모를 잘못 만나 이 모양 이 꼴이 되었다"고 하는 이야기가 나오지 않도록 부모는 자녀들에게 아름다운 부모가 되어야 한다. 사랑이 가득한 부모가 되어야 한다.

아이들은 받는데 익숙하지 주는데 익숙하지 않다. 아이는 태어날 때 100% 받을 준비를 하고 태어난다. 그러므로 부모는 그것을 채워줄 수 있어야 한다. 채워주지 못하면 채워지지 않은 그것으로 인해 후일 아이는 늘 부족함을 느끼며 살게 된다.

좋은 부모가 되는 첫 단계는 먼저 좋은 부부가 되는 것이다. 그러기 위해서는 좋은 신앙의 짝을 만나야 한다.

한 평생을 "함께 하기 위한 것"이 부부 됨이다. 그러므로 함께 멍에를 같이 할 사람을 잘 선택해야 한다. 겉모습이나 조건이 신앙보다 우선하는 것은 아주 위험하다. 그것은 서로 조화하지 못하는 것들로 인해, 함께 살면서도 쉬지 않고 삐걱거릴 수 있는 원인을 갖게 한다. 그러므로 우리는 자신의 행복을 위해서 좋은 배우자와의 만남을 기대하고 기도해야 한다. 그래야 행복한 부부가 될 수 있고 경건한 자녀를 얻을 수가 있다.

"이는 곧 물로 씻어 말씀으로 깨끗하게 하사 거룩하게 하시고 자기 앞에 영광스러운 교회로 세우사 티나 주름잡힌 것이나 이런 것들이 없이 거룩하고 흠이 없게 하려 하심이니라" (엡 5:26-27)

예수를 믿는 것은, 예수님만이 우리를 흠 없게 하셔서 반듯한 사회성을 가진 사람으로 유지시켜 주시기 때문이다.

삶의 분명한 목표를 갖지 않으면 그것은 필연적으로 그 사람을 방황케 한다. 결국 "새들이 새장에 들어갈 때는 희망을 갖고 들어가지만 절망 속에서 다시 빠져 나오기를 원한다"고 한 몽테규의 말처럼 "불행한 결혼은 지옥에의 전도금을 받은 거나 마찬가지"로 사람들은 그 불행에서 빠져 나오려고 허우적거리는 삶을 살게 된다. 그러므로 결혼은 냉철히 생각한 후에 후회 없는 결혼을 해야 한다.

성경이 주는 크리스천의 결혼에 대한 교훈

우리는 장차 내 배우자가 될 사람의 그림을 그려야 한다.

"여호와 하나님이 가라사대 사람의 독처하는 것이 좋지 못하니 내가 그를 위하여 돕는 배필을 지으리라 하시니라 여호와 하나님이 흙으로 각종 들짐승과 공중의 각종 새를 지으시고 아담이 어떻게 이름을 짓나 보시려고 그것들을 그에게로 이끌어 이르시니 아담이 각 생물을 일컫는 바가 곧 그 이름이라 아담이 모든 육축과 공중의 새와 들의 모든 짐승에게 이름을 주니라 아담이 돕는 배필이 없으므로 여호와 하나님이 아담을 깊이 잠들게 하시니 잠들매 그가 그 갈빗대 하나를 취하고 살로 대신 채우시고 여호와 하나님이 아담에게서 취하신 그 갈빗대로 여자를 만드시고 그를 아담에게로 이끌어 오시니 아담이 가로되 이는 내 뼈 중의 뼈요 살 중의 살이라 이것을 남자에게서 취하였은즉 여자라 칭하리라 하니라 이러므로 남자가 부모를 떠나 그 아내와 연합하여 둘이 한 몸을 이룰지로다 아담과 그 아내 두 사람이 벌거벗었으나 부끄러워 아니하니라"

위의 본문은 창세기 2:18-25 사이에 나타나는 아담과 하와의 결혼에 관한 이야기이다. 우리는 이 본문을 통해 결혼의 8단계를 생각할 수 있다.

첫째 단계는 '독처하는 것이 좋지 못하니'

둘째 단계는 '그를 위하여'

셋째 단계는 '돕는 배필을 지으리라'

넷째 단계는 '여자를 만드시고'

다섯째 단계는 '그를 아담에게로 이끌어 오시니'

여섯째 단계는 '이는 내 뼈 중의 뼈요 살 중의 살'

일곱째 단계는 '남자가 부모를 떠나 그 아내와 연합하여'

여덟째 단계는 '벌거벗었으나 부끄러워 아니하니라' 라고 나타나고 있다.

"독처하는 것이 좋지 못하니"는 독신자의 위치를 보여주는 것이요 가족 형성의 삶의 형태를 보여주는 것이다.

이 해석의 배후에는 결혼이 하나님의 뜻이라고 하는 것이 나타나 있다. 또 삶의 완성은 결혼으로 이루어지는 것이라고 하는 것이 나타나 있다.

하나님은 "사람이 독처하는 것이 좋지 못하다"고 했다. 그러므로 "내 평생 주님만을 위해 주의 일을 하며 살겠다"는 특별한 서원이 없는한

독신으로 사는 것보다는 결혼을 하는 것이 좋다. 독신의 삶이란 그리 쉬운 삶이 아니다. 그것은 많은 유혹이 따르는 삶이다. 그래서 사도 바울도 "만일 절제할 수 없거든 혼인하라 정욕이 불같이 타는 것보다 혼인하는 것이 나으니라"(고전7:9)라고 했다.

독신의 삶이란 준비하는 기간이요 인내를 키워 가는 기간이다. 그러므로 준비가 끝나고 인내의 기간이 지나 결혼할 적령기가 되었으면 자연스럽게 결혼을 하는 것이 좋다. 그것이 순리요 하나님의 뜻이다.

하나님은 "내가 그를 위하여 돕는 배필을 지으리라"고 하셨다. 여기에 나타나는 돕는 배필의 의미는 그에게 꼭 맞는 배필(Suitable helper)을 의미하는 것인데 그것은 전적으로 하나님의 주도로 결정(God's Initiation) 되어진 것이다.

또 "여자를 지어야 하겠다"고 하는 결심은 하나님의 판단으로, 남자가 혼자 사는 것이 "하나님이 보시기에 좋지가 않다"고 해석하셨기에 하나님은 그에게 가장 잘 맞는 배우자로 하와를 지으셔서 "아담에게 이끌어 오셨고" 그것을 통해 하나님 자신이 그 결혼을 세우시고, 주례하시고, 축복하신 것이 가정의 형성이요 결혼임을 보여주고 있다. 또 결혼은 "남자가 부모를 떠나 그 아내와 연합하는" 것이라고 하는 결혼의 형태도 나타나고 있다. 부부사이를 지나치게 간섭하는 부모가 되어서도 안 되고 결혼을 했는데도 부모에게 의존하는 부부가 되어서도 안 된다고 하는 것이 나타나 있다.

부부 사이는 "벌거벗었으나 부끄러워 아니"할 만큼 가깝고 친밀한 사이이다. 그러므로 부부는 서로의 만남을 기뻐해야 하고 그것을 늘 감사해야 한다.

창세기 24장은 이삭과 리브가의 결혼에 관한 이야기이다. 내용을 살펴보면 성경적인 결혼의 배후에는

1) 부모님의 관심이 있다.

"내가 너로 하늘의 하나님, 땅의 하나님이신 여호와를 가리켜 맹세하게 하노니 너는 나의 거하는 이 지방 가나안 족속의 딸 중에서 내 아들을 위하여 아내를 택하지 말고 내 고향 내 족속에게로 가서 내 아들 이삭을 위하여 아내를 택하라"(3-4)

2) 하나님의 인도하심에 마껴야 한다.

"하늘의 하나님 여호와께서 나를 내 아버지의 집과 내 본토에서 떠나게 하시고 내게 말씀하시며 내게 맹세하여 이르시기를 이 땅을 네 씨에게 주리라 하셨으니 그가 그 사자를 네 앞서 보내실지라 네가 거기서 내 아들을 위하여 아내를 택할지니라"(7)

"그가 가로되 우리 주인 아브라함의 하나님 여호와여 원컨대 오늘날 나로 순적히 만나게 하사 나의 주인 아브라함에게 은혜를 베푸시옵소서 성중 사람의 딸들이 물 길러 나오겠사오니 내가 우물 곁에 섰다가 한 소녀에게 이르기를 청컨대 너는 물 항아리를 기울여 나로 마시게 하라 하리니 그의 대답이 마시라 내가 당신의 약대에게도 마시우리라 하면 그는 주께서 주의 종 이삭을 위하여 정하신 자라 이로 인하여 주께서 나의 주인에게 은혜 베푸심을 내가 알겠나이다"(12-14)

3) 배우자를 찾되 하나님의 뜻에 맞는 배우자를 찾아야한다.(3)

4) 자신이 원하는 사람을 그리고 생각해야 한다.(3-4)

원하는 조건이나 희망 사항을 적어놓고 내 배우자가 될 사람의 그림을 그리고 기도하며 기다린다고 하는 것은 아주 중요하다. 내게 꼭 맞는 배우자를 주실 이는 하나님이시다. 골라도 하나님이 골라 주셔야 한다. 그러므로 마음속에 구체적으로 원하는 배우자의 그림을 그리고 그 그림이 실상이 되도록 기도하여야 한다.(히 11:1 참조)

5) 잘 될 것이라고 하는 확신을 가져야 한다.(7)

주님은 "네 믿음대로 되리라"고 하셨다. 받기를 원했으면 그대로 이루어지리라는 확신이 있어야 한다. 더디다고 불평하거나 의심을 해서는 안 된다. 자신이 "확신한 일"에 대한 "하나님의 인도하심이 분명히 나타나리라" 하는 믿음을 가져야 한다.

"말을 마치지 못하여서 리브가가 물 항아리를 어깨에 메고 나오니 그는 아브라함의 동생 나홀의 아내 밀가의 아들 브두엘의 소생이라 그 소녀는 보기에 심히 아리땁고 지금까지 남자가 가까이 하지 아니한 처녀더라 그가 우물에 내려가서 물을 그 물 항아리에 채워가지고 올라오는지라 종이 마주 달려가서 가로되 청컨대 네 물 항아리의 물을 내게 조금 마시우라 그가 가로되 주여 마시소서 하며 급히 그 물 항아리를 손에 내려 마시게 하고 마시우기를 다하고 가로되 당신의 약대도 위하여 물을 길어 그것들로 배불리 마시게 하리이다 하고 급히 물 항아리의 물을 구유에 붓고 다시 길으려고 우물로 달려가서 모든 약대를 위하여 긷는지라"(15-20)

6) 결혼은 부모의 흔쾌한 허락이 있어야 한다.

"라반과 브두엘이 대답하여 가로되 이 일이 여호와께로 말미암았으니 우리는 *가부를 말할 수 없노라* 리브가가 그대 앞에 있으니 데리고 가서 여호와의 명대로 그로 그대의 주인의 아들의 아내가 되게 하라"(50-51) 자녀들은 부모의 뜻을 헤아려야 하고 부모는 자식의 선택을 존중하여야 한다.

7) 최종적인 결정은 당사자들이 하도록 배려하는 것이 좋다.

"리브가를 불러 그에게 이르되 *네가 이 사람과 함께 가려느냐 그가 대답하되 가겠나이다*"(58)

결혼은 "그들의 선택이요" 부모를 떠나 새롭게 시작하는 것이다. 부모는, 결혼이 부모와 사는 것이기 이전에 부부가 사는 것임을 이해하여야 한다.

8) 모든 것을 결정했으면 결정한 사실을 놓고 결혼 예식을 갖기까지 신랑신부는 기다리면서 그들의 결혼을 위해 기도해야 한다.

"때에 이삭이 브엘 라해로이에서 왔으니 그가 남방에 거하였었음이

라 이삭이 저물 때에 들에 나가 묵상하다가 눈을 들어 보매 약대들이 오더라"(62-63)

9) 그래야 좋은 결과를 얻을 수가 있다.

"이삭이 리브가를 인도하여 모친 사라의 장막으로 들이고 그를 취하여 아내를 삼고 사랑하였으니 *이삭이 모친 상사 후에 위로를 얻었더라*"(67)

결혼은 인생에 있어 가장 큰 일이다. 그러므로 시작부터 바르게 반듯하게 해야 한다. 하나님의 가르치심이나 설계에 따라야 한다.

돕는 배필의 실제적 적용

돕는 배필의 잘못된 개념

1) 배우자를 내가 행복해지기 위한 수단으로 여긴다.

2) 섹스나 생식의 대상으로만 생각한다.

그러다보니 상대방을 자기 취향에 맞게 길들이거나 자기 가치관에 맞는 배필로 만들어 보려고 시도를 하는데 그 결과 상대방의 인격이나 성품을 무시하고 강제로 자기가 원하는 것에 따르게 한다. 이런 사람들은 대체로 남과 자기 배우자를 비교한다.

돕는 배필의 바른 개념

1) 배우자를 이해한다.

2) 배우자에 대한 책임을 깨닫는다.

3) 배우자를 도와준다.

4) 배우자를 편안하게 해 준다.

5) 배우자의 아픔이나 괴로움을 위로해 준다.

6) 배우자를 바로 "나"라고 생각한다.

7) 상대가 갖고 있는 그대로를 수용하고 사랑한다.

8) 상대방의 부족한 부분을 내 부족한 부분이라고 생각한다.

9) 상대가 조금씩 성장하는 것을 보고 기뻐하며 보람을 느낀다.

10) 즐거움이나 슬픔을 함께 나눈다.

11) 상대방에게 늘 감사한다.

12) 상대방이 결점이 있기 때문에 나 같은 배우자가 필요하다는 생각을 갖는다.

□ 성경적으로 볼 때, 아내가 돕는 배필의 위치에 있으나 남편 또한 아내가 돕는 배필의 역할을 잘 감당하도록 아내를 도와야 한다.

하나님이 결혼 제도를 세우신 목적은, 결혼을 통해 하나님을 나타내시기 위함이다. 그러므로 우리는 결혼을 통해 하나님의 실재하심과 행복한 결혼 속에만 주어지는 비밀스러운 기쁨이 무엇인지를 알아야 한다.

불행한 결혼 속에서는, 나와 하나님의 하나 됨이 느껴지지가 않을지라도 행복한 결혼 속에서는 "이토록 아름다운 반려자"를 허락해 주신 하나님이 너무도 감사해 하나님의 실재하심이 느껴지는 법이다.

하나님은 이 세상에서 그를 대신하여 일할 일꾼으로 남자와 여자를 창조하셨다. 그리고 서로를 돕도록 하셨다.

남자와 여자의 성을 다르게 하신 것은 서로에게 끌리게 하기 위함이요 서로의 상이한 것을 통해 보완적인 관계를 갖게 하기 위함이다. 그러므로 부부는 자신의 것으로 서로의 부족을 채워주는 사이가 되어야 한다. 행여라도 불평하며 원망하는 사이가 되어서는 안 된다. 불평을 하고 원망을 하면 하나님이 보이지 않게 되어 있다.

"하나님이 가라사대 우리의 형상을 따라 우리의 모양대로 우리가 사람을 만들고 그로 바다의 고기와 공중의 새와 육축과 온 땅과 땅에 기는 모든 것을 다스리게 하자 하시고 하나님이 자기 형상 곧 하나님의 형상대로 사람을 창조하시되 남자와 여자를 창조하시고"(창 1:26-27)

본문에서 우리는 "우리의 형상을 따라 우리의 모양대로"라고 하신 말씀에 관심을 가져야 한다. 하나님은 우리를 지으시되 하나님의 형상에 따라 지으셨다. 하나님의 형상이란 거룩을 말하는 것이요 그것은 외형적인 어떤 것이 아닌 영적인 것을 의미한다. 그러므로 하나님은 "내가 거룩하니 너희도 거룩 하라"(레 11:45)고 하셔서 부부의 삶 속에는 거룩함이 있어야 할 것을 가르치셨다.

결혼은 하나님이 보시기에 가장 아름다운 모습이다. 하나님은 이 제도를 통해 우리로 하나님의 기업의 풍성함을 얻도록 하셨다. 그러므로 결혼 자체만으로도 우리는 이미 풍성한 위치에 있다고 할 수 있는데 부부의 하나됨은 하나님의 나라를 건설하는데 가장 기본이 되는 요건이다.

부부가 불화 하게 되는 것은 죄의 탓이요 부부 사이에 거룩함이 없기 때문이다. 부부의 불화는 사단이 가장 즐거워하는 것으로 사단은 부부가 싸울 때 "잘한다. 더 싸워라. 그래야 내 자식이지"하고 즐거워한다.

하나님은 그의 창조물을 지배하고 다스리고 관리하게 하기 위해 사람에게 그의 것을 다스릴 권세를 주셨다. 그런데 죄로 인해 부분적으로나마 인간은 그 권세를 잃고 말았다. 그러므로 이제는 그것을 회복해야 한다.

보완적인 관계란 서로의 필요를 채워주므로 성숙해 가는 관계를 말한다. 하나님은 부부 서로를 완성시키려고 하나 되게 하셨고 또 동반자의 길을 걷게 하셨다.

동반자의 관계란 함께 불화를 극복하고 외로움을 극복하는 관계를 말한다. 그러므로 결혼한 사람은 자기중심을 떠나 상대를 먼저 생각해야 한다.

결혼은 그리스도와 그의 신부인 교회와의 관계를 상징하는데 성경은 이 사실을 비밀이라는 말로 표현을 하고 있다. 그리스도께서 교회를 인도하고 사랑하고 보호하여 주시는 것과 교회는 그에게 순종하는 것을 통해 하나님은, 남편이 아내를 인도하고 사랑하고 보호하고, 아내는 남편에게 순종하여야 할 것을 가르치시고 있다. 또 그것을 통해 하나님을 느낄 수 있기를 원하시고 있다. 결혼은 "하나 됨"의 신앙의 모형이다.

결혼의 목적을 성공적으로 이루기 위해서 주어진 기본 되는 원리가 있다. 그것은 "분리와 불변과 연합과 친교"의 4가지 원리로, 창세기 2:24-25의 "이러므로 남자가 부모를 떠나 그 아내와 연합하여 둘이 한 몸을 이룰지로다 아담과 그 아내 두 사람이 벌거벗었으나 부끄러워 아니하니라" 하신 말씀에서 찾을 수 있다.

본문의 "부모를 떠나"는 분리를 의미하는 것이다. 또 "아내와 연합하여"는 변할 수 없는 항구적인 상태를 의미한다. 또 "둘이 한 몸을 이룰지로다"는 나뉠 수 없는 결합을 의미한다. 그리고 "벌거벗었으나 부끄러워 아니 하니라"는 더없이 가까운 친교를 의미한다.

분리(分離)는 새로운 관계를 위해 옛 사람과의 관계를 깨끗이 정리하는 것을 말한다. 이 의미는 부모나 친구보다 배우자가 더 우선이라고 하는 의미이다. 그러므로 부

> 여호와를 경외하며 그 도에 행하는 자마다 복이 있도다 네가 네 손이 수고한 대로 먹을 것이라 네가 복되고 형통하리로다 네 집 내실에 있는 네 아내는 결실한 포도나무 같으며 네 상에 둘린 자식은 어린 감람나무 같으리로다 여호와를 경외하는 자는 이같이 복을 얻으리로다 여호와께서 시온에서 네게 복을 주실지어다 너는 평생에 예루살렘의 복을 보며 네 자식의 자식을 볼지어다 이스라엘에게 평강이 있을지로다 (시 128:1-6)

모에게 가졌던 관심이나 친구에게 가졌던 관심을 이제는 배우자에게 돌려야 한다. 또 부모는 결혼과 동시에 자녀를 놓아주어야 한다. "부모를 떠나"는 부모로부터 주어졌던 안정감이나 보호감이나 경제적인 뒷받침이나 육체적인 욕구로부터 벗어나는 것을 의미한다. 이제 이후부터는 책임을 갖는 독립성을 지닌 성숙한 존재로의 전환을 의미한

다. 그러므로 부부의 보다 성숙한 관계를 위해 부모나 친구와의 관계에 분명하게 선을 긋는 것이 좋다. 물론 이 말은 부모에게 불효를 하라고 하는 말이 아니다. 친구들에게 등을 돌리라고 하는 말이 아니다. 더 이상 의존을 하지 말라고 하는 이야기로 부모 때문에 부부 사이가 멀어져서도 안 되고 친구 때문에 부부 사이가 멀어져서도 안 된다고 하는 이야기이다. 부부의 관계보다 더 가까운 관계가 있다고 하면 그것은 하나님과의 관계뿐이다.

불변(不變)이라고 하는 말은 바뀔 수 없는 영속성을 말하는 것이다. 이 영속성은 "하나님이 짝지어 주시는 것"이므로 나누지 못한다고 하는 것을 전제하고 있다.

"이러한즉 이제 둘이 아니요 한 몸이니 그러므로 하나님이 짝지어 주신 것을 사람이 나누지 못할지니라"(마19:6)

"그 아내와 연합하여 둘이 한 몸을 이룰지로다"의 "연합하여"는 "달라 붙다, 풀칠하다"라는 뜻을 갖고 있다. 그러므로 결혼은 서로 간에 "달라붙는 것"을 의미하는데 전에는 개체였으나 이제는 합쳐져 하나가 되는 것을 말한다. 그리고 그것은 성혼선언과 동시에 즉각적으로 이루어지는 것이다.

부부도 의견의 차이는 있을 수 있다. 그래서 다툴 수도 있다. 그러나 그렇다고 해서 자의로 헤어질 수는 없는 게 기독인의 결혼이다.

연합(聯合)은 부부가 사랑의 관계를 맺고 한 몸을 이루는 것을 말한다. 한 몸을 이룬다고 하는 것은 즉각적인 사건이요 과정으로 그것은 이제는 함께 일하며 함께 생활하는 위치에 선다고 하는 것을 의미한다. 한 몸을 이루기 위해서는 언제나 사랑과 순종이 선행되어야 한다. 그리고 늘 용서와 용납과 섬기고 이해하는 것이 뒤따라야 한다.

"벌거벗었으나 부끄럽지 않은 것"은 정신적으로나 육체적으로나 내적으로나 외적으로 구속이 없는 친교의 기쁨을 말한다. 친교의 기쁨은 분리와 영속성과 결합의 바른 이해 가운데 주어지는 것이어서

"부끄러워 아니할 수 있는" 것은 그것이 하나님의 뜻이기 때문이다. 부부 사이에는 비밀이나 숨김이나, 주저함이나, 두려움과 같은 것이 없는, 아주 친근하고, 성실하고, 서로를 존중하는 완전한 신뢰가 있어야 한다.

결혼은 하나님이 직접 설계하시고 준비하신 것으로 십계명중 세 계명 이상이 가정생활과 연관 되어있고 주님의 첫 이적이 가나 혼인 잔치 집에서였다고 하는 사실에 우리는 관심을 가져야 한다.

부부는 하나님이 짝지어 주시는 것으로 하나님으로부터 배우자를 받았다고 하는 사실을 통해 부부의 하나 됨을 느낄 수 있어야한다. 하나님은, 하나님을 바로 알고 그를 신뢰할 때 부부 서로가 완벽하게 수용할 수 있도록 하셨다. 그러므로 이 원리 통해 우리는 부부 생활이 아름다워야 하나님과 "나" 사이가 아름다워질 수 있다는 이해를 가져야 한다.

남편은 아내의 머리가 된다고 하였다.(엡 5:23) 이 의미는 힘이 있고 완력이 있으니 육체적으로 아내를 지배하는 머리가 된다고 하는 의미가 아니다. 영적인 질서가운데 남편이 먼저 본을 보이는 삶을 사는, 삶의 모델이 되는 머리라고 하는 이야기이다. 그러므로 남편은 그가 하나님의 형상을 입은 자다운 본을 보여야 하고 하나님을 어떻게 섬기는지를 보여주는 모델이 되어야 한다.

그리스도인 가정의 바람직한 모델

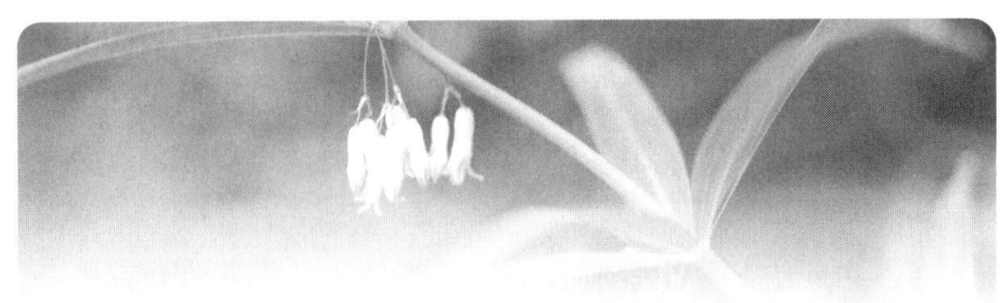

“집과 재물은 조상에게서 상속하거니와
슬기로운 아내는 여호와께로서 말미암느니라”(잠 19:14)

하나님은 경건한 가정을 통해 경건한 종족을 보존하시기를 원하신다. 성경은 셋의 후손들이 믿음의 가계를 이었던 것을 보여주고 있고, 아브라함의 후손들이 하나님을 섬기는 모형인 것을 보여주고 있다. 한나는 기도로 얻은 사무엘을 하나님에게 바쳤고, 요게벳은 이방 땅에서 아들 모세에게 이스라엘의 역사를 가르쳤다. 그 결과 그들 모두는 성경 속의 아름다운 인물로 기억되고 있다.

이처럼 어떤 모습으로 무엇을 위해 어떻게 사느냐? 하는 것은 생에 있어서 아주 중요하다. 그런데도 우리는 우리에게 주어진 삶의 현실에 직면할 때, 한 부분은 감정을 위해서, 또 한 부분은 행위를 위해서 별개의 것으로 생각하는 습성을 가지고 있어 분명 그래서는 안되는데도 마음 따로 몸 따로의 행동을 하기도 한다.

그리스도인의 가정은 그리스도인다운 가치를 지녀야 한다. 서로 섬기고, 서로 위로하며, 서로 이해하며, 서로 안위하며, 서로 도우며, 서로 사랑하는 가정의 모습을 갖추어야 한다. 그리고 그 모두는 하나님의 거룩과 사랑을 기초로 하여야 한다.

하나님이 가정을 세우신 목적이 무엇인가를 한번 생각해 보라. 서로 원망하고 싸우고 미워하라고 가정을 주셨겠는가? 아니다. 서로 보듬어 주고 협력해 서로의 상처를 어루만지며 아름다운 질서를 유지해 "하나님이 자기 형상 곧 하나님의 형상대로 사람을 창조하시되 남자와 여자를 창조하시고 하나님이 그들에게 복을 주시며 그들에게 이르시되 생육하고 번성하여 땅에 충만하라, 땅을 정복하라, 바다의 고기와 공중의 새와 땅에 움직이는 모든 생물을 다스리라 하시니라"(창 1:27-28) 하신 말씀에 따라 사랑하는 삶, 성공하는 삶을 살라고 가정을 주셨다. 그러니까 가정은 "생육과 번성"이 목표이다. 그 목표를 이루려면 과연 어떻게 해야 할까? "땅에 충만하라, 땅을 정복하라, 바다의 고기와 공중의 새와 땅에 움직이는 모든 생물을 다스리라"고 하신 것처럼 주어진 것을 정복하고 다스려야 한다.

그런데 우리는 어떤가? 그것들을 다스리기보다 그것들의 지배를 받고 있다. 죄를 다스리는 것이 아니고 죄에 취해 있다. M.E.몽테규는 그래서 그의 수상록에서 "왕국을 통치하는 것보다 가정을 다스리는 쪽이 더 어렵다"고 고백하고 있다.

이론(異論)도 있겠지만 상담사로서 볼 때 그리스도인들에게 있어 가정 사역은 교회 사역보다 우선하는 것이라 할 수 있다. 그것은 디모데전서 3:4-5에 "자기 집을 잘 다스려 자녀들로 모든 단정함으로 복종케 하는 자라야 할지며 사람이 자기 집을 다스릴 줄 알지 못하면 어찌 하나님의 교회를 돌아보리요" 라고 하신 말씀을 통해 가정이 먼저 바로 서야 함을 보여주는 것을 통해서도 이해할 수 있다.

가장 바람직한 가정은

1) 천국의 작은 모형과 같아야 한다. 그리고 그 속에 사랑이 있어
2) 폭풍우 속의 피난처와 같은 역할을 감당할 수 있어야 한다.

J.H.페스 탈로치는 "가정의 단란이 지상에 있어서의 가장 빛나는 기쁨이다. 그리고 자녀를 보는 즐거움은 사람의 가장 성스러운 즐거움이다" 라고 했다. 또

3) 가정은 인간관계를 형성하는 중심지가 되어야 한다. 좋은 인격을 연마 하는 수련장이 되어야 한다. 아름다운 교육을 받을 수 있는 교육장이 되어야 한다. 래이 앤더슨은 '우리의 영성은 가정 내의 인간관계를 통해 형성된다' 고 했다. 또 가정은

4) 창조력이 움트는 곳으로 후일 많은 좋은 추억을 간직한

5) 추억의 박물관과 같은 곳이 되어야 한다. 좋은 추억은 성장기의 활력소가 될 수 있다.

하나님은 헌신된 가정을 통하여 하나님의 사역을 펼치신다. 그러므로 하나님의 사역을 감당하는 가정이 되려면 하나님이 원하시는 가정의 기능을 갖추어야 한다.

"결혼은 두 사람 안에 존재하는 하나의 새 생명이다."라고 했다. 그렇다. 부부 사이는 하나의 새 생명으로 새롭게 탄생을 하여야 한다. 그것은 둘이 하나로 연결된 또 다른 새로운 시작이다. 그러므로 새로운 시각을 가져야 한다. 나를 중심해서 생각하던 유치함에서 벗어나 상대방 중심의 생각을 하여야 한다. 살다보면 전혀 다투지 않고 살 수는 없다. 사랑싸움이라고 하는 말이 있듯이 부부는 사는 과정에서 다투기도 한다. 그러나 부부 싸움은 승자가 없어야 한다. 언제나 서로 비기는 싸움이어야 한다. 그래야 둘 사이를 침범하는 어떤 장애물도 힘을 모아 잘래낼 수가 있다.

왜 이 사람과 결혼을 했는지? 한번 그 이유를 곰곰이 생각해, 적어도 20개 이상을 써보자. 왜 결혼했는지도 모르면서 사는 것은 너무도 무책임하고 무감각한 일이다.

에이브리는 "사랑이 없는 가정은 혼이 없는 신체가 사람이 아니듯이 결코 가정이 아니"라고 했다. 행복한 가정은 가족 서로가 닮아 있지만, 불행한 가정은 어느 사람이나 모두 따로따로 놀고 불행한 모습을 보인다. 웃으면서 화롯불 가에 옹기종기 모여 담소하며 구운밤을 먼저 먹으라고 권하며 찬바람에 감기가 들세라 뒤집어쓰고 있는 이불

자락을 서로 토닥토닥 두드려 주는 모습을 상상해 보라. 사랑은 멀리 있는 것이 아니고 내 제일 가까운 주변에 있다. 그리고 그것은 특별한 일이 아닌 평범한 매일 매일의 생활 속에서 내가 먼저 찾아 가꾸어야 하는 것이다.

크리스천의 순결

"입맞춰 주게. 나의 순결은 너의 순결하고만 결합할 수 있다. 어서 입맞춰 주게." (A.세제르)

순결에는 육체적인 순결과 마음의 순결이 있다. 순결이란 참으로 느낌이 좋은 상큼한 것으로 그것은 깨끗함을 의미하는 것이다. 또 정결과 거룩을 의미하는 것이다. 주님은 "종말로 형제들아 무엇에든지 참되며 무엇에든지 경건하며 무엇에든지 옳으며 무엇에든지 정결하며 무엇에든지 사랑할 만하며 무엇에든지 칭찬할 만하며 무슨 덕이 있든지 무슨 기림이 있든지 이것들을 생각하라"(빌 4:8) 고 했다.

육체적인 순결을 지키는 것이나 마음의 순결을 지키는 것은 하나님의 형상(Image)을 그대로 간직하는 일이 된다. 육체적 순결과 마음의 순결은 분리해서 생각할 수 없는 속성을 가지고 있다. 그러나 꼭 이 둘 중 하나만을 선택하라고 하면 마음의 순결이 더 중요하다. 왜냐하면 우리는 사는 가운데 자신의 뜻과 상관없이 육체적인 순결을 잃는 경우도 있기 때문이다.

크리스천에게는 크리스천다운 삶의 기본되는 자세가 있다. 그리고 그것은 높은 자존감으로 인해 유지되는 것이다.

자존감이란 자신이 귀중한 존재라고 생각하는 자긍심이다. 그것은 주위 사람이나, 친척이나, 지도자들로부터 자신이 용납된다고 느껴질 때 얻어지는 감정이기도 하다. 그러나 그것은 스스로 만들 수 있는 것이 아니다. 그것은 하나님으로부터 주어지는 것으로 하나님이 내게 주신 나다운 가장 아름다운 가치이다. 그러므로 우리는 그것을 늘 높게 유지하여야 한다.

자존감을 높게 유지하려면 "하나님이 가라사대 우리의 형상을 따라 우리의 모양대로 우리가 사람을 만들고"(창 1:26상) 하신 그 때 그대로의 모습을 계속 간직하여야 한다.

하나님의 형상대로 지음 받았다고 하는 것은 영예 중 최고의 영예이다. 그것은 하나님의 인간을 향하신 사랑의 극치이기도 하다. 그러므로 우리는, 우리 속에 하나님의 형상을 그대로 유지하고 있어야 한다. 나 자신을, 성령님이 거하시는 전이 되게 하여야 하고(고전6:19) 내 몸을 거룩한 산 제사와 의의 병기로 드릴 수 있도록 하나님의 뜻에 합당하게 살아야 한다.(롬 12:1, 롬6:3) 엄벙덤벙 살면 안 된다. 확고한 크리스천의 기본 가치관을 가지고 살아야 한다.

기본 가치관은 남들과 나와 차별이 없다고 하는 동등의식의 기초 위에 세워진 사회성을 말한다. 그러므로 거기에는 정직성이 있어야 한다. 또 약속이행이나 존경심이나 책임의식이나 자기 조절력과 같은 것들이 수반되어야 한다.

가치는 배워지는 것이 아니고 하나님으로부터 주어지는 것이다. 하나님은 우리의 삶을 통해 무엇이 가치인지를 일깨워 주셨다. 그러므로 바른 선택과 크리스천다운 책임의식을 가지고 살아야 한다.

세상살이는 당면하는 상황마다 선택을 요구하고 있다. "이것이냐? 저것이냐?" 하는 선택을 요구하고 있다. 더구나 결혼에 관한한 한 번의 선택이 평생을 좌우하는 법이다. 그러므로 선택을 잘 해야 한다.

그러기 위해서는 선택에 필요한 기본적인 가치에 대한 지식을 가져야 하고, 선택을 한 후에 따르는 결과적인 책임이 무엇인지를 깨달아야 하고, 그 선택을 존중하고 그것에 아름답게 순응할 수 있는 이해를 가져야 한다. 그 누구보다도 자신에게 가장 잘 할 수 있는 사람은 바로 자기 자신이다.

하나님의 성품 속에는 자제와 인내가 있다. 결혼 전의 기간은 자제와 인내를 키우는 훈련기간이다. 그러므로 미혼자들은 이 기간을 인내하고 자제하므로 아주 슬기롭게 넘겨야 후일 결혼 생활을 아름답게 꾸밀 수가 있다.

청년기는 참을성이 적은 시기이다. 그러므로 욕구에 쉽게 적응한다. 그러나 하나님의 요구는 이 시기에 인내를 키우므로 바른 인격을 갖추고 "아닌 것은 아니라"고 분명히 구분하면서 살라는 것이다.

결혼은 사랑의 결과요 하나님의 창조 질서에 참여하는 거룩한 예전이다. 그러므로 내가 주역이요 "나"를 위한 예전이기도 하다.

그러나 현실적으로는 "육신적으로" 결혼을 하게 된다. 그러므로 조심하지 않으면 순결을 상실한 육신적인 결혼이 될 수가 있다. 자신의 순결을 지킬 수 있는 사람은 오직 자기 자신뿐이다. 동정(童貞)을 가르켜 희귀 동물이라거나 숫처녀를 가르켜 천연기념물이라고 하는 것을 정말 자랑으로 여기는 사람이 되어야 한다. 왜냐하면 그것이 하나님의 뜻이기 때문이다. 그런데도 그렇지 못하는 "내"가 지니고 있는 약점은 무엇일까? 우리는 아무리 순결하다 할지라도 무엇인가 결코 순결하다고 할 수 없는 것을 속에 간직하고 있다. 왜 그럴까?

W.셰익스피어는 "뜻대로 하세요"에서 "남자는 구애할 때만 봄이고, 부부가 되어 버리면 이미 겨울이다. 여자는 딸로 있을 때는 5월의 꽃 필 때 같지만, 남편을 맞으면 대번에 하는 행동이 달라진다."고 했다. 왜 이렇게 달라질까? 거기에는 많은 대답이 있을 수 있는데 흔히 쉽게 생각할 수 있는 것은 "그가 나를 무시하니까. 내가 원하는 것을 충족해 주지 않으니까. 말로 나에게 상처를 주니까. 너무 이기적이니까. 자기만을 위하니까" 결국 이런 이유들이 장애를 발생케 하는데 사람이 장애 발생을 하는 일반적인 원인은 속에 있는 불안 때문이다.

인간의 욕구는 현대 정신 분석학의 핵심 개념의 하나로 심리학의 모든 기초 개념은 이로부터 출발한다고 해도 과언이 아니다.

욕구는 인간이 가지고 있는 역동적인 불균형이 균형을 이루려는 본능으로 인해 나타난다. 충족되어져야 할 것이 충족이 되어지지 않으면 충족하고자 하는 긴장 상태가 나타나게 되는데 그것이 욕구이다. 그러므로 욕구는 적절하게, 정당하게 충족되어야 한다. 충족되어야 할 욕구가 충족이 되지 않으면 그것은 사람으로 하여금 불안을 갖게 한다.

불안은 자아가 손상을 입지 않도록 경고하는 경고 기구의 역할을 한다. "남편이 너를 홀대하는 것은 다른 여자가 있기 때문이다." 이 경우 불안은 "너는 지금 남편으로부터 사랑을 잃고 있다"고 하는 경고를 하게 되는데 이 경고가 옳고 그르고를 떠나, 이렇게 불안을 느끼게 되는 것은 아내가 남편으로부터 자신이 원하는 사랑을 받지 못하고 있기 때문이다. 또 불안은 무엇인가를 하도록 권고하는 긴장 상태이기도 하다. 새로 이사한 집의 잠금장치가 아무리 생각해도 불안할 경우 새로 이사 온 사람은 예전의 잠금장치를 없애고 새 잠금장치를 하게되어있다. 그래야 불안이 없어진다. 이처럼 임박한 위험이나 필요를 경고하므로 적절한 조처를 취하게 하는 것도 불안이 가진 기능이다.

그러므로 사랑을 받기 원하는 사람에게는 사랑이 충족되어져야 한다. 그렇지 않으면 긴장하게 되고, 그 긴장은 그를 불안하게 한다. 결국 사랑을 잃지 않으려고 인위적인 노력을 하게 되는데 그런 노력이 계속되어도 자신이 원하는 것이 채워지지 않을 경우, 그 노력은 결국 장애로까지 발전하게 된다. 여기서 장애란 순기능이 아닌 역기능을 말한다.

그런가하면 자신 속에 있는 슬픔이나 고독이나 염려나 상처받은 경험이나 미움이나 분노, 불만, 질투, 불안, 아픔, 억울함, 잘못된 나쁜 욕구 등과 같은 것 때문에도 우리는 장애 발생을 할 수가 있다.

속의 쓴 것들은, 그 사람의 의지와는 상관없이 그를 지배하게 되어있다. 이 경우, 머리로는 "사랑해야 한다"고 생각을 해도 실제로는 미워하게 되어있다. 왜냐하면 속에 숙주(宿住)하고 있는 쓴 것들이 그의 좋은 생각을 지배하고 있기 때문이다.

크고 적고의 차이는 있지만 우리에게는 공포심이 있다. 이 공포심도 우리의 순기능을 앗아가 역기능을 하게 한다.

공포스러운 것을 보고 공포심을 가진다고 하는 것에는 아무런 문제가 될 것이 없다. 문제는 다른 사람들이 전혀 공포심을 느끼지 않고 있는데 나만 공포심을 느끼는 것에 있다.

공포심은 어느 한 부분을 사실 이상으로 크게 두려워하게 하는 속성을 가지고 있다. 개가 짖어대며 다가올 때, 다른 사람들은 아무렇지도 않은데 나만 꼼짝을 못하며 사색이 된다고 하면 그것은 개에 대한 동물 공포증이 있어서라고 할 수가 있다. 그리 무서워할 일도, 두려워 할 일도 아닌데도 적은 것이 "큰일 날 일"처럼 크게 확대되어 보이는 것은 속에 공포심이 있어서이다.

> 이와 같이 남편들도 자기 아내 사랑하기를 제 몸 같이 할찌니 자기 아내를 사랑하는 자는 자기를 사랑하는 것이라 누구든지 언제든지 제 육체를 미워하지 않고 오직 양육하여 보호하기를 그리스도께서 교회를 보양함과 같이 하나니 우리는 그 몸의 지체임이니라 (엡 5:28-30)

공포심은 사소한 일도 때로 사실 이상의 절박한 것으로 보이게 하거나 오해를 하게 하는데 그것은 마치 물 생각도 하지 않는 개를 보고 자기를 "물 것"이라고 확신하는 것과 같다.

부부의 문제도 이런 공포심으로 인해 장애를 일으킬 수가 있다. 의처증이나 의부증은 다분히 피해망상과도 같은 공포심이 마음속에 고착하여 주어지는 증세라고 할 수 있다. 그러므로 그것은 아주 무서운 장애의 하나이다. 또 자신이 원치 않는 일로부터 계속해 프레셔를 받아도 장애 발생을 할 수가 있다.

▫ 프레셔라고 하는 것은 계속적으로 축적하여가는 스트레스를 말한다.

그러면 어떤 때 프레셔(Pressure)를 받게 되는가? 최소한의 욕구도 충족이 되지 않을 때이다.

우리에게는 원하는 것이 있다. 그 원하는 것들은 자연스럽게 채워져야 한다. 부부가 되는 것도 바로 이 서로의 필요를 채워주기 위해서 부부가 되는 것이다. 그러므로 채워지지 않으면 그것은 하나의 스트레스가 되어 속의 것을 건드려 장애를 일으킬 수가 있다.

또 전쟁이나 원치 않던 임신이나 급사(急死)와 같은 예측하지 못한 사건도 프레셔를 준다.

수학여행을 떠날 때 고사리 같은 손을 흔들며 "엄마 갔다 올게" 하던 천진한 아들이 수학 여행길에 사고로 인해 죽었다고 할 경우 그 부모는 갑자기 그들에게 주어진 비애로 인해 장애를 일으킬 수가 있다. 그것은 부모가 감수하기에는 너무 큰 프레셔이다. 또 고부 사이와 같이 어려운 사람과 함께 지낼 때도 프레셔를 받게 되고 생의 우선순위가 바뀌어도 프레셔를 받게 된다. 이처럼 프레셔는 내 소원을 거역하는 것이다.

정당한 욕구의 경우 사람은 자기가 하고 싶은 것을 하면서 살아야 한다. 하기 싫은 것을 억지로 계속하면 그것도 장애를 일으킬 수 있는 원인이 될 수 있다. 너무 큰 야망을 가져도 안 된다. 이룰 수 없는 야망인

그들이 감각 없는 자가 되어 자신을 방탕에 방임하여 모든 더러운 것을 욕심으로 행하되 오직 너희는 그리스도를 그같이 배우지 아니하였느니라 진리가 예수 안에 있는 것 같이 너희가 참으로 그에게서 듣고 또한 그 안에서 가르침을 받았을진대 너희는 유혹의 욕심을 따라 썩어져 가는 구습을 따르는 옛 사람을 벗어 버리고 오직 너희의 심령이 새롭게 되어 하나님을 따라 의와 진리의 거룩함으로 지으심을 받은 새 사람을 입으라 (엡 4:19-24)

데도 그것에 매달려 억지를 부리게 되면 그것 또한 이루어지지 않는 그 일로 인해 장애를 발생하게 한다.

우리는 하나님께 속해 있다. 그러므로 비성경적인 목표를 세우거나 하나님과의 관계가 잘못되어도 장애를 일으키게 되어 있다. 하나님께서 하지 말라고 한 일은 하지 않아야 한다. 또 하라고 하신 일은 해야 한다. 그래야 장애를 일으키지 않게 되어 있다. 또 해결되지 않은, 숨겨야 할 비밀스러운 문제가 있어도 장애를 발생하게 되어있다. 왜냐하면 그것은 죄이기 때문이다. 외에도 계속적으로 쉬지 않고 불평을 하는 것도 장애 발생으로 이어 질 수가 있다. 그러므로 불평을 하지 않도록 조심을 하여야 한다. 그런가 하면 건강이 나쁜 것도 장애를 일으킬 수 있는 요인이 될 수가 있다.

프레셔는 사람 속의 것을 자극한다. 부풀려 팽창케 한다. 비 활동성의 것을 활동성이 되게 한다. 그러므로 프레셔를 받지 않도록 주의를 하여야 한다. 프레셔를 받으면 악화가 양화를 구축하는 것처럼 나쁜 정서가 좋은 정서를 지배하게 되어 결국은 장애를 일으켜 서로에게 치명적인 아픔을 주게 된다. 이제는 상대방에게 문제가 있다고 생각지 말고 먼저 자신 속에 어떤 나쁜 것이 있는지를 살펴야한다. 그리고 그것을 뽑아 없애야 한다. 그래야 장애에서 벗어날 수가 있다. 행복한 가정 만들기는 자기를 먼저 돌아보는 것으로부터 시작해야 한다.

결혼을 위한 자신의 준비

"행복한 결혼이 되려면 남편은 귀머거리,
아내는 장님이 되어야 한다"(R.태버너)

우리는 행복한 가정을 원한다. 그러기 위해서는 좋은 배우자를 만나야 하는데 좋은 배우자를 구하기 전에 알아야 할 것은 자신이 먼저 좋은 배우자의 자격을 갖추어야 한다고 하는 사실이다. 자신은 좋은 배우자가 될 자격을 갖추고 있지 못하면서 상대방더러 좋은 배우자가 되라고 강요하는 것은 어불성설(語不成說)이요 결혼을 망칠 수 있는 무서운 이기심이다. 그러므로 결혼을 준비하는 사람은 먼저 자기를 살핀 후에 자기의 약점이 무엇이고 고쳐야할 점이 무엇인지를 찾아 고치는 노력을 한 후에 원하는 배우자를 찾아야 한다. 그래야 서로 간에 조화를 이룰 수 있다. 부부의 삶은 맞춰 오게 하는 것이 아니고 맞춰 가는 삶이어야 한다.

그러므로 자기 속에 숙주하고 있는(pre-occupied) 나쁜 정서는 결혼 전에 반듯이 치유 받아야 한다. 분노나 우울과 같은 정서 속의 상처를 치료하지 않으면 후일 그것은 가족의 잘 잘못과 상관없이 가족들을 희생물로 삼을 수가 있다.

결혼하려고 할 때 참고할 사항

"연애가 수반되지 않는 결혼은, 결혼이 수반되지 않는 연애보다도 부도덕하다"고 했다. 결혼 전에 좋은 사귐을 갖는다고 하는 것은 아주 권장할만한 일이다. 모르고 결혼하는 것(Blind Wedding)보다 서로를 알고 결혼하는 것이 장차 서로를 이해하는 데 도움이 된다.

가릴 것이나 따질 것 있으면 결혼 전에 가리든가 따지든가 해야 한다. 결혼 후에 가리거나 따지기는 사실상 어렵다. 반평생을 함께 살아야 할 관계인데 어찌 소홀히 할 수 있겠는가?

크리스천은 크리스천과 결혼을 해야 한다. 불신자와 결혼하는 것은 많은 위험부담이 따른다. 성경도 불신자와의 결혼에 대해 경계하고 있는데 이는 서로 상이한 가치를 지닌 사람이 만나는 것이 결혼생활에 도움이 되지 않기 때문이다.

□ 우리 주변에는 크리스천인척 하는 사람들이 너무도 많다. 그러므로 그런 사람을 조심해야 한다. 그들의 대부분은 목적을 이룬 후 돌변할 수 있다.

결혼은 같은 신앙을 가진 사람, 같은 비전을 가진 사람이 만나 하는 것이 좋다. 왜 신앙과 비전이 같아야 하는지를 생각해 보라. 그것은 동문서답 식의 삶을 살지 않기 위해서요 공감대를 이루어가며 소망하는 꿈을 성취하기 위해서이다.

신앙과 비전이 같지 않으면 늘 어긋맞게 되어 있다. 서로 다른 가치나 생각으로 인해 계속적으로 부딪치게 되어 아픔을 주거나 받게 되어 있다. 그러므로 결혼을 앞두고 있는 사람은 신앙을 같이 하여야 하고 같은 비전을 갖도록 미리 이해가 되고 조절이 되어야 한다. 그러기 위해서는 많은 대화를 하여야 한다. 지금은 아니고 결혼 후에 신앙생활을 하겠다거나, 같은 생각이나 비전을 갖겠다고 하는 것은 사실상 거짓말이요 불가능한 일이다. 결혼 전에 모든 것이 조절되고 정리가 되어야 한다. 그러므로 결혼 전의 사귐은 아주 중요하다.

신앙과 비전을 일치시키는 데는 여러 가지 방법이 있다. 그 중 제일 좋은 것은 같은 교회에서 일을 함께 하거나, 같은 선교단체 등에서 함께 일하거나 성경공부를 통해 서로를 이해하는 것이 좋다. "사랑은 오래 참는 것"이라고 했다. 서둘지 말고 서로를 알기 위해서는 함께 생각하고, 느끼고, 이해하는 시간이 필요하다. 그러기 위해서는 건전하게 사귀어야 하고 원하는 공통의 일을 놓고 둘이 손잡고 기도하는 시간을 가져야 한다.

또 결혼을 결정하기 전에는 주변 사람들의 조언에 냉철히 귀를 기울여야 한다. 사랑은 맹목이라고 하였다. 사랑에 빠지면 "콩깍지가 꼈다"고 하는 말처럼 결점이 보이지 않게 되어 있다. 그저 좋게만 보인다. 그가 없으면 못살 것 같은 생각을 갖게 된다. 그러니 판단이 흐려질 수밖에 없다. 그러므로 주변 사람들의 조언에 냉철히 귀를 기우려야 한다. 왜냐하면 그들은 결혼 당사자들 보다 많은 경험을 갖고 있기 때문이다. 이 때 우리는 흔히 간섭을 한다고 생각할 수 있다. 그러나 그것은 간섭이 아니고 관심이다. 살아온 경험을 들려주는 것이다. 그러므로 조언을 조언답게 듣고 수용하는 지혜를 가져야 한다.

신앙인은 하나님이 이미 내 배필을 예비하신 줄 믿어야 한다. 너무 서두는 것은 좋지 않다. 조급히 서두는 것은 후일 후회를 낳을 수 있다. 나이 들어 조급한 마음이 든다고 할지라도 차근차근 하나님의 뜻을 살펴 주님의 원하시는 뜻에 따라 결혼하는 것이 아름다운 결혼이다. 그러기 위해서는 자신이 원하는 배우자의 모습을 구체적으로 그려가며 사모하는 마음으로 배우자를 찾는 기도를 해야 한다.

결혼을 위해 두 사람이 사귐을 가질 때 조심해야 할 일들이 있다.

첫째, 성적으로 유혹하는 사람을 조심해야 한다.

그는 내적인 아름다움보다 외적인 것에 끌려 결혼하려는 사람이다. 성적으로 유혹하는 사람은 오직 성적인 만족 때문에 사랑을 가장할 수 있다. 그런 사람은 쉬 사람에게 싫증을 느끼고 실망하는 사람이다. 결국 온갖 달콤한 밀어로 "사랑한다"고 약속하지마는 목적이 이루어지면 쉽게 태도를 바꿀 사람이다.

사랑하면 아끼고 존중하게 되어 있다. 있는 그대로를 놓고 사랑하게 되어 있다. 그것은 아름다운 꽃을 꺾지 않고, 있는 그대로를 보고 사랑하는 것과 같다.

둘째, 정서적으로 불안하거나 건강이 나쁜 사람과의 결혼은 아주 위험하다.

어떤 나라에서는 건강 진단서를 결혼 전에 제출하도록 하고 있다. 사랑하므로 꼭 결혼해야 할 사이라고 하면, 완전히 치료한 후 "건강해 졌다"고 하는 사실을 확인한 후에 결혼하는 것이 좋다. 결혼 생활에 있어 건강이란 아주 중요하다.

문제를 안고 시작하는 결혼은 행복해질 수가 없다. 그러므로 조심하지 않으면 안 된다. 잘못된 기대나 잘못된 이해는 반듯이 후회를 낳게 된다.

셋째, 남자의 경우, 미모나 성적인 매력에 이끌리어 서둘러 결혼을 결정하는 사람도 있다.

외적인 것만 보고 결혼을 하는 것은 짚을 지고 불에 뛰어 드는 것만큼이나 위험하다. "모든 육체는 풀과 같고 그 모든 영광이 풀의 꽃과 같다"(벧전1:24)고 한다. 쉬 늙고 탄력이 없어지는 게 우리의 육신이다. 겉보다도 속사람 속에 "무엇이 들어 있나?"가 더 중요하다.

또 사귈 때는 공개적으로 떳떳이 소개할 수 있어야 한다. 남들에게 비밀로 하여야 하고, 부끄러워 내세울 수 없는 사귐이라고 하면 그것은 시작부터가 잘못되었다고 할 수 있다. 그러므로 만나면 함께 기도할 수 있어야 하고 서로를 자랑스럽게 여길 수 있어야 한다. 성경 공부도 함께 할 수 있어야 하고, 부모나 주변 사람들에게 "우리는 사귀는 사이"라고 떳떳이 소개할 수 있어야 한다. 그렇지 않고 조금이라도 꺼려지는 부분이 있거나 숨겨야 할 부분이 있다고 하면 처음부터 냉철히 다시 생각해야 한다.

결혼이 어떤 것의 수단이 되어서도 안 된다. 있는 그대로의 상대방을 좋아하고 사랑하는 것이 결혼이어야 한다. 어떤 목적을 이루기 위해, 사랑하지도 않으면서 사랑하는 척하고 가장할 경우 그것은 이미 실패를 안고 시작하는 결혼이라고 할 수 있다.

결혼을 위한 교제는 일생의 동반자를 발견하는 방법이다. 그러므로 거기에는 진지함과 순수함과 솔직함이 있어야 한다.

최근 미국에서는 "결혼이 두렵다?"고 젊은이들 사이에서 약혼을 했다가 파혼하는 사례가 증가하고 있다. 시사주간지 타임은 최근 약혼을 한 예비 신부는 "아무래도 결혼하기에는 자신이 너무 어린 것 같다"고 망설이고, 예비 신랑은 "아직 준비가 안 됐다"며 주저하다가 파혼하는 경우가 늘고 있다고 보도했다. 이렇게 "도망치는 신부나 신랑"이 늘어나는 이유는 무엇일까? 타임은 스트레스와 엄청난 결혼식 비용, 그리고 이혼에 대한 공포가 원인이라고 분석하고 있다. 특히 전문가들은 미국의 현재 20-30대 여성들이 미국에서 가장 이혼율이 높았던 세대의 자녀들이라는 점에서 그 이유를 들고 있다. 지금의 젊은 세대는 "깨진 가정" 보다는 "깨진 약혼"이 그래도 낫다는 생각을 한다.

또 사실상 약혼기간이 늘어나면서 결혼에 대한 환상이 깨져 파혼하는 경우도 늘었다고 할 수 있다. 한 결혼잡지의 조사에 따르면 1999년에는 평균 11개월이었던 약혼기간이 2004년에는 평균 17개월로 늘어났다고 한다. 약혼 커플 중 60%는 결혼 전에 동거를 시작하는데, 이 동거기간이 결혼과 다름없어지면서 관계가 악화된다고 한다.

독신남녀들의 만남을 주선하는 "매치닷컴"(match.com)이 미국의 독신 성인 565명을 대상으로 실시한 조사에 의하면, 지난 3년 동안 파혼했다고 하는 응답자는 약 20%, 그리고 주변에 그러한 사례가 있다고 응답한 경우는 39%에 달했다. 왜 이렇게 되는가? 이 모두는 준비되지 않은 결혼을 시도했기 때문이다.

"결혼은 회개와 용서의 교제요 확실한 사랑의 언약이다" 그러므로 결혼을 앞두고 있는 사람은 결혼에 임하는 준비가 있어야 한다. 그러기 위해서는 서로를 잘 살펴야 하고 내가 그를 위해 무엇을 할 수 있는지를 알아야 한다. 하나님이 기뻐하실 결혼이란 과연 어떤 것인지를 알아야 한다.

데이트(사귐)를 위한 조언

J.W.괴테는 "결혼생활은 참다운 뜻에서 연애의 시작이다" 라고 했다. 결혼하고 나서 연애를 한다고 하는 거 얼마나 좋은 이야기인가? 그것은 확실히 마음을 설레게 하는 이야기이다. 한 침대에서 자고 일어나 아침을 먹고 헤어져 한 시간밖에 지나지 않았는데 다시 그립고 보고 싶다면? 그건 확실히 닭살 돋는 이야기이다. 그러나 우리는 사실 그렇게 살아야 한다. 그런데도 그렇게 살지 못하니까 문제가 생긴다.

아일랜드에는 "바가지 긁는 소리를 듣고 싶으면 결혼하라. 칭찬을 듣고 싶으면 죽어라."라고 하는 말이 있다. 결혼 생활 속에는 사실상 유쾌한 일 보다 불쾌한 일들이 더 많을 수 있다. 그래서 그런 말이 생긴 줄 안다. 그러므로 조심하지 않으면 평생 동안 싸우게 되는 게 결혼이다. 잘못하면 적과의 동침이요 적과의 공존과 같은 것이 결혼이다. "결혼하는 데는 하룻밤이지만 생각은 일 년 동안 하라"고 하였다. 깊이 생각하거나 잘 살피지 않고 즉흥적으로 결혼을 결정하는 것은 도리 킬 수 없는 후회를 낳을 수 있다. 그러므로 배우자 선택은 아주 신중히 해야 한다. 그러기 위해서는 서로를 관찰하는 사귐이 있어야 하고 이 사귐은 너무 깊이 사귀지 않고 폭넓게 사귀는 것이 좋다. 확신이 서기 전에는 서로에게 부담을 주지 않을 정도로 가볍게 진솔하게 사귀는 게 좋다. 그리고 이 만남이 좋은 데이트(사귐)가 될 수 있도록 하나님께 기도하여야 한다. 하나님은 그의 사랑하는 자의 기도를 들으시는 하나님이시다.

사귐을 갖기 위해서는 긍정적인 자세로 여러 모임에 참석해 배우자가 될 사람을 물색하는 것이 좋다. 우리는 사과 하나를 사려고 할 때도 이것저것 골라가며 마음에 드는 것을 선택하지 않는가! 하물며 남은 생애를 함께 할 배우자를 선택하는 일인데 어떻게 살피지 않고 되는대로 아무하고나 결혼할 수 있겠는가.

사귈 때에는 1:1의 당당하고 솔직한 대화를 나누어야 한다. 주눅이 들어 하거나 지나치게 수줍어하는 것은 전혀 사귀는데 도움이 되지 않는다. 묻고 싶은 것이 있으면 주저하지 말고 묻고, 이야기하고 싶은 것이 있으면 당당히 이야기하여 충분히 검증을 하는 것이 좋다. 어물어물 지레 짐작을 하거나 의도적으로 좋게 보려는 태도는 후일 썩은 과일을 고르는 것과 같은 결과를 가져올 수 있다. 그리고 사귐은 적어도 6개월 이상의 검증 기간이 필요하다.

만날 때는 창조적이고 유익한 즐거운 만남이어야 한다. 기대감을 가지고 기다려지고 너무나 즐겁다는 생각이 들어야 한다.

만남은 절제 있게, 규모 있게 만나는 것이 좋고 계획 없이 만나는 것보다는 계획을 세워 만나는 것이 좋다.

크리스천의 교제는 주님을 영화롭게 하기 위한 만남이어야 한다. 그 이유는 신앙인은 신앙 안에서 만나야 서로를 깊이 이해할 수가 있고 신뢰할 수가 있기 때문이다. 그러므로 신앙에 대한 이야기를 자주 하거나 신앙 모임에 함께 참석하는 것이 좋다.

세상이 바뀌었다하여도 하나님의 말씀은 바뀌지 않았다. 그러므로 아무리 시대가 바뀌었다고 하여도 결혼 전에는 육체적인 접근을 피하여야 한다. "어디까지 허락할 것인지?" 그 기준을 건전하게 한번 생각하고 스스럼없이 서로 의논하는 것이 좋다. "손을 잡는 정도? 볼에다

가볍게 키스하는 정도?" 아무튼 너무 헤프다거나, 당돌하다거나, 천하다고 하는 인상을 주어서는 안 된다. 그것은 서로에게 지루한 감이나 천박한 감을 줄 수 있다. 결혼 전의 고상함이나 절제는 후일 두 사람 사이의 좋은 추억이 될 수 있다.

데이트를 한 후에는 좋았던 점과 나빴던 점을 구체적으로 구분하여 다음 데이트 때에는 나빴던 점을 재연하지 않도록 하여야 한다. 나빴던 점을 그대로 무시하거나 방치하면 그것은 타성이 되어 후일 두 사람의 생활 속에 그대로 남아 껄끄러운 습관이 될 수가 있다.

무절제한 것은 쉽게 싫증을 느끼게 한다. 그것은 마치 음식이 맛이 있다고 하여 과식을 하면 그 맛을 모르게 되는 것과 같은 이치이다. 그러므로 절제하는 가운데 사귀어야 하고 또 헤어져야 할 경우를 생각해 언제든지 헤어질 수 있도록 깨끗하고 상큼하게 사귀어야 한다. 생활은 변수도 많거니와 사귄다고 해서 다 결혼을 하게 되는 것도 아니다. 그리고 앞에서 말한바와 같이 불신자와는 아예 시작도 하지 않아야 한다. 왜냐하면 신자와 불신자 사이에는 가치 기준이나 생각하고 이해하는 것에 많은 차이가 있고, 생활 습관에도 차이가 많기 때문이다. 아닌 줄 알면서도 시작하는 것은 바보나 하는 짓이다.

마크 트웨인은 "사랑은 가장 빠른 것 같지만 자라나는 것 중에 가장 늦게 자란다"고 했다. 첫 눈에 반했다거나 뿅 가버렸다고 하는 말은 내적인 것보다 육적인 겉의 것을 선택했다고 하는 말이다. 그러므로 그것은 후일 깊은 후회를 낳을 수 있다. 사랑은 "결혼한 후"에 자라도 늦지가 않다.

"결혼은 두 인격이 감정적인 융합을 이루어 하나의 기능을 발휘하는 것이며 그들 자신이 갖고 있는 특성을 유지해 나가는 것이다." 라고 했다. 두 사람이 사귐을 통해 서로를 살펴 자신과의 공통점을 찾는다고 하는 것은 아주 바람직한 일이다.

데이트와 애무

F.비용은 "미쳐 버린 사랑은 사람들을 짐승으로 만든다"고 했다.

애무는 더 깊은 것을 유도하는 속성을 가지고 있다. 사람을 흥분케 하고 사려 깊은 생각이나 행동을 하지 못하게 하는 것이 애무이다. 그러므로 성경은 결혼 전에 서로 만지는 것을 "옳지 않은 일"이라 하여 금하고 있다.

애무는 부부사이에 깊은 사랑의 나눔을 위해 부부에게만 허용이 되어진 것이다. 그러므로 결혼 전의 남녀가 애무를 하는 것은 육욕을 탐하는 일이 된다. 사도 바울은 "만일 절제할 수 없거든 혼인하라 정욕이 불같이 타는 것보다 혼인하는 것이 낫다"(고전7:9) 고 했다.

배우자를 고를 때 성적인 욕망과 정열만을 가지고 고르면 안 된다. 육체적인 목적 하나만으로 결혼을 하게 되면 영적인 것을 개발할 수 없게 되어 결국에는 육체에 대한 실망으로 인해 가정생활은 목표를 잃게 되고 서로에게 쉽게 실망을 느끼게 된다. 그러므로 결혼은 우정적이고 영적인 결합으로 이루어진 결혼이어야 한다. 그래야 굴곡을 없앨 수 있다. 성적인 욕망만으로 결혼 전에 "알 것 다 아는 것과 같은" 육적인 것이 너무 빨리 개발되면 서로에게 가지고 있던 기대감이나 신비감이 사라져 사랑은 급속히 식어지게 되어 그것은 결국 서로에게 실망하여 결혼도 하지 못하고 헤어지는 계기가 될 수 있다.

데이트를 하다보면 손을 잡을 수도 있다. 때로는 가벼운 포옹을 할 수도 있다. 그러나 그 모두는 가볍고 상큼한 것이어야 하고 짧은 것이어야 한다. "더듬는다"고 하는 끈적거림이나 느끼함이 없는, 정말 아낀다고 하는 느낌을 주는 신선한 것이어야 한다. 무언가 무겁고 느글느글한 느낌을 주는 것은 다음의 데이트를 위해 좋지 않다.

데이트에는 다양한 측면이 있다. 그러므로 무엇 때문에 만나는지를 먼저 생각해 보고 건강하고 바른 데이트의 개념을 가지고 시작해야 한다.

데이트는 둘이서만 만날 때가 있고, 여럿이서 함께 만날 때가 있다. 어느 것이, 어떤 장점이 있는지를 생각해 보라. 구체적으로 생각하는 것과 생각지 않는 것에는 많은 차이가 있다.

데이트는 자기 조절이 중요하다. 먼저 몸이 달아서 지나치게 행동을 하는 것은 추해 보인다. 그러므로 먼저 데이트에 관한 건전한 인식을 가져야 하고 또 같은 이해를 가져야 한다. 둘 만이 은밀히 어두운 곳에 있는 것보다는 공개된 장소에서 만나는 것이 좋다. 그리고 가능하면 나란히 앉기보다는 마주 앉아야 한다. 그래야 상대방을 잘 살필 수 있다. 경우에 따라 나란히 앉을 수밖에 없을 때는 너무 밀착해 앉지 않도록 주의해야 하고 칸막이를 그대로 두는 것이 좋다. 또 성에 관한 이야기를 나누게 될 때는 자연스럽게, 밝은데서, 공원과 같이 공개된 장소에서 나누는 것이 좋다.

청년기는 성적인 유혹이 강한 시기로 쉽게 성적인 유혹을 받기가 쉽다. 그러므로 성행위를 요구 당했을 경우 단호히 '안 된다' 고 말해야 한다. 어물거리거나 애매한 태도를 취하는 것은 상대방에게 쓸데없는 기대감을 주거나 오히려 자극을 줄 수 있다.

혼전의 성 관계는 서로간의 신뢰나 존엄성을 잃게 한다. 뿐만 아니라 임신이나, 성병, 골반염, 불임증과 같은 신체적인 위험이나 불감증, 도착증, 죄책감, 불안감 등을 갖게 할 수도 있다. 성행위의 결과로 주어지는 위험이 육체나 정서에 영향을 주게 된다고 하는 이야기이다. 그러므로 혼전 성행위의 위험에 대한 정확한 인식을 갖는 것이 좋다.

적어도 우리는 결혼과 동시 첫날밤에 대한 마음 설레임이나 기대감을 갖고 있어야 한다. 그런데 이미 혼전에 알 것을 다 알아버리면 셀레임이나 기대감을 가질 수가 없게 되어 후일 그것은 두 사람사이에 나쁜 추억으로 자리를 잡을 수 있다.

데이트를 할 때는 성적인 유혹이 뒤따를 수 있다고 하는 사실을 인식하고 그것을 단호히 거절할 수 있는 이유나 대처 방안을 미리 생각을 해 두는 것이 좋다. 그러기 위해서는 평소에 우리 주변에서 일어나는 불 신앙적인 사회적 강요에 대한 바른 인식을 가져야 한다. 미디어나 친구나 주위 환경의 해악에 대한 바른 이해를 가져야 한다. 아울러 음란물과 같은 것을 가까이 하지 않아야 한다. 다가올 수 있는 유혹을 극복하는 바른 지식을 습득하여야 한다. 그래야 즐겁고 유쾌한 데이트를 계속할 수 있다.

사귐을 가질 때는 너무 무리한 요구나 기대보다는 아쉬움이 있는 것이 다음을 위해서 좋다. 데이트 때의 절제는 부부가 된 후에 더 큰 설레임과 기대감을 갖게 한다.

혼전 성교는

1) 후일 육체적으로나 정신적으로 지울 수없는 기억을 남긴다. 또 죄책감이나 공포심, 혐오감, 불안감을 야기한다.
2) 성이 결혼 이외의 목적으로 쓰이는 것은 죄이다.
3) 성경은 간음(Adultery)과 음란(Fornication)을 엄히 경계하고 있다.
4) 소돔과 고모라는 음란으로 인해 멸망했다.(창19:1-11)

잘못된 욕구를 극복할 수 있는 방법은

1) 속의 잘못된 욕구를 고백하라.
2) 고백했으면 없애달라고 주님께 기도하라.
3) 주님의 요구하심이 무엇인지를 생각하라.
4) 요셉이 어떻게 극복했는지를 생각하라.(창39:7-23)
5) 자기 조절을 인내로 잘 할 때 하나님께서 주실 상급을 생각하라.

부부는 왜 불행해지는가?

"남자는 목적 지향적이고 여자는 관계 중심적이다"

결혼할 때 신랑 신부 모두는 행복하리라는 핑크 빛 꿈을 갖고 결혼을 한다. 그런데 결혼을 하고 나면 그런 핑크 빛이 차츰 절망의 푸른색으로 변하게 된다. 그래서 상담학에서는 불루(blue)라고 하는 용어를 어두운 정서라는 의미로 사용한다.

물론 결혼해서 아기자기 몸살이 날 정도로 행복하게 사는 부부도 있다. 그러나 일반적으로는 서서히 서로에게 실망하면서 후회하는 가운데 때로는 이것이 운명이려니 어쩔 수 없으니까 "이 정도면 그래도 괜찮은 거지 뭐. 남들도 이러고 사는 데 나라고 못살 거 없잖아?" 자위를 하면서 자신을 별로 불행하다고 생각지 않으면서 엄벙덤벙 살기도 한다. 그러다 보니 행복을 가꿀 생각도, 두 사람 사이를 개선할 생각도 별로 하지를 않고 덤덤한 것에 익숙해 있어 주어진 것을 행복이라고 생각하며 반쯤은 타성에 젖어, 눈뜨면 하루의 일과가 시작되고 누우면 하루 일과가 끝나는 삶을 특별한 의식 없이 반복해 가며 산다. 그것은 어쩌면 분명 서서히 불행을 쌓아 가는 일임에도 "불행을 쌓는다"는 느낌 없이, "사는 것이 다 이런거지" 하는 생각으로 불평스러워도 불평을 하지 않는 것을 미덕으로 알아 참고 사는 것에 익숙해 있는 사회 분위기 때문이기도 하다. 그러니 불행의 그늘을 거둘 기회가 없다.

결혼할 때 신랑과 신부는 서로에 대한 기대를 갖고 결혼을 한다. 신랑은 흔히 "이 여자는 정말 순종적이고 나만을 위해 헌신할 수 있는 나만 아는 여자"라는 생각을 할 수 있고, 신부는 "이 남자는 정말 나를 왕녀처럼 받들어 주며 포근히 감싸주는 이해력 깊은 나밖에 모르는 남자"라는 생각을 갖고 결혼을 할 수 있다.

결혼 전의 생각은 창공을 나는 새처럼 자유스러운 그림이요 꿈이요 선택이다. 그것은 자신들이 그릴 수 있는 가장 아름다운 그림이어서 아무도 간섭하거나 지워버릴 수가 없는 것이다. 그러나 결혼은 현실이다. 부부가 되고 나면 서서히 꿈과 현실의 차이를 깨닫게 되는데 이때부터 부부는 서로에게 적당히 실망하면서도 "아이들이 있으니까. 그래도 한때는 좋았어. 어쩔 수 없잖아"하는 생각으로 자신에게 주어진 삶을 불행이라고 부르기에는 그렇고. 그렇다고 행복이라고 부르기에는 너무 부족한 무언가를 느끼며 살게 된다.

한국가정문제개발연구원에서는 지난 1월에 "왜 부부는 행복을 위해 결혼을 하고도 불행해 하는가?"라는 주제를 놓고 연구원 토의를 했다.

토의에 참석한 이들은 대체로 결혼 후 가장 섭섭했던 일로 "자신의 마음을 몰라줄 때. 믿음이 가지 않을 때. 인격적인 대우를 받지 못할 때. 환상이 깨질 때"가 가장 괴로웠다고 한다. 그리고 그것은 곧 사랑이 식어졌다는 말로 귀결이 되어졌다. 그리고 불행하다고 느낀 원인으로는

□ 하고 싶은 일을 하지 못하게 하니까

□ 이해해 주지 않으니까

□ 사랑을 받지 못해서

□ 자기 조절을 못해서

□ 생각의 차이 때문에

□ 무시하니까

□ 배우자 부정 때문에

□ 불필요한 간섭 때문에

□ 욕을 하니까
□ 폭행을 하니까
□ 자기주장이 강해서
□ 인정받지 못해서
□ 질병 때문에
□ 나쁜 습관 때문에
□ 시어머니 등 가족들의 간섭 때문에

구체적으로는 이보다 더 많은 이유들이 있었다. 그리고 그 이유들을 하나로 묶으니까 결론은 "자신의 욕구가 충족이 되지 않아서"였다.

사랑은 주는 것이라고 했다. 결혼을 할 때는 사랑을 하기 위해서 한다. 그런데 결혼을 하고 나면 사랑을 하기보다는 사랑을 받기 원한다. 그러니 불행해질 수밖에 없다.

시각의 차이는 아주 중요하다. 컵에 물이 1/3 정도 담겨있는 것을 보고 어떤 사람은 "에이 물이 고작 이것뿐이야?" 불평을 한다. 그런데 다른 사람은 "물이 그래도 아직 이만큼 남았네"하며 남겨진 물에 대해 감사를 한다. 왜 이런 차이가 나는가? 한 사람은 부정적인 시각으로 보았고 다른 사람은 긍정적인 시각으로 보았기 때문이다.

긍정적인 생각은 아주 중요하다. 그것은 자신에게 더 많은 성공의 기회를 갖게 한다.

우리는 때로 우리가 원하는 것과는 상당한 차이가 있는 일을 경험하게 된다. 꿈이 깨졌다고 하는 것처럼 내 기대와는 전혀 다른 결과를 얻는 때도 있다. 그렇다고 그것을 계속해 불평을 할 것인가? 불평을 계속해서 개선될 일이라면 불평하는 것도 괜찮다는 생각이 든다.

반복적인 불평은 누구보다도 불평하는 사람 자신을 나쁘게 변화시킨다. 그러므로 불평스러운 일을 당했다고 해도 불평하지 않으면서 그것에서 무엇이 가장 최선의 좋은 것인지를 찾는 것이 지혜이다. 그래야 감사가 나온다.

자신을 불행하다고 생각하면 우리는 자기를 더 불행하게 만들 가능성을 지니게 된다. 그러므로 불행하다고 불평하는 것보다 내게 주어진 삶 속에서 쉽게 감사할 수 있는 조건부터 찾아야 한다. 어떤 이들은 자기에게 아무 도움도 되지 않을 쓰레기 같은 메시지를 계속해 자신에게 들려주는 이들도 있다. "밉다. 싫다. 저 인간이 나를 무시한다. 저 인간에게 다른 여자(남자)가 있는 거야" 확인도 되지 않은 많은 사실을 놓고 상대방이 자신을 불행케 하는 주역이라고 생각한다. 과연 그럴까?

불행을 버리는 가장 확실한 방법은 감사를 가지는 것이다. 감사할 것 가지고 하는 감사는 누구나 다 하는 감사이다. 신앙인의 감사는 감사하지 못할 것마저 감사하는 감사여야 한다. 그럴 때 불행이라는 푸른 정서로부터 벗어날 수 있다.

남자는 목적 지향적이고 여자는 관계 중심적이라고 한다. 이런 면에서 아내는 남편의 원하는 것이 무엇인지를 알아야 하고 남편 역시 아내가 원하는 것이 무엇인지를 알아야 한다.

논밭은 잡초 때문에 손해를 보고, 사람은 탐욕 때문에 손해 본다고 했다. 탐욕으로부터 걱정이 생기고 탐욕으로부터 두려움이 생긴다고 했다. 탐욕스러운 사람은 감사를 모른다. 그러므로 우리는 우리에게 주어진 것을 만족할 줄 알아야 한다. 만족하지 못하면 불평을 하게 되고, 불평은 다시 죄를 짓게 한다.

우리는 사랑을 받기 원한다. 그러면 그것을 주어야 하지 않겠는가? 아가서 8:6에 보면 "너는 나를 인같이 마음에 품고 도장같이 팔에 두라 사랑은 죽음같이 강하고 투기는 음부같이 잔혹하며 불같이 일어나나니 그 기세가 여호와의 불과 같으니라"고 했다. 사랑은 죽음같이 강하다. 그것은 집요하리만큼 우리 주변에서 맴돌고 있다. 그런가하면 '미움은 다툼을 일으켜도 사랑은 모든 허물을 가리운다' (잠 10:12)고 하였다. 사랑이 있어서 사람은 행복할 수가 있다.

하나님은 모든 사람에게 그다운 가치를 주셨다. 그러므로 누구나 그 가치에 손상이 주어지는 것을 원치 않는다. 속된 말로 팔푼이라고 불리는 사람이라고 할지라도 멸시받고 천대받고 무시당하는 것은 싫어한다.

자존감은 교육을 많이 받았거나 받지 못했거나, 재산이 많거나 적거나, 지위가 높거나 낮거나 상관없이 우리 모두에게 주어진 자기다운 가치이다. 그리고 사람들은 자신이 가지고 있는 그 가치를 인정받기를 원한다. 좀 더 나은 자기, 좀 더 밝은 미래를 추구하는 것이 사람이다. 오늘과 같으면 살지 못해도 내일 있기에 살 수 있는 것이 사람이다.

보살핌의 중요성

"남자의 정서로 여자를 이해하려고 해서는 안 된다"

사람은 자연(Nature)과 보살핌(Nurture) 속에서 성장하게 되어 있다. 우리에게 주어진 삶 속에는 하나님에게 속해 있는 질서가 있고, 인간에게 허락되어진 질서가 있다. 해가 동쪽에서 떠올라 서쪽으로 지는 것 따위나 자고 있는 데도 늙어 가는 것 따위는 인간의 질서와는 아무 상관이 없는 하나님에게 속해있는 질서로 그것은 인간으로서 어찌 하지 못하는 부분이다. 그것은 내 마음대로 조정하거나 고칠 수 있는 것이 아니다. 그러나 "오늘 어디로 가서 무엇을 할지?"나 "내 텃밭을 어떻게 가꿀지?"와 같은 것은 내게 속해있는 내 선택에 속한 질서(Free Will)이다.

하나님은, 인간에게 허락하신 질서를 통해 인간의 한계와 범위를 지정하셨고 인간이 인간 되는 도리를 지키며 살게 하셨다. 그러므로 그 제한된 삶 속에서 지혜스럽게 밸런스를 맞추어 사는 것이 성공의 지름길이다.

"질서"는 사회가 충분히 존재하기 위한 기본 되는 조건으로 그 근거는 하나님이시다. 그리고 그 근거 속에는 보살핌이 있다.

보살핌이란 하나님이 우리를 돌보아 주시는 것처럼 우리가 자식을 양육하거나 부모를 부양하거나 가정을 돌보거나 주변의 어려운 사람들을 돌보는 것을 말한다.

보살핌의 가장 아름다운 모습은 갓 태어난 아기를 조심스레 보듬어 안고 있는 어머니의 모습이다. 그것은 기쁨의 모습이요 평화로운 모습이요 오래 참음으로 얻어진 사랑의 모습이다. 정말 순수하고 아름다운 모습으로 아이를 향한 어머니의 눈길은 자애스럽고 인자함이 넘치고 따스함이 넘친다. 만일 그런 모습이 아니라고 하면 그건 분명 죄의 씨여서 그럴게다.

죄는 미움과 원망과 불안과 좌절을 가져온다. 그러므로 죄의 결과로 얻어진 자식은 희망이나 감사나 기쁨이나 자부심을 주지 못한다. 죄는 보살필 수 있는 양육의 권리마저 빼앗아 가거나 망각케 한다. 그러므로 보살필 수 있게 되었다고 하는 것 하나만 가지고도 감사하는 사람은 하나님의 섭리나 질서를 이해할 수 있다.

보살핌은 어리면 어릴수록 더 주어져야 하고 늙으면 늙을수록 더 많이 주어져야 한다. 왜냐하면 그것은 인생의 시작이요 마감이기 때문이다. 어렸을 때 받는 보살핌은 후일 그 사람의 생애를 지배하게 되고 노년에 받는 보살핌은 그 사람의 기능장애를 줄일 수 있다. 물론 부부간에도 서로 보살피는 것이 있어야 하고 불우한 이웃을 보살피는 일도 있어야 한다. 흔히 잘못된 부부는 주기보다는 받으려고 하는데 그것은 아주 잘못된 태도이다.

보살핌은 하나님이 우리에게 "사랑을 나누게" 하신 부분이다. 그러므로 보살핌은 사랑 이상의 숭고한 의미를 지닌다. 그것은 자기희생을 기쁨의 기초로 삼아 상대방이 필요로 하는 것을 그에게 주는 것이다. 그러므로 그것은 내 기준이나 판단이 아닌 상대방이 원하는 것이 기준이 되어야 한다.

사랑을 받으며 자란 사람은 사랑을 주게 되어 있고 미움을 받으며 자란 사람은 미움을 주게 되어 있다. 그것은 빨간색의 공을 받은 사람이 빨간색의 공을 던지고 파란색의 공을 받은 사람이 파란색의 공을 던지게 되어있는 이치와 같다. 이 이야기는 그 아이가 어떤 보살핌을 받느냐에 따라 후일 그 사람이 어떤 사람이 되는지가 결정이 된다고 하는 이야기이다. 우리는 흔히 '어디서 저런 자식이 나왔는지 몰라' 하는 이야기를 듣는다. 다른데서 나온 것이 아니고, 자기가 그렇게 만든 것이다. 지존파를 만든 일차적인 책임은 그들을 양육한 부모에게 있다고 하는 이야기이다.

아이들이 제일 처음 만나는 스승은 부모이다. 부모는 어린것이 무얼 알겠나 하여 무심히 행동을 하는데 아이에게도 눈이 있고, 귀가 있고 느낌이 있어 부모가 하는 무심한 행동을 보고 듣고 느끼게 되어있다. 그리고 그것들을 자신의 정서 속에 간직한다. 그러므로 어린 자녀가 보고 있는 곳에서 부모가 싸우거나, 매질을 하거나, 욕설을 퍼붓거나, 음란한 일을 하는 따위는 아이에게 큰 충격을 주어 후일까지 그 영향을 재생하며 살게 한다.

아이들은 받는데 익숙하지 주는데 익숙하지 않다. 그러므로 보고들은 것을 처리하지 못하고 그대로 자신 속에다 저장하게 된다. 그러다 보니 받은 것이 마음속에 겹겹이 쌓이게 되어 후일 그것들이 그의 정서의 중심이 되게 된다. 욕 잘하는 사람이 될 수도 있고, 폭력적인 사람이 될 수도 있고, 상스러운 사람이 될 수도 있다. 성경은 그러므로 "아비들아 너희 자녀를 노엽게 하지 말고 오직 주의 교양과 훈계로 양육하라"(엡6:4)고 했다.

우리를 양육하시는 이는 하나님이시다. 부모는 하나님이 하시는 일의 한 부분만을 맡아 수행하는 것일 뿐 사실상 우리의 전 생애는 하나님이 이끌어 주신다. 부모는 우리를 양육하는 때가 있고 떠나는 때가 있지마는 하나님은 우리의 전 생애를 떠나지 아니하시며 보살펴 주신다. 그래서 히브리서 기자는 "돈을 사랑치 말고 있는 바를 족한 줄로 알라 그가 친히 말씀하시기를 내가 과연 너희를 버리지 아니하고 과연 너희를 떠나지 아니하리라 하셨느니라"(13:5)라고 기록하고 있다.

하나님의 약속은 "내가 너와 함께 있어 네가 어디로 가든지 너를 지키며 너를 이끌어 이 땅으로 돌아오게 할지라 내가 네게 허락한 것을 다 이루기까지 너를 떠나지 아니하리라"(창28:15)하는 것이다. 이것은 하나님의 보살펴주시는 부분이다.

이 부분을 가르켜 혹자들은 "자연"이라는 말로 표현을 하고 있다. 태어나서 죽기까지 내 의지와는 상관없이 자라고, 성숙해 가고, 늙어 가는 것이 모두 이에 속한다. 이 부분은 우리가 거역할 수 없는 부분이요 질서이다. 태어나고 싶은 때에 태어날 수 있는 것도 아니요 살고 싶은 만큼 살 수 있는 것도 아니다. 그래서 성경은 "우리를 양육하시되 경건치 않은 것과 이 세상 정욕을 다 버리고 근신함과 의로움과 경건함으로 이 세상에 살고 복스러운 소망과 우리의 크신 하나님 구주 예수 그리스도의 영광이 나타나심을 기다리게 하셨으니 그가 우리를 대신하여 자신을 주심은 모든 불법에서 우리를 구속하시고 우리를 깨끗하게 하사 선한 일에 열심하는 친백성이 되게 하려 하심이니라 너는 이것을 말하고 권면하며 모든 권위로 책망하여 누구에게든지 업신여김을 받지 말라"(딛2:12-15)고 했다. 우리를 보살피시되 그의 생명을 주시기까지 우리를 보살펴 주셨고. 그리 하신 이유는 "죄짓지 않고 선한 일에 열심하는 하나님의 친 백성이 되게"하기 위함이라고 하셨다.

아리스토텔레스는 "질서는 숭고함과 함께 미의 한 요소를 이룬다"고 했다. 바른 질서속의 따듯한 보살핌은 바른 사회성을 갖게 한다. "누구든지 언제든지 제 육체를 미워하지 않고 오직 양육하여 보호하기를 그리스도께서 교회를 보양함과 같이 하나니"(엡 5:29)라고 했다. 보살핌은 내 몸을 보양하는 것처럼 해야 한다. 무분별한 것이 되어서도 아니 되고, 무가치한 것이 되어서도 아니 된다. 그것은 때로 책망으로도 나타날 수 있고, 권면으로도 나타날 수 있다. 그러나 그 기초는 언제나 사랑과 관심이어야 하고 긍정적인 정서와 시각이어야 한다. 맹목이 되어서도 안 된다.

또 우리는 스스로를 양육할 수 있어야 한다. 자기 스스로를 귀중하게 생각하고 보살필 수 있어야 하는데 스스로가 자신에게 주어진 가치를 안다고 하는 것은 아주 중요하다. 자신을 쓰레기로 만드는 자도 자기요, 자신을 존귀한 위치에 세울 수 있는 사람도 자기이다. 자기가 자기를 보살필 때 하나님도 그를 보살피게 되어 있다. "땅에 있는 성도는 존귀한 자니 나의 모든 즐거움이 저희에게 있다"(시16:3)고 했다. 우리는 하나님이 내게 주신 나다운 가치를 알아야 한다. 그것을 깨닫지 못하는 사람은 자기를 양육할 줄 모르는 사람이다. 그러므로 시편 기자는 "존귀에 처하나 깨닫지 못하는 사람은 멸망하는 짐승 같다"(49:20)고 했다.

성공적인 인생은, 남을 보살피고 자기를 양육하는 가운데 주어지는 것이다. 부모의 지혜나 지식보다 하나님의 말씀으로 보살피는 것이 자녀들을 위해 좋고, 부모를 위해 좋고 자신을 위해 좋다. 그러므로 이제는 좀 더 바른 보살핌, 아름다운 관심에 주의를 기울여야 한다. 그래야 성공하는 삶을 살 수 있다.

행복한 부부 생활을 위한 제언

"부부란, 그것을 구성하는 두 사람 중에서
낮은 쪽의 수준에 맞추어 사는 것이다"(A.모루아)

부부가 되었으면 즐거움이나 슬픔을 함께 나누어야 한다. 한 쪽의 기쁜 일이 다른 쪽의 슬픈 일이거나 무관심한 일이 되어서는 안 된다. 서로의 정서를 공유하고 나눈다는 것은 한 집속의 하나요 같은 길을 걷는 하나라는 동반자의 의식을 주어 두 사람을 더욱 견고케 한다. 기쁨은 나누면 나눌수록 커지고 슬픔은 나누면 나눌수록 작아진다고 하지 않았던가. 그러므로 부부는 서로의 감정을 존중해 무시하는 일이 없어야 한다.

또 부부됨에 있어 가장 중요한 것의 하나는 서로에게 감사하는 것이다. 부부는 부부이기 때문에 서로에게 감사해야 한다. 이 때 중요한 것은 상대방에 대한 배려요 이해이다. 비록 그것이 내 마음에 들지 않는다고 할지라도 "그럴 수도 있다"는 이해를 가지므로 그에게 감사하는 것이 부부의 도리이다.

감사는 주위를 풍요롭게 하고 따듯하게 하며 평화를 유지케 한다. 그러므로 상대방을 위해서도 감사는 꼭 있어야 하지만 자신의 평화를 위해서도 감사는 꼭 있어야 한다. 그리고 그것을 계속 유지하기 위해서는 상대방보다 내가 과연 어떤 모습인지에 대해 좀 더 경각심을 가지고 "자기대면"을 해야 한다. 내 속에 어두운 것이 있어 감사할 것도 감사치

못하고 상대방에게 슬픔이나 실망을 안기는 것은 아닌지? "감사하는
마음은 금방 노쇠해 버린다."고 했다. 그러므로 그것이 쉬 사라지지 않
도록 부부는 계속해 새롭고 창조적인 감사를 찾아야 한다. "부부는 두
개의 반신이 되는 것이 아니고, 하나의 전체가 되는 것"이라고 했다. 두
사람이 하나의 전체가 된다고 하는 것에 대한 바른 이해를 가질 때 부
부는 서로에게 감사할 수 있다.

결혼은 인생에 있어 가장 큰 일이다. 시작부터 바르고 반듯하게 해야
한다. 한 손 속의 두 손가락이 아닌가! 떨어질 수도 없고 떨어져서도 안
되는 게 부부 사이이다. 그러므로 자신들에게 주어진 삶을 하나님의 가
르치심이나 설계에 따른다고 하는 것은 아주 중요하다.

성공하는 부부가 되려면 가정 안에 성령 충만이 있어야 한다. 남편과
아내 사이는 하나님과 가까워질 때 가까워지고 하나님과 멀어질 때 멀
어지는 원리를 가지고 있다. 물론 육적인 사람들은 이 말의 의미를 모
른다. 그러니 그들은 육적인 즐거움이나 성취를 성공이라고 생각할 수
있다. 그러나 그것은 그리스도인에게 약속된 행복이 아니다.

성령 충만은 건전한 가정과 행복한 부부 생활의 기초가 된다. "그리
스도의 말씀이 너희 속에 풍성히 거하여 모든 지혜로 피차 가르치며 권
면하고 시와 찬미와 신령한 노래를 부르며 마음에 감사함으로 하나님
을 찬양하고 또 무엇을 하든지 말에나 일에나 다 주 예수의 이름으로
하고 그를 힘입어 하나님 아버지께 감사하라 아내들아 남편에게 복종
하라 이는 주안에서 마땅하니라 남편들아 아내를 사랑하며 괴롭게 하
지 말라"(골3:16-19)라고 했다. 본문의 "그리스도의 말씀이 너희 속에
풍성히 거하여"는 성령충만을 의미하는 말씀이다.

속에 하나님의 말씀이 풍성한 사람은 아름다운 가정을 유지하는데
필요한 사랑과 복종과 이해와 감사와 용서와 인내와 기쁨 등을 배우자
에게 줄 수 있다. 성령 충만은 삶에 있어 아주 중요한 부분이고 그것을
계속 유지하기 위해서는 "자신을 후려쳐 주께 복종시키는" 아름다운 신

앙생활을 계속해야 한다. 이 점, 가정 예배도 행복한 가정을 위한 필수적인 요소라고 하는 사실에 주목해야한다.

부부는 자기 본분에 감사하고 자기 역할에 충실해야 한다. 또 자신에게 주어진 성에 대해 감사해야 한다. 남자는 남성이 되게 하신 하나님께 감사해야 하고 여자는 여성이 되게 하신 하나님께 감사해야 한다. 그래야 자신에게 주어진 역할을 잘 감당할 수 있다.

남편은 이끌어가고, 사랑하고, 공급하고, 보호하고, 아내는 남편을 돕고 복종하고 가정을 잘 돌볼 때 가정은 순기능을 하게 된다.

부부 사이의 복종(obedience)은 용납하는 것이요(acceptance) 충실(allegiance)한 것이요 따르는 것이요(compliance) 하나 되는 것이요(conformity) 순종(submission)하는 것을 의미한다. 그것은 높은 사람에게 낮은 사람이 쩔쩔매며 그의 뜻에 따른다는 의미가 아닌 동격의 사람의 요청에 자원해서 도와준다는 의미이다. 그러므로 아내가 남편에게 복종한다는 말은 일방적인 말이 아닌 상호적인 의미를 지닌다.

우리가 참 자유를 얻을 수 있는 것은 하나님 안에 있을 때이다. 이처럼 아내도 남편 안에 있을 때 참 자유를 얻을 수 있다. 그러므로 불건전한 여성 해방 운동과 같은 것으로 인해 자신을 불행하게 만드는 일은 없어야 한다.

아내는 섬김의 기쁨과 미래의 지도자가 자신의 품속에서 자란다고 하는 사실에 보람과 긍지를 가져 자신에게 주어진 일에 좀 더 긍정적이어야 한다. 또 그리스도 안에서 명확하고 일치된 공동의 목표를 가져야 한다. 공동 목표는 두 사람에게 희망과 보람과 삶의 동기를 부여해 같은 비전을 갖고 같은 방향을 바라보게 하므로 서로를 결속케 한다.

결혼을 했으면 배우자를 많은 사람 중의 하나가 아닌 "하나님께서 내게 주신 최고 중의 최고"라는 믿음을 가져야 한다. "나에게 꼭 맞는 짝을 주셨다"고 감사할 때 행복과 만족을 얻을 수 있다. 그리고 이 만족은 상대로부터도 오지만 사실상 자신의 마음으로부터 오는 것이다.

부부는 부부의 성숙한 삶을 위해 영적으로나 지적으로 함께 성장하여 밸런스를 유지해야 한다. 비슷한 수준의 영적, 지적인 수준은 좋은 대화를 하게한다. 그러므로 부부는 서로를 성장시킬 수 있는 좋은 계획을 갖거나 개발하는 게 좋다. 이 때 주의할 것은 상대방을 고치려고 하는 것보다 자신이 상대방에게 맞는 사람이 되어가는 것이다.

우리는 어차피 부족한 사람과 결혼을 하게 되어 있다. 그러므로 배우자가 완전하리라는 기대나 완전해야 한다는 자기중심적인 생각을 해서는 안 된다.

부부의 사랑은 주는 사랑이어야 한다. 끊임없이 그에게 줄 수 있는 사랑이 있다고 하는 것은 얼마나 아름다운 일인가. 그러므로 숨기지 않고 늘 표현해야 하는데 자녀들 앞에서도 자연스럽게 공개적으로 사랑을 표현하는 것이 좋다. 자녀들은 부모가 서로 사랑하는 모습을 보여줄 때 자신감과 안정감을 얻게 된다.

이 세상에 완전한 사람이 어디 있는가? 완전한 사람은 없다. 부부사이도 완전할 수 없다. 실수할 수도 있고 다툴 수도 있다. 이 때 부부는 용서를 구하고 용서하는 일에 인색하지 않아야 한다. 부부됨은 서로 다른 가정문화를 갖고 만나는 것으로, 갈등은 필연적으로 주어지게 되어 있다. 그러므로 내가 먼저 "잘못했다. 용서하라"고 하는 것은 아주 중요하다. 그것이 그리스도의 모습이요 70번씩 7번 까지도 용서하라고 하신 의미이다.

외에도 행복한 부부생활을 하려면 가정에는 건전한 대화가 있어야 하고 서로의 재능을 개발해 주고 서로를 인정하는 것이 꼭 있어야 한다. 부부생활은 긴 대화라고 했다. 그러므로 부부는 대화를 통해 위로하고 사랑하고 이해하고 고독을 줄일 수 있어야 한다.

부부는 서로를 사랑하되 공개적으로 사랑해야 한다. 공공장소에서 서로를 존중하고 아끼는 모습은 서로를 신뢰케 한다. 그러므로 "내 사랑하는 내 짝"이라는 공개된 표현은 아주 중요하다.

또 부부가 행복해지려면 합리적으로 가정 경제를 꾸리는 지혜도 있어야 한다. 돈으로 인해 상처받는 가정이 얼마나 많은가. 더 버는 것보다 수입의 범위 내에서 가계를 꾸리는 지혜가 필요하고 불평하기 보다는 주어진 것에 대한 감사가 필요하다. 더 벌겠다고 돈벌이에만 혈안이 될 경우 필연적으로 다른 한 쪽을 잃게 된다. 그러므로 부부는 버는 노력도 중요하지만 지혜롭게 쓰는 지혜도 가져야 한다.

또 부부는 서로의 가족을 존중하고 귀히 여겨야 한다. 처가나 시댁을 흠잡는 것은 서로에게 상처를 주어 싸움의 빌미가 될 수 있다. 남편 먼저, 아내 먼저 상대방의 가족을 챙기는 것이 부부 서로에게 신뢰를 주어 행복이 무엇인지를 알게 한다.

결혼은 행복의 과실을 얻는 것이 아니고 행복의 씨앗을 심는 일이다. 그러므로 두 사람이 그 씨앗을 "어떻게 가꾸는가?"는 아주 중요하다.

부부 사이의 서로 다른 이해는 고통의 산물이 될 수 있다. 고통하려고 결혼하는가? 아니다. 우리는 행복하려고 결혼을 한다.

알랭은 '인간어록'에서 "부부라는 사회에서는 일에 따라 각자가 상대를 돕고, 혹은 상대를 지배한다. 따라서 부부는 대등하지만 또한 다르다. 그들은 다르므로 대등한 것이다."라고 했다. 부부는 조심에 조심을 하며 살아야 하는 사이이다. 그것은 긴장하면서도 느슨할 수 있고 느슨해 하면서도 긴장해야 하는 사이이다.

애정이 없는 결혼은 비극이라고 했다. 행복한 부부의 삶속에는 반드시 사랑이 있어야 한다. 그리고 그 사랑은 변질하지 않은 사랑이어야 한다. 오스카 와일드는 "전혀 애정이 없는 결혼보다 더욱 나쁜 결혼이 있다. 그것은 애정은 있으나 한쪽만이 있을 때, 정절(貞節)은 있으나 한쪽만이 있을 때, 그리고 부부의 감정에 있어 한쪽만이 짓밟힘을 당할 때"라고 했다. 반응하는 사랑. 줄 때도 잘 주어야 하고 받을 때도 잘 받

아야 하는 게 부부의 사랑이다. 행복한 부부는 누가 만들어주는 것이
아니고 부부가 키워가는 것이다.

행복한 결혼을 위한 40가지 조언

"잘 지낸 하루가 행복한 잠을 이루게 하는 것처럼 잘 보낸 인생은 행복한 죽음
을 가져온다" (레오나르도 다 빈치)

다음은 윌리암 쿠르차의 행복한 결혼을 위한 40가지 조언이다. 이 조
언대로 살고 있는지를 점검하고 이대로 살지를 못하고 있다고 하면 이
유가 무엇인지를 구체적으로 생각하자.

1. 부부가 함께 신앙생활에 힘쓰라.
2. 서로의 습관이나 취미를 인정하고 이해하라.
3. 만족과 불만을 스스럼없이 자연스럽게 표현하라.
4. 실질적인 공통의 소망과 목표를 가지라.
5. 기념일을 잊지 말고 축하하라.
6. 서로에게 감사하되 구체적으로 분명하게 하라.
7. 자기의 매력을 계속 증폭시키라.
8. 서로의 건강에 관심을 가지라.
9. 서로의 인격을 존중하고 개인 생활을 인정하라.
10. 친절하고 부드러운 말투와 둘만의 비밀스러운 은어나 표현을 개발
    하라.
11. 서로의 약점을 보완해주며 부드럽게 충고하라.
12. 가구나 의상 등의 기본이 되는 생활용품의 쇼핑을 함께 하라.
13. 부부간에 친구와 같은 우정을 가지라.
14. 갈등은 필연적으로 생긴다. 양보하고 타협하라.
15. 직장에서 있었던 일이나 가정에서 있었던 일을 자연스럽게 나누라.
16. 일상사를 화제 삼아 늘 대화를 하라.

17.함께 사회 활동에 참여하라.

18.서로의 의상이나 치장에 관심을 가지라.

19.가사나 자녀 양육에 힘을 모으고 분담하라.

20.서로의 소유를 숨기지 말라.

21.자기의 생각이나 취미나 습관이나 기호를 절대시하지 말라.

22.함께 독서하거나 교양 프로그램을 함께 하는 시간을 가지라.

23.서로 존경하고 예의를 지키라.

24.갑작스러운 선물 따위로 상대방을 감격시키라.

25.사소하더라도 새로운 즐거움을 늘 주라.

26.부부 공동의 기념품이나 앨범을 많이 만들라.

27.체계가 있고 질서 있는 생활을 하라.

28.가벼운 운동을 함께 하라.

29.약속은 반듯이 지키라.

30.주위 사람들 앞에서 서로를 존중하라.

31.배우자가 부탁한 것은 꼭 기억하라.

32.둘 사이의 비밀은 둘 사이의 것으로만 지켜져야 한다.

33.상대방에게 말하고 싶은 것은 분명하게 말하라.

34.상대방에 대한 사랑을 숨기지 말고 자랑하라.

35.서로에게 상처가 될 일은 분명히 하고, 하지 않도록 하라.

36.둘 만의 대화 시간을 자주 가지라.

37.상대방을 다른 사람과 비교하거나 저울질하지 말라.

38.생활의 변화와 다양성을 자주 추구하라.

39.함께 여행하고 산책하는 시간을 가지라.

40.바가지를 긁지 말라.

부부에게 요구되는 것은 언제나 서로에게 최선(Best)을 다하는 것이다. 에드 휘트 박사는 "모든 부부를 위한 결혼 생활"에서 특히 이 점을 강조하고 있는데 그는 부부는 서로를 축복(Blessing)하고, 개발하고

Edifying), 나누고(Sharing), 만져주라(Touching)고 권고하고 있다. 그렇게 하기 위해서는 "악을 악으로, 욕을 욕으로 갚지 말고 도리어 복을 빌라 이를 위하여 너희가 부르심을 입었으니 이는 복을 유업으로 받게 하려 하심이라 그러므로 생명을 사랑하고 좋은 날 보기를 원하는 자는 혀를 금하여 악한 말을 그치며 그 입술로 궤휼을 말하지 말고 악에서 떠나 선을 행하고 화평을 구하여 이를 좇으라"(벧전 3:9-11)는 말씀에 관심을 가져야 한다.

또 "피차 권면하고 피차 덕을 세우기를 너희가 하는 것 같이 하라"(살전 5:11)고 하신 말씀과 "우리가 화평의 일과 서로 덕을 세우는 일을 힘쓰나니"(롬 14:19)라고 하신 말씀에 관심을 가져야 한다.

사랑의 속성은 받는 것이 먼저가 아니다

우리는 결혼을 할 때 무한의 기대를 갖고 한다. 그것은 다분히 핑크빛이거나 달콤한 것이지 괴롭거나 쓴 것이 아니다. 상대방이 좋게 느껴지고 사랑스럽게 느껴지기 때문에 결혼을 한다. 그런데 그것은 장난기가 많아서 처음의 기대와는 전혀 다른 것을 가져오기도 한다. 그가 좋았었는데 어느 순간 그가 싫어지고. 그가 없으면 못살 것 같았는데 어느 순간 그가 있는 것이 지긋지긋해진다. 왜 이리되는 것일까?

우리는 흔히 그에게 문제가 있어서라고 한다. 물론 그럴 수도 있다. 그에게도 문제가 있다고 하는 것에는 이론을 달 사람이 없다. 왜냐하면 "의인은 없나니 하나도 없다"(롬3:10)고 했으니까 우리는 때로 사랑하면서도 상대방에게 상처를 줄 수 있기 때문이다.

그런데 실상은 그에게 문제가 있다고 하는 것보다는 따지고 보면 내게 문제가 있어서 그가 그렇게 해석이 되어지는 경우가 허다하다. 그러므로 그의 문제라고 쉽게 판단하고 말하기 보다는 내 속에 어떤 것이 있어서 "그가 그렇게 해석이 되는지?"에 대해 먼저 자기를 살펴야 한다.

성경은 "외식하는 자여 먼저 네 눈 속에서 들보를 빼어라 그 후에야 밝히 보고 형제의 눈 속에서 티를 빼리라"(마7:5)고 했다. 내 결점이나 약점은 보지 않고 상대방의 결점이나 약점만을 탓하는 이들에게 주신 말씀이다.

그러면 왜 이렇게 되는가? "사랑하리라. 정말 사랑하리라" 마음에 다짐에 또 다짐을 하는 데도 아내를 만나면 속이 뒤집히고 남편을 만나면 짜증이 나는 것은 왜인가? 분명 그러려고 결혼을 한 것은 아니지 않은가? 그런데 왜 그렇게도 싫고 미운가? 한마디로 말하면 내 기준에 맞지 않기 때문이고 그가 나에게 상처를 주기 때문이다.

내 기준이란 다분히 내가 살아오면서 학습되어온 것이거나 내가 아는 초자아적인 가치이다. 그것 모두는 사실상 자기중심(Self-Centered)에서 나오는 것이다. 그러므로 자기가 보기에는 옳다고 하더라도 그것은 다른 사람에게 큰 상처를 줄 수 있는 것들이다.

상처를 준다고 하는 것도 그가 상처를 줄 수밖에 없는 상황이 그에게 주어져 그리할 수밖에 없어 상처를 주는 것이다. 그러므로 상처를 줄 경우 "내가 왜 이리 해야 하는지?"를 생각해야 하고, 상처를 받을 경우 그가 "왜 그리하는지?"에 대해서 먼저 이해하는 노력을 해야 한다. "피차 사랑의 빚 외에는 아무에게든지 아무 빚도 지지 말라 남을 사랑하는 자는 율법을 다 이루었느니라"(롬13:8)고 하지 않았는가! 이 말씀은 사랑이 허다한 허물을 덮는다는 이야기요 사랑이 시각의 변화나 생각의 변화를 갖게 한다고 하는 말씀이다. 그러므로 부부 서로의 이해를 통한 사랑의 창출은 아주 중요하다.

사랑의 속성은 받는 것이 먼저가 아니다. 그것은 주는 것을 통해 받는 것이다. 그러므로 주기를 잘 주어야 한다. 건성건성 대충대충 사랑하기 때문에 부부 사이는 쉽게 상처를 입게 된다. 건성건성이나 대충대충이 아니고 전심으로 먼저 사랑해야 하는 것이 부부 사이의 사랑이다. 그러므로 주기를 기다리지 말고 내가 먼저 주어야 한다. 성공적인 결혼은 적당한 짝을 찾기보다는 적당한 짝이 되는 데 있다.

우리는 때로 사랑하면서도 짜증스러워 하고 그가 소중하면서도 그에게 상처를 주는 때가 있다. 왜 그럴까? 자신 속에 숙주하고 있는 나쁜 것들 때문이다. 여기에서 말하는 속의 나쁜 것들이란 미결되어 있는 (Unfinished Business) 상처들로, 슬픔이나 고독, 염려, 상처받은 경험, 미움, 분노, 불만, 질투, 불안, 아픔, 억울함, 잘못된 욕구와 같은 것들이다. 이런 것들이 아직도 속에 숙주하고 있어 자신을 우울케 하거나 분노케 하기 때문에 "그러지 말아야지"하는 의식속의 생각과는 달리 전혀 다른 모습이나 행동을 보일 수가 있다.

우리에게는 크고 작고의 차이는 있지만 누구에게나 공포심이 있다. 공포스러운 것을 보고 공포심을 갖는다고 하는 것은 자연스러운 일이다. 문제는 다른 사람들은 전혀 공포심을 느끼지 않는데도 나만 공포심을 느낀다고 하면 그것은 자신 속에 공포심을 느낄 수 있는 무언가가 있어서이다. 그리고 이런 것이 부부 사이를 왜곡되게 하기도 한다.

부부는 그를 탓하기 보다는 내가 "왜 그를 그렇게 보고 느끼는가?"부터 생각해야 한다. 그러기 위해서는 자기대면을 통해 자신 속에 "무엇이 숙주해 있나?"를 찾아야 한다. 자기대면이란 자기의 자랑꺼리를 찾는 시간이 아니고 자기 속에 있는 적절치 않은 정서를 찾아 왜 이런 생각을 해야 하고, 왜 이런 일을 해야 하는지?를 냉정히 찾아 바른 삶에 적절치 않은 것을 제거하는 시간이다. 흔히 이 정도면 괜찮은데도 "못 살겠다"거나 불평을 하는 것은 다분히 자신속의 쓴 것이 있어서 그리하는 것이다. 그러므로 주님은 "너희는 돌아보아 하나님 은혜에 이르지 못하는 자가 있는가 두려워하고 또 쓴 뿌리가 나서 괴롭게 하고 많은 사람이 이로 말미암아 더러움을 입을까 두려워하라"(히12:15)고 하셨다.

A.반다이크는 "대리석의 방바닥과 금을 박은 담벽이 가정을 만드는 것이 아니다. 어느 집이든지 사랑이 깃 들이고, 우정이 손님이 되는 그런 집은 행복한 가정이다."라고 했다.

우리가 열망하는 가정은 어떤 가정인가? 모이면 싸우고 흩어지면 서로 비난하고 원망하는 가정인가? 분명 그것은 아니다. 우리가 원하는 가정은 사랑이 넘치는 가정으로 서로의 허물도 덮어주고 서로의 약점도 감싸주며 그가 거기에 있는 것만으로도 감사하는 그런 가정이다. 그러므로 가정에는 용서가 있어야 하고 이해가 있어야 하고 섬기는 것이 있어야 하고 위로하는 것이 있어야 하고 평안이 있어야 한다. 만일 이런 것이 없으면 아무리 호화스럽게 산다고 할지라도 그것은 동거이지 가정은 아니다. 톨스토이는 "안나 카레니나"에서 "모든 행복한 가정은 가족 서로가 닮아 있지만, 불행한 가정은 어느 사람이나 모두 따로따로 놀고 불행하다."고 했다. 제 멋대로 굴며 자기만 잘 낫다거나 이기심이 팽배해 있는 가정은 가정이 아니라고 하는 이야기이다. 그러므로 가정은 먼저 하나 되는 노력을 해야 한다.

하나 되는 가장 좋은 방법은 그로 하여금 내 뜻에 따르게 하는 것보다 내가 그의 의견을 존중하고 그의 뜻에 따라 가는 것이다. 그리고 그렇게 따라가다 보면 어느 한 순간 그가 내 뜻에 따르는 결과를 가져오기도 한다. 그러므로 아내는 남편의 뜻에, 남편은 아내의 뜻에 따르는 것을 두려워하지 않아야 한다. "남편은 그 아내에게 대한 의무를 다하고 아내도 그 남편에게 그렇게 할지라"(고전7:3)고 하지 않았는가. 어느 한 쪽의 일방적인 희생을 강요해서는 안 되는 것이 부부생활이다.

행복한 결혼은 주어지는 것이 아니고 부부가 함께 만들어 가는 것이다.

남편의 욕구와 아내의 욕구

"참된 욕구가 없으면 참된 만족도 없다" (볼테르)

성공적인 결혼이 되지 못하는 것은 아내의 기대를 남편이 채워 주지 못하거나 남편의 기대를 아내가 채워주지 못하는데 있다. 그러므로 성공적인 결혼이 되려고 하면 아내의 기대를 남편이 채워줄 수 있어야 하고, 남편의 기대를 아내가 채워 줄 수 있어야 한다. 그렇게 하기 위해서는 상대방이 무엇을 기대하고 있는지 관심을 가져야 한다. 그리고 서로 간에 그 기대를 채우는 노력을 해야 한다. 이 때 조심해야 할 것은 상대방이 싫어할 지나친 기대나 능력 밖의 기대는 갖지 않는 것 좋다. 지나친 기대는 상대방에게 혐오감을 줄 수 있다. 우리는 때로 현실적이지 못한 지나친 기대나 잘못된 기대 때문에 상대방은 물론이요 자신에게까지 해롭게 할 때가 있다. 그것은 스스로 올가미를 만들어 자기 목에 거는 것과 같다.

어떤 부인이 다이아몬드를 살 여력이 없는 남편에게 다이아몬드를 사자고 했다. 이 경우, 사 주지 못하는 남편은 아내의 기대감을 충족할 수가 없어 불행해진다. 아내 역시 자신의 욕구를 충족하지 못해 불행해한다.

이처럼 기대한 것이 채워지지 않으면 어느 쪽이나 행복을 느끼지 못하게 되어있다. 그러므로 서로는 가능성이 있는 기대를 하여야 하고 또 그것을 채워주는 노력을 아끼지 않아야 한다. 두 사람 사이에 있을 수 있는 이질적인 차이를 제거하는 노력은 아주 중요하다. 부부는 같은 가치, 같은 이해나 해석을 가져야 한다.

부부들 중에는 서로가 고의로 또는 무심한 가운데, 자신이 하는 일이나 말이 상대방에게 어떤 아픔을 주는지에 대해 전혀 개의치 않거나 무시하므로 상대방을 불행하게 만드는 경우도 있다. 이 경우 부부는 신뢰를 형성할 수가 없게 되어 의심이 가득한 눈으로 서로를 바라보게 된다.

부부 사이의 신뢰 형성은 아주 중요하다.

신뢰형성이란 온전한 연합을 의미한다. 둘이 하나로 접 붙는 것을 의미한다. 그것은 남편이 노래 부르는 것을 아내도 따라 부르는 것을 말한다.(夫唱婦隨) 아내가 원하는 대로 따라주고 남편이 원하는 대로 따

라 주는 사이를 말한다. 그러므로 부부는 서로가 원하는 것을 제공할
수 있어야 한다.

결혼은 아주 특별한 관계를 의미한다. 그러므로 기대보다는 주어진
것에 대해 서로를 인정하고 감사하는 것이 우선해야 한다. 불평을 한다
고 해서 당장 달라지는 일은 없다.

도마 위에 항상 올려 있는 것과 같은 것이 부부 사이의 일이다. "머리
부터 잘라야 한다" "아니다 꼬리부터 잘라야 한다" 머리 쪽을 먼저 자
른다고 해서 생선 맛이 달라지는 것도 아니요 꼬리 쪽을 먼저 자른다고
하여 생선 맛이 달라지는 것도 아니다. 그런데도 이견을 가지고 토닥거
릴 수 있는 게 부부사이다.

조심하지 않으면 부부는 하잘 것 없는 것으로도 다투게 된다. 다투지
않기 위해서는 주어진 환경이나 여건을 최대한 이용해 상대를 존중하
고 사소한 일이라도 그의 의견을 이해하고 따라주고 기쁘게 해 주어야
한다.

부부는 서로를 벗어나서 살수가 없다. 같은 영향권 안에서 함께 살게
되어 있는 게 부부이다. 그러므로 서로에게 최선을 다 해야 한다. 상대
의 실수를 문제 삼지 말라. 문제는 우리 주변에 넝마처럼 널려있는 것
이고, 우리는 늘 실수할 수 있는 위치에 서 있다. 그건 나도 마찬가지요
당신도 마찬가지이다. 문제로 삼기보다는 그에게 약점이 있고 문제가
있으면 그의 그런 약점 때문에 내가 그에게 필요한 사람이라고 하는 이
해를 가져야 한다. 그래야 행복한 부부가 될 수 있다.

사람은 누구에게나 욕구가 있다. "바다는 물이 부족하다고 말한다"고
한 영국의 속담처럼 끝이 보이지 않는 것이 사람이 가지고 있는 욕구이
다. 그리고 그것은 아주 다양하다. 어떤 이들은 물질에 대해서, 어떤 이
들은 명예에 대해서, 어떤 이들은 성에 대해서, 어떤 이들은 먹는 것에
대해서. 어떤 이들은 자식에 대해서. 아무튼 헤아릴 수 없으리만치 많
고 다양한 것이 우리가 가지고 있는 욕구이다. 우리는 욕구를 적절하

게, 정당한 방법으로 채워야 한다. 채우지 않고 그대로 무시하면, 그것은 그를 불안케 하여 결국 장애를 일으키게 한다.

정당한 방법이라고 하는 것은 누구나 인정하고 납득하는 방법을 말한다. 특히 부부가 가지고 있는 욕구는 서로에게 이해가 되고 용납이 되어야 한다. 서로가 즐거운 마음으로 받아 드릴 수 있는 것이어야 한다.

벤자민 프랭클린은 "행복해지기 위해서는 두 개의 길이 있다. 욕망을 줄이던가 가진 것을 늘리던가이다. 어느 쪽이든 좋다."라고 했다. 그렇다. 행복은, 욕구대로 가지던가 아예 가질 것을 포기하던가 할 때에 해결이 된다. 그러므로 어떤 이는 "아무 것도 기대하지 않는 자는 실망할 일이 없기 때문에 행복하다"고도 했다. 물론 꼭 그런 것은 아니지만 그럴 수도 있는 의미를 지닌 말이라고 생각한다. 부부 사이에는 지나친 기대보다는 이해가 필요하다.

만년의 톨스토이는 인간의 끝없는 욕구에 정이 떨어져, 철저한 금욕주의를 제창하였다. 그러던 어느 날 어떤 사람이 걱정이 되어 그에게 말하기를 "그렇게 모두 금욕만 하면 인류가 다 멸망해 버리지를 않겠습니까?" 하고 물었다고 한다. 그랬더니 톨스토이는 태연히 "염려할 것 없어요. 금욕을 실제 생활에 옮길 수 있는 사람은 거의 없으니까요."라고 대답했다고 한다. 이처럼 인간이 가지고 있는 욕구는 꺼질 줄 모르는 끈기를 가지고 있다. 그리고 그것은 우리의 생애를 지배한다. 앙드레 지드는 그의 지상의 양식에서 탄식하기를 "욕망이여! 너희들은 지칠 줄도 모르는가?"라고 했다. 이처럼 인간의 생명력 속에는 지칠 줄 모르는 욕구가 있다. 만족할 줄 모르는 욕구가 있다.

괴테는 "사람들은 많은 것을 원하지만, 그에게 필요한 것은 극히 얼마 안 된다"고 했다.

욕구도 중요하지만 정당한 욕구를 가지는 것이 더 중요하다. 잘못된 욕구는 잘못된 결과를 가져올 수밖에 없다. 죤 밀턴은 그러므로 실락원에서 "마음을 먹고 너희의 욕구를 억제하라. 그렇지 않으면 죄와 그 검은 심부름꾼인 죽음이 너희를 덮칠 것이다"라고 했다. 잘못된 욕구나, 지나친 욕구는 우리를 부패케 하고 우리를 죽음으로 이끌게 된다.

윌라드 할리이 주니어는 "그의 욕구들과 그 녀의 욕구들"(His needs, Her needs)에서 "남편의 다섯 가지 욕구와 아내의 다섯 가지 욕구"에 대해 말하고 있다.

부부가 된다고 하는 것은 사실상 육체적인 결합을 의미하는 것이다. 보편적인 것이기도 하고 일반적인 것이기도 하지만 남편들에게는 대체로 다음의 다섯 가지 기본이 되는 욕구가 있다. 그러므로 아내들은 남편들의 이런 욕구를 이해해 충족할 수 있어야 한다.

첫째는 성적인 만족감이다.

남자는 결국 육체에 의한 것이 아니면 행복을 느끼지 못하는 속성을 가지고 있다. 남자의 가장 깊고 가장 절대적인 쾌락은 바로 육체 안에 있다. 그러므로 성적인 만족감은 대부분의 남편들에게 있어 가장 강열한 필요일 수 있다.

러시아 속담에 "개는 뼈다귀의 꿈만을 꾼다"고 하는 말이 있다. 이처럼 대부분의 남자들은 늘 성에 대한 생각에 몰두하고 있다. 그래서 눈만 뜨면 보양식을 찾는다. 우우- 몰려가 땀을 뻘뻘 흘려가며 보신탕을 먹는가 하면 정력에 좋다고 하면 들쥐라도 잡아먹는다.

자신의 정력이 남들과는 다르다는 이야기를 듣기 좋아하고 또 그것을 과시하기를 좋아하는 것이 남자들이다.

톨스토이는 "우리를 가장 강하게 붙잡는 욕구는 음욕이다. 이 욕구는 이것으로 만족하는 법이 없다. 만족되면 만족되는 그만큼 점점 증가한다"고 했다.

성적인 욕구는 부부 서로로 인해 채워져야 한다. 부부의 성적인 일치라고 하는 것은 부부 생활을 유지하는데 있어 아주 중요하다.

성적인 면에서 부부가 일치하려고 하면 먼저 자신의 성적인 무지를 극복해야 한다. 그리고 성에 대한 편견이나 잘못된 지식을 버려야 한다.

과거에는 성에 대해서 이야기하는 것이 자유스럽지가 못했다. 그것은 부끄러운 짓이거나 저질스러운 짓이라 생각했다. 아니다. 부부는 벌거벗었어도 부끄럽지 않은 사이이다. 그러므로 이제는 성적인 나눔에 대해서 서로의 지식이나 쾌감이나 불쾌감 등에 대해 자연스럽게 이야기를 나누어야 한다. 그리고 그 나눔을 통해 서로에게 맞도록 개선해야 한다. 그것이 부부사이요 부부에게 주어진 특권이다.

성 관계에서의 남자와 여자의 반응에는 상당한 차이가 있다. 그러므로 부인은 성을 탐하는 남자의 속성을 잘 이해하고 그것에 잘 반응해야 한다. 성적인 만족이 주어질 때에 남자는 더 좋은 남편이 될 수가 있다.

둘째는 취미 활동의 동반자이다.

대부분의 남편들은 운동이나 자신의 취미 활동에 아내가 좋은 짝이 되어 주기를 바라고 있다. 적어도 자신이 하는 일의 동조자가 되거나 후원자가 되어 주기를 원하고 있다. 이 욕구는 남편에게 있어 성적인 만족감 다음으로 중요한 욕구라고 할 수 있다. 이 욕구가 결혼 생활 속에 자연스럽게 정착이 되려고 하면 연애할 때부터 취미 활동을 함께 하는 것이 좋다. 그리고 그것이 결혼 후에도 이어지는 것이 좋다.

지금도 연애 시절에 함께 즐기던 활동을 계속하고 있는지? 또 남편이 결혼 전에 어떤 취미 활동을 하고 있었는지? 한번 살펴보라. 중단이 되었으면 왜 중단이 되었는지를 점검하고 다시 시작하게 하는 것이 좋다. 할 수만 있으면 둘이 함께 하고, 남편이 혼자서 할 수밖에 없다고 하면 다시 시작할 수 있도록 배려하고 후원하여야 한다. 또 아내가 가지고 있는 취미로 인해 남편이 즐기던 일을 할 수 없을 경우, 아내는 자신이 좋아하는 취미를 줄이거나 조절하여 남편이 하는 일에 방해가 되지 않도록 배려를 하는 것이 좋다. 그럴 때 남편은 아내로부터 사랑을 받는다는 좋은 느낌을 가질 수가 있다.

셋째는 아내의 아름답고 매력적인 몸매이다.

남자들은, 여자들이 청각과 촉각이 발달해 있는데 비해 대체로 시각과 후각이 발달해 있다. 그러므로 아내는 결혼 전의 매력을 그대로 유지를 하여야 한다. 남편이 좋아하는 부분 즉 몸무게라거나 화장술이라거나 머리 모양이나 옷차림, 말투, 잠옷, 향수, 색감 등을 그대로 유지하여야 한다.

결혼 후 갑자기 아내가 아줌마가 되어 가는 것은 남편을 서글프게 만들 수 있다. "보기 좋을 때 느낌도 좋다"는 말이 있다. 화장이나 의복이나 헤어스타일은 본인에게도 좋아야 하지만 남편에게도 매력적이어야 한다. 그러므로 자기 보기에 좋기보다는 남편의 취향에 따르는 것이 좋다. 대부분의 남편들은 여성의 내적인 아름다움만으로는 만족하지를 못한다. 그러므로 아내는 주어진 여건을 최대한 활용하여 자신의 매력을 남편에게 맞도록 가꾸는 것이 좋다.

남편들은 아내에게서 늘 매력을 찾고 있다. 아내들은 이 사실에 주의하여 남편들이 체념하지 않도록 새롭고 신선한 매력을 간직하는 노력을 해야 한다. 아내의 매력은 타고난 자질이 아니고 개발하여 얻는 아름다움이다. 그러므로 아내는 남편의 내적인 가치를 자극하지 않는 몸매나 몸가짐으로 남편의 시선을 늘 자기에게 머무를 수 있도록 해야 한다.

남편이 사는 세상 속에는 너무도 남편의 눈길을 끄는 것들이 많이 있다. 거기에는 새로운 것이 있고 젊음이 있다. 그것들에게 눈길을 빼앗기지 않게 하려면 아내의 후줄그레한 모습보다는 매력이 있는 모습이 있어야 한다.

넷째로 남편들이 원하는 것은 안식이다.

남편이 가정에 돌아 왔을 때는 안식을 취하게 해 주라. 자신의 공간이나 쉴 곳이 있다고 하는 것은 삶의 동력이 된다.

대부분의 남편들이 이상적으로 꿈꾸는 홈 스위트 홈(Home Sweet Home)은

1) 정다운 미소로 귀가하는 남편을 맞이하는 아내가 있는 곳이다.

2) 외부에서 돌아 왔을 때 깔끔하고 신선한 아내의 모습을 보는 것이다.

3) 깔끔이 잘 정돈된 집안을 보는 것이다.

4) 예의 바른 자녀들이 아버지를 환대해 주는 것이다.

남편이 일을 마치고 가정에 돌아 왔을 때 아내는 남편의 긴장을 풀어 주기 위해 마음을 써야 한다. 구미 당기는 요리 냄새라든가 저녁 식사 중의 즐거운 대화는 하루의 피로를 잊게 해 줄 것이다. 식후에 가족들과 함께 걷거나 노는 것도 좋다. 또 때로는 아이들을 재우고 부부가 함께 T.V.를 시청하거나 음악을 감상하거나 독서나 취미를 함께 하거나 따끈한 커피 한 잔을 나누는 것도 좋다. 그리고 늦지 않게 잠자리에 들어 화끈하게 서로를 사랑하는 것이 좋다. 그럴 때 남편은 자신감을 가질 수가 있다.

직장에서 돌아오는 남편들은 피곤을 느낀다. 그래서 쉬고 싶다. 겉으로는 내색을 하지 않아도 남편들의 내면에는 많은 걱정과 불안이 있다. 성취욕구가 강한 남편일수록 더욱 그러하다. 그러므로 아내의 따뜻한 마음 씀씀이가 필요하다.

아내가 설사 직업을 갖고 있다고 해서 남편의 안식에 대한 욕구가 사라지는 것은 아니다. 그러므로 아내가 직업을 갖고 있을 경우, 아내는 자신의 어려움을 솔직하게 남편과 의논하여 서로의 필요를 채울 수 있는 최선의 방법을 찾아야 한다.

바가지는 짧게, 봉사는 길게 하여야 남편들이 쉴 수가 있다. 혼자 있고 싶어 할 때는 혼자 있게 해 주라. 그래야 남편은 안식을 취할 수 있다.

다섯째로 모든 남편들은 아내로부터 존경과 칭찬을 받기 원한다.

"당신은 썩 괜찮은 분이에요. 너무도 자랑스러워요. 당신 곁에 있으면 안심이 되고 기분이 좋아져요. 당신을 내 남편으로 허락하신 하나님께 정말 감사드려요. 믿음직스러워요. 당신을 존경해요. 아주 멋있어요. 당신 때문에 늘 즐겁고 기뻐요.” 대부분의 남편들은 자기 아내가 자기의 열열한 팬이 되어주기를 바란다. 아내가 자기에게 “홀딱”할 때 남편들은 자신감을 얻는다. 그러므로 남편을 칭찬하는 말을 아끼지 않는 것이 좋다.

지나친 간섭이나 비난은 남편들의 마음을 닫게 하지만, 너그러운 칭찬과 격려는 남편에게 자신감을 주고 자긍심을 높여 준다. 남편에 대한 칭찬과 격려가 빈말이 되지 않도록 인내심을 가지고 남편을 성원하라. 남편들은 아내로부터의 칭찬에 행복해 할 것이다.

쉬지 않고 잔소리 하는 것은 아주 위험하다. 남편을 변화시키겠다고 쉬지 않고 잔소리를 하면 남편은 아내로부터 멀어지게 된다. 그 결과, 변하라고 하는 남편은 변하지 않고 바가지를 긁던 아내가 아주 나쁜 잔소리꾼으로 변하게 된다. 그리고 그 변화는 아내 속의 쓴 것들을 누룩처럼 부풀게 만든다. 결국 아내의 악해진 모습으로 인해 남편은 아내에게 실망하여 아내 곁을 떠나게 된다. 그러므로 아내들은 잔소리보다 남편을 격려하고 칭찬하고 존경하여야 한다. 입에 발린 소리라고 할지라도 칭찬이 계속될 때 남편은 행복한 법이다.

남편들처럼 아내들에게도 기본적인 다섯 가지 욕구가 있다. 이 욕구들은 아내들에게 있어 아주 절실한 것들이다. 그러므로 남편 역시 아내의 이런 욕구들을 잘 이해해 충족시켜야 한다.

아내들이 가지고 있는 기본되는 욕구의 첫째는 부드러운 보살핌이다.

부드러운 보살핌을 성적인 충동이나 성행위와 같은 것으로 이해해서는 안 된다. 남편들 가운데는 아내와 성적인 관계만 가지면 “해 줄 것을 다 해 주었다”고 생각하는 사람들도 있다. 자신의 욕구를 아내의 욕구로 착각한 경우이다. 그것은 아전인수(我田引水)의 아주 잘못된 해석이다.

남자들이 서두르는데 비해 여자들은 보다 느긋하고 차분하다. 그러므로 아내가 사랑을 받는다고 하는 느낌을 가질 수 있도록 남편은 인내심을 가지고 아내를 부드럽게, 차분하게, 따스하게, 편안하게 해 주어야 한다.

모든 아내들은 남편으로부터 사랑의 고백을 듣기 원한다. 왜냐하면 남자들이 시각과 후각이 발달이 되어 있는데 비해 여자들은 청각과 촉각이 발달하여 있기 때문이다. 그러므로 여자에게 "사랑한다"고 하는 말은 아주 중요하다. "당신을 사랑한다. 당신은 내게 가장 중요한 여인이야. 당신의 눈과 입술은 늘 나를 흥분시켜. 많은 여인들 중에서 당신을 내 아내로 허락하신 하나님께 정말 감사해. 나는 늘 당신의 가장 가까이 있는 남자야. 염려하지 말어. 내가 당신을 보호해 줄 터이니까. 당신이 사랑스러워. 아주 매력적인 아내야. 당신으로부터 오는 느낌이 너무 너무 좋아. 아주 만족해"와 같은 말은 아내로 하여금 여자다운 기능을 더 잘 할 수 있게 한다.

그러므로 우리는 아가서의 "나의 사랑하는 자야 너는 어여쁘고 화창하다 우리의 침상은 푸르고 우리 집은 백향목 들보, 잣나무 석가래로구나 나는 사론의 수선화요 골짜기의 백합화로구나 여자들 중에 내 사랑은 가시나무 가운데 백합화 같구나" (1:16-2:2) 와 같은 고백이 여자에게 있어 얼마나 중요한지를 알아야 한다.

잠자리에서 일어나기 전에 껴안고 가볍게 키스를 하라. 아침에 식사할 때마다 은근히 아내를 칭찬하라. 사랑한다거나 눈매가 예쁘다거나 손이 아름답다는 식으로 칭찬을 하면 아내는 자신감을 갖게 된다.

그리고 직장을 향해 집을 나설 때 훌쩍 그냥 휑하니 나가지 말고 아내를 가볍게 포용하고 "사랑한다"는 말을 하라. 그럴 때 아내는 자신이 사랑을 받는다고 하는 확신과 기쁨을 가지게 된다.

또 낮 중에 전화로 아내에게 따뜻한 말을 하는 것도 잊지 않아야 한다. 몇 시간을 그대로 떨어져 소식을 모르는 것보다는 관심을 나타내는 것이 아내의 정서를 편안하게 만들어 줄 수 있다. 그리고 때로 아내가 깜짝 놀랄만한 선물이나 꽃이나 카드로 사랑을 확인해 주는 것도 좋다. 여자들은 남자들과 달리 보다 구체적이고 실질적인 것에 민감하다.

퇴근할 때는 집에 가는 시간을 알려 주라. 아무 소식이 없이 늦게 들어가는 것은 아내를 지치게 하거나 견디기 어려운 모멸감을 갖게 할 수 있다. 그러므로 가능하면 일찍 귀가하여 저녁 시간을 아내와 함께 하는 것이 좋다.

또 직장에서 퇴근하여 집에 들어설 때에는 그냥 덤덤히 쳐다보지만 말고 아내를 살그머니 끌어 않고 "하루를 어떻게 지냈느냐?"고 물으면서 키스하는 것이 좋다. 그럴 때 아내는 기쁨에 몸이 가벼워질 수 있다.

남편들은 저녁을 먹은 후 설거지를 함께 하거나 잔일을 도와주어야 한다. 그럴 때 아내들은 자신이 남편의 "마음 씀씀이 속"에 있다고 하는 사실을 느끼고 사랑을 받는다고 하는 느낌을 가질 수가 있다.

잠자리에서는 손을 잡아 주거나 키스를 해 주라. 대부분의 아내들은 남편으로부터 그런 대우나 보살핌을 받기 원하고 있다.

아내들은 남편의 베푸는 것이 마음에 들면 그것이 좋다고 입으로나 몸짓으로 알리고 반응해야 한다. 그래야 남편으로부터 계속하여 그런 대우를 받을 수가 있다. 메아리가 없으면 외침도 피곤해 지는 법이다.

둘째는 대화이다.

대부분의 아내들은 남편들이 자기와 이야기를 나누어주기를 원한다.

남편들이 정치나 자동차나 스포츠와 같은 것에 관심을 가지고 이야기하기를 즐겨하는데 비해 아내들은 하루 중 자신에게 일어난 시시콜콜한 이야기하기를 즐겨한다. 그러다 보니 서로의 관심사로부터 멀어질 때도 있다. 그래도 이야기를 하여야 한다. 왜냐하면 여자들은 청각이 발달되어 있기 때문이다.

남편에게 별로 중요하지 않은 이야기도 아내에게는 중요할 수가 있다. 그러므로 남편은 아내의 수준에서 생각하고 느껴야 한다. 그리고 아내와의 대화에 진지함을 보여야 한다. 아내가 하는 이야기가 자신과는 아주 동떨어져 있는 것이라고 하더라도 남편은 그것에 관심을 보여야 한다.

또 아내가 무엇을 좋아하는지를 물어보고 아내의 즐거움에 참여하는 것이 좋다. 아내들은 자신을 이해해 주고 칭찬해 주는 사람을 좋아한다. 아내의 관심사를 자신의 관심사로 만드는 남편이 지혜로운 남편이다.

아내들이 제일 싫어하는 대화는 말로 비하하거나 아프게 하는 것이다. 또 남편이 자기의 방법이나 의견을 고집하여 아내로 하여금 강제로 따르게 하는 것이다. 과거나 현재의 잘못을 계속해 반복하여 들춰내는 것이다. 아내를 사랑하는 남편은 늘 아내의 입장에 서서 생각을 하고 이야기해야 한다. 대부분의 아내들은 사랑의 밀어를 좋아한다. 그러므로 남편들은 아내가 좋아할 이야기를 늘 준비하고 있는 것이 좋다.

남편이 아내의 좋은 대화의 파트너가 될 때 아내는 남편의 좋은 섹스(Sex) 파트너가 될 수 있다. 남편의 좋은 말은 아내로 하여금 삶의 기쁨을 느끼게 할 수 있다.

또 때로는 입으로 이야기를 하는 것을 대신해 편지(Note)나 테입과 같은 것을 주고받는 것도 좋다. 그것도 사랑을 일깨우는 대화의 한 방법이다. 그러므로 남편들은 언어적인 방법이거나 비언어적인 방법이거나를 구별치 말고 다양한 방법의 대화법을 습득하여 실천하는 것이 좋다. 그럴 때 아내는 행복할 수 있고 자신은 사랑받는 남편이 될 수가 있다.

셋째로 아내들은 남편으로부터 신뢰받기를 원한다.

"믿어 준다. 인정을 받는다"고 하는 것은 기쁜 일이다. 아내들은 남편과 자신 사이에 신뢰가 형성되기를 원한다. 남편으로부터 신뢰를 받고 또 남편을 전적으로 신뢰할 수 있기 원한다. 그러기 위해서는 둘 사이에 숨기는 것이 없어야 한다. 인생길을 함께 걸어가는 동반자로서 서로에게 정직해야 하고 성실해야 한다. 자신의 행동이나 하는 일을 아내가 알도록 하라. 그리고 혼자서 결정할 일도 혼자하지 말고 아내와 의논하여 그 의견을 수렴하라. 아내는 자신이 존중을 받을 때 더 좋은 아내가 될 수 있다.

부부 사이의 거짓말이나 독선은 서로를 아프게 한다. 의논도 없이 친구를 몰고 오거나, 소식이 없이 퇴근 시간이 일정치 않거나, "당신이 알아서 해" 해 놓고는 나중에 불평을 하거나, 결정한 것을 의논도 없이 자기 마음대로 뒤집는 따위의 일방적인 일들은 아내들을 못 견디게 한다. 그러므로 남편들은 아내가 지금 자기와 의논해 주기를 원하는 것을 알아야 한다. 아내들은 남편으로부터 의논의 대상이 될 때 신뢰받는 아내라고 하는 느낌을 가질 수 있다. 서로 의심하고 믿지 못하는 것은 진정한 부부 사이가 아니다.

넷째는 재정적인 안정감이다.

대부분의 아내들은 재정적으로 안정되기를 원한다. 그래서 신랑을 선택할 때 외모가 아닌 능력이나 재력을 기준으로 한다고 한다. 그러므로 남편들은 아내들이 가지고 있는 이 욕구를 충족시킬 수 있어야 한다.

아내에게는 베푸는 역할과 함께 가사 경영자의 역할이 주어져 있다. 그러므로 남편은 가계부와 가계 예산을 아내가 집행할 수 있도록 도와주고 그에 관해 계속적인 관심을 가져야 한다. 재정적인 스트레스를 받지 않도록 배려를 해야 한다. 또 아내는 남편과 의논하여 지혜스럽게 가계를 집행하여야 한다.

대부분의 가정들은 그들이 행복하기에 필요한 수준보다 훨씬 높은 목표를 세워놓고 그것의 노예가 되고 있다. 행복한 부부가 되려면 자신들이 원하는 것보다 자신들의 필요에 따라 실용적인 가계를 꾸려나가는 지혜가 필요하다.

미국 중류 가정의 경우(세금을 뺀 기준) 대체로 다음과 같이 가계를 꾸려 가는 것을 합리적으로 여긴다.

□ 주택비 25%

□ 식비 20%

□ 전기, 수도, 전화, 의복구입, 차량유지, 의료, 미용, 기타 30%

□ 헌금, 선물, 교육비, 여가 선용, 가구, 주택개선 25%

건전한 삶에 도움이 되지 않는 소비항목들은 솎아 버려야 한다. 그리고 가계 소비 수준을 하향 조정하여야 할 경우, 남편은 반드시 아내에게 설명하고 아내의 의견을 수렴해야 한다. 일방적으로 결정하는 것은 아내에게 모멸감을 줄 수 있다. 아내들은, 남편들이 자신의 의견을 물어올 때 어려움을 이해하고 남편의 결정에 더욱 더 적극적으로 참여하게 된다.

소득이 절대 예산에 못 미치는 경우 아내는 불안하게 된다. 그러므로 남편은 소득을 늘리기 위한 건전한 노력을 해야 한다.

재정적인 스트레스를 받지 않는 방법의 하나로는 지출을 수입에 맞도록 지혜롭게 쓰는 방법이 있다. 더 버는 것보다 덜 쓰는 것이 가계의 어려움을 예방하는 지혜이다.

다섯째는 남편들의 가정에 대한 헌신이다.

대부분의 아내들은 남편들이 가족을 위해 헌신하고 좀 더 가족들에게 관심을 가져 주기를 바란다. 남편이 아이들을 훈육하고 교육하는 일에 중심적인 역할을 하여 주기를 원하고 자녀들에게 책임 있는 좋은 아버지로서의 영향을 끼쳐주기를 원한다. 또 자녀들의 욕구를 충족시켜 줄 수 있기를 원한다.

다른 아이들이 갖고 있는 것을 자기 아이만 갖고 있지 못할 경우 아내들은 남편을 무능력하게 생각하거나 사랑이 없다고 생각할 수 있다.

또 아내들은 남편이 친정 식구들과 좋은 관계를 갖기 원한다. 남편이 처가 식구들에게 관심을 가질 때 아내는 자신이 남편의 사랑을 받고 있다는 생각을 하게 된다.

아내들은 온 식구가 식탁을 같이 하거나, 함께 걷거나 자전거를 함께 타거나, 가정 예배 혹은 가족회의를 하거나, 모두 함께 하는 게임이라든가, 운동 경기를 함께 하거나, 자기 전에 동화를 읽어 주거나, 아이들의 숙제를 도와주거나, 가족들이 함께 할 수 있는 일에 참여하는 것과 같은, 온 식구가 함께 모이는 것을 좋아한다. 그러므로 한 주간동안, 가족들이 함께 모이는 시간을 정하여 가능하면 자주 모이는 것이 좋다.

대부분의 아내들은 자녀들에게 좋은 부모로 인식되어 지기를 원한다. 자녀에게 좋은 부모가 되는 데에는 자식을 이해하고 돕는 지식과 훈련이 필요하다. 훈육에 일관성이 있어야 하고, 적절한 상벌을 주어야 하고, 가훈과 규칙을 아이들과 함께 정하여 지켜야 하고, 부부의 의견을 일치시켜 아이가 아버지와 어머니의 틈새를 빠져나가는 일이 없도록 하여야 하고, 자신 속의 분노로 아이들을 훈육하지 않도록 해야 한다.

"마땅히 행할 길을 아이에게 가르치라 그리하면 늙어도 그것을 떠나지 아니하리라"(잠22:6)고 했다. 가장 좋은 아내가 가장 좋은 어머니가 될 수 있고 가장 좋은 남편이 가장 좋은 아버지가 될 수 있다.

남편들은 아내들이 가지고 있는 욕구를 이해하는 것이 좋다. 그리고 그것을 성실히 채워주는 노력을 해야 한다. 노력을 하지 않고 "그러다 말겠지"하는 식의 생각으로 무심히 살게 되면 언젠가 전혀 예기치 않은 아픔을 겪을 수가 있다. 아내들은 남편의 시선이나 손길이 늘 자기에게 있기를 원하고 있다. 이 점 남편들은 간과하지 않아야 한다.

행복한 부부가 되는 길은?

"부부의 상이한 경험이나 체험은 때로 다양성의 조화라고 하는 창조적인 결과를 가져올 수도 있다"

결혼을 할 때 흔히 우리는 결혼이 무엇인지를 모르고 결혼을 한다. 아는 것이라고는 부부가 되면 한 집에서 살며 같은 식탁에서 밥을 먹고 부부관계를 가지며 자식을 놓는 것 정도를 안다. 그러니 배우자를 내가 행복해지기 위한 수단으로 여길 경우가 많다. 그리고 결국 이런 잘못된 이해로 인해 부부는 서서히 불행해지게 된다. 그래서 A.모루아는 "행복한 결혼"에서 "인생의 고난은 신혼여행과 동시에 시작된다"고 했고 그것은 "서로가 잘 모르는 데도 부부라고 하는 묶임으로 이중의 고독 속에 갑자기 내동댕이쳐지기 때문이라"고 했다.

우리 모두는 행복해 지기위해 결혼을 한다. 그런데도 왜 불행한 부부로 살아야 하는가?

행복한 부부가 되려고 하면 먼저 결혼이 무엇인지를 알아야 한다.

결혼은 불완전한 인격을 가진 두 사람이 불완전하게 시작하는 것이다. 그러므로 처음부터 완전하거나 큰 것을 기대해서는 안 된다. 이제 두 사람이 행복이라는 씨를 막 뿌렸기 때문에 둘이 힘을 합쳐 땅을 가꾸고 물을 주어가며 조심스레 행복이라는 씨를 키워가야 한다. 그러므로 결혼을 하고나서 금방 행복해 질 수 있다는 착각은 버려야 한다. 자라기를 기다려야 하고 열매 맺기를 기다려야 한다.

결혼은 이 세상의 어떤 것보다 우선하는 제도이며 하나님을 좀 더 이해하게 하기 위해 주어진 제도이다. 그러므로 우리는 부부됨을 통해 하나님을 느낄 수 있어야 한다. 부부보다 더 가까운 사이가 있다고 하면 그것은 하나님과 나 사이뿐으로 하나님 외에 부부사이에 끼어들 수 있는 것은 아무 것도 없다. 이런 친밀한 관계를 통해 남편은 아내 속에서 하나님을 느껴야 하고 아내 역시 남편 속에서 하나님을 느껴야 한다. 그러기 위해서는 육적인 시각으로 서로를 바라보기 보다는 영적으로 상대방을 바라보아 그가 가지고 있는 하나님의 형상을 찾아야 한다.

결혼은 하나님의 창조 질서를 계승하는 엄숙한 위임식이다. 그러므로 부부됨은 자기를 드려 이루는 연합이어야 한다.

우리는 흔히 결혼을 내가 갖는다거나 데려오는 것으로 생각할 때가 있으나 이는 아주 잘못된 해석으로 결혼은 갖는 것이 아니고 주는 것임을 알아야 한다. 그러므로 부부는 서로를 주되 완전히 주는 행위를 통해 부부가 되어야 한다. 그래야 하나님의 창조 질서를 계승하는 계승자로서의 역할을 잘 할 수 있고 "부부의 하나 됨"을 누릴 수 있다.

부부의 연합은 아주 중요하다. 완전한 연합을 이루기 위해서는 땅에 있는 지체를 죽여야 한다. 왜냐하면 그것들은 음란과 부정과 사욕과 악한 정욕과 탐심이기 때문이다. 하나님은 탐심을 우상 숭배라고 하셨고 그것들로 인해 하나님의 진노가 임한다고 하셨다. 그러므로 이제 부부 사이에는 그런 모든 것을 벗어버려야 하는데 분과 악의와 훼방과 입의 부끄러운 말이나 거짓말을 하지 않아야 한다. 그래야 완전한 연합을 이룰 수가 있다.

결혼은 옛사람과 그 행위를 벗어버리고 새 사람을 입는 행위이다. 그것은 하나님의 형상을 좇아 새롭게 서는 행위이기도 하다. 그러므로 결혼한 자는 새롭게 된 것에 대한 자부심을 가져야 한다.(골3:5-10 참조)

결혼하기까지 우리는 많은 것을 체험한다. 서로 다른 가정에서 태어나 서로 다른 가풍 속에서 서로 다른 교육을 받으며 상이한 체험을 하면서 성장한다. 그러다 보면 필연적으로 서로 다른 지식과 가치를 가지게 된다. 그런데 이 서로 상이한 가치와 지식이나 경험 때문에 부부는 때로 서로에게 실망을 하게 된다. 그 결과 부부는 서로를 자기에게 맞는 사람으로 바꿔보려는 시도를 하게 되고 이런 시도로 인해 결국 두 사람은 갈등하게 된다.

"모든 겸손과 온유로 하고 오래 참음으로 사랑 가운데서 서로 용납하고 평안의 매는 줄로 성령의 하나되게 하신 것을 힘써 지키라"(엡4:2-3)고 했다. 상대방의 체험이나 경험을 인정하는 것이 결혼 생활의 기본이다. 그는 내가 아니고 "그" 이다. 그러므로 부부는 상대방이 나와 다를 수 있다고 하는 사실을 늘 염두에 두어 서로에게 무례하지 않도록 조심해야 하며 있는 그대로를 사랑해야 한다. 결혼이란 짐을 나눠지는 것이다. 우리는 결혼할 때 그의 좋은 점 하고만 결혼하는 것이 아니고 그의 결점하고도 결혼하는 것을 알아야 한다. 그러므로 사실상 바꾸려는 노력보다는 자신이 바뀌려는 노력이 중요하고 그의 결점을 불평할 것이 아니라 내가 도와주어야 할 부분으로 알고 이해하는 것이 중요하다. 부부의 상이한 경험이나 체험은 때로 다양성의 조화라고 하는 창조적인 결과를 가져올 수도 있다. 그러므로 그 차이를 잘 조화시키는 지혜를 가져야 하는데 이 때 서로의 약점을 지적하기 보다는 장점을 지적하도록 해야 한다.

사랑은 갖고 싶은 마음이요 주고 싶은 마음이요 만지고 싶은 마음이요 느끼고 싶은 마음이요 그리워하는 마음이요 순결한 마음이요 긍정적인 마음이다. 그것은 희생의 마음이요 인내의 마음이요 온유한 마음이요 긍휼의 마음이요 투기하지 않는 마음이다. 또 무례히 행치 않는 마음이요 아끼고 존중해주는 마음이기도 하다.

그러므로 부부는 부부됨을 통해 참사랑의 의미를 배워 실천해야 한다.

성경은 "내가 사람의 방언과 천사의 말을 할지라도 사랑이 없으면 소리나는 구리와 울리는 꽹과리가 되고 내가 예언하는 능이 있어 모든 비밀과 모든 지식을 알고 또 산을 옮길 만한 모든 믿음이 있을지라도 사랑이 없으면 내가 아무 것도 아니요 내가 내게 있는 모든 것으로 구제하고 또 내 몸을 불사르게 내어줄지라도 사랑이 없으면 내게 아무 유익이 없느니라 사랑은 오래 참고 사랑은 온유하며 투기하는 자가 되지 아니하며 사랑은 자랑하지 아니하며 교만하지 아니하며 무례히 행치 아니하며 자기의 유익을 구치 아니하며 성내지 아니하며 악한 것을 생각지 아니하며 불의를 기뻐하지 아니하며 진리와 함께 기뻐하고 모든 것을 참으며 모든 것을 믿으며 모든 것을 바라며 모든 것을 견디느니라 사랑은 언제까지든지 떨어지지 아니하나 예언도 폐하고 방언도 그치고 지식도 폐하리라"(고전13:1-8)고 했다.

그러고 보면 사랑은 악한 것을 생각지 않는 마음이요 불의한 것을 기뻐하지 않는 마음이요 진리에서 나오는 마음이기도 하다.

우리는 흔히 사랑에 등급을 두어 작은 사랑은 무시하는 경향을 갖는데 작은 사랑이라고 하여 무시하는 것은 장차 큰 것을 소유할 수없는 빌미가 될 수 있다. 사랑의 원리는 작은 것에 감사할 때에 큰 것이 주어지게 되어있다. 그러므로 다이아몬드가 아닌 장미 한 송이에도 감사하는 것이 중요하다.

부부의 사랑은 반응하는 사랑이어야 한다. 반응이 없는 일방적인 것이어서는 안 된다. "당신은 응당히 내게 그렇게 해야 한다"고 하는 생각이나 태도는 절대로 있어서는 안 될 일이다. 그러므로 서로에게 좋은 것을 주는 연습을 자주해야 한다. 사랑은 자꾸 연습할 때 커지게 되어 있다. 그러기 위해서는 둘 사이에 있었던 즐거웠던 일만을 생각해야 한다. 나쁜 일을 자꾸 들춰내는 것은 둘 사이에 계속 벽을 쌓는 일이 된다.

> 내가 네게 명하는 이 모든 말을 너는 듣고 지키라 네 하나님 여호와의 목전에 선과 의를 행하면 너와 네 후손에게 영영히 복이 있으리라 (신 12:28)

부부사이의 사랑은 주고받는 것이어야지 일방적인 것이 되어서는 안 된다.

부부는 친구처럼, 연인처럼, 부부처럼 살아야 한다. 그러므로 서로의 감정을 숨기지 말고 자연스럽게 나누는 것이 좋다. 지나친 기대도 금물이거니와 지나친 응석(?)도 금물이다. 기분 좋은 대화를 해야 하는데 기분 좋은 대화는 부부생활의 스트레스를 감소시켜 준다. 부부사이는 "그럴 수도 있다"고 하는 이해심이 중요하다. 그리고 "그가 내게 무엇을 해줄 것인가?"를 기다리는 것보다는 '내가 그를 위해 무엇을 할 수 있나?'를 찾는 것이 더 좋다.

부부는 힘을 모으는 부부가 되어야 한다. 그러기 위해서는 갑자기 생길 수 있는 재정적이나 신체적인 위기에 대처할 수 있는 힘을 평소에 저축해야 한다. 부부가 힘을 모은다고 하는 것은 부부됨의 기초이다. 위기는 언제 주어질지 모른다. 언제 주어져도 한결같을 수 있어야 하는 게 부부의 삶이다. "내 형제들아 너희가 여러 가지 시험을 만나거든 온전히 기쁘게 여기라 이는 너희 믿음의 시련이 인내를 만들어 내는 줄 너희가 앎이라 인내를 온전히 이루라 이는 너희로 온전하고 구비하여 조금도 부족함이 없게 하려 함이라"(약1:2-4)고 했다. 인내는 아주 중요하다. 그러나 견디기 어려운 일은 어렵다고 솔직히 이야기 하는 것이 서로에게 좋다.

결혼 생활은 부부가 함께 설계하는 것이어야 한다. 어느 한 편의 일방적인 생각이나 계획에 따르기 보다는 둘이 함께 의논하여 설계하는 것이 아름답다.

남녀는 서로 다른 속성을 가지고 있다. 그러므로 부부의 역할도 다를 수 있다. 이 점에 대한 바른 이해를 가져 부부 서로는 생활의 역할과 책임을 분담하는 것이 좋다. 내가 할 일이 아니라고 해서 유기하거나 방기(放棄)하는 것은 좋지 않다. 하나님은 부부가 서로 아끼는 모습이나 협력하는 모습을 통해 그 가정에 있어야 할 것을 있게 하시는 하나님이시다. 그러므로 결혼의 설계나 협력의 기초는 늘 하나님이어야 한다. 그래야 무너짐이 없다. "비가 내리고 창수가 나고 바람이 불어 그 집에 부딪히되 무너지지 아니하나니 이는 주초를 반석 위에 놓은 연고요"(마7:25)라고 했다. 부부가 되었으면 행복을 맛보아야 하고 그것도 늙어서까지 서로에게 좋은 추억이 되어야 하지 않겠는가? 우리나라 말에 "끓아도 젓국이 좋고 늙어도 영감이 좋다"는 말이 있다. 부부는 그래야 하는 것이 아닌가? 부부의 부부됨은 하나님의 계획이다. 그러므로 부부는 서로에게 필요한 존재가 되어야 한다.

남편의 십계

1. 결혼 전과 신혼 초에 보여주었던 관심을 계속 유지하라.
2. 결혼기념일이나 아내의 생일과 같은 날을 잊지 말고 함께 기뻐하라.
3. 평소 아내의 외모나 옷차림에 관심을 보이고 조언하라.
4. 아내가 만든 음식을 칭찬하고 감사하라.

5. 사소한 일이라도 아내와 의논하여 결정하는 습관을 가지라.
6. 아내에게 상처가 될 수 있는 농담이나 행동을 삼가라.
7. 불화가 생겼을 경우 너그러움을 보이라.
8. 가사 일의 결정권은 아내에게 일임하라.
9. 아내의 취미나 개성을 존중하고 그가 하는 일을 도우라.
10.하루 두 번 이상 아내의 좋은 점을 발견하여 아내를 칭찬하라.

아내의 십계

1. 자신과 가정을 항상 아름답게 가꾸는 재치와 근면함을 가지라.
2. 남편의 식성에 관심을 가지고 식탁을 화목의 광장으로 삼으라.
3. 남편에게도 말할 기회를 주라.
4. 남들 앞에서 남편의 결점을 이야기하거나 자랑을 하지 말라.
5. 남편에게 따질 일이 있을 때는 둘만이 있을 때를 택해 지혜롭게
   하라.
6. 남편은 때로 혼자 있고 싶어 한다. 정신적인 휴식을 취할 수 있도록
   배려하라.
7. 중요한 결정은 남편의 의견을 따르도록 하되 잘못된 주장에는 차분
   히 조언하는 것이 좋다.
8. 남편의 수입을 규모 있게 알뜰하게 사용하는 살림꾼이 되라.
9. 모든 일에 인내하며 감정을 절제토록 하라.
10.하루에 두 번 이상 남편의 좋은 점을 발견해 남편에게 자신감을 주라.

여유를 가지라 (Take a time)

1. 생각할 여유를 가지라.(Take a time to think)
   이것은 힘의 원천이다.

2. 책을 읽을 수 있는 여유를 가지라.(Take a time to read)

   이것은 지혜의 기초이다.

3. 놀 수 있는 여유를 가지라.(Take a time to play)

   이것은 젊음을 유지시켜주는 비결이다.

4. 묵상의 시간을 가지라.(Take a time to be quiet)

   이것은 하나님을 만나는 시간이다.

5. 살피는 시간을 가지라.(Take a time to be aware)

   이것은 자신의 결점을 고칠 수 있는 기회이다. 또 다른 사람을 도울

   수 있는 기회이기도 하다.

6. 사랑을 주고받는 여유를 가지라.(Take a time to love and beloved)

   애정은 하나님의 위대한 선물이다.

7. 웃는 여유를 가지라.(Take a time to laugh)

   웃음은 혼의 음악이다.

8. 교제하는 여유를 가지라.(Take a time to be friendly)

   이것은 행복의 동반자를 만드는 길이다.

9. 꿈을 갖는 여유를 가지라.(Take a time to dream)

   이것은 미래를 자기 것으로 하는 일이다.

10.기도하는 시간을 가지라.(Take a time to pray)

   기도는 세상의 가장 큰 힘이다.

부부싸움

"부부 됨에는 하나의 기본 되는 룰(rule)이 있다.
그것은 상대를 달라지게 만드는 것이 아니고 내가 달라지는 것이다"

탈무드에 "아내의 키가 작으면 남편 쪽에서 키를 줄이라"는 말이 있다. 죽을 때까지 떨어져서는 안 된다는 원칙아래 시작하는 게 부부생활이고, 사랑하겠다는 약속아래 서로 다른 이질적인 요소를 가지고 공통의 삶을 추구하는 게 부부의 삶이다. 부부는 그러므로 나뉘어진 반쪽으로 함께 사는 것이 아니고 온전한 하나가 다른 하나를 만나 또 다른 창조적인 하나로 완성되어가며 사는 것이다.

평생 싸울 작정을 하고 결혼하는 부부는 없다. 그런데도 싸우게 된다. 서로의 다른 해석이나 상충하는 습관이나 이질적인 이해 때문이다. 특히 부부는 부부 사이의 진실이 짓밟히거나 자존심이 훼손을 당하게 되면 잔학하고 비정(非情)한 마음을 갖게 된다. 타인으로부터 멸시 당하는 것은 그런대로 참을 수 있어도 배우자로부터 무시당하거나 멸시 당하는 것만은 참지 못하는 게 부부사이다. 그 이유가 무엇일까?

그러다 보니 부부사이는 다른 사람과의 관계보다 때로 더 냉혹할 때가 있다. 사이가 좋을 때는 서로 아끼면서 살지마는 사이가 좋지 않을 때는 타인 같으면 용서할 수 있는 일도 용서 못하는 게 부부사이로 그것은 기대했던 욕구가 충족이 되지 않거나 허물어졌기 때문이다.

부부 됨에는 하나의 기본 되는 룰(rule)이 있다. 그것은 상대를 달라지게 하는 것이 아니고 내가 달라지는 것이다. 이 간단한 이치도 모르고 부부 생활을 시작하는 게 우리이다. 그러다 보니 서로의 이질적인 요소로 인해 부부는 필연적으로 갈등하게 된다.

H.M.몽테를랑은 "부부가 싸움을 하는 것은, 서로 말할 것이 아무 것도 없기 때문이다. 그것은 두 사람이 시간을 보내기 위한 한 가지 방법이다"라고 했다. 시간을 보내기 위해 싸우는 것이라고 하면 거기엔 어딘가 애교가 있다. 그러나 분명한 것은 사소한 싸움이라고 할지라도 반복적으로 계속하는 것은 좋지 않다. 반복적으로 할 경우 그것은 "사랑싸움"이 아닌 악성의 싸움으로 발전할 수 있다. 부부 사이에 한 사람은 고통을 주고, 한 사람은 고통을 받는 자가 되는 경쟁을 한다고 하는 것은 끔찍한 일이다. 대체적으로 고통을 주는 자는 줄만한 이유가 있어서라는 변명 같지 않은 변명을 한다. 그래서 그런 사람은 늘 능청스럽게 웃으면서 결혼생활의 행복에 대해 달관한 사람처럼 주절주절 이야기를 한다.

L.아리오스토는 "배필에게 욕하는 동물은 인간뿐"이라고 했다. 부부의 싸움은 식구를 비롯해 주변의 가까운 모두를 긴장케 한다. 특히 자녀들이 받는 영향은 우리의 상상을 초월한다. 그것은 그들의 평생에 지우지 못할 상처로 남게 된다.

아무런 혈연도 없으면서 혈연의 창조자가 되는 게 부부가 아닌가? 얼마나 성스럽고 사랑스러운 사이인가? 그런데도 부부는 싸우려고 한다. 욕구가 충족이 되지 않기 때문이다.

집을 따뜻하게 하는 것은 난로보다 부부간의 이해라고 했다.

부부는 싸우되 선을 분명히 긋고 서로에게 상처가 되지 않는 비기는 싸움을 싸워야 한다. 그러기 위해서는 신앙인들은 에베소서 4장 25절에서 32절을 통해 부부 싸움에 대한 명쾌한 이해를 가져야 한다.

1) "그런즉 거짓을 버리고 각각 그 이웃으로 더불어 참된 것을 말하라 이는 우리가 서로 지체가 됨이니라"(엡4:25) 부부는 이웃과 같은 하나요 서로의 지체이다. 그러므로 서로에게 신실하고 거짓 없이 서로를 존중해야 한다.(Be committed to honesty and mutual respect) 정말 좋은 부부로 살려면 진실한 친구처럼, 거짓 없는 연인처럼 살아야 한다.

2) 또 "분을 내어도 죄를 짓지 말며 해가 지도록 분을 품지 말고 마귀로 틈을 타지 못하게 하라"(엡4:26-27)라고 한 것처럼 상대방에게 치명타를 가하는 일을 하지 않아야 한다.(Make sure the weapons are not deadly) 싸우다보면 말을 가려하지 못하는 경우가 있다. "개 같은X. 쌍X" 이 경우 싸움은 사실 이상으로 왜곡하게 되어 결국 사탄이 개입할 수 있는 빌미를 주게되는 데 사탄은 부부가 싸우는 틈을 타 부부 사이를 이간질해 부정적인 시각이나 불평을 더욱 더 크게 증폭시키는 일을 한다. 그 결과 설사 싸움이 끝나고 화해가 되었다고 하더라도 들은 이야기는 마음의 상처로 남게 된다. 그러므로 다시 살지 않을 것처럼 무차별하게 공격하는 따위는 옳지 않다. 부부가 무차별하게 공격하거나 욕을 하는 것은 결국 자기가 자기를 공격하고 욕하는 것과 같다. 개 같은X 이라고 하면 자기도 개 같은X 이 되는 게 부부의 관계이다.

3) 그러므로 "도적질하는 자는 다시 도적질하지 말고 돌이켜 빈궁한 자에게 구제할 것이 있기 위하여 제 손으로 수고하여 선한 일을 하라"(엡4:28)고 한 것처럼 한 순간 싸웠다고 할지라도 즉시 긍정적인 해결책을 찾아야 한다.(Be ready with a positive solution, soon after swing) 그대로 멍청하게 씩씩거리며 혼자 화를 삭이거나 계속해 싸우는 것은 좋지 않다. 상대방을 따듯하게 다시 보듬어 줄 수 있어야 한다. 그러기 위해서는 싸움이 너무 길어져도 안 되고 시도 때도 없이 싸워서도 안 된다.(Agree that the time is right)

4) "무릇 더러운 말은 너희 입 밖에도 내지 말고 오직 덕을 세우는 데 소용되는 대로 선한 말을 하여 듣는 자들에게 은혜를 끼치게 하라 하나님의 성령을 근심하게 하지 말라 그 안에서 너희가 구속의 날까지 인치심을 받았느니라"(엡4:29-30) 부부 싸움에는 넘지 않아야 할 기본 선이 있다. 기독인은 싸워도 덕을 세우면서 싸워야 한다. 분별없이 상스럽게 싸우는 것은 부부 모두나 가족을 위해 좋지 않고 씻을 수 없는 상처로 남을 수 있다. 부부가 싸우는 것을 보고 하나님은 근심하신다고 했다. 그러므로 부부는 부부싸움으로 인해 하나님이 얼마나 근심하실지를 먼저 생각해야 한다.

서로 용서하라고 했다. 용서할 수 있는 것 가지고 용서하는 것은 불신자들도 할 수 있는 일이다. 기독인의 용서는 용서할 수 없는 것마저 용서하는 용서여야 한다. 싸우면 영적으로 퇴화하게 된다. 그러니 어떻게 신앙생활을 잘할 수 있겠는가? 그러므로 부부는 부부 싸움이 부부사이 혹은 가정에 얼마나 나쁜 영향을 주는지에 대해 생각해야 한다.

5) "너희는 모든 악독과 노함과 분냄과 떠드는 것과 훼방하는 것을 모든 악의와 함께 버리고"(엡4:31)라고 했다. 배우자를 공개적으로나 사실 이상으로 좋지 않은 의도를 가지고 비난 것도 옳지 않다.(Don't swing at your mate in public)

부부 싸움은 부부만의 것이어야 하고 그것은 두 사람 사이의 문제에만 초점이 마쳐져야 한다. 과거의 일이 들쳐져서도 안 되고 주변 사람들을 끌어들이거나 확대해서도 안 된다. 있는 그대로를 두 사람사이의 일로 끝내야 한다. 또 도를 지나쳐 막말로 동네방네 다 알게 욕을 해서도 안 된다. 그런 욕은 결국 자신을 그 같은 사람으로 만드는 결과를 가져온다. 부부 싸움에는 악의적인 공격(Attacking)이 없어야 하고 논의(Arguing)만 있어야 한다. 배우자를 납작하게 만들고 우쭐한 기분을 맛보았다면 그 사람은 병든 사람이다.

6) 바울은 "서로 인자하게 하며 불쌍히 여기며 서로 용서하기를 하나님이 그리스도 안에서 너희를 용서하심과 같이 하라"(엡4:32)고 했다. 싸울 수는 있으되 갈등이 끝났으면 혼란스러운 것들을 용서와 애정과 친절로 명쾌하게 수습하고 정리하는 것이 좋다.(When it's over, help clean up the mess. This involves kindness, tenderness and forgiveness) 이때는 상대방이 "잘못했다"고 하기를 기다리지 말고 "여보 제가 잘못했어요" 하고 먼저 사과하는 게 좋다. 사과를 한다고 해서 비굴해지거나 꿀리는 게 아니다. 손해 볼 것도 없다. 그것은 원상으로 회복하려는 용기요 자신감이다. 또 상대방이 용서를 구하면 "이제 잘못한 것을 알았어? 다시는 그러지 말어"하는 식의 승자의 위치에 서서는 안 된다. 상대방이 "잘못했다"고 할 때는 얼른 그 손을 잡고 "여보 내가 먼저 잘못을 빌려고 했는데 당신이 먼저 잘못했다고 하니 부끄러워요. 곰곰이 생각해 보니 그게 당신의 잘못이 아니고 내 잘못이더라구. 날 용서해요" 하는 식으로 반응을 잘해야 한다. 그래야 비기게 되고 진정한 용서를 하게 되고 두 사람의 관계가 전처럼 회복하게 된다.

우리는 사과하는 기법뿐만 아니라 사과 받는 기법을 알아야 하고 그것에 익숙해 있어야 한다. 그것을 모르면 부부 싸움은 별것도 아닌 일을 가지고도 오래도록 싸우게 되고 결국 나쁜 추억을 갖게 된다.

P.발레리는 그의 저서 "있는 그대로"에서 "신이 인간을 만드셨다. 그

런데 고독함이 부족하다고 생각되어 더욱 고독을 느끼게 하기 위하여 반려(伴侶)를 만들어 주셨다"고 했다.

우리는 어차피 고독한 삶을 살게 되어 있다. 그 고독은 평생 내가 짊어지고 살아야 할 내 몫이기도 하다. 그리고 그 고독을 조금이라도 줄이려고 하는 게 결혼이다. 그런데 부부로 만나 더 고독해졌다고 하면 그건 정말 불행한 일이다. 불행해지기 위해 결혼하는 사람도 있는가? 결혼은 행복해지기 위해서 한다. 그런데 고독하다고 하면 그건 전적으로 자기 탓이다.

상대방의 가치가 나보다 못한가? 아니다. 그도 그다운 가치를 가지고 있다. 그가 장미가 아니고 찔레였다고 하더라도 그는 그다운 가치를 지니고 있다. 그러므로 내가 선택한 것을 소중히 여기고 그것을 감사하는 것이 지혜이다. 감사하지 않으면 사랑도 싹트지 않는다. "귀머거리 남편과 눈먼 아내가 가장 행복한 부부"라는 말이 있다. 부부는 듣고도 못 들은 척, 보고도 못 본 척 하는 지혜를 가져야 한다. 너그러움과 이해 속에서 영글어 가는 것이 부부생활이다.

야지나 발키아는 "아아, 진실로 남편을 사랑하기 때문에 남편이 사랑스러운 것이 아니다. 나를 사랑하기 때문에 남편이 사랑스러운 것이다. 아아, 진실로 아내를 사랑하기 때문에 아내가 사랑스러운 것이 아니다. 나를 사랑하기 때문에 아내가 사랑스러운 것이다"라고 했다. 사랑은 상호적인 것이다. 주고받는 원칙(Give & Take)을 벗어나기가 어려운 게 부부간의 사랑이다. 그러므로 싸우기보다는 상대방이 무엇을 원하는지를 알아 먼저 채워주어야 한다.

"검은머리가 파뿌리 되도록" 함께 사는 게 부부라고 했다. 요즘 정서에는 맞지 않을런는지는 몰라도 결혼할 때 우리 모두는 그런 심정으로 결혼을 한다. 이혼을 염두에 두거나 싸울 작정을 하고 결혼하는 사람은 없다. 그러므로 부부싸움은 "칼로 물 베기"가 되어야 한다. 영국 속담에는 "부부 싸움은 팔꿈치를 부딪치는 것과 같다. 아프긴 하지만 곧 낫는다”는 말이 있다. 부부는 싸워도 곧 치유될 수 있게 가볍게 상대방을 인정해 가면서 제한된 범위 안에서 슬기롭게 싸워야 한다. 싸우더라도 승자가 없는 비기는 싸움이어야 한다.

“그리스도를 경외함으로 피차 복종하라 아내들이여 자기 남편에게 복종하기를 주께 하듯 하라 이는 남편이 아내의 머리됨이 그리스도께서 교회의 머리됨과 같음이니 그가 친히 몸의 구주시니라 그러나 교회가 그리스도에게 하듯 아내들도 범사에 그 남편에게 복종할지니라 남편들아 아내 사랑하기를 그리스도께서 교회를 사랑하시고 위하여 자신을 주심같이 하라 이는 곧 물로 씻어 말씀으로 깨끗하게 하사 거룩하게 하시고 자기 앞에 영광스러운 교회로 세우사 티나 주름잡힌 것이나 이런 것들이 없이 거룩하고 흠이 없게 하려 하심이니라 이와 같이 남편들도 자기 아내 사랑하기를 제 몸같이 할지니 자기 아내를 사랑하는 자는 자기를 사랑하는 것이라”(엡5:21-28)라고 했다.

부부는 서로 닮는다고 했다. 좋은 것으로 닮아야지 나쁜 것으로 닮아서야 되겠는가? 싸우기 위해 부부가 되는 것이 아니고 사랑하기 위해 부부가 됨을 알아야 한다.

이혼과 그리스도인

"결혼은 상반(相反)의 협력관계이다"

에스토니아에는 "한 가마의 빵을 잘못 구우면 일주일간, 수확이 나쁘면 일 년 동안, 불행한 결혼을 하면 일생을 망쳐 버린다"는 말이 있다. 결혼은 그만큼 위험도가 높은 것이어서 조심해서 해야 한다는 이야기이다. 결혼할 때 우리는 터무니없는 기대나 환상을 가질 때가 있다. 위험(risk)은 생각지 않고 좋은 것만을 생각하고 하는 것이 결혼이다. 그러다 보니 서로에게 실망하기가 쉽다.

결혼은 많은 것을 뜻한다. 그것은 맺어지는 것이고 거룩한 일이고 희극이고 착오이기도 하다. 그래서 로슈코프는 "좋은 결혼은 있지만, 즐거운 결혼은 결코 없다"는 말을 했다. 결혼은 어차피 시행착오를 겪게 되어 있다고 하는 이야기다. 단 것 같으면서도 쓴 것이 들어 있는 게 결혼이다. 또 그것은 상반(相反)의 협력관계이다. 그러므로 지혜를 가지지 않으면 필연적으로 상처를 입게 되어 있다.

E.프롬은 '소유냐 삶이냐'에서 "나는 너에 대한 지극한 사랑을 가지고 있다고 말하는 것은 아무 의미가 없다. 사랑은 소유할 수 있는 물건이 아니라 하나의 과정, 사람이 그 주체가 되는 내적 행동이다. 나는 사랑할 수 있고 사랑에 빠질 수 있다. 그러나 사랑에 있어서 무엇을 '가진다'는 것은 있을 수가 없다"고 했다. 그런데도 우리는 지나친 기대나 소유를 갈

망한다. 그리고 그 욕구가 충족되지 않으면 그 터에서 벗어나려고 한다.

이혼은 결혼관계를 깨는 것을 말한다. 이유야 어떻든 이 경우 헤어지는 당사자들은 많은 상처를 입는다. 상처를 입으면서도 함께 산다고 하는 것은 사실상 상당히 아프다. 그것은 그려가던 그림이 어느 한 순간 조금씩 찢겨져 가는 것과도 같다. 함께 살겠다고 했다가 이제는 더 이상 함께 살 수 없다는 것은 그만큼 서로간의 신뢰가 무너졌기 때문이다. 그래서 계속 상처받으며 함께 사는 것보다 혼자 사는 것이 살길이라고 생각해 실행에 옮기는 것이 이혼이다.

처음부터 이혼을 염두에 두고 결혼하는 사람은 없다. 모두가 행복을 그리면서 하는 게 결혼이다. 그런데 어느 날 그 행복은 아스라이 멀어져 가고 불평과 불만으로 가득하게 된다. 그 것이 불행의 시초이다.

사랑은 스쳐서 지나가고, 또 도망쳐 가는 바람이라고 했다. 사랑한다고 생각했기에 선택을 했는데 그게 사랑이 아니었다고 하면 얼마나 아프겠는가?

사랑은 생각만으로 되는 것은 아니다. 사랑은 반드시 그것을 뒷받침해 주는 것이 있어야 한다. 사람이 행복하지 못한 것은 받을 것을 받지 못해서이기도 하고 줄 것을 주지 못해서이기도 하다.

우리는 결혼을 할 때 서로 간에 상당한 기대를 가지고 한다. 그 어느 누구 보다도 그가 나를 가장 아껴주고 사랑해 줄 사람으로 알고 결혼을 한다. 그래서 결혼 서약을 할 때 "병들거나 가난하거나 부하거나 한결같이 사랑하겠다"는 서약을 서슴없이 한다. 그 사람이 그만큼 소중하기 때문에 서슴없이 그런 서약을 하는 것이다. 그런데 얼마가지 않아 그 서약은 휴지처럼 되어버린다. 사랑 속에 있던 환상이 깨어졌기 때문이다.

지금은 하루 500여 쌍이 이혼을 한다고 한다. 30년 전이나 50년 전 같으면 상상하지도 못했을 수치이다. 예전에 비해 지금은 사회 구조나 결혼에 대한 이해가 그만큼 달라졌다.

이혼에는 많은 이유들이 있다. 가정불화의 원인의 대부분은 지극히 사소한 데에 있다. 조금만 더 이해해 주고 감싸주어도 문제가 되지 않을 일을 이해하지도 감사하지도 않으니까 문제가 되는 것이다. 남편이 출근할 때 아내가 손을 흔들며 "여보 조심해서 다녀오세요" 다정하게 전송해 주기만 해도 이혼까지 가지 않을 수도 있고 "세상에 당신처럼 좋은 아내가 어디 있어? 당신이 제일 좋아"하는 말 한마디로도 힘든 생활을 이길 수가 있다. 행복한 결혼이 되려면 남편은 귀머거리, 아내는 장님이어야 한다고 한다. 벙어리 3년, 귀먹어리 3년, 소경 3년의 세월을 요하는 게 결혼이다. 그런데 지금은 왜 이리도 쉽게 이혼을 하려 하는가? 기독인들 가운데도 너무 쉽게 이혼하는 이들이 있다.

성경은 "음행"의 경우 이혼이 가능하고(마5:31-32) 신앙생활을 함께 할 수 없을 경우(고후6:14) 이혼을 허락하고 있다.

"이스라엘의 하나님 여호와가 이르노니 나는 이혼하는 것과 학대로 옷을 가리우는 자를 미워하노라 만군의 여호와의 말이니라 그러므로 너희 심령을 삼가 지켜 궤사를 행치 말찌니라"(말 2:16)고 했다. 이 말씀을 다시 정리하면 "아내가 싫어져서 내쫓는 것은 자기의 옷을 찢는 것과도 같다. 나는 그러한 자들을 미워한다. 변심하여 아내를 버리지 않도록 해라"이다.

결혼은 한 몸이 되는 것이다. 그러므로 하느님께서 짝지어 주신 것을 사람이 갈라놓아서는 안 된다.(막10:9) 기독교 신자는 이 원칙을 이탈해서는 안 된다. 혼인 서약은 헌신짝처럼 버릴 수 있는 성질의 것이 아니다.

이혼을 쉽게 생각하는 것은 이방인의 생각이지 기독인의 생각이 아니다. 기독인의 삶은 용서하면서 감사하면서 기다리면서 사는 삶이다. 우리는 때로 이혼하는 길밖에 방법이 없다고 생각할 때가 있다. 이혼하면 또 다른 행복이 기다린다는 환상을 가질 때도 있다. 그러나 그렇지 않다. 이혼한 사람이 다시 결혼할 경우 다시 이혼할 확률을 배로 높아진다.

어떤 이는 "이혼은 진보된 문명사회에서의 필수품이다. 그것은 그 사회에 개인의 자유와 경제 안정이 되어 있다는 증거이다"라고 했고, 샹포르 같은 사람은 "이혼은 극히 자연스러운 것으로, 많은 집에서는 매일 저녁 그것이 부부의 사이에 누워 있다"고도 했다. 그것은 사회통념이지 기독교의 가치가 아니다.

요즘은 이혼이 너무도 흔하다. 신자들도 조금만 문제가 있으면 이혼부터 생각한다. 그래서 "용서하라. 사랑하라. 섬기라" 하는 말들을 자신의 이해 관계에 따라 자기에게 유리하도록 해석을 한다.

이혼은 결코 명예가 아니다. 그것은 탈출구도 아니요 변화도 아니다. 그런데도 그것을 너무 쉽게 생각한다.

일반적으로 이혼의 원인의 대부분은 지극히 사소한 일을 무시하는 것으로부터 시작한다. 결혼은 내게 맞추게 하는 것이 아니고 그에게 맞춰가는 것이다. 그런데도 내게 맞추려니까 상처가 생기게 되어 이혼에까지 이르게 된다. 기독인의 이혼을 좋아할 자는 사탄밖에 없다. 우리는 그러므로 이혼까지 가는 동안의 죄를 생각하여야 하고, 그 죄를 짓지 않아야 한다. 혹 부지중에라도 지었으면 회개해야 한다. 기독교인이 이혼을 한다고 하는 것은 죄를 합리화하는 일이다. "그러니 어떻게 삽니까?" 어떤 이는 지친 모습으로 자기의 고달픈 사연을 이야기한다. 그러나 우리가 알아야 할 것은, 그것이 내게 주어진 삶(thrown life)이라고 하는 이해이다.

누가 가장 위대한 상담자이신가? 주님이시다. 왜 상담을 받을 생각을 하지 않는가? 이혼할 용기가 있으면 함께 살 용기도 가져야 한다. 우리 가정을 지켜주시는 이는 내가 아니고 하나님이시다. 이혼은 명예로운 일이 아니다. 그것은 분명 수치스러운 일이다. 그런데 왜 이혼부터 생각하는가?

아동 학대

"아동 학대는 대체적으로 학대를 체험한 부모들로부터 시작한다"

가정에서의 아동학대는 역기능을 하는 자녀를 만드는 일이다.

어린이들을 학대하는 부모의 80%-90%가 어렸을 때 그들의 부모로부터 같은 류의 피해를 받은 경험이 있다.

성인들은 그들의 나쁜 추억을 그들의 자녀를 통해 해소코져 시도하기도 한다. 특히 스트레스가 심할 경우 사람들은 출구를 찾게 되는데 이 때 어린이들이 희생을 당하는 경우가 많은데 이는 스트레스를 잘못 푸는 형태이다. 그리고 결손 가정의 아동일 경우 거의 예외 없이 성인의 희생물이 될 수가 있다

또 아이가 자신의 욕구에 충족이 되지 않을 경우 아이에게서 배우자를 연상하므로 보복적인 감정을 가지고 아이를 학대하는 경우도 있다. 의붓엄마나 의붓아버지가 자녀들을 학대하는 것은 다분히 이런 요소가 있다.

아이들의 경우, 대체적으로 받는 것에 익숙하여 있지 주는 것에 익숙하여 있지를 않다. 그러므로 성인들이 요구하는 것을 아이가 채우기란 사실상 어렵다. 그럼에도 불구하고 성인들은 그 사실을 무시하고 아이에게서 성인들로 부터 받을 수 있는 류의 위로와 만족을 얻고자 한다. 그러다가 그것이 채워지지 않으면 거의 예외 없이 아이를 학대한다.

자기 이미지(Self Image)가 낮은 사람은 아이의 가치나 소중함을 모른다. 그러므로 비록 제 자식이라고 할지라도 자기의 희생물로 삼는데 주저하지를 않는다.

아동들은 대체로 다음과 같은 경우 피해의 대상이 된다.

1) 부모가 아이로부터 위로받기 원할 때(만족하지 않다고 생각할 때)

2) 부모들이 별거하거나 이혼한 상태에 있을 때. 일이 뜻대로 되지 않고 상대방에게 증오심이 생길 때 아이가 추억의 대상이 되므로 아이를 보복하므로 상대방에게 보복했다고 하는 기분을 가진다.

3) 아이들이 불구자일 때.

□ 동물들은 불구자가 된 새끼를 없애려고 하는 본능이 있는데 이 본능은 좋은 혈통을 계승시키려는 극히 동물적인 본능이다.

4) 부모가 마약을 하거나 술을 마실 때

□ 피해의 약 40%가 이에 속한다.

5) 부모가 신비주의 우상 숭배에 몰입하게 될 때

6) 부모가 정신 질환을 앓거나 불안정한 상태에 있을 때

□ 여자의 경우 월경 전 증후군(PMS)이 생길 때도 비슷한 현상을 보일 수 있다.

7) 마귀에게 사로 잡혀 있을 때

피해에는 우발적인 피해와 고의적인 피해가 있다. 아동들이 당하는 피해의 종류는 성적인 학대를 비롯해 물린다거나 불에 지짐을 당한다거나, 매를 맞는다거나 등 아주 다양하다.

□ 아동은 성인의 노리개가 아니다.

□ 자녀는 하나님께서 양육하라고 마끼신 귀한 선물이다.

□ 자녀는 다음 세대를 이끌어나갈 역군이다.

학대받는 아동들의 행동특성

신체적 학대를 받은 경우

1) 주위 사람들을 무서워한다.

2) 사람들을 되도록이면 멀리 하려는 부정적인 행동을 자주 보인다.

3) 행동이 극히 과격하고 공격적이서 친구들과 잘 싸운다.(불화한다)

4) 심할 경우 자신을 자해한다.(전문가의 도움을 받아야 한다) 외에도 화가 나 있는 것같이 보이고 자책하거나 쉽게 흥분한다. 외견상으로는 몸에 항상 멍이 들어 있거나 머리털이 군데군데 빠져 있거나 몸에 피가 났다가 마른 자국 같은 것이 있다.

성적인 학대를 받은 경우

1) 친절하게 대하려는 사람을 무서워하며 자신에게 접근하려 하는 사람이 있으면 공포에 질려 피하거나 도망을 하려고 한다.

2) 나이에 비해 성적으로 발달된 행동을 취한다.

3) 평소보다 식사량이 많아지거나 적어진다.

4) 부모의 눈을 피해 가출을 시도하거나 실제로 가출한다.

5) 친구가 자주 바뀌고 친구를 믿지 못한다.

정서적으로 학대를 받았을 경우

1) 지나치게 내성적이 되고 우울해 하며 사람들에게 냉담하다.

2) 변명을 잘하고 선생님이나 의사나 기타 어른들의 지시를 거듭 확인하는 특징이 있다.

자녀는 왜 불량해 지는가?

"자녀가 불량해지는 것은 가정이 불량하기 때문이다"

여기서 자녀라고 하는 것은 대체로 사춘기에 해당하는 10대를 말한다. 10대는 홀몬이나 내적인 화학 성분의 변화로 인해 심한 심적, 육체적인 변화를 겪는 시기이다. 이 시기는 정서 생활이나 가족, 친구 등의 대인 관계에 각성을 가지는 시기여서 주체성과 역할에 대한 혼란을 겪으며 생의 목표와 그 의의에 관심을 갖는다. 이 때 자기의 주체에 대해 혼란을 겪으면 자라서도 영향을 받게 되어 자신이 무엇을 해야 하는지를 모르는 성인으로 성장하게 된다.

이 시기에는 "누구를 모방하느냐?"가 아주 중요하다. 또 어른이란 무엇인가에 대해 각성을 갖기도 하며 정서적으로나 육체적으로 많은 변화를 갖게 되는데 그동안 받았던 부모의 간섭이나 보호로 부터 벗어나려고 하는가 하면 어렸을 때의 심리 사회로 돌아가려는 경향을 보이기도 한다. 유아기에서 성년기로 가는 두 번째 기회라 할 수 있다.

이 시기는 반항의 시기이기도 하다. 그러므로 부모들이 쉽게 상처를 받을 수 있는데 이때의 반항은 대체로 부모에 대한 것이라고 하기보다는 자신에 대한 반항이라고 할 수가 있고 성장기의 있을 수 있는 증세라 할 수 있다. 그러므로 이 시기의 자녀들의 행위를 자연스럽게 이해하고 받아드리는 것은 후일 아이나 부모에게 좋은 결과를 가져올 수 있다. 이 시기에 부모가 너무 간섭하거나 무관심하면 부정적인 사람으로 성장하게 된다.

부모가 되어 자식의 욕구를 충족시키지 못하는 것만큼 안타까운 일은 없다. 자녀는 자꾸 달라고 하는데 부모는 그 달라는 요구를 다 수용하기가 어렵다. 왜냐하면 그것은 돈 때문이기도 하고 환경 때문이기도 하고 부모가 가지고 있는 가치 기준 때문이기도 하다.

> 그러므로 염려하여 이르기를 무엇을 먹을까 무엇을 마실까 무엇을 입을까 하지 말라 이는 다 이방인들이 구하는 것이라 너희 천부께서 이 모든 것이 너희에게 있어야 할 줄을 아시느니라 너희는 먼저 그의 나라와 그의 의를 구하라 그리하면 이 모든 것을 너희에게 더하시리라 (마 6:31-33)

자녀들은 태어날 때 받을 준비만을 하고 태어난다. 부모의 형편이나 처지를 생각지 않는다. 그저 달라고 조르기만 한다. 그만큼 그들은 미성숙하다. 그러므로 사실상 가난한 부모에게는 이것이 아주 큰 어려움일 수도 있다. 이 때 부모의 태도는 성장기의 아이에게 있어 아주 중요하다.

그 아이가 어떤 아이로 성장하느냐는 사실상 5세 이전까지 어떤 환경에서 어떤 대우를 받으며 성장하느냐와 상당한 관계가 있다. 이 이야기는 아주 좋은 환경에서 호사스럽게 살아야 반듯한 아이로 커 갈 수 있다고 하는 이야기가 아니다. 주변 사람들의 관심 속에서 따듯한 시선과 이해와 사랑과 용납을 받고 "자랐는가? 아닌가?" 하는 이야기이다.

역설적인 이야기이지만 예전보다 지금이 더 무질서하고 무계획하고 무모하다. 도덕이나 윤리라고 하는 이야기가 실종된지가 오래이다. 지금의 부모는 자녀의 바른 인격양육보다 출세에 더 관심을 갖고 있다. 그러다보니 자녀의 인성이 망가지고 있다.

자녀가 불량해 졌다는 이야기는 자녀가 반사회적인 성향을 띠고 있거나 반사회적인 인격장애자로 성장하고 있다는 이야기로 이미 그 아이는 오래전부터 그런 증상을 일으킬 수 있는 환경 속에서 그리 만들어져 오고 있었다고 하는 이야기이다. 자녀가 불량해지는 배후에는 거의 모든 경우 부모의 학대나 무관심이 있다고 이해하는 것이 옳다.

자녀들도 우울하다. 자녀들이 우울해 하는 것은 부모나 주변 가까운 사람으로부터 자신이 원하는 사랑을 받지 못해서이다.

기본적인 것도 공급받지 못하면 아이들은

① 혼자 있으려고 하든지 잘 싸우고

② 밥을 전혀 먹지 않으려고 하거나 너무 많이 먹는가 하면

③ 악몽에 시달리거나 불면증에 시달리거나 너무 많이 자기도 한다.

④ 학교에 가기를 싫어하고(성적이 떨어진다)

⑤ 그룹 활동에서 늘 뒤처지며

⑥ 원인 모를 사고와 병이 잦게 된다.

⑦ 자살에 대한 생각을 하고 죽음에 대한 망상을 하는가 하면

⑧ 비현실적인 책임감으로 인해 죄책감에 시달리며 자신이 불행하다고
생각한다.

⑨ 자신을 쓸모없는 존재로 여기며 사랑을 받지 못한다고 느끼며

⑩ 소망이 없다는 느낌을 가지며 분노를 가지며

⑪ 충분한 느낌이 없이 울거나 불합리한 공포와 불안에 시달리게 된다.

결국 이런 일들이 계속적으로 반복하게 되면 아이들은 탈출구를 찾아 다른 것에 의존하여 행동장애를 갖게 되는데 ① 무단결석을 하거나 ② 학교로부터 정학을 당할 일을 하거나 ③ 경찰로부터 체포당할 일을 하는가 하면 ④ 거짓말을 태연히 하고 ⑤ 앞문으로 학교를 들어갔다가 뒷문으로 탈출하는가 하면 ⑥ 성교나 ⑦ 흡연을 하고 ⑧ 마약사용, ⑨ 도적질, ⑩ 싸움, ⑪ 고의적인 파괴, ⑫ 강도행각, ⑬ 강간, ⑭ 방화, ⑮ 잔인한 행위나 속임수 같은 일을 태연히 반복한다. 그 결과 아이들은 불량한 것에 익숙해지고 반사회적인 성격의 성향을 갖게 된다.

대체로 부모는 자녀들이 불량해지는 것을 친구들의 탓이라고 생각한다. 자기는 할 도리를 다 했다고 생각한다. 그런데 그 할 도리라고 하는 것이 다분히 자기중심적이어서 아이의 입장에서 볼 때는 무가치한 쓰레기 같은 것일 수가 있다.

자녀가 원하는 것은 부모의 사랑과 관심과 이해이다. 그런데 부모는 그들에게 관심이 아닌 간섭을 하는가 하면 부모 기준의 가치만을 고집한다. 물론 부모의 고집도 때로는 관심일 수 있다. 조심해야 할 것은 부모가 볼 때 분명 그것이 "아니"라고 생각할 때는 끈기를 가지고 그것을 자녀와 신실히 토의해 자녀들이 이해하고 수용하도록 해야 한다. 부모와 자녀 사이는 끈기의 싸움이다. 그러므로 우격다짐이나 독선으로 자녀들을 아프게 해서는 안 된다. 그렇다고 해서 방임을 하

거나 그들이 원하는 대로만 따라 가서도 안 된다. 그들을 위해 기도하고 그들의 이야기를 들어주고 그들을 위해 본을 보여야 한다. 그래야 불량해지지 않는다. 더그러스 맥아더 장군은 필리핀에 있을 때 그 아들을 위해 다음과 같이 기도했다. "오 하느님, 저의 아들을 인도하여 주시옵소서. 자신의 약함을 알 만큼 강하고, 두려울 때 스스로를 직시할 수 있을 만큼 용기가 있고, 정당한 패배에서 비굴하지 않고 위축되지 않으며, 이겼어도 겸손하고 거칠지 않게 하여 주시옵소서. 행동은 없으면서 소원만은 부풀어 있지 않게 해주시옵소서. 하느님을 아는 우리 아들이 되게 해 주시옵고, 자기 자신을 아는 것이 모든 지식의 근본임을 깨닫게 해 주시옵소서. 비옵건대 안이하고 편안한 길로만 그를 가게 하지 마시고, 스트레스와 어려움과 도전이 있는 곳으로 인도하여 주시옵소서. 그리고 거기에서 폭풍에 맞서는 것을 배우게 하시고, 또 좌절한 자들에게 대한 동정심을 배우게 해주시옵소서." 자식을 위해 이런 기도를 하는 이들이 과연 얼마나 될까? 자녀가 불량해지는 것은 가정이 불량하기 때문이다. 그러므로 부모는 자녀의 불량이 곧 자신의 책임임을 통감해야 한다.

성경적인 자녀양육

"아버지의 품안에는 아홉 자식이 있을 곳이 있지만,
아홉 자식의 어느 집에도 아버지가 있을 곳은 없다"(에스토니아)

"자식은 부모의 행위를 비추는 거울"이라고 했다. 부모가 어떻게 하느냐에 따라 자녀가 달라진다고 하는 이야기이다. 클라크는 그래서 "자녀는 확실한 걱정거리이며 불확실한 위로(慰勞)이다"라고 했다. 그러고 보면 부모의 걱정꺼리가 되는 게 자식임이 틀림없다. 그러면서도 그들이 있기에 부모는 위로를 받을 수 있다.

자식이 순기능을 할 수 있는 것은 부모의 인내와 바른 교육이다. 지금은 인격적인 교육보다 지식을 더하는 교육에 열중한다. 그러다 보니 사회가 예전과 같지 않다. 너무 경쟁적이다. 그래서 불량품이 양산된다.

우리나라 속담에 "도둑의 때는 벗어도 자식의 때는 못 벗는다"는 말이 있다. 자식의 잘못은 부모가 어쩔 수 없이 책임을 져야 한다는 말이다. 어떻게 책임질 것인가?

기독인의 자녀양육은

1. 주의 뜻 가운데서 해야 한다.

"아비들아 너희 자녀를 노엽게 하지 말고 오직 주의 교양과 훈계로 양육하라"(엡 6:4)

2. 사랑으로 양육해야 한다.

"저들로 젊은 여자들을 교훈하되 그 남편과 자녀를 사랑하며 근신하며 순전하며 집안 일을 하며 선하며 자기 남편에게 복종하게 하라 이는 하나님의 말씀이 훼방을 받지 않게 하려 함이니라"(딛 2:4-5)

3. 대화로 양육해야 한다.

"후일에 네 아들이 네게 묻기를 우리 하나님 여호와의 명하신 증거와 말씀과 규례와 법도가 무슨 뜻이뇨 하거든 너는 네 아들에게 이르기를 우리가 옛적에 애굽에서 바로의 종이 되었더니 여호와께서 권능의 손으로 우리를 애굽에서 인도하여 내셨나니"(신 6:20)

4. 본을 보임으로 양육해야 한다.

"오늘날 내가 네게 명하는 이 말씀을 너는 마음에 새기고 네 자녀에게 부지런히 가르치며 집에 앉았을 때에든지 길에 행할 때에든지 누웠을 때에든지 일어날 때에든지 이 말씀을 강론할 것이며"(신 6:6-7)

5. 가정전체를 통해 양육해야 한다.

"너는 또 그것을 네 손목에 매어 기호를 삼으며 네 미간에 붙여 표를 삼고 또 네 집 문설주와 바깥문에 기록할지니라"(신 6:8-7)

6. 징계하므로 양육해야 한다.

"초달을 차마 못하는 자는 그 자식을 미워함이라 자식을 사랑하는 자는 근실히 징계하느니라"(잠 13:24)

"징계는 다 받는 것이거늘 너희에게 없으면 사생자요 참 아들이 아니라 또 우리 육체의 아버지가 우리를 징계하여도 공경하였거늘 하물며 모든 영의 아버지께 더욱 복종하여 살려 하지 않겠느냐 저희는 잠시 자기의 뜻대로 우리를 징계하였거니와 오직 하나님은 우리의 유익을 위하여 그의 거룩하심에 참여케 하시느니라"(히 12:8-10)

가족의 전통적인 개념은 혈연적인 관계를 가진 부모와 자녀, 손(孫)의 유기적인 연합을 말한다.

가족은 서로의 필요를 채워주며 서로에게 소속하여 있는 것을 통해 동질의식을 갖는다. 가족관계는 서로에게 소속하려는 본능으로부터 출발한다. 그러므로 때로 이것은 애증(愛憎)의 관계로 발전하기도 한다.

징계할 때는 어떤 경우에도 사랑이 동기가 되어야 하고 징계 받는 아이로 하여금 왜 자신이 징계 받는지를 알게 해야 한다. 그러기 위해서는 상벌에 대한 규정이 분명해야 한다. 그러나 과도한 매로 인해 신체적인 손상을 주어서는 안 된다. 또 많은 사람들 앞에서 징계하므로 모멸감을 주거나 분을 심어주어서는 안 된다.

부모와 자식 사이

"자녀들아 너희 부모를 주 안에서 순종하라 이것이 옳으니라 네 아버지와 어머니를 공경하라 이것이 약속 있는 첫 계명이니 이는 네가 잘 되고 땅에서 장수하리라"(엡 6:1-3)

1) 부모를 존경해야 하는 것은 자녀 자신을 위해서이다.

2) 부모를 존경해야 하나님이 누구이신지를 이해할 수 있다.

3) 부모를 존경하는 것은 하나님의 명령이다.(출 20:12)

4) 사랑으로 양육 받은 자녀가 부모를 존경한다.(요 13:34)

5) 적절한 훈계가 있는 가정의 자녀들이 부모를 존경한다.(딤전 3:4)

6) 일관성이 있을 때 자녀들은 부모를 존경한다.

7) 자녀들은 부모가 모범을 보일 때 부모를 존경한다.

8) 자식은 자식이라고 하는 것 하나만으로도 부모를 존경해야 한다.

9) 부모라고 해서 자식에게 인위적인 존경을 강요해서는 안 된다.

유능한 부모가 되는 방법은?

"자식은 여호와의 주신 기업이요 태의 열매는 그의 상급이로다" (시127:3)

바람직한 아버지의 모습은 과연 어떤 모습일까? 우리 모두는 자식을 사랑한다고 하면서도 자식에게 상처를 주고 있다. 대부분의 부모들은 자기 나름대로의 기준 속에다 자식을 가두어 놓으려고 한다. 그런데 부모가 가지고 있는 기준이라고 하는 것이 따지고 보면 자기의 지식이요 체험이요 그가 관습화되었거나 학습되어 있는 그런 것들이 대부분이다. 그래서 자식이 자기 기준을 이탈할 경우 그 꼴을 못 보아 준다. 적어도 자식은 내 소유이니까 내 기준에 맞게 살아야 한다고 생각한다. 그러다보니 부모는 줄 것 다 해주어가면서 잘해주어도 자식은 받은 것이 없다고 생각하게 된다.

"부모가 잘해 준거요? 그것은 내가 원하는 것들이 아니에요. 부모가 원하니까 나는 싫어도 따라 갈 수밖에 없었어요." 어느 역기능을 하는 가정의 중 3생의 이야기이다.

부모와 자식 사이는 하루아침에 나빠지는 게 아니다. 그것은 오랜 세월동안 쌓여가는 반복적인 불신 때문에 생기는 일이다.

아이들은 자라면서 자기가 하고 싶은 일에 대한 이야기를 한다. 그러나 흔히 그것은 부모의 기준과는 상관이 없는 이야기이다. 그러다보니 부모는 아이에게 부모의 희망에 순응하도록 강요하게 된다. 이런 관계가 반복적으로 지속적으로 계속할 경우 아이는 저항할 힘이 없어 저항을 하지 못하지만 그 속에는 원망과 분노가 쌓이게 된다. 결국 후일 그 아이는 부모의 희망대로 되었다고 할지라도 삶의 기쁨이 무엇인지를 모르는 아이가 되게 된다. 그래서 성장기의 아이들에게는 좀 더 그들의 수준에서 그들을 이해하는 것이 중요하다.

이 점 케빈 리만(Kevin Leman)은 성급하지 않은 부모의 역할(Parenthood without Hastyness)에 대해 이렇게 조언하고 있다.

1) 저의 손은 작습니다. 그림을 그리거나 이불을 개거나 공을 던질 때 완벽하게 하기를 바라지 마세요. 제 다리는 짧습니다. 저도 함께 걸을 수 있게 천천히 걸어 주세요.

2) 저는 부모님처럼 세상을 알지 못합니다. 제가 모험을 할 수 있도록 도와주시되 필요 이상으로 보호하지 말아 주세요.

3) 집안 일은 항상 있을 것이나 제 어린 시절은 짧습니다. 좀 더 시간을 내셔서 이 아름다운 세상에 관해 이야기 해 주세요.

4) 제 마음은 연약합니다. 저의 필요에 대해 깊은 관심을 가져주시고, 때로 제 입장이 되셔서 저를 이해해 주세요. 저를 대하시기를 부모님이 대우받으시기 원하시는 것처럼 대하여 주시고 작은 인격으로 대해주세요.

5) 저는 하나님의 특별한 선물입니다. 하나님과 같이 저를 귀하게 여겨 주세요. 사랑 중에 훈계하여 주시고 따를 수 있는 규칙을 정해 주시어서 저 자신의 행함에 책임을 질수 있도록 격려해 주세요.

6) 제가 성숙해지기 위해서는 빈 칭찬보다 격려가 더 필요합니다. 너무 많이 비판을 하지 말아 주세요. 제가 하는 일에 대해서는 비판하시되 제 자신은 비판하지 말아 주세요.

7) 제가 결정할 수 있도록 놔주세요. 실수할 수 있는 기회를 주시어 제 실수를 통해서도 배울 수 있게 해 주세요. 그럴 때 언젠가는 인생의 중요한 결정들을 제 스스로가 할 수 있게 될 것입니다.

8) 제가 한 것을 고치려고 하지 마시고 예쁘게 봐주시기를 바랍니다. 부
모님께서 고치시면 어딘가 모르게 저는 부모님의 기대에 미치지 못
한 것처럼 느껴집니다. 어렵겠지마는 저를 형제나 자매와 비교하지
말아 주세요.

9) 주말에 부모님만 여행하시는 것을 두려워하지 마시기를 바랍니다.
부모님이 제 곁을 떠나는 것이 필요한 것처럼 저도 가끔 부모님과
떨어져 있는 시간이 필요합니다.

10)저를 규칙적으로 교회에 데려다 주십시오. 또 부모님도 규칙적으로
교회에 출석하셔서 저에게 좋은 모범이 되어 주십시오. 저는 하나님
에 대해 아는 것이 즐겁습니다.

이 모두는 아이들이 부모에게 원하는 것을 통해 부모 역할을 어떻게
해야 하는지를 일깨우고 있다. 그러므로 부모는 이 말에 귀를 기우려
실천하는 노력을 해야 한다.

때로 아이들은 부모의 지나친 기대나 간섭으로 부터 벗어나기를 원
한다. 그저 자기가 하는 대로 지켜보면서 도우미 역할만 해주기를 바란
다. 사실 부모가 요구하는 대로 다 따라 하기도 어렵거니와 부모가 너
무 앞서 나가면 아이는 좇아 가기가 힘들어진다. 그러므로 부모는 때로
아이의 선택을 존중해 주어야 한다.

또 스스로 할 수 있도록 교육을 해야 한다. 부모가 다 해주면 아이는
자기가 어떻게 해야 하는지를 배울 기회를 놓치게 된다. 결국 부모는
아이에게 의존증을 갖게 하고 아이는 부모를 떠나 아무 일도 못하는 아
이가 되게 된다. 이처럼 아이들의 양육은 아주 중요하다.

아이들을 위해 시간을 할애한다고 하는 것은 아주 중요하다. 우리
는 흔히 먹여주고 입혀주고 잠재워 주면 저절로 큰다는 생각을 하는
데 이런 생각은 아이를 고독하게 할 뿐만 아니라 아이들로부터 사회
성을 앗아가는 일이 된다. 그러므로 부모는 아이들과 함께하는 시간
을 늘려야 한다.

어린 시절은 아주 제한적이다. 그리고 그것은 다시 돌아오지 않는 시기이다. 부모는 이 시기에 아이들에게 많은 좋은 추억을 만들어 주어야 한다. 아이들은 아버지가 자기와 함께 할 때 자신감을 갖게 되는데 이것은 아버지 하나님이 나와 함께 하실 때 내가 자신감을 갖게 되는 것과 같다.

아이들이 원하는 것은 인격적인 대우이다. 그러므로 마구잡이로 야단을 치거나 무시하거나 분풀이 대상으로 삼는 것은 아이의 자존감을 떨어트리는 일이 된다. 야단을 치더라도 아이가 납득할 수 있게 야단을 쳐야 하고 사랑으로 양육해야 한다. 그렇지 않으면 아이는 불량품이 되게 된다.

아이들은 실패를 통해 배운다. 실패했을 때 부모의 격려는 아이에게 새로운 힘을 주는 동력이 될 수 있다. 그러므로 실패마저 아껴주는 부모가 되어야 한다.

아이는 아이이다. 그러므로 미숙하다. 그런데도 부모는 아이에게서 부모수준의 기대를 건다. 그러다보니 그것이 아이를 이해하기보다 괴롭게 하는 결과를 가져온다. 말은 늘 "널 위해서"라고 하면서도 실상은 부모를 위한 아이로 만드는 결과를 가져온다. 결국 아이들을 슬프게 하는 것은 멀리 있는 타인이 아니고 가까이 있는 부모이다. 그러므로 부모는 좀 더 자신이 어떤 역할을 하고 있는지를 살펴야 하고 자녀에 대해 좀 더 이해해야 한다.

1) 꾸지람 속에서 자란 아이는 비난하는 것을 배우고
2) 미움을 받으며 자란 아이는 싸움질만 하게 되고
3) 놀림을 당하며 자란 아이는 수집음을 타게 되고
4) 관용 속에서 자란 아이는 참을성을 알게 되고
5) 격려를 받으며 자란 아이는 자신감을 갖게 되고
6) 칭찬을 받으며 자란 아이는 감사할 줄 알게 되고
7) 공정한 대우를 받으며 자란 아이는 올바름을 배우게 되고

8) 안정 속에서 자란 아이는 믿음을 갖게 되고

9) 두둔 받으며 자란 아이는 긍지를 느끼며

10)안정과 우정 속에서 자란 아이는 세상에 사랑이 충만함을 알게 된다
  고 한다.

이제는 판에 박은 것처럼 아이들을 일률적으로 양육하는 시대가 아
니다. 아이들의 개성을 중시하고 그가 원하는 것을 하도록 이끌어 주
어야 하는 시대이다. 가장 좋은 부모는 아이가 하고 싶은 것을 할 수
있도록 도와주는 부모이다. 그것이 죄가 아닌한 부모는 좀 더 아이에
게 너그럽고 긍정적이어야 한다. 자신에게 주어진 삶을 효과적으로
살 수 있도록 이끌어 주어야 한다. 너무 아이에게 매달리지 말라. 그
들을 그대로 두라. 있는 그대로를 사랑하면 그는 결국 부모의 기대에
부응하는 아이로 성장하게 된다.

아이에게는 부모의 교육도 중요하고 세상 교육도 중요하다. 그러나
그 보다 더 중요한 것은 부모의 이해와 사랑과 너그러움 속에서 신앙
으로 잘 양육 받는 것이다. 어린 시절의 규칙적인 신앙생활은 후일 그
에게 큰 상급이 될 수 있다. "의인의 아비는 크게 즐거울 것이요 지혜
로운 자식을 낳은 자는 그를 인하여 즐거울 것이니라"(잠 23:24)고
했다. 좋은 부모? 그것은 자기 것을 주기보다 하나님의 것을 주는 부
모이다.

"채찍과 꾸지람이 지혜를 주거늘 임의로 하게 버려두면 그 자식은 어
미를 욕되게 하느니라"(잠 29:15)

"네 자식을 징계하라 그리하면 그가 너를 평안하게 하겠고 또 네 마
음에 기쁨을 주리라"(잠 29:17)

이 모두는 무엇을 말하는가? 때리라는 이야기인가? 아니다. 부모의
분명한 신앙고백을 아이에게 보이고 가르치고 그 신앙을 지키게 하라
는 이야기이다. 누가 자녀를 나쁘게 만드는가? 우리는 흔히 사회라거
나 친구라고 생각하기가 쉽다. 물론 그럴 수도 있다. 그러나 사회나

친구이기 이전에 가정이 어떤 모습이냐가 더 중요하다. 유능한 부모가 되려면 먼저 자신부터 유능한 하나님의 자녀가 되는 것이 순서이다. 아이를 탓하기 전에 자신이 지금 어떤 모습으로 자녀 앞에 서 있는지를 먼저 살펴야 한다.

유능한 아버지가 되는 열 가지 방법

1) 귀가 했을 때 자녀들을 안아주고 그들이 무엇을 해서가 아니라 그대로의 모습을 사랑하고 있음을 보여주라.
2) 자녀와 함께 기도하라. 때로는 "자신을 위해 기도해 달라"고 자녀들에게 부탁하라.
3) 여행을 떠날 때는 포옹을 해주거나 메모를 남겨두고 여행 중에는 엽서나 E-Mail이나 전화로 관심을 보이라.
4) 이야기를 읽거나 들려주고 자신의 어린 시절에 대해 자연스레 이야기를 나누라.
5) 그들과 어울려 놀라.
6) 자녀들과의 대화를 위해 저녁 시간을 따로 계획하라.
7) 부모도 잘못했다는 이야기를 할 수 있어야 한다. 말로 하기가 어려우면 편지를 쓰는 것이 좋다.
8) 손을 잡아주던가 안아 주던가 머리를 부벼 주던가 항상 감사 표시를 하고 친근감을 표시하라.
9) 자녀와 단 둘이만의 데이트를 즐기라.
10)함께 운동을 하거나 좋은 책을 읽어주거나 등산이나 낚시 혹은 캠핑을 함께 가라.

결혼과 성공적인 대화

"선한 말은 꿀송이 같아서 마음에 달고 뼈에 양약이 되느니라"(잠16:24)

대화의 목적은 가르치는 것, 배우는 것, 즐기는 것에 있다. 사람과 사람 사이에 대화가 없이는 생활을 영위해 나갈 수가 없다. 그래서 오늘날 대화의 문제는 많은 언어학자들의 관심을 끌고 있다. 특히 마음의 문제라고 할 경우 그것은 거의 전적이라고 할 만큼 대화에 의존해야 한다.

말하는 것은 지식의 영역이고 듣는 것은 지혜의 특권이라고 했다. 사람은 말하기와 듣기를 통해 서로에게 자신의 뜻을 전달하고 느끼기도 한다. 그러므로 대화는 단순한 정보나 의견 교환 이상의 의미를 지니고 있다. 대화는 사랑을 주고받는 삶의 내용 자체를 의미하는 것이고 그것은 내 뜻의 전달을 목적으로 하는 것이어서 내 정서나 뜻을 상대에게 알리기 위해 사용하는 수단이다. 그러므로 대화는 내 생각이나 뜻을 정확히 상대방에게 전달하는 수단이 되어야 한다.

"사랑한다"고 아내에게 말을 했는데도 아내가 전혀 사랑을 느끼지 못하고 있다고 하면 그것은 의사 전달이 제대로 되어지지 않은 것이라 할 수가 있다. 또 화가 나서 화나는 말을 했는데도 아내가 화내는 말로 듣지 않았다고 하면 그것 역시 실패한 대화라고 할 수가 있다.

우리나라 속담에 "말 한마디로 천양 빚을 갚는다"는 말이 있다. 슬기로운 말 한마디가 많은 빚을 탕감 받게 해 준다고 하는 말이다. 대화가 얼마나 중요한지를 일깨워 주는 속담이다.

대화는 상당한 기술을 요한다. 그저 아무렇게나 되는대로 하거나 자기 좋을 대로 해서는 안 되는 게 대화이다.

마음이 괴롭고 외로울 때에 한마디의 위로의 말이 얼마나 큰 위안이 되는지! 우리는 삶을 통해 이미 그런 것을 체험으로 알고 있다. 그래서 잠언 기자는 "지혜로운 자의 마음은 그 입을 슬기롭게 하고 또 그 입술에 지식을 더한다"(16:23)고 했다. 말로 사랑을 받는 사람이 있는가 하면 말로 매를 자청하는 사람도 있다.

같은 말을 해도 아주 지혜롭게 하는 사람이 있다. 분명 야단을 맞고 있는데도 야단을 맞고 있다는 기분이 전혀 들지 않고 오히려 "아 나를 가르쳐 주고 있구나. 이 분이 나를 사랑하는구나. 내가 잘못이었어"라고 분명 야단을 맞고 있는데도 불쾌하지가 않고 오히려 사랑을 받는다고 하는 기분을 갖게 하는 사람이 있다. 대화 기법을 아는 사람이다.

대화는 사람과 사람의 만남의 첫 번 되는 고리이다. 첫 인상이라거나 느낌의 대부분은 대화의 결과로 결정지어진다고 해도 과언이 아니다.

사람은 대화에 따라서 마음의 문이 열리기도 하고 닫히기도 한다. 그러므로 말을 지혜롭게 한다고 하는 것과 지혜롭게 듣는다고 하는 것은 아주 중요하다.

한 때 필자는 신학교에서 설교학을 강의한 적이 있다. 그 때 같은 내용의 설교 원고를 주고 학생들에게 설교를 하도록 한 적이 있는데 어떤 학생들은 아주 훌륭히 잘 표현을 하는데 비해 어떤 학생들은 속칭 "죽 쑤었다"고 할 정도로 표현을 잘하지 못하는 것을 보았다. 왜 이런 차이가 날까? 언어 전달 기법의 차이 때문이라 할 수 있다.

같은 말이라고 해도 "아"와 "어"가 다르다. 우리는 "아"할 곳에 "아"할 수 있어야 하고 "어"할 곳에 "어"를 할 수 있어야 한다. 아무렇게나 주어 뱉듯이 말하는 것이나 전혀 생소하게 표현하는 것은 때로 상대방을 혼란스럽게 할 수가 있고 또 불쾌하게 할 수도 있다.

몇 년 전의 일이다. 중년의 한 남자가 내 사무실로 찾아와 아내가 "도저히 당신과는 살수가 없으니 헤어지자"고 노래하듯이 이혼을 요구하며 자기와 가까이 있기도 싫어해 너무도 답답해 찾아 왔다는 것이었다. 상담을 해보니 남편도 대학을 나온 사람이요 아내도 대학을 나온 사람이었다. 알만큼 아는 사람들이요 지식인이다. 둘은 어떤 분의 소개로 얼마간 사귀다가 결혼을 했는데 결혼 초부터 둘 사이가 삐걱거리는 것이 지금까지도 삐걱거리고 있다고 한다. 남편은 "나도 나를 모르겠습니다. 이러지를 않아야 한다고 생각하면서도 아내를 보면 공연히 짜증이 나고 신경질이 납니다. 그래서 자주 싸우게 됩니다" 그러면서도 그는 "아내를 사랑한다. 절대로 헤어질 수는 없다. 이혼 소송을 당해 패소하게 되어도 나는 새 장가를 들지 않고 아내를 기다릴 것입니다"라고 말하는 것이었다. 왜 두 사람 사이가 "이렇게 되었느냐?"고 부인에게 물으니까 부인의 말이 결혼을 하고 채 2개월도 되지 않아 시집 식구들이 모두 큰집에 모이는 일이 있게 되었을 때 자기도 기억지 못하는 어떤 실수가 있었는지 남편이 느닷없이 쌍스러운 욕설로 많은 사람들 앞에서 자기에게 마구 욕을 퍼붇더란다. 그 날 이후 그는 남편을 사랑할 수도 존경할 수도 없게 되었다고 한다. "저런 인간과 결혼을 하다니"하는 후회와 자책감 속에서 임신한 아이 때문에 오늘까지 어쩌지를 못하고 살아왔다고 한다. 지금도 그 때 그 욕설이 들려오는 것 같은 느낌을 가질 때가 있다고 한다. "이러지 말아야지" 하다가도 남편의 그런 모습이 다시 반복되고 재생이 될 때는 열리려던 마음 문이 다시 닫힌다고 한다. 그러므로 이제는 도저히 더 이상 함께 살지를 못하겠다고 한다. 남편의 순간적인 분노와 부주의와 욕설이 부부 사이를 멀어지게 한 예라고 할 수 있다.

귀로 들은 말은 속에 숙주하게 된다. 그것들은 의식 속에 남아 우리에게 꾸준히 영향을 준다. 특히 계속적으로 듣는 잔소리나 욕설과 같은 것은 듣기가 싫어 듣지 않으려고 해도 우리 속에 숙주하게 된다. 왜냐하면 귀는 구조적으로 들리는 소리는 듣게 되어있고 들은 것은 의식에 전달하도록 되어 있기 때문이다. 그러므로 생각지 않으려고 하여도 우리의 인체는 들은 것을 생각하게 되고 생각한 것에 따라 행동을 하게 한다. 그러므로 사는 동안 "어떤 이야기를 듣고 성장하는가?"는 그 사람의 됨됨이에 큰 영향을 끼치는 일이라 할 수 있다.

아버지로부터 늘 폭행을 당하던 아들이 후일 자식을 상습적으로 폭행하는 아버지가 되게 되는 것이나, 시어머니로부터 많은 잔소리를 듣고 살아온 며느리가 후일 잔소리가 심한 시어머니가 되는 예가 바로 이 같은 경우라고 할 수 있다.

귀로들은 것들이 속에 숙주하면 그것은 그 사람의 생각이나 행동이나 언어를 지배하게 된다. 그러므로 말하는 것도 조심해야 하고 듣는 것도 조심해야 한다.

속의 것은 비밀스러운 것이다. 그것은 내가 기억하지 못하는 것일 수도 있다. 또 전혀 내 의지와는 상관없이 저장된 것일 수도 있다. 그럼에도 그것은 쉬지 않고 내게 영향을 준다. 말투에 영향을 주고 행동에 영향을 주고 생각하는 것에 영향을 준다. 그러므로 그것들 중 내 삶에 유익함이 없는 것은 주저함이 없이 과감히 뽑아 버려야 한다. 버리지 않으면 우리는 그것을 가지고 상대를 아프게 하며 살 수 있다. 아내가 예쁘고 좋다. 너무도 사랑스럽다. 그런데도 그것을 표현하지 못하거나 오히려 마음과는 달리 엉뚱한 말로 상대에게 상처를 줄 수 있다. 속에 있는 것이 말을 지배하고 있기 때문이다.

속의 것을 뽑아내는 방법은 주님께 의지하는 방법밖에 없다. 왜냐하면 그가 우리를 지으셨기 때문이다. 성경은 하나님을 가르켜 "네 구속자요 모태에서 너를 조성한 나 여호와"(사44:24상)라고 분명하게 밝히고 있다.

하나님만이 우리의 속을 아시게 되어 있다. 병든 것도 아시고, 옳지 않은 것이 들어 있는 것도 아시게 되어 있다. 아시니까 그가 뽑아 주실 수 있는 것입니다.

자동차를 발명하지 않아도 자동차를 고칠 수는 있다. 그러나 결정적인 고장은 수리공도 어쩌지를 못한다. 설계한 사람만이 고장 부위를 알 수가 있어 바르게 고칠 수가 있다. 이처럼 우리를 고치실 수 있는 이는 나를 지으신 창조주 하나님뿐이시다. 그러므로 우리 마음속의 것도 하나님께서 뽑아 주셔야 한다.

부부 생활은 하나의 긴 대화이다. 그러므로 "악처를 가진 남편에겐 악마가 필요치 않다"고 하는 말을 듣지 않도록 조심을 해야 한다. 잠언 18:4에 "명철한 사람의 입의 말은 깊은 물과 같고 지혜의 샘은 솟쳐 흐르는 내와 같다"고 했다. 그런가하면 "패려한 자는 다툼을 일으키고 말쟁이는 친한 벗을 이간한다"(잠16:28)고도 했다.

지혜스럽게 쓰면 말은 많은 사람들에게 기쁨과 즐거움을 주는 도구가 되지만 잘못 사용하면 여러 사람을 슬프게 하거나 아프게 할 수 있는 게 말이 가지고 있는 위력이다. 그러므로 우리는 자신이 지금 어떤 말을 하는지에 대해 관심을 가져야 한다. 성경은 "혀를 잘 관리하라"고 권고하고 있다.

입방정이라고 하는 말이 있다. 입이 방정을 떨어서 될 일도 그르친다고 하는 뜻에서 나온 말이다. "저희가 말하기를 우리의 혀로 이길지라 우리 입술은 우리 것이니 우리를 주관할 자 누구리요 함이로다"(시 12:4). "세치 혀로 천하를 도모한다"고 하는 말이 있다. 천하의 모든 병기보다도 무서운 것이 말이라고 하는 이야기이다.

아름다운 결혼, 성공적인 부부생활은 말로부터 시작한다. 그러므로 부부의 평안을 위해 어떤 경우에도 부부는 서로에게 좋은 말을 해야 한다.

대화에는 개인전달의 방법과 집단전달의 방법이 있다. 그리고 이 두 방법은 직접전달의 방법과 간접전달 혹은 매개체를 이용한 전달법으로 구분된다.

개인전달(Personal Communication)은 개인상담(Personal Counseling)을 할 때와 같이 개인 대 개인의 대화를 말하는 것이고 집단전달 방법은 한 사람의 설교자가 다수의 신자들을 대상으로 설교하는 것과 같은 개인 대 다수의 대화를 말한다. 그리고 이 두 전달 방법은

1) 얼굴과 얼굴을 맞대고 할 수도 있고

2) 전화기나 인터넷이나 프로젝터나 컴퓨터로 할 수도 있고

3) 편지나 팩스나 텔레비전이나 전화 메일로도 할 수가 있다. 또 상호적일 수도 있고 일방적일 수도 있다.

대화에는 언어적인 표현(Verbal Behavior)과 비언어적인 표현(Non Verbal Behavior)이 있다. "싫다"고 하는 것을 말로 표현하면 언어적인 표현이고, 말로 하지 않고 얼굴을 찡그리거나 손짓으로 싫다는 표현을 하면 그것은 비언어적인 표현이 된다.

대화는 상대방에게 정확히 전달되어야 한다. 언어적인 표현이건 비언어적인 표현이건 대화는 자기의 뜻을 정확하게 전달하는 것을 목적으로 한다. 그러므로 어떤 특정한 목적이 있어 의도적으로 그리하는 것이 아닐 경우, 열심히 설명을 했는데도 상대방이 그 뜻을 이해하지 못하였다고 하면 그 대화는 실패하였다고 할 수 있다.

비언어적인 표현들

비록 말로 표현하지 않는다고 할지라도 우리는 상대방의 안색이나 표정이나 몸짓이나 하는 행위를 통해 그의 뜻을 알 수가 있다. 그리고 그것은 의식적인 것일 수도 있고 무의식적인 것일 수도 있다. 비언어적인 표현은 원초적인 본능으로부터 시작하였는데 의사소통의 비율이 언어가 7% 억양이 38%인데 비해 비언어가 55%라고 한다. 그만큼 인간

은 자신도 모르는 사이에 비언적인 표현에 익숙해 있다.

ㅁ 비언어적인 표현에는 다음과 같은 것들이 있다.

1) 육체적인 표현

입을 말없이 놀리거나, 입술에 침을 자주 바르거나 몸을 자주 움직이거나 다리를 덜덜 떨거나 눈을 깜박이거나 불편한 쪽의 위치를 자주 바꾸거나 뒤채는 것 따위가 다 이에 속하는 것으로 입을 말없이 놀리는 것은 불평을 말하는 것일 수도 있고 답답한 일을 호소하는 것일 수도 있다. 또 입술에 자주 침을 바르는 것은 조바심을 치는 것이거나 목이 말라 그럴 수도 있다.

몸을 자주 움직이는 것은 피곤하다고 하는 신호일 수도 있고 답답하다는 표현일 수도 있다. 또 다리를 덜덜 떠는 것은 스트레스를 몹시 받고 있다는 호소일 수도 있다.

눈을 깜박거리는 것은 이해할 수가 없다고 하는 표현이거나 어처구니가 없다는 표현일 수도 있다. 또 불편한 쪽의 위치를 자주 바꾸고 뒤채다고 하는 것은 불편스럽거나 피곤하다는 표현일 수도 있다. 사람들은 이처럼 육체적인 표현으로 자기의 상태를 주변에 알린다.

2) 지속적인 행위의 반복적인 동작

가려운 곳이 있을 경우, 손은 자연스럽게 그리고 가게 되는데 이 행위는 "나 지금 몹시 가렵다"고 하는 간접적인 호소이다. 대화를 하는데 자주 하품을 하는 것도 "지루하다. 피곤하다. 귀찮다. 그만해라"하는 의미를 갖고 있다. 이처럼 인간은 무언(無言) 가운데서도 반복적인 행위를 하므로 자기의 처지나 기분을 전달하는데 그것은 하나의 원시적인 표현이면서도 초자연적인 언어 소통의 방법이라고 할 수 있다.

3) 음성으로의 표현

사람은 때로 음성을 통하여서도 자신의 입장을 호소한다. 음성에는 지문처럼 성대의 특징이 있다. 그리고 성대는 다양한 정서를 표현하는 기능을 가지고 있다. 슬플 때는 슬픔에 따라, 기쁠 때는 기쁨에 따라 성

대는 그것을 그대로 표현을 한다. 말로는 "아니에요. 괜찮아요"하는데
도 음성은 "그래요. 난 슬퍼요"를 표현할 때가 있다. 자다가 전화를 받
는 사람들의 경우, 멀리 떨어져 있어 보지는 못한다고 할지라도 우리는
금방 "아 자다가 전화를 받는구나"하는 것을 알게 된다. 이처럼 음성은
그 사람의 상태를 표현한다. 그러므로 "좋은 아침입니다"하는 같은 인
사라고 할지라도 기분에 따라 전혀 "좋은 아침이 아닌" 상태임을 보여
줄 때도 있다. 이처럼 음성은 음색에 따라 다양하게 나타난다. 기분이
좋으면 좋은데 따라 밝게 나타나고 기분이 나쁘면 나쁜 것에 따라 어둡
게 나타난다. 노련한 비서들은 아침에 출근하는 사장님의 기분이 좋은
가 나쁜가를 그 음성의 밝기로 짐작을 한다고 한다. "전혀 반갑지 않다"
는 말을 들으면서도 "이 사람이 나를 반기는 구나"하는 것을 느낄 수 있
는 것은 음성이 가지고 있는 색깔 때문이다.

4) 복장으로의 표현

　사람은 자기의 처지를 호소하기 위해 복장으로 자기를 표현하기도
하는데 그 대표적인 예가 상(喪)을 당한 사람이 상복(喪服)을 입는다든
가 검은 리본을 단다든가 머리에 베 조각을 묶는 것과 같은 것이 이에
속한다. 이처럼 사람들은 말로 자기의 처지를 말하지 않고 옷으로 자기
의 처지를 호소할 수도 있다. 하얀 웨딩드레스를 입고 가는 여인을 보
면 "오늘 결혼할 신부로구나"하는 것을, 그가 "나 결혼해요"라고 말하
지 않아도 사람들은 그가 신부인 것을 알게 된다. 왕이 왕관을 쓴다거
나 성가대원이 로브를 입는다거나 유치원생들이 교복을 입는 것 등도
모두 이에 속한다.

5) 천천히 행동하는 것으로

　병들었거나 천성적으로 느린 경우가 아닌 사람이 비정상적일 정도로
느리게 행동을 하거나 꾸물거리는 것은 "하기 싫다"거나 "귀찮다"거나
"자신이 없다"거나 따위의 저항이거나 체념을 표현하는 행위이다. 아이
들의 경우 자신들이 좋아하는 일을 하자고 하면 빠른 반응을 보이나 싫

은 일을 시키면 꾸물거릴 때가 흔히 있는데 이것은 그 행동을 통해 자신의 기분을 말하는 것이다.

6) 몰입하는 하는 행위나 집착하는 행위

짧은 시간에 한 가지 동일한 행동을 계속적으로 반복하거나 정상적이라고 보기가 어려울 정도로 한 가지 일에 집착하는 것과 같은 것은 "관심이 없다, 기분이 나쁘다, 신경질이 난다, 조바심이 난다, 화가 나고 짜증이 난다, 간섭을 받기 싫다, 이것 아니면 안 된다"는 등의 여러 가지 의미로 해석할 수가 있다. 말을 걸어도 못 들은 체 하면서 하던 일을 계속해 하는 것은 자신의 기분이 지금 말할 기분이 아니라고 하는 것을 무언(無言)으로 말하는 것이다. 사람은 때로 말하지 않는 것을 통해서도 말을 할 때가 있다.

7) 웃음의 길이와 같은 무심한 행위를 통해서

사람들은 때로 대답하기가 어렵거나 어정쩡한 것은 웃음으로 얼버무릴 때가 있다. 대답하자니 그렇고 대답치 않으려니 그렇고 그럴 때는 웃음으로 애매하게 표현할 때가 있다. 그러므로 상담사는 웃음의 길이와 색갈, 높낮이에도 관심을 가져야 한다. 이와 맥을 같이 하는 것으로 어떤 이들은 고함을 치듯 말하는 사람도 있다. 이런 사람의 경우 늘 습관적으로 그러는 것인지? 아니면 지금 흥분해서 그러는 것인지? 자신의 입장이 어정쩡해서 그러는 것인지를 살펴야 한다. 그리고 그렇게 고함을 지르지 않아도 이해할 수 있다는 사실을 조용히 주의시켜야 한다.

8) 약속 이행을 통해서

특별한 이유없이 약속 장소에 나타나지 않거나, 약속 시간보다 늦게 오거나 일찍 오는 것으로도 사람은 자기의 감정을 표현하는데, 부모의 강요로 선을 보러 나갔던 딸이 약속 장소에 가지 않고 엉뚱한 곳에서 시간을 보냈다고 하면 그것은 결혼할 의사가 없다는 자기의 의사를 보여주는 행위이다.

만나기 싫은 사람을 만나러 가거나 싫은 일을 억지로 해야 하거나 존경스럽지 않은 사람을 만나러 가거나 대수롭지 않은 사람을 만나야 할 경우 사람들은 자연스레 굼뜨게 된다.

9) 몸짓을 통해서

몸짓을 가리켜 제스츄어(Gesture)라고 한다. 사람들에게는 많은 몸짓이 있다. 민족에 따라 다르기는 하지만 사람들은 특유의 자신들만 가지고 있는 몸짓이 있는데 이것은 원시적인 표현의 기법이요 육체를 이용한 언어 전달의 방법이다.

"모른다"고 할 때 어깨를 들썩거리는 것이라든가 "오라"고 할 때 손가락을 까닥거리는 것이라든가 "잘 가라"고 할 때 손을 흔드는 것과 같은 것들이 다 이에 속하는 것들이다.

대화의 등급에는 (John Powell)

1. 제 5단계 : 판에 박은 것과 같은 진부한 이야기 (cliche Convertsation)
2. 제 4단계 : 다른 사람에 관한 이야기 (Reporting the Facts about others)
3. 제 3단계 : 내 중심의 생각과 판단 (My Ideas and Judgements)
4. 제 2단계 : 내 느낌과 기분을 전달 (My Feeling or Emotion)
5. 제 1단계 : 조절된 정서와 개인적인 진실을 담은 대화
   (Complete Emotional and Personal Truthful communication)

좋은 대화가 아름다운 가정을 만든다

"현명한 사람과의 일대일의 대화는 10년간에 걸친 독서보다 낫다"(롱펠로)

사람이 사람에게 속는 것은 말이 갖고 있는 위력 때문이다. 못나서 사기꾼에게 속는 것이 아니다. 사기꾼의 변설과 자신 속의 잘못된 욕구가 야합하기 때문에 속는다. 그러므로 말을 잘 한다거나, 적절하게 한다거나, 지혜롭게 사용한다고 하는 것은 곧 성공한다고 하는 의미를 지닌다.

본래 말은 남을 괴롭히거나 저주하기 위해 주어진 것이 아니다. 남을 비판하거나 정죄하기 위해 주어진 것이 아니다. 성경은 "온 땅의 구음이 하나이요 언어가 하나이었다"(창11:1)고 기록하고 있다.

구음이 하나였던 것은 하나의 언어로 하나님을 다함께 찬양케 하는 데 목적이 있었다. 그러던 것이 그 주어진 목적과 달리 말로 하나님을 대적하고 죄를 짓게 되니까 하나님이 그 언어를 혼잡하게 하신 것이다. 그러다 보니 대화마저 사탄의 도구로 사용되어지고 있다.

인간관계에 있어서 가장 중요한 것은 상대방이 가지고 있는 고독의 핵심 속으로 뚫고 들어가 거기서 대화를 나누는 것이라고 했다. 서로에게 필요한 이야기를 나눈다고 하는 것은 아주 즐거운 일이다. T.흄은 램지에게 보낸 편지에서 "친구와의 자유스런 대화는 어떤 위안보다도 자기를 기쁘게 한다"고 고백을 하고 있다. 부부 사이에도 자유스럽고 진솔한 대화가 있어야 한다. 그리고 그것은 서로를 보듬고 기쁘게 하는 것이어야 한다. 그래야 아름다운 가정을 이룰 수 있다.

하나님께서 우리에게 언어를 주신 이유는

1) 서로의 뜻을 전달하라고,

2) 서로를 사랑하고,

3) 서로에게 감사하라고,

4) 하나님을 찬양하고,

5) 하나님의 말씀을 전하라고 해서 주셨다.

그러므로 대화는 서로를 편안하게 해주고 아름답게 가꿔주고 위로해 주는 것을 기초로 해야 한다. 시편 기자는 "정직하게 행하며 공의를 일삼으며 그 마음에 진실을 말하며"(15:2)라고 기록하므로 대화는 진실을 기초로 해야 하는 것을 강조하고 있다.

대화는 상대방과 화합할 수 있는 공통적인 요소를 지니고 있어야 한다. 일방적이거나, 더럽거나 추한 말로 상대방을 괴롭게 하거나 슬프게 하거나 분을 내게 만드는 것은 본래 하나님이 주신 대화의 목적이 아니다. 진정한 대화는 단순한 정보나 의견 교환만을 의미하는 것이 아니고 삶의 내용 전체를 의미한다. 그래서 "네 혀를 악에서 금하며 네 입술을 궤사한 말에서 금하라"(시34:13) 고 했다.

더럽고, 추하고, 속이는 말은 하지 않아야 한다. 우리, 특히 부부 사이는 말에 실수가 없어야 한다. 말로 죄를 짓지 않도록 스스로를 조심해야 한다. 입에서 개가 나오는지, 소가 나오는지 분별없이 말을 하면 결국 자신이 상처를 입게 된다. 독한 말이나 나쁜 말은 날카로운 비수가 되어 정서를 해치고 속에 쓴 것을 더욱 더 쓰게 만든다. 그래서 "미련한 자의 어리석은 것을 따라 대답하지 말라 두렵건대 네가 그와 같을까 하노라"(잠26:4)고 했다. 다른 사람이 추하고 더러운 말을 한다고 하여서 대적하거나 따라 하는 것은 부끄러운 일이요 조심하여야 할 일이다. "내가 말하기를 나의 행위를 조심하여 내 혀로 범죄치 아니하리니 악인이 내 앞에 있을 때에 내가 내 입에 자갈을 먹이리라 하였도다"(시39:1) 다윗은 자신의 말 한마디에도 조심하였던 왕이었다.

부부 사이에 상스러운 이야기를 하거나 조심성 없이 이야기하는 것은 서로의 기분을 상하게 한다. 그것은 서로에게 실망하는 계기가 될 수 있고 짜증을 부추기는 동기가 될 수 있다.

부부 사이는 조용히 인내심을 가지고 이야기를 나누는 사이어야 한다. "집이 화염에 싸여 있지 않는 한, 서로가 큰 소리로 이야기를 하지 말라"고 했다. 아무리 화가 나더라도 차근차근 조리 있게 상대방과 이야기를 나누는 것이 대화의 기본이 되어야 한다. 우리는 말 한마디로 상대를 기쁘게 할 수도 있고 슬프게 할 수도 있다. 그러므로 차분히 서둘지 않으며 상대가 이해할 수 있게 말하는 법에 익숙하도록 스스로를 학습토록 해야 한다.

신앙인은, "나의 반석이시오 나의 구속자이신 여호와여 내 입의 말과 마음의 묵상이 주의 앞에 열납되기를 원하나이다"(시19:14)라고 고백한 시편 기자의 고백처럼 자신의 말이 하나님에게 열납이 되도록 하여야 한다. 하나님이 기뻐하시고 인정하시는 그런 말을 하여야 한다.

사람들은 말로 공격하기를 즐겨한다. 그럴 때 "어떻게 대응을 하는가?" 하는 것은 아주 중요하다. "악에게 지지 말고 선으로 악을 이기라"(롬12:21) 고 했다. 또 "삼가 누가 누구에게든지 악으로 악을 갚지 말게 하고 오직 피차 대하든지 모든 사람을 대하든지 항상 선을 좇으라"(살전5:15) 고 했다.

부부는 공격적인 말을 써서는 안 된다. 상대방을 위로해주고 평안하게 해주는 말을 해야 한다. 그러기위해 자신의 인격에 대해 "나는 과연 어떤 사람인가? 지금 무슨 생각을 하고 있는가? 지금 어떤 행동을 하고 있는가?"에 좀 더 주의 깊게 자신을 관찰해야 한다.

인격은 부모로부터 물려받은 기질 위에 세상에서 체험한 사실들이 성품으로 형성하여 나타나는 것이다. 그러므로 어떤 기질 위에 어떤 인격이 형성되어 있는가는 아주 중요하다. 왜냐하면 그것들이 그 사람의 어투를 지배하기 때문이다.

죄는 속(內面)의 것을 실제로 행하게 하는 속성을 가지고 있다. 그러기 때문에 의식으로는 "아니라. 그렇게 하면 안 된다"고 생각하면서도 우리는 잠재(무)의식 속의 것에 따라 말을 하거나 행동을 한다.

내가 아는 어떤 이는 입을 뻥긋하기만 하면 속칭 Y담이라고 하는 음담패설(淫談悖說)을 거침없이 쏟아놓는다. 크리스천인데도 그는 자신의 입을 조절하지를 못한다. 예수를 믿지만 속에 있는 나쁜 것을 끄집어내지 않고 신앙생활을 하고 있기 때문에 주어진 행태라 할 수 있다.

회개란 아주 중요한 믿음의 행위이다. 벗을 것을 벗고 입어야 하는 것처럼 우리는 속의 더러운 것을 뽑아내고 새로운 것으로 채워야 한다. 그래야 바른 인격을 가질 수 있다.

새로운 것이란 예수 그리스도를 믿는 고상한 지식을 말한다. 그 지식으로 속사람을 아름답게 단장을 하여야 말솜씨(語套)가 달라질 수 있어 상대에게 상처를 주는 말을 하지 않게 된다. 교회가 기독교 교육을 강조하는 것도 옛 것을 버리고 새 것을 갖게 하여 새로운 시각이나 생각을 통해 아름다운 말을 하게 하기 위함이다.

이제는 부부 사이에 어떤 투의 말을 하는지를 점검해야 한다. 성공적인 결혼생활? 그 상당 부분이 부부의 대화의 결실이다. 이제는 자신의 말투가 배우자를 아프게 하지는 않는지 살펴 고쳐야 한다. 그래야 크리스천다운 아름다운 가정을 만들 수 있다.

성공으로 이끄는 대화술의 기초

"내 신부야 네 입술에서는 꿀 방울이 떨어지고 네 혀 밑에는 꿀과 젖이 있고 네 의복의 향기는 레바논의 향기 같구나"(아 4:11)

"혀는 강철은 아니나 사람을 벤다"는 말이 있다. 말이 무섭다고 하는 뜻이다. 셰익스피어는 햄릿에서 "사람은 비수를 손에 들지 않고 가시 돋친 말속에 숨겨 둘 수 있다"고 했다. 스위스에는 "말은 꿀벌과 같아서 꿀과 침을 동시에 가졌다"는 격언이 있다. 잘 사용하면 그것은 꿀보다 더 달고 송이 꿀보다 더 달수 있으나 잘못 사용하면 "저희 목구멍은 열린 무덤이요 그 혀로는 속임을 베풀며 그 입술에는 독사의 독이 있고 그 입에는 저주와 악독이 가득하다"(롬3:13-14)고 한 말씀처럼 독이 가득하여 독설이 되는 것이 말(言語)이다.

말은 살아 있는 사람의 특권이다. 죽은 사람은 말이 없다. 살아있는 사람만이 말을 하게 되어 있다. 이 사실은, 영혼이 살아 있는 사람은 살아있는 말을 하게 되고, 영혼이 죽어있는 사람은 죽어 썩어 냄새가 나는 말을 하게 되어 있다고 하는 뜻이다.

다정스러운 말은 시원한 물보다도 목마름을 축여 준다. 친절한 말은 봄의 햇빛처럼 따사로운 법이다. 그러므로 그 곁에는 늘 많은 사람들이 모이게 되어 있다. 그러나 조심성 없이 제멋대로 말을 하는 사람의 주변에는 사람들이 모이기를 꺼려한다. 왜냐하면 그것은 럭비공처럼 어디로 튈지 알 수가 없고 또 표적이 없이 쏘는 총과 같아 누가 그것에 맞을지를 모르기 때문이다.

말의 힘은 우리가 상상하는 것 이상이다. 세 치의 혀로 다섯 자의 몸을 살리기도 하고 죽이기도 한다고 한다. "검은 두 개의 날을 갖고 있지만 사람의 입은 백 개의 날을 갖고 있다"는 말이 있다. 그만큼 말은 무서운 힘을 갖고 있다. 말로 입은 상처는 칼에 맞아 입은 상처보다 더 아픈 법이다. 그것은 마음 깊이 상처를 주는 것이어서 잘 아물지도 않는다.

독일에는 "옷감은 염색에서, 술은 냄새에서, 꽃은 향기에서, 사람은 말투에서 그 됨됨이를 알 수 있다"고 하는 말이 있다. 말은, 한 사람의 입으로 나오지만 그것은 천 사람의 귀로 들어가는 것이다. 그러므로 말을 지혜롭게 한다고 하는 것은 자기를 성공시킨다고 하는 것과 같다.

우리는 성공적인 대화가 어떤 것인지에 대해 좀 더 관심을 가져야 한다. 성공적인 대화를 하는 데는 몇 가지 기본이 있다.

성공적인 대화를 하려면

1) "감사합니다"를 적절하게 사용할 줄 알아야 한다.

경망스럽지 않게, 적절하게 "감사합니다"를 사용할 경우 그 말은 듣는 사람의 기분을 아주 좋게 만들 수 있다.

사람은 누구나 자신이 감사의 대상이 되기를 원한다. 그러므로 "고맙다"는 말은 좋은 기분을 갖게 한다.

2) 말을 할 때는 자기 자랑이나 잘난 척을 하지 않아야 한다.

사실 이상으로 말을 과장하거나 비하하는 것도 좋지 않다. 너무 자신을 자랑하거나 비하를 하면 상대방에게 역겨움을 줄 수가 있다.

사람들 가운데는 늘 "나는, 내가" 말끝마다 자기를 강조하는 사람들이 있는데 이런 태도는 상대방에게 혐오감을 줄 수 있다. 또 지나치게 자기를 비하하는 것도 대화에 전혀 도움이 되지 않는데 그것은 상대방으로 하여금 자신에 대해 잘못 판단하게 할 수 있는 일이 된다. 그러므로 조심하여야 한다.

3) 성실히 잘 들어야 한다.

잘 듣는 것도 하나의 기술이요 처세술이다. 상대방은 지금 열심히 이야기하고 있는데 듣는 사람이 딴청을 부린다고 하면 말하는 사람은 말할 기분이 생기지 않게 된다. 그러므로 지루한 이야기라고 할지라도 관심을 갖고 들어야 한다. 그래야 말하는 사람과 듣는 사람사이에 신뢰가 형성이 될 수 있다. 눈도 둘, 귀도 둘, 그러나 입은 하나라고 했다. 많이 보고, 많이 듣는 것은 좋으나 말은 줄여서 조심해서 하라고 하는 뜻인 줄로 안다. 사람은 자기의 이야기를 들어 줄 사람을 찾게 되어 있고 그 사람을 좋아하게 되어 있다.

4) 말을 조용하고 겸허하게 해야 한다.

폼을 재는 것처럼 으시대는 따위의 교만한 태도로 말하는 것은 대화에 전혀 도움이 되지 않는다. 또 음성이 크거나 빠른 것도 대화에 별로 도움이 되지를 않는다. 때에 따라서는 웅변보다는 조용히 타이르듯이 하는 말에 더 힘이 실릴 수가 있다. 특히 부부 사이의 대화는 조용하게 부드럽게 다정스레 하는 것이 좋다.

5) 질문을 받았을 때에는 잠시 사이를 두고 대답하는 것이 좋다.

말이 끝나기가 바쁘게 되받아 치듯이 질문에 대답하는 것은 상대방에게 경망스럽게 보일 수도 있고 쓸데없는 오해를 불러일으킬 수도 있다. 그러므로 조심을 해야 한다.

6) 상대방이 즐겨 쓰는 용어를 적절하게 활용하는 것이 좋다.

사람들에게는 누구에게나 습관적으로 쓰는 자연스러운 용어들이 있다. 그러므로 그것을 자연스럽게 인용하는 것이 좋다. 상대방이 즐겨 사용하는 용어를 사용하면 친근감을 갖게 되고 공감대를 형성하게 되어 서로의 신뢰감을 증폭시킬 수가 있다. 경상도 사람은 경상도 사투리를 들을 때 평안하고 전라도 사람은 전라도 사투리를 들을 때 평안한 법이다.

7) 때로는 직설적인 표현보다 우회적인 표현을 쓰는 것도 좋다.

필요에 따라서는 따지듯이 직설적으로 말하는 것도 필요하다. 그러

나 따지듯이 직설적으로 말하는 것은 비록 좋은 의미로 이야기를 한다
고 하여도 상대방을 당황하게 만들 수 있고 또 경우에 따라서는 본의와
전혀 다르게 상대방에게 상처를 주거나 오해하게 할 수도 있다. 그러므
로 직설적인 표현이 상대방에게 무안을 주는 것이거나 상처를 주는 것
일 경우 삼가는 것이 좋고 그것을 우회적으로 표현하는 것이 좋다. 그
러나 이 때 조심하여야 할 것은 우회적인 표현이 자기의 뜻을 잘못 이
해하게 하는 것이 되어서는 안 된다.

국이 몹시 짤 때 "오늘 국이 싱겁지는 않네" "짜요?" "응 물만 좀 타
면 먹을만 하겠어" 하는 식이라던가 밤 11시에 귀가한 남편에게 "오늘
당신 12시전에 들어 오셨네" 하는 투의 말로 상대방의 기분을 상하지
않게 하면서도 자신의 뜻을 분명하게 전하는 것이 좋다.

8) 가까운 사이일 경우, 존댓말과 하댓말을 적절하게 섞어 사용하는 것도 좋다.

우리나라 말은 존댓말과 하댓말로 구분되어 있다. 부부의 경우 존댓말
과 하댓말을 적절히 구사하는 것이 존댓말만 하거나 하댓말만 하는 경우
보다 더 친근감을 갖게 한다. 보통 윗사람에게는 존댓말, 아랫사람에게
는 하댓말을 쓰게 되는데, 경우에 따라 그대로 적용하는 것이 어색하고
오히려 불편하고 불쾌할 때가 있다. 그러므로 상황에 따라 적절하게 존
댓말과 하댓말을 섞어 쓰는 것이 가까움을 느끼게 해 줄 수도 있다.

9) 대화 중 상대방이 화를 낼 경우 묵묵히 인내하므로 들어주는 지혜가 있어야 한다.

"현명한 자는 긴 귀와 짧은 혀를 가지고 있다"고 했다. 화를 내는 사
람을 대상으로 따지거나 말대답을 하는 것은 활활 타오르는 불에 기름
을 끼얹는 것과 같다. 그러므로 참고 기다려야 한다. 상대가 화를 내도,
나는 화를 내지 않는 마음의 여유를 가져야 한다. "키 작은 남자가 거목
(巨木)을 쓰러뜨리듯 부드러운 말이 엄청난 노기(怒氣)를 가라앉힌다"
고 했다.

10) 듣기만 하지 말고 때로 긍정적인 질문을 하는 것이 좋다.

손도 마주 쳐야 소리가 난다고 했다. 메아리 없는 외침은 피곤한 법이다. 산에 올라 "야–호"하고 두 손을 모아 고함을 치는 것은 메아리를 듣기 위해서이다. "나는 지금 당신의 이야기를 경청하고 있습니다"라고 하는 의미로서도 간간이 간단하게 질문하는 것이 좋다. 가벼운 질문과 관심은 상대방으로 하여금 좋은 기분을 갖게 할 수 있다. 그리고 상대방이 마음에 들지 않는 이야기를 한다고 해도, 그 이야기를 헐뜯지 않아야 한다. 왜냐하면 그것은 그의 의견이기 때문이다.

우리는 때로 내 생각과 전혀 다른 이야기를 들을 수도 있다. 이 때 꼭 생각하여야 할 것은, 사람은 누구나 자기의 생각을 이야기 할 수가 있다고 하는 이해심이다. 내 마음에 들지 않는 이야기를 하는 이 사람도 자기의 의견을 발표할 수 있는 권리를 갖고 있다고 하는 사실을 인식하고 인정하는 것이다. 나는 할 말을 다하면서도 상대방의 말은 듣지 않으려고 하는 것은 바른 대화법이 아니다. 대화는 말하는 것과 듣는 것으로 성립이 된다.

11) 자신의 이야기를 서둘지 말고 차분히 이야기 하여야 한다.

가장 좋은 말은 오랜 생각 끝에 하는 말이라고 했다. 그렇기 때문에 말을 할 때는, 그것이 침묵보다 더 좋은 것이어야 한다. 듣고 대답을 하지 않거나 반응을 하지 않으면 상대방을 오해하게 할 수 있다. 상대방으로 하여금 자신이 "무시 당한다"고 하는 생각을 갖게 할 수 있다. 남편이 말을 했는데도 아내가 반응이 없으면 남편은 화를 내며 "사람의 말이 말 같지 않어?" 버럭 화를 낼 수도 있다. 그러므로 들었으면 차분히 자기의 생각을 사려 깊게 이야기하는 것이 좋다. 설사 기분 나쁜 이야기를 해야 한다고 하더라도 불쑥 퉁명하게 쥐어박듯이 하는 것보다는 찬찬히 서둘지 않고 기다렸다가 이야기하는 것이 좋다.

상대방이 말을 할 때는 가능하면 끝까지 들어주라. 그것이 예의이다. 그러나 때로 이야기를 듣는 가운데 상대방의 이야기를 중단시켜야 할 경우도 있다. 그럴 때는 말허리를 끊고 불쑥 예고 없이 끼어드는 것보다는 "말씀 중에 미안합니다만..." 또는 "죄송합니다만..." 하는 말을 하면서 천천히 끼어드는 것이 좋다.

휘트먼은 "최선의 일을 말하는 것보다도 더 좋은 것은, 항상 최선의 일을 말하지 않고 그대로 두는 것"이라고 했지만 너무 말수가 작은 것도 병이요 너무 말이 많은 것도 병이다. 그러므로 그것은 적절하게 조절되고 조화가 되어야 한다. 그래야 성공적인 대화의 주인공이 될 수 있다.

12) 서로 다른 가치관의 차이나 성격적인 차이를 극복해야 한다.

우리는 서로 다른 교육을 받았고, 다른 환경에서 자랐다. 그러므로 서로의 가치관에 차이가 있을 수 있고 성격적으로도 차이가 있을 수 있다. 중요한 것은 상대방이 가지고 있는 가치관이나 성격적인 것을 그대로 인정하고 용납하는 것이다. 그래야 자기중심의 생각에서 벗어나 바른 대화를 할 수가 있다.

13) 감정의 억제력과 용서와 사과가 있어야 한다.

서로 간에 용서없이 분을 그대로 간직하고 대화하는 것은 서로에게 더 깊은 상처를 줄 수 있다. 그러므로 먼저 용서하고 먼저 사과할 수 있어야 한다. 지나간 일에 대해 너무 집착하지 말라. 그것은 현재를 잘못되게 할 수도 있다. 그러므로 자신의 감정은 자신이 가지고 있는 억제력으로 조절하여야 한다.

14) 우리는 때로 너무 바쁘거나 선입감으로 인해 대화를 하지 않으려고 할 때도 있다.

너무 바빠서 대화를 하지 못하면 속에 나쁜 것이 누적할 수가 있다. 그러므로 아무리 바빠도 대화할 수 있는 시간과 공간을 가지고 있어야 한다. 선입감이란 다분히 주관적인 것이다. 그것은 자기 기준으로 지레 짐작을 하는 것이므로 실상과는 상당히 거리가 있을 수 있다. 그러므로 그것이 대화의 장애로 등장하지 않도록 조심을 하여야 한다.

15) 사람에 따라서는 아예 듣지 않으려는 태도를 가진 사람도 있다.

이런 사람은 자신의 내면의 쓴 것 때문에 듣는 것에 부담을 느껴서 그러는 것이라고 할 수 있는데, 이런 태도 또한 대화의 장애가 된다.

외에도 T.V.나 신문이나 비디오나 인터넷이나 바둑과 같은 것에 몰입하므로 아예 대화할 시간을 갖지 못하는 이들도 있는데 이 모두는 성공적인 대화의 장애가 되는 것들이다. 그러므로 이런 것들이 대화의 장애로 등장하지 않도록 조심을 해야 한다.

성공적인 대화를 하지 못하면 사람은 고독하게 된다. 고독은 무서운 병이라고 하였다.

대화를 방해하는 것들

1) 가치관의 차이

2) 성격의 차이

3) 비판 의식

4) 침묵

5) 끊임없는 수다

6) 용서와 사과가 없을 때

7) 감정의 억제력이 약할 때

8) 바빠서

9) 선입감

10) 듣지 않으려는 태도

11) 기타 (TV, 신문, 바둑, 컴퓨터게임 등)

효과적인 부부 대화 10계

"대화의 주된 목적은 가르치는 것, 배우는 것, 즐기게 하는 것 등이니까,
사람을 불유쾌하게 하거나 반발을 일으키거나 해서는
본래의 목적을 상실하고 만다" (B.프랭클린)

효과적인 대화를 하려면 상대에 대해서 연구해야 한다. 상대방을 안다는 것은 대화에 있어 아주 중요하다. 말로 상대방을 설득하는 것보다는 자신이 상대를 이해하는 노력을 할 때 효과적인 대화를 할 수 있다.

효과적인 대화를 하려면 상대방을 무조건 용납하여야 한다. 선입감은 대화의 장애가 된다.

대화할 때 장소나 시간이나 분위기는 아주 중요하다. 또 대화할 때는 상대방의 입장을 먼저 배려하는 마음 씀씀이가 필요하다. 진실보다 더 위대한 힘은 없다. 모든 대화는 진실의 토대위에서 진솔하게 하여야 하고 논쟁이나 변명을 하지 않아야 한다. 또 잘못은 잘못이라 솔직히 시인하여야 한다.

1. 평소 서로에게 따뜻한 말을 하라.

부부 사이의 따뜻한 말은 피로를 제거해 준다. 좋은 정서와 사랑의 기쁨을 알게 한다.

2. 서로를 자주 칭찬하라.

부부는 서로를 칭찬하여야 한다. 음식이나, 옷매무새나, 칭찬할 수 있는 요소를 개발한다고 하는 것은 서로를 새로운 시각으로 보게 한다.

3. 사랑한다는 말을 자주 하라.

"사랑한다"는 말을 자주 사용할 때, 마음이 포근해 진다. 안심이 되고 여유가 생긴다. 사랑한다고 고백을 한 사람을 생각케 한다.

4. 불평스러운 일의 경우 직설적으로 표현하지 말고 우회적인 말로 부드럽게 표현하라.

불평스러운 일이라 하여 불평한다고 해서 개선이 되는 것은 아니다. 불평스러운 일도 불평스럽지 않게 우회적으로 이야기할 때 상대방이 수용할 가능성이 높아진다.

5. 상대방의 약점이나 결점을 지적하지 말라.

상대방이 가지고 있는 약점이나 결점은 그를 만나기 이전부터 그에게 있던 것들이다. 그러므로 결혼과 동시 우리는 그 결점이나 약점도 수용하고 이해하여야 한다.

6. 상대방의 실수를 기분 나쁘지 않게 지적하라.

실수를 하지 않는 사람이 어디 있는가? 실수를 하였을 경우 상대방이 지적하지 않아도 본인은 위축하게 되어 있다. 이 때 그를 오히려 이해하고 용기를 주는 것이 자신을 위하는 길이다.

7. 즐거운 유머 감각을 지니라.

유머는 부부 사이의 즐거움일 수가 있다. 부부는 상대방에게 혐오감을 주지 않는 즐거운 말로 서로를 아껴 주는 감각이 필요하다.

8. 둘만의 비밀을 담은 즐거운 용어를 개발하라.

부부의 삶은 비밀스러운 보석을 캐는 것과 같은 삶이어야 한다. 그러므로 남들이 모르는 둘 만의 즐거운 비밀을 갖는 것이 바람직하다.

9. 상대방의 말을 기분 좋게 들어주라.

부부는 서로의 이야기를 기분 좋게 들어주어야 한다. 때로 너무 자질구레한 이야기일 수도 있다. 그러나 그 이야기를 들어주지 않으면 어디에 가서 할 것인가? 남편의 이야기를 아내가 들어주지 않거나 아내의 이야기를 남편이 들어주지 않으면 부부 사이는 소원하게 된다.

10. 그것은 "내 실수였다. 내 탓이었다"는 말을 적절하게 사용하라.

상대방이 실수했을 때는 "그게 당신의 실수가 아니야. 내가 좀 더 신경을 썼더라면 그런 일이 일어나지도 않았을 거야. 내가 원인제공자지. 미안해요"라든가 "그것보다는 내 생각에는 이렇게 하는 것도 좋았을 것 같은데?"하는 의견을 제시하는 식의 가벼움으로 상대의 실수를 지적해 주는 것이 좋다.

"현명한 자와 책상을 마주 보고 하는 일대일의 대화는 10년간에 걸친 독서보다 낫다"는 말이 있다. 그만큼 좋은 대화는 많은 것을 수용케 하고 알게 한다.

강원룡은 그래서 그의 "5분간의 사색(思索)"에서 "사람이 사람으로 되는 길은 대화를 통하지 않고서는 생각해 볼 수 없다. 인간의 근본 형식은 공동 인간성이기 때문에 인간이 개인적으로나 사회적으로 대화를 상실하는 때 인간은 비인간화해 버린다. 오늘날 우리 사회의 가장 심각한 문제는 대화의 상실에 있다. 시장에 가보면 고성으로 아귀다툼을 하는 사람들을 흔히 본다. 그들은 각각 자기가 옳다는 주장만을 내세울 뿐 상대방의 이야기는 전혀 들으려고 하지 않는다. 들을 줄 모르고 말할 줄만 아는 것 — 이것이 곧 싸움을 일으키는 도화선이 되며 이런 싸움은 결국 욕설과 폭력으로 번져 가기 마련이다. 이것이 대화를 상실한 인간 사회의 모습이다"라고 말하고 있다.

> 평안을 너희에게 끼치노니 곧 나의 평안을 너희에게 주노라 내가 너희에게 주는 것은 세상이 주는 것 같지 아니하니라 너희는 마음에 근심도 말고 두려워하지도 말라 (요 14:27)

놀만 라이트 박사의 부부대화 십계

1. 헤어졌다 다시 만날 때는 따듯한 미소로 맞으라.
2. 피곤하거나 감정적으로 흥분된 상태에 있을 때는 심각한 문제를 다루지 말라.
3. 가능하면 논쟁의 여지가 있는 문제를 다루는 시간을 정하라.
4. 상대방이 말을 다하기까지 인내심을 가지고 끝까지 경청하라.
5. 상대방이 말할 때 "예. 알아요. 이해합니다" 등 적절하게 동의하라.
6. 말이나 표정이나 몸짓으로 상대방의 이야기를 수용하라.
7. 상대방이 나를 위한 일을 했을 때는 칭찬을 하거나 감사하라.
8. 사소한 일이라고 애매하게 표현하지 말고 구체적으로 표현하라.
9. 대답할 때는 알아듣기 쉽게 명확하게 지루하지 않게 하라.
10. 상대방이 무슨 말을 하는지 이해가 되지 않을 때는 밝은 표정으로 다시 한 번 말해 주기를 요청하라.

자녀와 어떻게 대화할 것인가?

"마땅히 행할 길을 아이에게 가르치라
그리하면 늙어도 그것을 떠나지 아니하리라"(잠 22:6)

부모와 자식 사이에도 대화하는 요령이 필요하다. 이제는 무조건적으로 따르라는 전시대적이요 권위적이요 일방적인 대화에서 벗어나야 한다.

자식은 부모의 수준까지 올라올 수 없다. 그것은 우리가 그리스도의 분량에까지 올라 갈 수 없는 것과 같은 이치이다. 그러므로 그리스도가 우리 곁으로 오셨던 것처럼 부모는 자식의 수준까지 내려가 그의 대화의 상대가 되어야 한다.

부모와 자식 간에 자주 대화를 하고 의견을 나누는 가정이 대화의 시간을 갖지 않은 가정보다 훨씬 문제가 적다.

자녀들과 이야기를 하다 보면 경우에 따라 자녀들로부터 거절당하는 수도 있다. 이 때 부모는 자녀도 "싫다"거나 "거절할 수 있다"는 이해심을 가져야한다. 또 자녀들과 이야기 할 때는 부드럽게 자신의 감정을 자연스럽게 솔직하게 표현하여야 한다. 강압적인 어투보다는 상대방의 의견을 묻는 것이 지혜이다.

자녀와 대화할 때 부모는

1. 자신이 그리스도의 형상을 입었다는 사실을 생각하라.

우리는 하나님의 이미지를 닮았다. 그러므로 육적인 생각이나 모습으로 자녀를 대하지 않아야 한다.

2. 천한 말은 입에 담지도 말라.

야단을 칠 때 용어 선택에 주의를 기울이라. 부모가 상스러운 말을 하면 자녀도 그 말을 배워 다음대에 전한다. 좋은 말은 가르치고 또 가르쳐도 잘하지 못하지만 나쁜 말은 가르치지 않아도 잘하게 되어 있다. 그러므로 "무릇 더러운 말은 너희 입밖에도 내지 말고 오직 덕을 세우는데 소용되는 대로 선한 말을 하여 듣는 자들에게 은혜를 끼치게 하라"(엡 4:29)하신 말씀에 관심을 가져야 한다.

3. 자녀가 쓰는 유치한 용어를 그대로 수용하고 쓰라.

어른의 아이와 같은 유치함 때문에 아이들은 안심할 수가 있다. 아이들과 같이 된다고 하는 것은 부끄러움이 아니다. 아이들은 어른이 어른답게 이야기하는 것 때문에 어른으로부터 멀어져 가려고 한다. 아이들은 상대방에게서 자기와 같은 유치함을 느낄 때 가까움을 느낀다. 그래서 주님은 "진실로 너희에게 이르노니 너희가 돌이켜 어린아이들과 같이 되지 아니하면 결단코 천국에 들어가지 못하리라"(마 18:3)고 하셨다.

4. 유치한 말을 한다고 해서 핀잔을 주지 말라.

핀잔을 받을 경우 아이는 열등감을 갖게 된다. 아이들의 말은 아이의 수준에서 이해하여야지 어른의 수준에서 이해하면 안 된다. 주님은 "저희의 하는 말을 듣느뇨 예수께서 가라사대 그렇다 어린 아기와 젖먹이들의 입에서 나오는 찬미를 온전케 하셨나이다 함을 너희가 읽어 본 일이 없느냐"(마 21:16)하셨고 "갓난아이들 같이 순전하고 신령한 젖을 사모하라 이는 이로 말미암아 너희로 구원에 이르도록 자라게 하려 함이라"(벧전 2:2)고 하셨다.

5. 자녀가 쓰는 더러운 말을 부드럽게 지적하여 고치게 하라.

세살 버릇이 여든까지 간다고 했다. 더러운 행실이나 말은 어렸을 때부터 바르게 교훈 되어야 한다. 화부터 내지 말고 인내로 선한 말을 가르치라. 주님은 "무릇 더러운 말은 너희 입 밖에도 내지 말고 오직 덕을 세우는데 소용되는 대로 선한 말을 하여 듣는 자들에게 은혜를 끼치게 하라"(엡 4:29)고 하심으로 부모가 본을 보여야 할 것을 말씀하신다.

6. 이야기할 때 칭찬을 곁드리되 구체적으로 칭찬을 하라.

"너는 예쁘다"고 표현을 하기보다는 "네 눈은 진주같이 맑고 네 피부는 새벽이슬을 머금은 꽃처럼 싱싱해 더욱 예쁘다"는 식으로 칭찬을 하는 것이 좋다. 칭찬은 인간이 지닌 기본적인 욕구의 하나이다. 칭찬은 사랑을 받는다는 느낌을 갖게 하고 사랑을 줄 수 있는 용기를 갖게 한다. 그러므로 부모는 그것을 충족시킬 수 있어야 한다. 그러나 터무니없는 사실을 과장하여 칭찬하는 것은 옳지 않다.

7. 의자에 앉을 때 아이와 같은 높이의 의자를 사용하라.

아이들은 권위적인 사람보다 자기의 친구와 같은 사람을 좋아한다. 그러므로 이야기를 나눌 때 눈높이를 맞춘다고 하는 것은 아주 중요하다.

8. 아이가 하는 이야기에 관심을 가지고 진지하게 들어 주라.

아이가 이야기할 때 귀찮더라도 밝게 반응을 보여야 한다. 아이들은 자기 이야기에 귀를 기울여 준다고 하는 사실 하나만으로도 사랑을 받는다는 느낌을 갖는다. "귀 있는 자는 들으라"(마 13:9)고 하시지 않았는가.

9. 가르칠 때는 간단하게, 분명하게, 구체적으로 말하라.

사도 바울은 "내가 너희를 젖으로 먹이고 밥으로 아니하였노니 이는 너희가 감당치 못하였음이거니와 지금도 못하리라"(고전 3:2)고 했다. 아이들은 단순하다. 그러므로 어려운 이야기나 장황스러운 이야기는 이해하지를 못한다. 아이들을 가르칠 때는 아이의 수준에서 아이를 가르쳐야 한다.

10. 아이의 요구를 거절할 때는 무조건 "안 된다"고 하지 말고 그 이유를 자녀에게 이해시키라.

때로는 "안 된다"고 해야 할 때도 있다. 그럴 때는 안 되는 이유를 아이가 납득하도록 해야 한다. 잠언 기자는 "마땅히 행할 길을 아이에게 가르치라 그리하면 늙어도 그것을 떠나지 아니하리라"(22:6)고 했다.

11. 잘못을 지적할 때는 차분하게 조용하게 지적하라.

어린이도 인격을 가지고 있다. 잘못을 지적할 때는 엄하게 하더라도 차분하게 조리 있게 지적하여야 한다. 어린이의 인격을 모독하는 말로 다스리는 것은 아이에게 상처를 줄 수 있다. 그래서 성경은 "아비들아 너희 자녀를 노엽게 하지 말고 오직 주의 교양과 훈계로 양육하라"(엡 6:4)라고 했다.

12. "미안하다"는 말을 너무 무분별하게 사용하지 말라.

부모는 자녀에게 미안할 짓을 해서도 안 되지만 그렇다고 미안한 일을 행하고 그대로 지나쳐서도 안 된다. 미안한 일을 했으면 "미안하다"고 해야 한다. 그러나 너무 자주 "미안하다"는 말을 쓰게 되면 자녀는 부모가 늘 자신에게 미안한 일만 하는 실없는 부모라고 인식하기가 쉽다. 그래서 주님은 "옛 사람에게 말한바 헛맹세를 하지 말고 네 맹세한 것을 주께 지키라 하였다는 것을 너희가 들었으나 나는 너희에게 이르노니 도무지 맹세하지 말지니 하늘로도 말라 이는 하나님의 보좌임이요 땅으로도 말라 이는 하나님의 발등상임이요 예루살렘으로도 말라 이는 큰 임금의 성임이요 네 머리로도 말라 이는 네가 한 터럭도 희고 검게 할 수 없음이라 오직 너희 말은 옳다 옳다, 아니라 아니라 하라 이에서 지나는 것은 악으로 좇아 나느니라"(마 5:33-37)고 하셨다.

13. 같은 실수를 반복할 때는 그 때 그 때 잔소리를 하지 말고 모았다가 엄격하게 단호하게 조용히 말하라. 또 너무 길게 말하지 말라.

같은 실수를 그 때 그 때마다 잔소리를 하면 나중의 잔소리는 의례적인 것으로 들리게 된다. 그러므로 모았다가 엄하게 단호하게 하는 것이 좋다. 또 너무 길게 말하면 아이는 그 말에 집중하지 않게 된다.

14. 자녀와의 대화에는 많은 인내심이 필요하다. 짜증을 부리거나 성질을 내지 말라.

어린 시절에는 알고 싶은 것이 많다. 그러므로 많은 질문을 하게 되는데 그 일로 인해 짜증을 내서는 안 된다. 짜증을 내면 아이는 그 다음에 꼭 알아야 할 것도 배우지 못하게 된다. 부모는 "너희의 인내로 너희 영혼을 얻으리라"(눅 21:19)하신 말씀을 기억해야 한다.

15. 외부 사람들 앞에서 자녀를 야단치지 말라.

아이들도 부끄러움을 안다. 누구와 비교하거나 외부 사람들 앞에서 야단을 치는 것은 아이의 자존감을 떨어뜨리는 일이 된다. 외부 사람들 앞에서 야단을 맞게 되면 아이 속에 분이 저장된다. "분을 내어도 죄를 짓지 말며 해가 지도록 분을 품지 말라"(엡 4:26)고 했다.

16. 가정의 규범을 세울 때에도 부모가 일방적으로 세우는 것보다 자녀들과 의논해서 세우는 것이 좋다.

예를 들어 자녀가 전화를 자주 쓴다거나 할 경우 "쓰지 말라"고 강압하는 것보다는 쓰도록 내버려두되 몇 시까지만 쓸 수 있고 그 이후에는 쓸 수 없다고 하는 규정을 두는 것이 좋다. 이 경우 시간은 아이의 의견을 물어 아이가 10시까지라고 할 경우 부모는 그 부당성을 부드럽게 진지하게 이야기하여 서로가 조절하므로 자녀가 8시나 9시까지로 동의하여 스스로 지키도록 이끌어 주어야 한다. 밖에 외출할 경우도 마찬가지이다. 몇 시까지 돌아오라고 강압하는 것보다는 몇 시까지 돌아올 수 있겠니? 물어서 그 것이 너무 늦은 시간일 경우 조정하여 자녀가 스스로 약속한 시간 안에 들어 올 수 있도록 하는 것이 좋다.

자녀들과 좋은 대화를 하려면

1) 가능하면 자녀와 다양한 주제로 이야기할 수 있는 기회를 가지라.

세계적인 사건이나 지방 뉴스, 학교나 교회나 이웃에서 일어났던 어떤 일도 좋다. 시간이 있을 때마다 그들이 관심을 갖고 있어 영향을 받을 수 있는 음악이나 영화, TV 프로그램, 스포츠에 대해서 이야기를 나누라. 그리고 그것에 대해 자연스럽게 선악을 구분할 수 있도록 도와주라.

2) 자녀들이 학교에 가기 전 자녀들과 아침 식사를 같이 하면서 그들과 이야기를 나누라.

이야기를 나눌 때 설교하려고 하지 말고 그들의 이야기를 잘 들어 주라. 때로 아침 식사 때 전혀 생각지를 못했던 맛있는 음식을 준비해 자녀들을 기쁘게 하는 것도 좋다.

3) 그들이 관심을 갖고 있는 일을 도와주거나 함께 하라.

때로는 그들이 축구나 농구와 같은 운동이나 연극과 같은 것을 연습하는 장소를 불시에 방문하여 그들을 성원하라.

4) 운동이나 놀이를 함께 하거나 웃을 수 있는 일을 함께 하면서 핵심적인 이야기를 나누라.

서로를 즐겁게 해주는 연습을 하라. 어린이들과 함께 놀 때는 아버지나 어머니다운 엄격함보다는 아이다운 천진함이 좋다. 복장이나 머리 모양이 아이에게 친근감을 주는 것이어야 한다.

5) 그들을 자주 포옹해 주라.

따뜻한 포옹은 자존감과 성품과 건강한 사고를 증진시킨다. 포옹은 아이들에게 있어 보석과 같은 가치를 지닌다.

6) 등교할 때 가능하면 아버지가 자녀들을 자신의 차로 데려다 주라.

버스를 타고 1시간 가는 것보다는 아버지와 함께 자동차를 타고 가면서 30분의 이야기를 나누는 것이 좋다. 출근하면서 자동차에서 자녀와 나누는 대화 시간은 아주 특별한 기회이다.

7) 때로는 부모가 하는 일을 아이들에게도 정중히 부탁하라.

부모가 힘들 때 무엇이 힘든지를 아이에게 이야기하라. 그리고 그의 도움이 필요하다고 이야기하라. 아이는 부모의 일을 도우면서 부모를 이해하게 되고 그가 부모에게 필요한 존재라고 하는 사실을 깨닫게 된다.

8) 사람들이 많이 모인 장소에 갔을 때 자녀들에게 전보다 더 큰 관심을 가지고 그들과 자연스럽게 어울리라.

어른들끼리만 웃고 떠들면 아이들은 자신이 군더더기로 온 외로움을 느끼게 된다.

9) 때로는 아주 우스운 이야기로 아이들을 포복절도(抱腹絕倒)케 하라.

배꼽을 잡고 웃다보면 자녀는 부모와 일체감을 느낀다. 기분 좋은 정서를 갖게 된다.

부모는 자식의 가치를 알아야 한다. 그들의 생각이나, 시각이나, 관심이 무엇인지를 알아야 한다. 그러기 위해서는 열 자식이면 열 자식과 모두 개인적인 관계를 유지하여야 한다. 그리고 그들이 관심을 갖고 있는 것들이 무엇이든지, 그것이 음악이나 연예계 소식 같은 것들이라 할지라도 그것을 주제로 하여 이야기를 나눠야 한다.

자녀와의 대화의 목적은 그들에게 자신감을 주기 위함이다. 자기 가치(Self Esteem)를 잃지 않게 하기 위함이다. 그러므로 편안하게 자연스럽게 이야기를 하여야 한다. 그리고 그들의 수준에서 이야기를 나누어야 한다. 그럴 때 자녀들은 부모의 사랑을 실감하게 되고 자신의 삶에 대한 긍정적인 확신을 갖게 된다. 부모와 자식 사이에는 무엇보다도 신뢰(Rapport)가 형성되어야 한다.

자녀들을 슬프게 하는 말들

1. 꼴도 보기 싫다.
2. 형은 안 그러는데 넌 왜 늘 그 모양이냐?

3. 또 그런 짓하면 그냥 안 둘거야.

4. 너를 보면 내가 아주 답답해 미치겠다.

5. 넌 왜 늘 그 모양이야.

6. 내가 화내고 싶어서 화내는 줄 알어?

7. 너는 정말 어쩔 수 없어. 대책이 없는 아이야.

8. 넌 왜 그렇게 머리가 나쁘니? 못났니?

9. 넌 몰라도 되.

10. 네가 하는 일이 뭐가 있어?

11. 차라리 내 눈앞에 보이지 마라.

12. 넌 어째 그러냐.

13. 제대로 하는 일이라곤 하나도 없잖아.

14. 바보. 병신

행복하기를 원하는가?

"하나님이 주신 것을 감사하는 것이 행복이다"

어리석은 사람은 행복을 멀리서 찾는다고 한다. 오르지 못할 것을 쳐다보거나 갖지 못할 것을 바란다고 한다. 그래서 실상은 자신 곁에 행복이 있는데도 그것을 모른다고 한다.

행복은 쟁취해 가지는 것이 아니고 하나님이 주신 것을 가꾸고 키우는 것이다. 그것은 내 마음의 만족과 절대적인 관계를 지닌 것이다. 그러므로 자신에게 주어진 것(thrown life)을 불평없이 가꾼다고 하는 것은 아주 중요하다.

모든 것이 다 있다고 해서 행복한 것도 아니요 아무 것도 없다고 해서 반듯이 불행한 것도 아니다. 넘치도록 가지고 있어도 불행할 수 있고 전혀 가진 것이 없어도 행복할 수 있다. 왜냐하면 그것은 상대적이 아니고 절대적이요 주관적이기 때문이다.

남들이 불행하다고 보는 것을, 자신은 행복하다고 느끼고 자족(自足)하면 그것이 그에게는 행복이 되는 것이 행복이 가진 속성이다.

과테말라 내지 선교회의 안내로 꿱치부족 교회를 방문했을 때의 일이다. 산간벽지에 사는 가진 것이라곤 아무것도 없는 그런 부족(部族)이었다. 한국의 기준으로 보면 그들의 삶은 최하류 층의 "거지같은" 삶이었다. 그런데도 그들에게는 그늘이 없었고 불행해 보이지 않았다. 어쩌면 도시민들 보다 여유로워 보였고 행복해 보였다. 그들은 그들에게 주어진 삶에서 그들 나름의 행복을 누리고 있었다. 당당했고, 비굴하지 않았고, 자연스럽게 주어진 삶을 살고 있었다.

그러고 보면 행복은 소유에 있지 않다. 돈이 많아 행복한 것도 아니요, 좋은 지위나 직장이 있어 행복한 것도 아니다. 건강한 것도 행복이라던 가? 그럴 수도 있다. 그러나 그것은 행복의 조건이지 행복자체는 아니다.

R.L.스티븐슨은 "참다운 행복, 그것은 우리들이 어떻게 끝을 맺느냐 하는 것이 아니라 어떻게 시작하느냐 하는 문제이다. 또 우리들이 무엇 을 소유하느냐가 아니라 무엇을 바라느냐의 문제이다"라고 했다. 결과 가 아니라 과정이 중요하고 목표가 중요하다고 하는 이야기이다.

행복에서 중요한 것은 만족이고 이미 그것을 누리고 있다는 생각이 다. 그러므로 주어진 순간순간마다 비록 그것이 하찮은 일이라고 할지 라도 감사한다고 하는 것은 아주 중요하다.

어떤 이는 행복은 없다고 강변을 한다. 그것은 우리의 희망일 뿐이고 환상이라고 말을 한다. 과연 그럴까? 그렇다고 하면 그 사람은 행복을 전혀 맛보지 못한 사람이거나 행복에 대해 너무 과장적인 생각을 가진 사람이라 할 수 있다.

행복을 너무 거창하게 이야기 하거나 요란스럽게 떠들 것은 없다. 그 것은 잠시 우리 곁에 머물다가 사라지는 속성을 가진 것이기 때문에 우 리는 "아이스크림을 먹으며 즐거워하는 아이"의 즐거움과 같은 작은 것 에서부터 행복을 느낄 수 있어야 한다. 그래서 성경은 "범사에 감사하 라 이는 그리스도 예수 안에서 너희를 향하신 하나님의 뜻이니라"(살전 5:18)고 하지 않았는가. 행복의 전제는 주어진 것에 대한 감사라고 하 는 이야기이다.

그러면 어떻게 행복을 얻을 것이며, 어떻게 유지하고, 어떻게 회복시 킬 것인가?

성경에 의하면 행복은 심령의 가난(the poor in spirit)으로부터 오는 것이요(마5:3) 애통하는 자(those who mourn)에게 주어지는 것이요(마5:4) 온유한 자(the meek)에게 주어지는 것이요(마5:5) 의에 주리고 목마른 자(those who hunger and thirst for righteousness)에게 주어지는 것이요(마5:6) 긍휼히 여기는 자(the merciful)에게 주어지는 것이요(마5:7) 마음이 청결한 자(the pure in heart)에게 주어지는 것이요(마5:8) 화평케 하는 자(the peacemakers)에게 주어지는 것이요(마5:9) 의를 위하여 핍박을 받은 자(who are persecuted because of righteousness)(마5:10)에게 주어지는 것이요 예수로 인해 핍박을 받을 때(when people insult you, persecute you and falsely say all kinds of evil against you because of me)(마5:11) 주어지는 것이라 정의하고 있다.

그러고 보면 세상 기준의 행복과 하나님 수준의 행복에는 많은 차이가 있다. 세상 기준은 세상의 소유에 있고 하나님 수준은 하나님의 말씀에 따라 사는 삶에 있다. 그러므로 보에티우스도 "인간은 신의 생활에 참여할 때 참 행복해질 수 있다"고 했는데 이 말은 하나님이 하라고 하신대로 따라 살거나 하지 말라고 하신대로 따라 살 때 행복해 질 수 있다는 말이다.

사람은 누구나 행복을 좋아하고 추구한다. 그렇다고 하면 어떤 것이 진정한 행복인지를 알아야 하지 않겠는가? 잠시 즐거움을 주는 그 것? 그런 것도 행복일 수는 있다. 그것은 달디 단 알사탕을 입에 넣고 즐거워하는 아이들의 행복과 같은 것이다. 얼마 있지 않아 녹아 없어질 그런 행복. 물론 그것을 놓고도 우리는 감사해야 한다. 그러나 그보다 더 큰 행복이 있다고 하면?

행복을 세상 것에서 찾는 사람은 미련한 사람이다. 행복은 세상이 주는 것이 아니고 하나님이 주시는 것이다. 내 삶을 세상의 것이 유혹하는 대로 맞길 때는 실패할 수밖에 없다. 성공하려면 내 모든 것이 주님 안에 있어야 한다. 먹고 자고 깨어나는 것은 물론 내 노동이나 활동 전체가 하나님의 것이어야 한다. 그게 우리에게 주어진 자유요 질서요 성공의 길이다. 우리는 행복을 찾아 얼마나 헤매고 있는가? 그러다보니 가치 없는 것을 보고 가치라고 생각할 때도 있고 자기를 불행하게 하는 일을 하면서도 행복해질 것이라는 착각을 하기도 한다. 행복해지기를 원하는가? 그러면 "나는 과연 어떤 사람인가? 무엇을 향해 가는가? 무슨 일을 하는가? 누구를 의지하고 사는가?"를 먼저 생각해야 한다.

모든 것의 시작은 하나님이시다. 이 인식이 없으면 세상은 해석이 되지 않는다. 그러므로 행복의 시작도 하나님이신 것을 알고 믿는 것이 무엇보다 중요하다.

긍정적인 시각을 갖는다고 하는 것은 아주 중요하다. 특히 자신에게 어떤 메시지를 주는가는 장차 "자기를 어떻게 만들어 가는가?" 와 깊은 관계가 있다. 그러므로 우리는 수시로 "아 행복해! 정말 감사해" 해야 한다. 누구 때문에? 하나님 때문이다. 부정적인 메시지를 주면 부정적인 사람이 될 수밖에 없고 긍정적인 메시지를 주어야 긍정적인 사람이 될 수 있다. 그러므로 자신이 먼저 자신을 인정하고 자신에게 주기를 잘 주어야 한다.

I.칸트는 인생론에서 "행복을 추구하는 것도 중요하지만 행복을 누릴 자격이 있는 사람이 되는 일이 더욱 중요하다."고 했다. 그러므로 자신을 먼저 행복을 줄 수 있는 사람으로 만들어 가야 한다. 기독교 신자는 특히 그래야 나도 행복해 질 수 있고 남도 행복하게 할 수 있다. 기독교 교육의 요점이 무엇인가? 나만 잘 살면 되는 것인가? 그게 행복인가? 아니다. 세상교육은 남을 짓밟거나 이겨서라도 내가 출세하면 그만이라고 할 수 있어도 기독교의 행복은 그렇지가 않다. 기독교 교육의 요점은 나도 잘되고 남도 잘되어 더불어 함께 사는데 있다. 그게 기독교가 추구하는 행복이다.

"남을 행복하게 할 수 있는 사람만이 행복을 얻을 수 있다"는 말이 있다. 신앙생활을 왜 하는가? 내 행복만을 위해서 하는가? 그렇다면 그것은 시작부터가 잘못되었다. 신앙생활은 나를 위해서도 해야 하지만 다른 사람들을 위해서도 잘해야 하는 게 신앙생활이다. 그래야 내가 행복해질 수 있다.

진정한 행복에는 돈이 들지 않는다. 그런데도 인간들은 돈으로 행복을 살 수 있을 것이라 생각해 많은 돈을 쓰고 있다. 그러면 과연 재벌은 행복할까? 가진 것이 많고 쓰는 것에 여유가 있어 좋은 집에서 배터지게 잘 먹고, 잘 입고 고급 주택에서 사니까 행복할까? 그러면 왜 자살을 하는가?

행복이라고 하는 영어 단어 「happiness」는 본래 "옳은 일이 자신 속에 일어난다"는 뜻을 가진 「happen」이라고 하는 말에서 나온 말이다. 행복은 이처럼 그 사람의 시각과 해석과 올바른 마음의 결정이지 세상 것으로부터 주어지는 것이 아니다.

주님은 낮에 물을 길러 온 불행한 여인에게 "내가 주는 물을 먹는 자는 영원히 목마르지 아니하리니 나의 주는 물은 그 속에서 영생하도록 솟아나는 샘물이 되리라"(요4:14)고 하셨는데 참 행복과 "영생하도록 솟아나는 샘물"은 어떤 관계를 지니는 것일까? 행복은 멀리 있는 것이 아니다. 지금 당신 곁에 있다. 이제는 평범한 행복도 행복이라고 생각하자. 그리고 주님을 느끼자.

긍정적인 생각이 중요하다

"인간은 생각하기 위하여 태어났다.
그러므로 사람은 한시도 생각하지 않고는 살 수 없다"(B.파스칼)

지금의 세상은 100년 전의 사람들이 볼 때 이상한 나라 엘리스이다. 그만큼 변했다는 이야기인데 변한 것이 생활양식이나 과학적인 발전에 만 국한 된 것이 아니고 인식의 변화는 물론 문화마저 변했고 또 지금 도 계속해 변해가고 있다. 그동안 그만큼 과학문명이 발달하고 삶의 질 이 좋아졌다. 옛 것을 버리고 새 것을 만드는 과정이 우리가 상상하는 것 이상으로 빨리 진행되고 있다. 우리 당대의 변화만 보더라도 예전에 는 흑백 텔레비전에 트랜지스터 라디오를 썼다. 그 때는 집집마다 전화 를 두기도 어려웠다. 그런데 지금은 어떤가? 사람마다 핸드폰이요 자동 차에도 컬러텔레비전을 달고 있다. 아날로그에서 디지털로 모든 게 바 뀌었다. 그리고 보면 장차 다가올 세상이 어떤 세상일지는 아무도 예측 할 수 없다. 그래서 혹자들은 과학의 발달이 인간이 신으로 가는 길이 라고 설파(說破)하기도 하며 미래의 세계를 '마이너리티 리포트' (Minority Report)나 '토탈 리콜'(Total Recall)이나 '페이스 오프' (Face Off)와 같은 영화를 만들어 실증해 보려고도 한다. 허황한 추정 일 수도 있으나 전혀 가능성이 없는 일이라고 부정할 수는 없다. 줄기 세포가 어쩌니 저쩌니. 복제인간 이야기도 그렇고 로봇 산업이 발달하는 것도 그렇다. 그래서일까? 지금이 예전보다 더 불안하다. 무척 살기가 편해지고 좋아졌는데도 예전과 같은 한가로움이나 편안함이 없다. 지금은 너무도 경쟁적이다. 사람이 기계를 조작하던 시대에서 기계가 사람을 조종하는 시대로 접어들고 있다. 그래서 스트레스가 더 많이 쌓인다. 그러다 보니 사람과 사람 사이도 "우정이다. 의리다" 하는 것보다 이기적이고 기계적이다. "인간존엄" 보다는 이기적인 자기의 욕구가 먼저이다.

이제는 분을 많이 저장하는 시대이다. 상대방을 배려하기보다 내 편한 것이 먼저이니까 그럴 수밖에 없다. 결국 이런 것들이 우리를 가진 것 가운데서도 우울케 하는데 이 모두는 우리에게 부정적인 시각을 갖도록 해 '나' 또한 나답게 살지 못하게 한다. 그러니 사는 것이 즐겁다고 하기보다 지루하고 힘들다. 그래서 사람답지 않은 모습으로 살게 된다.

인간이 추구하는 것이 무엇인가? 행복이 아닌가? 그런데 왜 우리 조상들보다도 가진 것이 많고 편하게 사는데도 이렇게 불행하고 불안한가?

세상은 따지고 보면 폭풍우가 휘몰아치는 곳이다. 살기가 무척이나 경쟁적이고 어렵다. 마치 폭풍우가 몰아치는 가운데 서있는 것과 같은 느낌을 주는 게 세상사(世上事)이다. 그것도 내 뜻대로 모든 것이 풀리면 좋으련만 내 뜻대로 되는 것보다 되지 않는 것이 더 많고 모든 것이 협력적이라고 하기보다는 경쟁적이어서 더 힘들다. 남을 쓰러트리고서라도 나는 일어서야 하는 게 현대인의 생각(思考)이요 가치이다. 그러니 얼마나 뻔뻔스러운가! 이기심으로 가득한 게 현대인의 모습이다. 그러니 절대적 가치보다 상대적인 가치를 이제는 순수 가치로 여긴다. 그래서 삶의 현장이 늘 불안하다.

사는데 가장 중요한 것은 긍정적인 시각이다. 우리 주변에는 부정적인 일들이 너무도 많다. 그리고 그런 일들이 우리를 아프게 하고 넘어지게 한다. 중요한 것은 내가 원치 않던 일이 내게 생겼을 지라도 그것을 어떻게 보느냐 하는 것이다. 우리는 부정적으로 보이는 일 가운데에도 긍정적인 일이 있음을 알아야 한다.

어느 신앙생활을 잘하는 처녀가 있었다. 그녀는 정말 하나님을 사랑하는 신앙 하나로 늘 기쁘게 사는 처녀였다. 그러다 좋은 신앙을 가진 남자를 만나 결혼을 했다. 두 사람은 정말 행복했다. 1년이 지나 이 여인은 아들을 낳았는데 병원에서 뇌성마비라고 하는 판정이 나왔다. 너무도 아픈 이야기였다. 그녀는 그 때부터 감사 기도대신 불평하는 기도만을 하기 시작했다. 그렇게 기도하기를 반년동안이나 했다. 그러던 어느 날 기도하는 가운데 하나님의 음성을 듣게 되었는데 "얘 너 왜 그 아이를 네게 보낸 것을 그리도 불평을 하니? 내가 그 아이를 세상에 보낼 때 누가 가장 좋은 엄마가 될 수 있을까 하고 찾다가 네가 가장 좋은 엄마가 될 수 있기에 네게 보냈는데 넌 왜 좋은 엄마가 될 생각은 않고 그리도 불평만 하니? 다른 엄마에게 갔으면 그 아이는 불행할 수밖에 없어서 네게 보낸 거란다" 하시는 말씀이었다. 이 순간 그녀는 불평하던 마음이 싹 가시고 "하나님 감사합니다. 그 아이의 제일 좋은 엄마로 나를 선택해 주셔서 정말 감사합니다. 감사합니다." 그 녀는 그 때부터 불평을 버리고 예전처럼 하나님께 감사드리며 기쁜 하루하루를 보내게 되었다고 한다.

부정적인 시각은 마음을 어둡게 하여도 긍정적인 시각은 같은 문제일지라도 마음을 밝게 해 준다. 상황이 바뀐 것이 아니다. 시각이 바뀐 것이다. 그러므로 우리는 절망 속에도 소망이 있음도 알아야 하고 실패의 그늘 속에도 성공의 햇살이 들어오고 있음을 알아야 한다. 그래서 데모크리토스 "인간들이 행복한 것은 몸이나 돈에 의하는 것이 아니고 마음의 올바름과 지혜의 많음에 의한다."고 했다. 마음먹기에 따라 세상사는 재해석이 될 수 있다고 하는 이야기이다. 이처럼 행복은 내 속에서부터 시작한다. 그런데 우리는 쉬지 않고 자신에게 잘못된 메시지를 주고 있다. "안 된다. 그가 밉다. 짜증난다. 왜 이렇게 지루해. 난 되는 일이 없어” 따위의 아무 쓸모없는 쓰레기 같은 메시지를 무심히 자신에게 전달한다. 왜인가? 욕구가 충족되지 않고 불안은 가중하기 때문이다.

우리는, 과거는 기억하면서도 미래는 예측하지 못한다. 어쩌면 그것은 하나님의 놀라우신 사랑의 섭리일 수도 있다. 그런데도 그런 것으로 인해서도 우리는 불안해한다.

불안에는 현실적인 불안, 신경증적인 불안, 도덕적인 불안의 세 가지가 있다. 목이 마르면 물을 마셔야 하고 배가 고프면 먹어야 하는데 마시지도 못하고 먹지도 못하게 되면 사람은 불안하게 되어있다. 그것은 생존을 위한 기본되는 욕구요 현실이다. 그러므로 그것은 정당하게 충족이 되어야 한다. 또 해서는 안 될 일인 줄 알면서도 그 일을 계속 “해보려는” 상상을 하는 것도 불안의 원인이 된다. 아내가 있는데 아내의 가장 가까운 친구가 마음에 들어 그녀와의 무엇인가를 자꾸 상상할 경우 아내가 그 사실을 알까보아 불안해지는 불안 따위가 이에 속하는 불안이다. 아직 일을 저지르지는 않았다. 그러나 정당하지 않은 생각을 하다 보니 누군가가 자신의 생각을 엿보는 것 같아 불안하다고 하면 그것은 신경성의 불안이라고 할 수 있다. 그런가 하면 분명히 하지 않아야 할 죄를 지었을 경우 사람은 도덕적인 불안에 직면하게 된다. 누군가가 자기가 지은 죄를 알까보아 전전긍긍하면서 불안에 떨게 되는데 이것은 도덕적으로 그가 하지 않아야 할 짓을 했기 때문에 주어지는 불안이다. 이런 불안들은 대체로 죄와 연관되어 있다. 그것은 하나님의 뜻을 거역하는 것으로부터 생기는 것이다. 행복은 자기 안에 있다. 그러므로 우리는 나 자신을 먼저 긍정적이고 합리적인 사람으로 만들어 의혹이 없는 인격으로 만들어야 한다.

아담의 아들 가인은 부정적인 시각을 가졌던 사람이다. 그래서 그는 그의 제사가 하나님께 받아드려지지 않은 것에 대해 불평을 하다 결국은 인류 최초의 살인자가 되고 말았다. 이처럼 자기 멋대로 하면서 불안해하는 것은 사실 바보나 할 짓이다.

기독인은 어떤 경우에도 기독인의 룰(Rule)을 벗어나서는 안 된다. 세상 사람들의 관점으로 볼 때 신앙생활을 하는 사람들이 우습게 보일 수도 있다. 그래서 신앙인들도 세상 사람들의 시선을 의식해 신앙생활을 하면서도 세상 사람들이 좋아할 그런 일을 하기도 한다. 그러나 하나님은 "하나님의 미련한 것이 사람보다 지혜 있고 하나님의 약한 것이 사람보다 강하다"(고전1:25)고 하시면서 "하나님께서 세상의 미련한 것들을 택하사 지혜 있는 자들을 부끄럽게 하려 하시고 세상의 약한 것들을 택하사 강한 것들을 부끄럽게 하려 하신다"(고전1:27)고 선언하시면서 세상의 가치와 상관없이 기독인은 기독인다운 시각이나 행동을 해야 한다고 촉구하고 있다. 그러므로 기독인의 삶속에는 회개, 감사, 사랑, 용서, 신뢰, 섬김, 인내와 같은 기본되는 기준이 있어야 한다. 그러기 위해서는 "나는 과연 누구인가?" 이제는 좀 더 자기를 진지하게 대면해 보아야 한다.

자기대면은 아주 중요하다. 그것은 내가 내 속에 무엇이 있는가? 를 살피는 작업이다. 추하고 더러운 것을 가지고는 하나님을 볼 수가 없다. 많은 사람이 주님께 나아와 "주여 주여 우리가 주의 이름으로 선지자 노릇 하며 주의 이름으로 귀신을 쫓아내며 주의 이름으로 많은 권능을 행했습니다."라고 해도 주님께서는 "나더러 주여 주여 하는 자마다 천국에 다 들어갈 것이 아니요 다만 하늘에 계신 내 아버지의 뜻대로 행하는 자라야 들어가리라"(마7:21)고 하셨다. 왜 주님은 신앙생활을 잘한다고 하는 사람들에게 이렇게 야속한 말씀을 하셨을까? 균형이 있는 바른 신앙의 삶을 살지 않고 있기 때문이다.

자기대면은 자기 성찰이요 하나님께 좀 더 가까이 가는 길이다. 그러므로 자기대면을 해야 신앙인은 그리스도인으로서의 균형 잡힌 삶을 살 수 있다.

성공적인 삶, 행복한 삶은 돈이나 명예나 출세에 있지 않다. 그것은 평강에 있다. 소크라테스는 "……현재의 생활 또는 미래의 생활 그 어느 것에 있어서나, 자기 자신 이외의 것에서 행복을 얻으려는 사람은 그릇된 사람이다. 불행을 겁낼 때 당신은 이미 불행하다. 불행을 가져야 할 자는 영구히 불행을 겁내고 있는 자뿐이다. 나는 생각한다.「잘 되겠다고 노력하는 그 이상으로 잘 사는 방법은 없으며, 그리고 실제로 잘 되어 간다고 느끼는 그 이상으로 큰 만족은 없다.」라고. 이것은 내가 오늘까지 살아오며 경험하고 있는 행복이며, 그리고 그것이 행복인 것은 내 양심이 증명해 주고 있다.”라고 했다. 그럴 수도 있는 이야기이다. 우리는 가진 것이 없어도 행복할 수 있는 것에 대해 좀 더 생각해야 한다. 그리 될 수 있는 것은 “내가 하나님 안에, 하나님이 내 안에 계셔서” 평강을 주실 때이다. 그러므로 하나님이 내게 주신 나다운 가치에 대한 바른 이해를 가져야 한다.

어떤 이는 행복이 무어냐? 고 했더니 “저녁노을이 벌겋게 드리워진 창가에 앉아 한 잔의 향긋한 커피를 마시면서 흔들의자에 앉아 뜰에서 나무 사이를 오가며 지저귀는 새들을 무심히 보는 평안함과 같은 것”이라고 했다. 과연 그게 행복일까? 하나의 모형일 수는 있어도 그건 행복이 아니다. J.주베르는 팡세에서 “행복이란 자기의 영혼을 훌륭하다고 느끼는 데 있다. 이 이외에는 소위 행복이란 것은 없다. 그러므로 행복은 비탄이나 회한 가운데에도 존재할 수 있다. 쾌락은 육체의 어떠한 점의 행복에 지나지 않는다. 참다운 행복, 유일한 행복, 온전한 행복은 마음 전체의 영혼 가운데 존재한다.”했다.

행복하기를 원하면서도 전혀 준비하고 있지 않다고 하면 그 사람은 과연 행복이 주어질 때 그 행복을 자기 것으로 만들 수 있을까? 우리는 행복을 충족할 수 있는 여건을 먼저 만들어야 한다. 그래야 하나님이 주시는 복을 담을 수 있다. 그러기 위해서 이제는 하나님이 내게 무엇을 원하시는지 그것을 살펴 순종해야 한다. 그것이 삶의 좋은 모습이다. 나는 과연 어떤 모습으로 살고 있는지? 긍정적으로 자기를 살핀다고 하는 것은 아주 중요하다.

생각의 전환

"사실 인간이 할 수 있는 것은 세상에 상처를 남기는 일이 아닐까?"

모두가 다 그런 것은 아니지만 이상스럽게도 인간에게는 자아실현을 원하면서도 자기를 파괴하는 경향성이 있다. 그래서 그 일이 자기에게 해가 될 것을 알면서도 그 일을 중단하지 못하고 지속하는가 하면 분명 그것이 좋지 못한 결과를 가져올 일인데도 그 일을 계속하기도 한다. 그러니까 더 나쁜 결과가 올지라도 이제까지의 생각이나 행동을 쉽게 바꾸거나 중단하지를 못하는 게 인간이다.

그러다 보니 분명 바람직하지 못한 목표이거나 물건인데도 그것에 대한 욕망을 버리지 못하기도 하고 가져도 그만 가지지 않아도 그만이 거나 가지면 조금 기분이 좋아질 정도밖에 안 되는 것이어서 가진 후에 는 쉽게 실증을 느낄 것인 데도 당장은 "없어서는 안 된다."고 생각을 하던가, "어떤 일이 있어도 꼭 가져야만 한다." 라고 스스로에게 확신시 키거나 충동을 하기도 한다. 그래서 비열한 악의를 품은 게 인간이라고 한 모양이다.

분명 그것은 비효과적인 태도요 습관인데도 인간에게는 그것을 쉬 바꾸지 못하는 경향성이 있다. 또 어렸을 때 가지게 된 편견을 어른이 되어서도 버리지 못하고 계속 집착하거나 이루지 못할 꿈인데도 쉬 포 기하지 못하고 집착하는 경향성도 있다. 그런가하면 단지 정신을 차려서 조금만 주의를 기우려도 되는 많은 경우에 지나치게 경계하거나 조심하는 경향성도 있다. 또 자신이 다른 사람보다 우월하고 중요한 몇 가지 면에서는 더 완벽하다는 것을 입증해 보이려는 욕구에 사로잡혀 헤어나지 못하는 경향성도 있는데 이 모두는 잘못된 자아실현의 욕구로 인해 비롯된 것이라 할 수 있다. 그 결과 자신의 생각이나 태도가 잘못된 근거에 토대를 두고 있다고 하는 사실이 입증이 되어도 그것을 쉬 고치려 하기보다는 오히려 합리화하려는 경향성을 가진다. 그런가하면 잘 생각해 보면 분명히 더 좋은 방법이 있는데도 새로운 방법을 찾기보다는 아무 생각 없이 판에 박힌 그대로 하려고 하는 어리석은 경향성도 있어 그것이 자신에게 이롭지 못하다는 분명한 증거가 있어도 그 사실을 무시하거나 계속 잊어버리는 경향성도 있다.

어떤 이들은 바람직한 일을 위해 열심히 노력하거나 자기를 훈련하는 것이 아니고, 일하는 대신에 "너무 힘들다"는 핑계를 찾아 할 수만 있으면 게으름을 피우고 일을 뒤로 미루려고 하는 경향성도 있다. 또 다른 사람들이 자기를 "정당하게 대해 주었으면 좋겠다"는 정도가 아니고 "당연히 그렇게 대해 주어야 한다"는 식의 생각을 갖는가 하면 만일 그 사람이 그렇게 대해 주지 않을 경우 그에 대해 쉽게 잊거나 그대로 넘어가는 것이 아니고 집요하게 그 일에 집착하는 경향성도 있다. 또 자신의 어리석은 행동에 대해 단지 "어리석은 행동을 했구나" 하는 정도의 평가를 하는 것이 아니고, 그렇게 행동한 자신을 비난하고 속상해하는 경향성도 있다. 그리고 무엇인가 원치 않던 일이 주어졌을 경우 자신에게 주어진 당황스러운 일로 인해 쉽게 신체적으로나 정신적으로 영향을 받기도 한다. 그런가하면 자신과 상관없는 과거에 일어났거나 미래에 일어날지도 모르는 일에 대해 지나치게 일반화하고 무시하는 경향성도 있다.

인간은 어찌 보면 상당히 강한 것 같으면서도 약하고 약한 것 같으면서도 강한 게 인간이다. 자기 가치를 아는 것 같으면서도 모르는 게 인간이다.

샤르트르는 "인간은 자유이며, 항상 자기 자신의 선택에 의해서 행동해야 한다." 고 했다. 어떤 자유? 방종하는 자유? 선택하는 자유? 그러면 어떤 선택을 할 것인가? 남을 괴롭히고 자기만이 살려는 선택? 결국 그런 것 때문에 인간은 이기주의적인 자신만을 추구하는 인성을 갖게 되었다.

윈스톤 처칠은 "인간은 세 가지 종류로 대별할 수 있다. 죽도록 청구서를 안기는 자, 죽도록 신경성인 자, 그리고 죽도록 지긋지긋해 하는 자이다." 라고 했다. 그러면 나는 과연 어떤 모습의 나인가? 남에게 피해만 주고 있는 나는 아닌가? 나 자신도 용서하지 못하며 사는 나는 아닌가? 불평만 하며 이웃과 부딪치기만 하는 나는 아닌가? 이제 우리는 내가 과연 어떤 나인지에 대해 생각을 해야 한다.

사실 인간이 할 수 있는 것은 세상에 상처를 남기는 일이 아닐까? 하나님의 창조질서를 잘 계승하기보다 파괴하는 일에 익숙하고 사랑하기보다 상처를 주기 쉬운 게 우리이다. 그래서 남는 것은 또 무엇일까?

인간에게 주어진 특권이 무엇인가? 자기의 의지로 마이너스를 플러스로 바꿀 수 있는 것이다. 그것은 인간이기에 인간에게 주어진 조절 능력이요 복원력이다. 그러므로 우리는 우리에게 주어진 나쁜 경향성을 좋은 경향성으로 바꾸는 노력을 해야 한다. 그래야 성공하는 사람이 될 수 있고 사랑받는 사람이 될 수 있다.

안톤 체홉은 "인간만이 인간 자신의 행복을 만들어 낼 수 있다"고 했다. 그렇다 동물이 인간에게 행복을 줄 수 있는 것이 아니고 식물이 행복을 주는 것도 아니다. 그렇다고 좋은 환경이나 맛있는 음식이 행복을 가져다주는 것도 아니다.

행복은 그것을 바라보는 사람의 느낌에 있다. 아무리 좋은 음식이 주어져도 내 마음에 싫으면 그것은 내게 있어 행복이 될 수 없다. 비록 보잘 것 없는 음식이라고 할지라도 내 마음에 좋으면 그것은 내게 행복일 수가 있다. 이 말은 행복은 상대방으로부터 오는 것이 아닌 자신으로부터 오는 것이라고 하는 이야기이다. 그러므로 우리는 내 속의 잘못된 가치에 대한 경각심을 가지고 내 죄된 경향성으로부터 벗어나야 한다.

생각의 전환은 부정적인 것을 긍정적인 것으로 바꾸는가 하면 용서하지 못할 일도, 있을 수 있는 일로 자연스럽게 받아드리게 한다. 생각의 전환은 자기중심이던 모든 것을 하나님 중심이 되게 하여 내게 주어진 모든 일, 그것이 비록 내게 해가되는 일이라고 할지라도 용납할 수 있는 용기를 준다. 우리는 때로 불평하지 않을 것도 불평할 때가 있다. 내 속의 부정적인 정서 때문이다. 이 모두를 다시 되돌릴 수 있는 것은 생각의 전환이다. 그러므로 부정적인 것이 보일 때는 그것에서 긍정적인 어떤 것이 있는지를 찾아야 한다. 암에 걸린 어떤 사람은 자신에게 관심을 보이는 사람에게 "난 지금 암에 걸려 죽어가고 있어요" 한다. 그건 우리가 흔히 가질 수 있는 보편적인 시각이다. 같은 암에 걸린 사람이라고 할지라도 다 그런 것은 아니다. 어떤 이는 "나는 지금 암과 함께 살아가고 있습니다"라고 표현을 한다. 단순하지만 얼마나 큰 차이인가? "죽어간다"고 하는 말과 "살아가고 있다"는 말 사이에는 언어적인 차이 이상의 차이가 있다. 미국의 유명한 피겨 스케이트 선수인 미셸 콴은 "금메달을 따지 못해서 섭섭하겠다"고 기자가 이야기 했을 때 "나는 금메달을 따지 못한 것이 아니고 은메달을 땄습니다"라고 말했다고 한다. 같은 내용의 이야기일지라도 긍정적인 부분과 부정적인 부분이 확연히 느껴지는 이야기이다.

생각의 전환은 어두운 자신을 밝게 할 수 있다. 그런데 왜 아직도 자신을 어둡게 하고 위축시키는 생각으로부터 벗어나지 못하는가?

　지멜은 "인간의 가능성은 무한하다. 그러나 이와는 모순되는 것 같지만, 인간의 불가능성도 역시 무한하다. 이 양자의 사이에, 다시 말하면 인간이 할 수 있는 무한과 인간이 할 수 없는 무한과의 사이에 그들의 고향이 있다. 인간이 스스로 자기는 한 개의 단편에 지나지 않는다고 말할 때 그는 자기가 생명체를 갖고 있지 않는 것을 말할 뿐만 아니라 더욱 깊은 것을, 즉 자기가 생의 전체를 갖고 있지 않다는 것도 말하고 있는 것이다. 자기 자신에 적합하지 않아 갈 길을 못 찾아 갈팡질팡하면서 쉴 줄 모르는 존재야말로 인간인 것이다. 이성적인 존재이고자 하기에는 너무도 많은 자연을 갖고 있으며 자연적 존재이고자 하기에는 너무도 많은 이성을 갖고 있는 게 인간이다. 그러면 어떻게 할 것인가? 중간자로서의 인간. 인간은 정신적인 좁음과 정신적인 넓음과의 중간 영역에만이 생존할 수 있는 것으로서, 너무나 지식이 적어도 살 수 없고 너무나 지식이 많아도 살 수 없다."고 했다. 중요한 것은 나를 상실하지 않으면서 다른 사람의 가치도 사랑하는 것이다. 그러기 위해 우리는 좀 더 조물주를 사랑해야 하지 않겠는가. 이제는 부정적으로 보던 것도 긍정적으로 보아야 한다.

우리 생애를 위한
하나님의 뜻을 아는 방법

"우리의 모든 날이 주의 분노 중에 지나가며 우리의 평생이 일식간에
다하였나이다 우리의 연수가 칠십이요 강건하면 팔십이라도 그 연수의
자랑은 수고와 슬픔뿐이요 신속히 가니 우리가 날아가나이다"(시 90:9-10)

생명은 누구의 것인가? 내 생애는 누구를 위한 것인가? 우리는 결혼
이나 직업이나 전공에 대해 잘못된 선택을 하지 않기 위해 하나님의 뜻
이 무엇인지를 먼저 살펴야 한다.

하나님은 놀라운 방법을 가지고 우리들이 그의 방법에 따라 복 받기
를 원하신다. 그런데도 우리는 방법을 알지 못하거나 잘못 사용하므로
그 복을 내 것으로 소유하지 못한다. 천국 보고(寶庫)를 열 수 있는 비밀
번호는 무엇일까?

하나님의 뜻을 알기 위한 전제 조건

1) 하나님은 내 생애를 위해 좋은 계획을 갖고 계시다.

"나 여호와가 말하노라 너희를 향한 나의 생각은 내가 아나니 재
앙이 아니라 곧 평안이요 너희 장래에 소망을 주려 하는 생각이라"
(렘 29:11)

2) 하나님의 뜻을 알기 위해서는 먼저 하나님의 요구하심에 응하여 사
   는 삶을 살아야 한다.
   "너는 마음을 다하여 여호와를 의뢰하고 네 명철을 의지하지 말라 너
는 범사에 그를 인정하라 그리하면 네 길을 지도하시리라"(잠 3:5-6)
3) 하나님의 뜻을 수용할 준비를 한다.
   "그러므로 형제들아 내가 하나님의 모든 자비하심으로 너희를 권하
노니 너희 몸을 하나님이 기뻐하시는 거룩한 산제사로 드리라 이는 너
희의 드릴 영적 예배니라"(롬 12:1)
4) 하나님의 뜻을 알기 위해서는 먼저 자신의 마음을 새롭게 하므로 변
   화를 받아야 한다.
   "너희는 이 세대를 본받지 말고 오직 마음을 새롭게 함으로 변화를
받아 하나님의 선하시고 기뻐하시고 온전하신 뜻이 무엇인지 분별하도
록 하라"(롬 12:2)

우리를 향한 하나님의 뜻은?

1) 개인적이다,
2) 하나님은 외모를 보시지 않으신다.
3) 하나님은 나에 대한 계획을 갖고 계시다.
4) 하나님은 나와 다른 사람을 서로 다르게 만들어(다양성) 조화스럽게
   하셨다.
5) 하나님은 그의 계획을 일순간에 이루도록 하시지 않고 우리 삶 전체
   를 통해 이루신다.
   "내가 너의 갈 길을 가르쳐 보이고 너를 주목하여 훈계하리로다"(시
32:8) (시 25:12 참조)
6) 나를 향한 하나님의 계획은 언제나 사랑을 기초로 하고 있다.
   "너희는 이 세대를 본받지 말고 오직 마음을 새롭게 함으로 변화를

받아 하나님의 선하시고 기뻐하시고 온전하신 뜻이 무엇인지 분별하도록 하라"(롬 12:2)

일상생활 속에서 하나님의 뜻을 발견하는 법

1) 성경을 통해서
"주의 말씀은 내 발에 등이요 내 길에 빛이니이다"(시 119:105)
"주의 말씀을 열므로 우둔한 자에게 비취어 깨닫게 하나이다"(시 119:130)
2) 기도를 통해서
"너희 중에 누구든지 지혜가 부족하거든 모든 사람에게 후히 주시고 꾸짖지 아니하시는 하나님께 구하라 그리하면 주시리라"(약 1:5)
3) 성령님의 인도하심으로
"그러하나 진리의 성령이 오시면 그가 너희를 모든 진리 가운데로 인도하시리니 그가 자의로 말하지 않고 오직 듣는 것을 말하시며 장래 일을 너희에게 알리시리라"(요 16:13)
4) 주어진 환경을 통해서
5) 믿음의 경건한 자와의 상담을 통해서
6) 성령안에서의 구체적인 마음의 소원을 통해서
"너희 안에서 행하시는 이는 하나님이시니 자기의 기쁘신 뜻을 위하여 너희로 소원을 두고 행하게 하시나니"(빌 2:13)

기독인의 균형 잡힌 삶

기독인의 삶은 "믿음"과 "행함"의 밸런스가 균형을 이루어야 한다. 어느 한 쪽이 크거나 작으면 신앙도 삶도 성장하지 못하고 제자리에 멈추게 된다. 어떻게 내 삶의 균형을 이룰 수 있을까?

"오직 성령의 열매는 사랑과 희락과 화평과 오래 참음과 자비와 양선과 충성과 온유와 절제니 이같은 것을 금지할 법이 없느니라"(갈 5:22-23)고 했다. 주님의 제자로서 신자들이 갖춰야할 것들이 있는데 그것은 □ 능력 □ 인도받음 □ 행함 □ 믿음 □ 청지기 사명 □ 기도 □ 순종 □ 사랑 □ 교제 □ 원대한 비전 □ 지도력과 같은 것들이다. 그리고 이것들이 기초가 될 때 기독인의 삶은 균형을 이룰 수가 있다.

기독인은 영적인 영역에서나 육체적인 영역에서나 사회적인 영역에서나 직업적인 영역에서나 재정적인 영역에서나 가정적인 영역에서나 기독인다운 생각을 가지고 살아야 한다.

1) 영적인 영역(Spiritual Area)

"하나님이 미리 아신 자들로 또한 그 아들의 형상을 본받게 하기 위하여 미리 정하셨으니 이는 그로 많은 형제 중에서 맏아들이 되게 하려 하심이니라"(롬 8:29)

"내가 율법으로 말미암아 율법을 향하여 죽었나니 이는 하나님을 향하여 살려 함이니라"(갈 2:19)

"우리가 다 하나님의 아들을 믿는 것과 아는 일에 하나가 되어 온전한 사람을 이루어 그리스도의 장성한 분량이 충만한 데까지 이르리니"(엡 4:13)

2) 마음의 영역(Psychological Area)

"대저 그 마음의 생각이 어떠하면 그 위인도 그러한즉 그가 너더러 먹고 마시라 할지라도 그 마음은 너와 함께 하지 아니함이라"(잠 23:7)

*기독인은 지성과 정서와 의지에 대해 관심을 갖고 늘 살펴야 한다.

3) 육체적인 영역(Physical Area)

"너희 몸은 너희가 하나님께로부터 받은바 너희 가운데 계신 성령의 전인 줄을 알지 못하느냐 너희는 너희의 것이 아니라 값으로 산 것이 되었으니 그런즉 너희 몸으로 하나님께 영광을 돌리라"(고전 6:19-20)

"그러므로 형제들아 내가 하나님의 모든 자비하심으로 너희를 권하

노니 너희 몸을 하나님이 기뻐하시는 거룩한 산제사로 드리라 이는 너
희의 드릴 영적 예배니라(롬 12:1)

4) 사회적인인 영역(Social Area)

"모이기를 폐하는 어떤 사람들의 습관과 같이 하지 말고 오직 권하여
그 날이 가까움을 볼수록 더욱 그리하자"(히 10:25)

□ 기독인은 가족과의 관계나 친구와의 관계나 모르는 사람과의 관계에
있어 늘 기독인다운 모습을 지녀야 한다.

5) 직업적인 영역(Professional Area)

□ 기독인은 일의 정당성을 통해 만족감을 얻어야 하며 성실하게 일하
므로 주어진 일에 최선을 다해야 한다.

6) 재정적인 영역(Financial Area)

"네가 먹어서 배불리고 네 하나님 여호와께서 옥토로 네게 주셨음을
인하여 그를 찬송하리라 내가 오늘날 네게 명하는 여호와의 명령과 법
도와 규례를 지키지 아니하고 네 하나님 여호와를 잊어버리게 되지 않
도록 삼갈지어다 네가 먹어서 배불리고 아름다운 집을 짓고 거하게 되
며 또 네 우양이 번성하며 네 은금이 증식되며 네 소유가 다 풍부하게
될 때에 두렵건대 네 마음이 교만하여 네 하나님 여호와를 잊어버릴까
하노라"(신 8:10-14)

□ 물질에 대한 기독인의 이해와 태도는 세상과 달라야 하며 그 집행도
하나님께 영광이 되도록 해야 한다.

7) 가정적인 영역(Family Life)

□ 기독인은 부부 관계에서나 부모와 자식 관계에서나 늘 신앙인의 모
습을 지녀야 하며 대화할 때도 자신이 그리스도의 형상을 입고 있음
을 기억하여야 하며 가정의 아름다운 전통을 늘 키워가는 삶을 살아
야 한다. 그럴 때 기독인다운 삶의 균형을 이룰 수 있다.

사람은 변하는가? 변하지 않는가? 사람은 변하지 않는다. 그런데 변한
다. 왜 이런 대답이 나오는가? 회심하지 못한 사람은 회심하지 못한 것으

로 인해 변화할 기회를 상실해서 변화하지 못하는 것이고 변화한 사람은 회심의 기회를 놓치지 않고 회개해 새로운 가치나 시각을 가졌기 때문에 변화할 수 있기 때문이다. 그리고 역사가 이것을 증거하고 있다.

노아의 시대에도 있었던 일이 아브라함의 시대에도 있었고 결국 그것은 "죽임을 당할 수 있는 원인"이어서 많은 사람들이 죽임을 당했음에도 불구하고 바울의 시대에도 있었고 지금 이 시대에도 있다는 것은 죄에 대한 인간의 갈구가 얼마나 강한지를 보여준다. 그리고 이런 끈기를 가진 죄악의 갈구(渴求)가 인간이 변할 수 있는 기회를 앗아간다.(롬 1:26)

인간이 변할 수 있는 것은 "예수를 구주로 영접할 때" 뿐이다.

예수를 구주로 영접한다고 하는 것은 인격자체가 변한다고 하는 이야기이다. 또 인격이 변한다고 하는 것은 세상을 보는 시각과 생각이 달라진다고 하는 이야기이다. 세상을 보는 시각과 생각이 달라지면 그는 죄를 죄로 여겨 죄를 떠나게 된다. 그리고 새로운 존재로서의 새 삶을 살게 된다. 이것은 아주 간단한 원리이다. 그래서 주님은 "평안을 너희에게 끼치노니 곧 나의 평안을 너희에게 주노라 내가 너희에게 주는 것은 세상이 주는 것 같지 아니하니라 너희는 마음에 근심도 말고 두려워하지도 말라"(요 14:27) 하셨다.

인간은 변해야 한다. 변하지 못하면 많은 것을 얻는 것 같아도 실상은 상실하는 삶을 살게 된다. "악인은 자기의 악에 걸리며 그 죄의 줄에 매인다"(잠 5:22)고 했고 "악인은 풀같이 생장하고 죄악을 행하는 자는 다 흥왕할지라도 영원히 멸망하리이다"(시 92:7)라고 했다. 하나님은 "의인의 길은 인정하시나 악인의 길은 망하시게"(시 1:6)하시는 하나님이시다. 그런데도 변화를 두려워하는 사람들이 있다. 결국 그들은 "악이 악인을 죽일 것이라 의인을 미워하는 자는 죄를 받으리로다"(시 34:21)하신 하나님의 선언대로 살다가 죽을 수밖에 없다.

많은 가정에 문제가 있다. 왜인가? 변하지 않은 시각과 생각을 갖고 있기 때문이다.

새로운 시각과 생각을 갖고 있으면 세상의 가치가 무가치하게 된다. 일용할 양식으로도 감사하게 된다. 그런데도 그렇게 살지 못하니까 무가치한 것을 가치라고 생각하게 된다. 결국 무가치한 것인데도 가치가 있다고 생각하기 때문에 부부는 서로에게 상처를 주게 되고 "사랑하겠다"고 약속한 부부 서약을 깨게 된다. 조금만 주의를 기우려도 전혀 다른 인생을 살 수 있는데도 주의를 기우리지 않기 때문에 서로를 아프게 한다.

결혼이 무엇인가? 그것은 주기위해 연합이 되는 삶의 공동체이다. 그러므로 잘 주는 것이 성공적인 삶을 사는 지혜이다. 그런데도 우리는 때로 얻기만 하려고 한다. 그래서 상대방을 아프게 하거나 스스로를 고립케 한다.

가정은 단순한 것 같으면서도 복잡한 단체이다. 그 무엇보다도 많은 지혜와 자기희생이 있어야 하는 조직이다. 그러므로 내촌감삼(內村鑑三)은 "가정은 행복을 저축하는 곳이요, 채굴하는 곳이 아니다. 얻기 위해 이루어진 가정은 반드시 무너질 것이요, 주기 위해 이루어진 가정만이 행복한 가정이다"라고 했다. 그런데도 우리는 그렇게 살지 않거나 그렇게 사는 것 자체를 부인할 때가 있다. 문화와 전통이 그것을 가로막는가 하면 때로는 자신의 이기심이 그것을 가로 막기도 한다. 그러다 보니 좀 더 행복하게 살 수도 있는데 그렇게 살지를 못하고 있다.

"내가 오늘날 천지를 불러서 너희에게 증거를 삼노라 내가 생명과 사망과 복과 저주를 네 앞에 두었은즉 너와 네 자손이 살기 위하여 생명을 택하고"(신 30:19)라고 하셨다. 하나님은 살기 위해서는 "생명을 택하라"고 권하시고 있다. 왜인가? 행복과 불행을 우리가 선택할 수 있도록 하나님이 스스로를 제한하셨기 때문이다. 그러므로 행, 불행은 내 선택에 속한다고 하는 바른 이해를 가져야 한다.

불행하기 위해 결혼하는 사람은 없다. 그런데도 불행한 결혼이라고 하면? 그것은 잘못된 선택을 계속하고 있기 때문이다.

성(性), 그것의 의미는?

"서두름은 낭비를 만든다"(Haste makes waste)(영국 속담)

중요한 것은 "내 속에 무엇이 숙주해 있는가?"이다.(preoccupied knowledge/subconscious)

사람은 속의 숙주하여 있는 것에 따라 생각하게 되고 행동하게 된다. 성에 관한 것도 그렇다. 성에 대해 어떤 이해를 갖고 있는지? 가면적인 겉 모습과는 달리 속에는 주체하지 못할 성적인 잘못된 갈구가 있어 그것이 우리를 흔들어 놓는 것이 인간의 삶이다. 어떤 이는 너무도 무질서하고 어떤 이는 너무도 자기 조절(?)을 잘한다. 그게 성이 가진 두 얼굴이다.

D.H.로렌스는 "젊은 남녀는 성적인 감정이나 사상의 혼돈된 덩어리이며 또한 고뇌의 덩어리로서 이것이 해결됨에는 시간의 경과를 기다릴 수밖에 없다. 성적인 문제에 관해서 오랫동안 성실히 생각하고, 오랫동안 그 해결을 구하여 간난(艱難)한 행동을 하고 난 후에야 우리들은 처음으로 진실한 순결과 만족에 도달할 수 있다"고 했다. 세월의 흐름이 성에 대한 다른 이해를 갖게 한다고 하는 이야기이고 젊은 날에는 그것을 조절하기가 쉽지 않다고 하는 이야기이다.

주체하지 못하는 성. 그렇다고 그대로 살아서야 되겠는가? 동물도 질서에 따라 성생활을 한다. 그런데 인간이 그렇지 못하다고 하면 인간에게 주어진 자유의지를 너무 방종하게 사용하는 것은 아닌지? 주체하지 못하는 성? 그러면 조절하는 성은 무엇인가?

너무도 비밀스럽고 난해한 것이 성이다. 알 것 같으면서도 모를 것이 성이요 그렇다고 멀리할 수도 가까이 할 수도 없는 게 인간의 성이다. 단순한 것 같으면서도 복잡하고 복잡한 것 같으면서도 단순하게 보이는 것이 성이다.

성에 대해서 쓰면서 여러 가지 어려움과 혼란을 느낀다. 성(性)이라고 하는 주제만을 놓고 글을 쓰려니 개봉하지 않아야 할 비밀스러운 봉투를 개봉하는 것 같은 조심스러움도 있다.

어느 시대이건 쉽게 이야기 할 수 없는 게 성이다. 그래서 다소 어색함도 있었고 주저함도 있었다. 그러나 성은 우리에게 주어진 숙제이니 누군가는 그 이야기를 해야 할 것이 아니겠는가! 소설을 쓰듯 마구잡이로 써서도 안 되고 또 그렇게 쓸 수도 없는 것이 기독인의 성이다.

성은 인간에게 주어진 가장 고귀한 선물이다. 그런데 그 선물을 멸시하며 천박하게 사용하고 있다. 그것으로 복을 키우라고 했는데 저주를 키우고 있다. 그래서 사회는 더욱 혼탁해 간다.

솔직히 말해 현실적으로 신자들 가운데도 왜곡된 성적인 문제가 있다. 있어서는 안 될 일들이 있는가 하면 부부사이에도 성에대한 그릇된 이해를 갖고 있다. 성은 방종해서도 안 되는 것이고 그렇다고 터무니없이 닫아걸어도 안 되는 것이다. 그렇다고 하면 과연 어떤 기준을 가지고 이야기할 것인가?

우리는 때로 사회적인 이해나 기준을 갖고 그것이 "옳다"는 생각에 사로잡혀 그것을 고집하거나 자연스럽게 받아들일 때가 있는데, 때로 이런 일은 신앙생활의 장애가 되기도 하고 자신의 즐거움을 포기하는 일이 되기도 한다. 그러므로 성에 관한한 자신이 지금 어떤 태도를 취하고 있는지? 한번쯤은 구체적으로 살피는 것이 좋다.

성적인 바른 이해를 가진 사람이 가정도 신앙도 성공할 가능성이 높다. 이제는 기독교적인 관점에서의 성에 대한 바른 이해를 갖자. 그리고 그것을 통해 신자들을 바르게 양육하자. 필자는 세상의 성교육보다 교회가 결혼교실이나 부부교실과 같은 것을 통해 성교육을 해야 한다고 주장하는 사람이다. 왜냐하면 세상교육은 교회의 가르침을 우선할 수 없기 때문이고 그 모두는 너무도 인본주의적이고 죄와 가깝기 때문이다. 이 글은 그리스도인이라면 부부생활을 어떻게 해야 할지? 성생활을 어떻게 해야 할지?를 생각하기 위해 썼다. 부족하면 부족한대로 이해해 주기 바란다.

성욕은 하나님이 주신 욕구이다

"중요한 것은 서로의 품성이나 생각을 존중해 주는 것이다."

어떤 이들은 "섹스는 꼭 해야 하나요?"하는 의문을 갖고 있다. 그런데 하나님께서 인간을 지으실 때(물론 동물도 마찬가지이지만) 인간에게 욕구(needs)를 주셨다. 욕구란 태어날 때 우리에게 입력되어있는 것이다. 그러므로 정당하게 그것을 채우는 것은 죄가 되지 않는다. 6개월 된 아이가 배가 고프다고 울어댄다 하여 누가 항변할 것인가? 그에게 주어진 욕구로 인해 아이는 배고픔을 느끼게 되고 그래서 엄마에게 젖을 달라고 보채거나 운다. 그러니까 죽지 않고 살 수 있다. 그리고 그게 하나님의 계획이요 자연스러움이다.

이런 욕구는 하나님께서 우리에게 입력해 주신 것이기 때문에 태어나면서부터 우리는 자연스레 그 욕구에 따라 살아야 하고 또 살게 된다. 그러므로 욕구를 질서에 따라 정당하게 행사하는 것은 아주 자연스러운 일이다.

성욕도 이와 같이 인간에게 주어진 자연스러운 욕구의 하나이다. 만일 성욕이 주어지지 않았다고 하면 "내가 네게 큰 복을 주고 네 씨로 크게 성하여 하늘의 별과 같고 바닷가의 모래와 같게 하리니 네 씨가 그대적의 문을 얻으리라"(창 22:17)하신 약속이 이루어지지 않았을 수도 있다. 소 닭 보듯 하는데 언제 하늘을 보고 별을 따 하늘의 별과 바닷가의 모래처럼 후손을 두겠는가? 성적인 욕구가 있기에 사랑도 하고 자식도 낳을 수 있다. 그리고 그것은 아주 자연스러운 하나님의 설계요 계획 속의 일이다.

지그문드 프로이드(Sigmund Freud)는 인간의 발달은 심리성적인 발달단계(Psycho Sexual Stage)에 따라 변화한다는 이론을 갖고 있다. 그래서 그는 "입과 혀가 발달하면서 그 안에서 모든 것의 쾌락을 느끼는 시기"인 젖을 빠는 시기인 0-1세를 구강기(Oral Stage)라 하여 이때를 잘 넘겨야 하며 만일 잘 넘기지 못하면 그 아이는 후일 불신이나 친구를 두려워하거나 사랑을 거절하는 따위의 성격 장애를 갖게 된다(Personality disorder)고했다. 그리고 용변을 가리는 시기인 1-3세를 항문기(Anal Stage)라고 하여 이때부터 사람은 점차 독립심을 배우게 되고, 자신을 컨트롤 하는 힘을 갖게 되어 "싫다"고 하는 부정적인 감정 표현이나 능력을 인정받기 원하는 감정을 갖게 된다고 한다. 이 시기는 생의 가장 중요한 시기로 용변기에 사랑을 받지 못하고 자라면 성격형성에 상당한 장애를 갖게 되어 후일 이기적이고, 인색하고, 고집이 센 사람이 될 수 있고 경우에 따라서는 상당히 결벽증이 심한 사람으로 성장할 수도 있다. 특히 이 시기에 가혹한 형벌이 주어지게 되면 분노가 쉽게 저장하여 후일 사회생활에 장애를 일으키게 된다. 또 그는 3-6세까지를 남근기(Phallic Stage)라고 하여 아이들이 자신의 성에 대해 관심을 가지며 이성의 부모에게 관심을 갖는 시기로 분류하고 있다. 그러므로 이 때 부모의 태도는 아이의 성장에 아주 커다란 영향을 주어 이 때 받은 경험이 때로는 성격 형성에 고착이 되어(Spousfying) 후일 부부생활에 영향을 주기도 한다. 이 시기에 아이들은 일반적으로 오이디프스 콤플렉스(Oedipus Complex-아들이 어머니를 더 사랑하는 것)나 일렉트라 콤플렉스(Electra Complex-딸이 아버지를 더 사랑하는 것)를 가지게 되는데 비록 완전하지는 않지만 이때가 자위행위를 처음 배우는 시기이기도 하다. 그리고 6-12세까지를 잠재기 (Latency Stage)라고 하여 생식전의 시기요 아이들이 사회화하는 시기로 분류하고 있다. 이 시기에는 성적으로 조용하고, 성적인 욕구 대신에 학교 활동 등에 더 관심을 갖는 시기로 일렉트라 콤플렉스나 오이디프스 콤플렉스의 망상을 버리고 가족 이외의 사교적인 영역을 넓혀가며 부모와 자신과의 관계를 이해하며 외부 세계에 관심을 갖는 시기이기도 하다. 마지막으로 그는 12-18세까지를 생식기(Genital Stage)라 하여 성적인 충동이 재생이 되는 시기로 보았고 이성에 대해 관심을 갖거나 운동이나 학교 활동이나 사회적인 규범에 따라 질서를 지키려 하는 시기로 보았다.

그는, 인간은 성장과 더불어 성적인 변화를 갖게 되고 그 변화에 따라 행동의 특성을 갖는다는 견해를 갖고 있다. 그만큼 성적인 변화는 인격형성에 많은 영향을 준다.

그래서 인간은 일정한 규범에 따라 성의 충동과 본능을 제어하면서도, 한편으로는 종족 번식이라고 하는 성의 본능적 기능 탓으로 그것을 충실히 실현하거나 탐닉하는 속성을 가지고 있다.

고대 로마인이나 그리스인들은 성을 신의 축복으로 여겨 가능한한 즐기는 것이 도덕적이라는 생각을 가짐으로 다양한 성적 쾌락에 탐닉하기도 했다. 또 우리나라도 조선 건국 초기까지는 비교적 자유로운 성생활을 했던 것으로 알려지고 있다. 그러다보니 무분별이 분별처럼 여겨져 아닌 것도 자연스러운 것으로 받아드려지기도 했다.

성이 생식적 차원 혹은 윤리적 기준으로 해석하게된 것은 사실상 그리 오래된 일이 아니다. 서구에서는 중세 사회의 성립 이후 쾌락 자체가 비윤리적인 것이며, 따라서 생식과 관계없는 성은 비도덕적이라는 관념이 편만했으며 우리나라에서도 유교적 윤리나 도덕이 전 사회에 확장되면서 한 때는 "생식만을 위한 성"이라는 의식이 자리를 잡기도 했다. 그 결과 "생식만을 위한 성"은 자연스레 인간의 성욕을, 억제하고 통제해야할 대상으로 인식시켰다. 이 점은 어찌 보면 성욕을 원죄로 본 어거스틴과 견해를 같이 했다고도 할 수 있다.

요즘은, 성의 자유 혹은 해방을 주장하고 있어 예전과 같은 교육차원의 윤리나 도덕 이야기를 강조하면 시대에 뒤떨어진 간섭이라는 이야기를 들을 정도로 성개방 풍조가 보편화 되고 있다. 그러다 보니 무질서가 질서의 자리를 차지하게 되어 결국 성은 즐기는 성으로만 인식되어가고 있다. 그래서인가? 유부녀도 잘난(?) 유부녀는 애인 하나쯤은 있어야 잘 낫다는 이야기를 듣는다고 한다. 어찌하다 세상이 이리되어 가는지 모르겠다.

본 항목에서는 남녀의 성생활에 대한 "난자는 어떻고 정자는 어떻고" 하는 의학적인 해석이나 성적인 기교에 대해 이야기하려는 것이 아니고 하나님이 원하시는 부부의 성이 어떤 것인지에 대해 중점적으로 생각하고 거기에 따른 바른 이해를 촉구하기 위해 썼다. 그러므로 어떤 경우이던 "하나님이시라면?" 하는 주제와 범위를 벗어나서는 안 된다.

한국 부부는 정말 서로에게 만족하고 있을까?

다국적 제약회사인 릴리가 한국, 미국, 프랑스, 일본 4개국 1200명을 나라별로 30대, 40대, 50대 남녀 50명을 대상으로 부부의 삶을 조사한 결과 한국인은 배우자로부터 "사랑한다"를 말을 들을 때가 가장 사랑받고 있다는 느낌을 갖는 것으로 나타났다.

한국인은 키스하거나 성교하는 것보다 "사랑한다"는 말에 더 사랑의 감정을 느낀다고 하는데 이는 한국 남성의 48.7%, 여성의 56.7%가 이 같은 대답을 했다. 이에 비해 성교를 할 때 사랑의 감정이 느껴진다고 대답한 사람은 남성이 25.3%, 여성이 8.0%에 불과하고 키스할 때 느껴 진다는 대답은 남성이 9.3%와 여성이 4.7% 밖에 되지 않았다. 대범해 서일까? 돈 드는 일도 아닌데 그만큼 "사랑한다"는 말을 주저하는 게 한국인이다.

이 같은 대답은 미국, 프랑스와는 확연히 다른 대답으로 미국의 경우 "성교"를 할 때 사랑의 감정이 느껴진다는 사람은 남성이 66.7%와 여 성이 58.7% 그리고 "키스할 때" 느껴진다는 대답은 남성이 74.7%와 여성이74.0%로 나타났다. 그리고 4개국 남녀 모두가 부부생활을 불만 스럽게 만드는 요인으로 대화부족을 들었다. 특히 한국의 경우 대화부 족도 문제이지만 대화내용도 다른 나라와 확연히 달랐는데 한국 남성 의 39.3%, 한국 여성의 44.7%가 친구나 이웃의 이야기를 주 소재로 대 화한다고 한다. 이에 대해 미국은 남성의 0.7%, 여성의 1.3%만이 이런 대화를 나누는 것으로 나타났다.

반면 부부 자신을 주제로 한 대화는 아주 적었는데 한국 여성중 "부 부를 주제로 일상적인 대화를 한 적이 있다"고 응답한 사람은 한 명도 없는 반면 프랑스의 경우 남성은 23.3%, 여성은 18.0%가 일상적인 부 부생활을 주제로 대화를 나누는 것으로 나타났다.

이런 요인들이 작용해서 인가? 4개국중 한국이 부부생활 만족도가 가장 낮았는데, 한국의 경우 남성이 31.4%, 여성이 35.0%인데 비해 일본은 남녀 모두가 70%을 넘었고 프랑스 남성의 경우 78.0%, 미국 여성의 경우 74.0%의 만족도를 나타냈다고 한다. 왜 이런 결과가 나 왔을까?

"아내는 성교에 관심이 없고 테크닉도 형편없어요. 성적인 욕구가 충 족이 되지 않아요"

"남편은 자기 욕구만 충족하고 제 기분에는 전혀 신경을 쓰지 않아 요. 테크닉도 별로에요"

성적인 '만족도'도 한국의 부부가 4개국 중 가장 낮은 것으로 나타났는데 그럼에도 불구하고 그것을 해결하기 위한 부부대화는 거의 없는 것으로 나타났다.

"부부의 성관계가 만족스러운가?"하는 질문에 한국 남성의 53.3%, 여성의 33.1%만이 "그렇다"고 응답한데 비해 프랑스의 남성은 92.7%, 여성은 80%가 만족하다고 대답했고 미국이나 일본도 한국 보다는 만족도가 높은 것으로 나타났다.

미국의 경우, "평소 성에 대한 대화를 나누지 않는다"는 응답자는 한 사람도 없어 부부들이 일상적으로 성에 대해 대화하는 것으로 나타난데 비해 한국의 경우 남성의 15.3%, 여성의 30.7% 만이 평소 배우자와 성에 대해 대화하는 것으로 나타났다.

또 발기부전 등 성기능에 이상이 생겼을 경우 미국과 프랑스 남성의 70%가 배우자와 먼저 상의하는데 비해 한국 남성들은 48.7%만이 배우자와 의논하는 것으로 나타났다. 그리고 4개국 모두가 남성의 성기능 이상이 부부의 일상생활에 나쁜 영향을 준다는 대답이 40%-50%나 되었다. 그만큼 성은 부부생활의 중요한 요소이다.

성적인 욕구만큼 불가사이한 욕구는 없다

"성에 관한한 자기의 행동을 정당화하려고 하는 게 인간의 본능이다"

인간이 가지고 있는 욕구 중 가장 큰 욕구는 성욕이다. 성에 관한한 인간은 거의 동물적인 지배욕을 갖고 있다고 할 수 있다. 그래서 "저 사람은 그러지 않을 사람인데" 하는 아주 존경스러워, 적어도 그만은 그런 부도덕한 일을 하지 않을 사람이라 인정받는 사람도 한 순간의 욕정을 이기지 못해 자신의 생애를 망치는 예는 허다하다. 한 때 미국의 텔레비전 전도자로 널리 알려졌던 지미 스왜거나 지미 베이커의 경우가 그렇다. 인류 죄악사 속에는 이처럼 상당 부분 성적인 문제가 있다.

성경도 인류 멸망에 관한 해석을 성적인 타락과 결부하고 있다. 창세기 19장은 성적인 타락의 극치를 보여주는 장이다.

소돔과 고모라는 "그 이웃 도시들도 그들과 같은 행위로 (the same manner as they) 부도덕한 성행위에 빠져 자연스럽지 않은 음욕을 탐닉하다가 (indulged in sexual immorality and pursued unnatural lust) 영원한 불의 형벌을 받음으로 거울이 되었다"(유 1:7)고 하신 말씀대로 멸망을 했고, 이후 오늘날까지 소돔은 성적인 부끄러움이나 타락을 묘사하는 용어(sodomy)나 죄악의 상징으로 등장하는 곳이 되게 되었다.

소돔 사람들과 똑같은 일을 하는 것이나, 부도덕한 성적인 탐닉, 순리가 아닌 욕정을 정당한 것으로 알고 몰두하는 모두는 죄이다. 하나님은 분명 그런 일을 하는 자는 "영원한 불의 형벌을 받는다"고 소돔 사건을 거울 삼게 하셨다. 그런데도 그것에서 허우적거리며 벗어나지 못하는 게 인생의 약점이요 죄성이다.

"그들의 안색이 스스로 증거하며 그 죄를 발표하고 숨기지 아니함이 소돔과 같으니 그들의 영혼에 화가 있을진저(they parade their sin like Sodom; they do not hide it. Woe to them!) 그들이 재앙을 자취하였도다"(사3:9) 라는 말씀은 성적인 죄가 재앙을 가져오는 무서운 범죄라고 하는 이야기이다.

하나님은 "소돔과 고모라 성을 멸망하기로 정하여 재가 되게 하사 후세에 경건치 아니할 자들에게 본을 삼으셨다"(벧후2:6)고 하심으로 성(性)이 왜곡되게 해석이 되거나 사용되어지는 것에 대해 경계하셨다. 그런데 그 경계대로 과연 우리는 살고 있는가? 성적인 욕구만큼 불가사이한 욕구는 없다. 어찌 보면 그것은 불가항력적인 것처럼 보이기도 한다. 그것은 우리가 쓰고 있는 보이지 않는 가면(persona)을 벗기는 촉매제이기도 하다. 아주 고상한 표정을 짓고 있어도 성에 관한 한 모두가 게걸(?)대고 있다.

사람들 가운데는 성적인 범죄를 자랑거리로 삼는 사람들도 있다. 그것은 분명 부끄러워해야 할 잘못된 성행위임에도 그것을 숨기거나 감추려 하지않고 오히려 자신의 성적인 능력이나 우행을 페레이드에 참가한 사람처럼 우쭐대며 자랑하는 사람들도 있다.

소망 없는 사회는 성적인 타락을 자랑하는 사회이다

사회나 가정이 바로 서려고 하면 성에 대한 바른 이해를 가져야 한다.

내가 겪은 일이다. 한 번은 길을 찾기 위해 어느 골목에 들어선 적이 있는데 그 골목 좌우 모두가 쭈욱하니 모텔인데 깜짝 놀란 적이 있다. 가까운 분에게 그 이야기를 하였더니 서울의 곳곳이 그렇다고 한다. 적어도 모텔이나 호텔의 개념은 여행객이 하룻밤 머무는 곳이다. 외국에서 늘 여기저기 떨어져 있는 모텔을 보다가 그렇게 따닥따닥 붙어있는 모텔을 보니 괴기스럽기도 했고 소름이 끼치기도 했다. 또 한 번은 성남에 있는 모 교회로부터 저녁 설교부탁을 받고 갔는데 놀랍게도 교회로 들어가는 길 전후좌우에 유리로 된 집들이 쭉 늘어서 있고 그 속에는 예쁜 드레스와 짙은 화장을 한 여인들이 줄줄이 서 있는 것을 보고 놀란 적이 있다. 이 모두 정상적인 성생활을 위한 것들이 아니다. 수요가 있으니 공급이 있다는 말처럼 인간의 죄된 욕구가 있으니 그것을 충족하기 위해 죽순처럼 생겨난 곳이다. 소망 없는 사회를 보는 것 같아 가슴이 아팠다.

우리는 성에대한 하나님의 목적이나 계획에 대한 바른 이해를 가져야 한다. 그리고 하나님의 질서대로 성생활을 해야 한다. 성적인 바른 지식을 갖지 않으면 가정도 신앙도 성공할 수가 없다. 성적인 바른 이해나 교육이 인간 성숙에 미치는 영향은 상당하다.

어린 시절에는 어린 시절에 걸 맞는 성적인 개념이 있고 청소년기에는 또 거기에 걸 맞는 성적인 개념이 있게 마련이다. 결혼 이후는 또 결혼에 따르는 성적인 의무와 이해가 따르게 마련이다. 그런데 그것이 발달된 인터넷의 영향으로 인해 현대에 들어와서 뒤죽박죽 혼란스럽게 되고 있다.

이제는 초등학교 아동들이 인터넷에서 버젓이 성행위 장면을 보는가 하면 청소년들이 음란 비디오를 보면서 낄낄거리는 시대가 되었다.

다음은 국민일보 김나래 님의 "어린이 아바타 채팅은 '낯 뜨거운 놀이방'"이라는 글이다.

[어른들의 왜곡된 성 문화가 청소년들의 사이버 놀이 문화마저 병들게 하고 있다. 술집놀이, 기생놀이, 호텔놀이, 변태짓(변짓)놀이, 성폭행 놀이 등 어른들의 왜곡된 성문화를 사이버 세계에서 아바타를 통해 재연하는 "아바타(avatar) 채팅"이 초등학생들 사이에서 한창 인기이다.

아바타 채팅이란 자신의 분신과 같은 아바타를 상대방에게 직접 보여주며 하는 채팅으로 아바타의 인기가 치솟으면서 덩달아 초등학생들 사이에서 인기를 얻고 있다. 초등학생들이 즐겨찾는 A 사이트의 아바타 채팅방에는 "성폭행놀이 해여" "술집 놀이 하실 분" 등의 제목을 단 대화방이 잔뜩 개설돼 있었다. "술집 기생 구합니다"라는 제목의 대화방에 "러브섹"이라는 대화명으로 입장한 13살짜리 여학생은 "오빠들, 많이 불러주세요, 몸 많이 바칠께여"라는 말을 하며 술집 기생 노릇을 자처했다.

대화방에 들어와 있던 "마초맨"이라는 남학생이 "야, 어디 얼마나 잘 빠졌나 옷 한 번 벗어봐라"라고 대화창에 글을 띄우자 이 여학생은 자신의 아바타 옷을 하나씩 벗기기 시작했다.

옷을 벗기면서 여학생은 "오빠들, 옷 벗을 때마다 돈 줘야 돼요, 얼마 줄래요?"라며 계속 흥정을 벌였다. 옷을 다 벗기고 여학생의 아바타가 알몸이 되자 이번엔 "덮쳐보자"라는 대화명을 쓰는 남학생이 자신의 아바타를 움직여 알몸이 된 여학생 아바타를 만지기 시작했다.

남학생은 그 동작을 반복하며 차마 입에 담기 힘든 이야기들을 대화창에 올렸고 러브섹이라는 여학생은 "아이 좋아요, 흥분돼요"라는 글을 대화창에 올리며 응수했다.

"변짓 놀이"라는 제목의 다른 방에서는 "앤(애인)구함" "섹스조아" "나랑 놀아줘" 등 음란한 대화명을 쓰는 참가자들이 자신의 아바타를 이용해 성인용 음란물에서나 등장할 법한 장면을 연출하고 있었다. 대화창에는 끊임없이 성행위와 관련된 신음소리를 내거나 신체 특정 부위를 언급하는 대화 내용이 올라왔다. 놀라운 사실은 자정이 넘은 늦은 시간에 성행위를 연상시키는 이런 채팅 놀이를 하는 사람들이 성인이 아니라 대부분이 초등학생이라는 것.

특히 이들은 술집이나 윤락업소 등 어른들의 왜곡된 향락 문화를 실제로 접한 경험이 없는데도 마치 본인들이 직접 가 본 듯이 어른들의 성문화를 그럴싸하게 흉내 내고 있었다.]

얼마나 두렵고 끔직한 일인가? 문명이, 그리고 사회가 어린이를 좀 먹고 있다.

또 매스컴은 사이버 섹스에 대한 이야기를 자연스럽게 하고 있다. 50년 전만 해도 상상치 못하던 일들이 지금은 버젓이 행해지고 있다. 물론 성적인 죄악은 어제오늘의 이야기가 아니다. 그것은 창세 시대부터 있어온 죄악이다. "여호와께서 사람의 죄악이 세상에 관영함과 그 마음의 생각의 모든 계획이 항상 악할 뿐임을 보시고 땅 위에 사람 지으셨음을 한탄하사 마음에 근심하셨다"(창6:5-6)고 성경은 기록하고 있다. 이 말씀 속에는 성적인 타락도 포함되어 있다. 그러고 보면 성적인 죄는 치유 불능의 죄악처럼 보인다. 그것은 "저희가 마음에 하나님 두기를 싫어하매 하나님께서 저희를 그 상실한 마음대로 내어 버려 두사 합당치 못한 일을 하게 하셨다"(롬1:28)고 하신 그대로 하나님을 마음에 두기 싫어하는 사람들의 특성이요 행위의 결과이기 때문에 인간의 역사 속에서 꺼지지 않는 불씨처럼 남아 끈기 있게 지속하고 있다. 그러나 이 말씀의 이면에는, 하나님을 마음에 두면 성적인 죄를 짓지 않을 수 있다고 하는 가르치심이 들어 있다.

간디의 자서전에는 성에 관한 것이 많이 적혀 있다. 그는 계속해서 자기의 성적인 충동과 욕구에 관하여 쓰고 있다. 1933년에도 그는 이런 충동과 욕구를 완전히 이겨 내지 못했다고 쓰고 있다. 네 번이나 하느님은 그가 매음굴에 가는 것을 구해 주었다고 고백하고 있다. 세속적인 필요와 욕망으로부터 해방되려는 그의 최초의 투쟁은 성욕(性慾)에 관계되는 것이었다. 규정식(規定食)과 양의 젖을 이상적인 식사로 택한 그의 이상스러운 행위는 모두가 성적인 욕구를 줄이려는 그의 욕망으로부터 나온 것이었다. 그러다 1900년 그가 31세가 되었을 때부터 그는 성생활(性交)을 중단했다. 그리고 1906년 항구적인 금욕생활을 선언함으로 이러한 자신의 절제를 확인했다. 간디도 성적인 혼란이나 괴로움을 갖고 있었다는 이야기이다. 그래서 금욕을 했다고 한다. 그렇다고 그의 금욕 생활이 과연 정당한 것이라고 할 수 있겠는가? 그것은 개인의 해석이요 신념일 뿐 모두에게 강요할 수 있는 일은 아니다.

성에 관한한 정답을 내리는 것이 쉽지 않다. 왜냐하면 그것은 개인에 따라 지역에 따라 서로 해석을 달리 하고 있기 때문이다.

중세 시대의 영국에서는 처녀가 시집을 가려면 먼저 성주와 동침해야 했고, 한 때 에스키모들은 반가운 손님의 방문을 받을 경우 자기의 아내를 내주어 동침케 했다. 또 중국의 변방에 사는 모쏘우 족들은 성인 여자의 경우 집 한 채씩을 지어주고 성인 남자는 누구나 방문하여 동침할 수 있도록 했다. 아프리카의 경우, 배우자가 죽으면 장례를 치르고 7일 이내에 죽은 사람의 가장 가까운 사람과 홀로 남은 홀애비나 과부와 동침하는 기이한 풍습도 있었다. 또 성경에도 모세가 세운 법에 관한 이야기가 나오는데 마가복음 12:19-23에 의하면 "....사람의 형이 자식이 없이 아내를 두고 죽거든 그 동생이 그 아내를 취하여 형을 위하여 후사를 세울지니라 하였나이다 칠 형제가 있었는데 맏이 아내를 취하였다가 후사가 없이 죽고 둘째도 그 여자를 취하였다가 후사가 없이 죽고 셋째도 그렇게 하여 일곱이 다 후사가 없었고 최후에 여자도 죽었나이다 일곱 사람이 다 그를 아내로 취하였으니 부활을 당하여 저희가 살아날 때에 그 중에 뉘 아내가 되리이까"하는 질문이 나온다. 이 또한 기이한 풍습이 아니라 할 수 없다. 한국도 예전에는 양반가에서 남자는 상처했을 경우 취처(娶妻)할 수 있으나 여자의 경우 한 번 과부가 되면 영원한 과부가 되어야 하는 풍습이 있었다. 이 모두가 지금의 이해로는 도저히 이해가 되지 않는 옛사람들의 초자아였다.

성에 관한한 자기의 해석이나 행동을 정당화하려고 하는 게 인간의 본능이다. 그래서 남이 하는 행위는 불윤이어도 자신의 행위는 로맨스라고 하지를 않는가.

초자아는 인간이 가지고 있는 기준이다. 그것은 전통적인 것이거나 교육적인 것이거나 가정의 전통이나 문화의 가치를 말한다. 그러므로 그 사회에서는 그것이 정당화 될 수가 있다. 그러고 보면 민족이나 지역에 따라 초자아는 같은 일도 이해를 달리하고 있다. 그런 차이 때문에 성에 대한 해석도 많은 차이를 갖게 된다. 그러므로 신자들은 좌우로 치우치거나 흔들리지 말고 좀 더 성에 대한 바른 성경적인 이해를 가져야 한다. 그리고 모든 기준을 하나님의 말씀에 근거하여야 한다. 그럴 때 성은 아름답고 즐거운 부부사이의 일이 될 수 있다.

위험 수위에 이른 성

우리 사회의 "바람"은 어제 오늘의 얘기는 아니다. 그러나 지금 한국 사회에 몰아치는 "바람"은 부부 사이의 외도 수준에서 벗어나 한 가정, 전 사회를 뿌리째 흔들어놓는 "폭풍"이 되고 있다.

거룩한 결혼서약으로 성립된 가정이 왜 무너지는가? 큰 이유 중 하나가 외도이다.

예전에는 외도를 대부분 개인적인 일로 치부했다. 하지만 왜곡된 성정보가 넘쳐나고 성윤리를 강조하는 일이 고리타분한 얘기로 취급받게 되는 현실에서 이제 외도는 더 이상 개인적인 문제가 아니다. 다음은 국민일보 정승훈 님의 글이다.

번져가는 성윤리 붕괴

집에 들어가 TV를 켜면 불륜을 다루지 않는 드라마는 눈을 씻고 찾아보기 힘들다. 상황과 상대에 따라 TV에서 묘사되는 불륜은 아름다운 사랑으로 탈바꿈하고, 상당수 시청자들 역시 그 모습을 보며 "그래, 저럴 수 있지"하며 고개를 끄덕인다. 밖으로 나가도 마찬가지다. 불황 속에서도 퇴폐적인 술집과 접객업소를 찾는 발길은 끊이지 않는다. 어디든 유흥업소만 가면 "부킹"이 일반화돼 있고, 앳된 여중생들까지도 청소년 상대 성매매(원조교제)를 위해 거리를 서성인다.

더더욱 가관인 것은 사이버 세상이다. 상대를 가리지 않고 전달되는 음란한 내용의 이메일과 넘쳐나는 포르노 사이트는 청소년들은 물론 성인들까지도 성윤리의 혼돈을 조장하고 있다. 인터넷은 청소년 상대 성매매의 창구가 된지 오래고, 화상 채팅과 스와핑 사이트 등은 평범한 가정을 파괴하는 주요 원인으로 떠오르고 있다.

현실화되는 사이버 세상

사회 전체의 성윤리가 흔들리면서 3류 소설이나 가상공간에서나 벌어질 만한 일들이 현실화되고 있다.

서울경찰청 사이버범죄수사대에 구속된 박 모(35)씨는 인터넷 포털 사이트 게시판 등에 "트리플 섹스" 희망자를 모집한다는 글을 올린 뒤 이를 보고 찾아온 사람들로부터 수고비조로 돈까지 챙겼다. 박 씨를 찾아온 7쌍의 부부 및 연인들은 박 씨와 함께 3명이 성관계를 하고 돈까지 줬던 것으로 밝혀졌다.

또 김 모(43)씨는 남편 조 모(43)씨의 아파트와 현금 등을 위자료로 받기 위해 남편을 유혹하도록 "이혼 위자료를 받으면 취직시켜주겠다"며 친구를 설득해 자신의 남편과 성관계를 맺도록 했는데 남편과 함께 있던 친구는 휴대전화 문자 메시지로 장소를 알려 주었고 장소를 확인한 김 씨는 비디오카메라 등을 들고 현장에 가서 증거를 확보한 뒤 이혼에 따른 위자료 등의 명목으로 돈을 뜯어내려 했던 것으로 밝혀지기도 했다.

돈을 위해 자신의 친구에게 남편과 성관계를 맺도록 부탁하는 아내. 자신의 아내에게 다른 남자와 성행위를 하도록 돈까지 주는 남편. 가상 공간이 아니라 현실에서 실제로 일어났던 이 사건들은 우리 사회 성윤리의 현주소를 그대로 보여주고 있다.

가정 해체는 사회의 균열

집은 있지만 가정이 없고, 식구는 있지만 가족이 없다는 아우성은 우리 사회의 가정 해체가 심각한 수준에 와 있음을 실증해주는 것이다.

건전한 가정이 건강한 사회를 만드는 기초가 된다는 것은 상식이다. 마찬가지로 해체된 가정은 사회를 균열시킬 수밖에 없다. 하지만 아직 우리 사회는 성도덕 파괴가 사회 전체의 도덕적 타락을 부추긴다는 것을 알면서도 뚜렷한 대책을 내놓지 못하고 있다.

가정의 붕괴를 우려하는 시민단체 관계자들은 "개인의 양심과 가정교육만으로 무너진 성윤리를 다시 세우기는 힘들다"고 입을 모으고 있다.]

우리가 보지 못하는 세계 속의 일을 찾아 알려주는 것이 언론이다. 우리는 때로 주변에서 생긴 일들이 나와 전혀 상관없는 일로 생각할 때가 있다. 그런데 그렇지가 않다. 그것은 어떤 형태로든 연계되어 있다. 위의 글을 소개하는 것도 그런 맥락에서이다.

남자와 여자는 성적인 이해나
느낌에 차이가 있다

"그와 내가 다른 것은 조화를 위한 하나님의 놀라운 계획이다"

우리는 때로 성의 불일치나 거부로 인해 좌절감을 맛볼 수 있다. 그만큼 성은 부부생활에 있어 중요하다.

성을 무기로 삼아 다투거나 싸우거나 상대방을 괴롭히는 것은 옳지 않다. 또 어떤 이들은 상대방의 성을 노골적으로 비하하는 일도 있다. 이는 부부 사이에 절대로 하지 않아야 할 일로 지울 수 없는 상처를 남기는 일이다.

성에 대해서는 불평을 하지 않는 것이 좋다. 불평보다는 칭찬하고 이해하고 힘을 합해 개발하는 것이 좋다. 또 그렇게 하기위해서는 서로 사랑하고 섬기는 노력이 필요하며 서로의 차이를 아는 것이 좋다.

남자와 여자는 성적인 면에서 많은 차이가 있다. 그 차이는 하나님이 주신 차이이다.

지향(志向)하는 면에서 볼 때

① 남자가 육체적인데 비해 여자는 관계 중심적이어서 자신이 상대로부터 "어떤 대우를 받는가?"가 아주 중요하며

② 남자가 부분적 육체적인 일치로도 만족하는 데 비해 여자는 전체적 감각적 정서적 일치에 더 관심을 가지며

③ 남자가 무엇보다 다양성을 추구하며 성이 다른 것보다 우선하는데
   비해 여자는 안정성에 우선을 두며 성교 보다는 다른 것 다시 말해
   부드러운 보살핌이나 사랑스러운 대화에 더 우선을 둔다.

자극면에서는

남자가 시각적이요 후각적이요 육체 중심적인데 비해 여자는 촉각적
이요 청각(언어)적이요 인격 중심적이다.

성적인 반응에서도

① 남자가 주도적 역할을 하며 빠른 흥분을 하는데 비해 여자는 서서히
   흥분하며
② 남자의 쾌감이 비 주기적이고 행위 중에 중단하기가 어려운데 비해
   여자는 대체로 반응자의 역할을 하며 쾌감이 주기적이며 행위 중 절
   정을 맛보지 못해도 자연스레 중단할 수가 있다.

쾌감에 있어

① 남자는 육체 지향적이어서 절정은 보통 만족을 위해 필요한 것으로
   사정과 동시에 짧고 좀 더 격렬한 느낌을 갖는데 비해
② 여자는 절정에 이르기까지 시간이 걸리며 여자는 합일의 체험시 길
   고 좀 더 깊은 감정 지향적인 느낌을 가지게 되어 보통 절정이 없이
   도 만족이 가능하다.

욕구면에서도

① 남자는 육체적인 욕구가 강한데 비해 여자는 감정적인 요구가 강
   하고
② 남자가 존경과 칭찬을 받기 원하는데 비해 여자는 이해와 사랑을 받
   기 원한다.

이런 차이점을 이해한다고 하는 것은 아주 중요하다. 성은 주는
것을 통해 얻는 것이요 얻는 것을 통해 더 주어야 하는 것이 성이
다. 그러므로 부부는 성을 통해 상대를 즐겁게 해주는 법을 알아야
한다.

성은 한 번에 다 알 수 있는 것이 아니다. 그것은 생애 전체를 통해 개발해야 하는 비밀스러운 것이다. 그러므로 자기중심의 해석을 하는 것은 좋지 않다. 상대방이 무엇을 원하지를 먼저 찾아 그것을 충족시키는 것이 지혜이다.

다음 질문에 '예'나 '아니오'로 대답하라. 그리고 왜 '예'고 '아니오'인지를 생각하라.

- □ 나는 하루에 한번 이상 아내(남편)에게 '사랑한다'는 말을 한다.(예 / 아니오)
- □ 나는 아내(남편)을 존경한다.(예 / 아니오)
- □ 떨어져 있는 시간에는 아내(남편)가 무척 보고 싶다.(예 / 아니오)
- □ 잠자리에서 아내(남편)와 즐겁게 이야기를 나눈다.(예 / 아니오)
- □ 성행위가 즐겁다.(예 / 아니오)
- □ 우리는 다양한 체위를 쓴다.(예 / 아니오)
- □ 행위 후에는 손을 꼭 잡아주며 '즐거웠다'고 말한다.(예 / 아니오)
- □ 서로의 건강에 관심을 갖는다.(예 / 아니오)
- □ 나는 자주 아내(남편)를 칭찬한다.(예 / 아니오)
- □ 아내(남편)가 잠자리에서 엉뚱한 요구를 할 때 묵묵히 받아들인다. (예 / 아니오)
- □ 행위시 내 기쁨보다는 상대방의 즐거움을 더 배려한다.(예 / 아니오)
- □ 늘 아내(남편)가 최고라고 생각을 한다.(예 / 아니오)

부부의 사랑은 마음껏 즐기고 가꾸어야 한다

"남자와 여자가 결혼하면 한 몸이 되어야 하지만 문제는 어느 쪽으로 한 몸이 되는가 하는 점이다" (H.L.멩켄)

1. 성의 목적은 하나님의 창조 질서의 계승에 있다.

성이 주어진 목적은 한마디로 생육과 번성이다. 성경은 그 사실을 분명하게 보여준다.

"하나님이 그들에게 복을 주시며 그들에게 이르시되 생육하고 번성하여 땅에 충만하라, 땅을 정복하라, 바다의 고기와 공중의 새와 땅에 움직이는 모든 생물을 다스리라 하시니라"(창1:28)

"하나님이 노아와 그 아들들에게 복을 주시며 그들에게 이르시되 생육하고 번성하여 땅에 충만하라"(창9:1)

"내게 이르시되 내가 너로 생육하게 하며 번성하게 하여 네게서 많은 백성이 나게 하고 내가 이 땅을 네 후손에게 주어 영원한 기업이 되게 하리라 하셨느니라"(창48:4)

성은 창조 질서의 계승과 축복을 의미한다. 그것은 주는 것을 통해 얻어지는 것이요 얻는 것을 통해 주어지는 결합(unity)이요 나눔(share)이다.

천지를 창조하실 때 하나님은 "보시기에 심히 좋았다"(창1:31)고 하셨다. 그것은 모든 것이 질서와 복(福)속에 있었다고 하는 뜻이다. 이때 주어진 성의 개념은 '내 뼈 중의 뼈요 살 중의 살'이라고(창2:23)하는 말씀 속에 아주 잘 함축이 되어 있다.

"아담과 그 아내 두 사람이 벌거벗었으나 부끄러워 아니하니라"(창2:25)

벌거벗었으나 부끄럽지 아니하였던 게 무죄 시대에 인간의 성의 모습이었다. 그만큼 성은 자연스러운 것이요 당당한 것이었다. 그러던 것이 부끄럽게 된 것은 죄의 결과이다.

하나님이 주신 성의 목적이, 타락의 결과 하나님의 창조 질서의 계승에 있지 않고 죄의 갈구를 채우기 위한 부패의 도구로 쓰여지면서부터 성은 육욕의 대상이 되었다. 그러다보니 거기에는 필연적으로 죄를 짓는 일이 생기게 되었는데 심하게는 순리를 역리로 쓰는 일마저 생겼다.

성은 즐거운 것이 되어야 한다. 우리는 성을 통해 내 즐거움을 배우자와 함께 나누는 것으로 하나님의 창조질서에 참여해야 한다. 그것은 하나님이 주신 축복이요 기쁨이다.

성 자체는 아름다운 것이다. 고상한 것이요 복된 것이다. 그러므로 "사람이 새로이 아내를 취하였거든 그를 군대로 내어 보내지 말 것이요 무슨 직무든지 그에게 맡기지 말 것이며 그는 일 년 동안 집에 한가히 거하여 그 취한 아내를 즐겁게 할지니라"(신24:5)고 가르치므로 부부 사이에 성을 통해 서로에게 즐거움을 주고 하나가 되어야 할 것을 강조하고 있다. 이처럼 주어진 부부 사이의 사랑은 마음껏 즐기고 가꾸어야 한다. 그리고 그것을 순결과 질서로 서로의 용납과 이해 속에서 보석처럼 귀하게 지켜야 한다.

2. 성이 잘못된 목적으로 쓰여 지는 것은 죄이다.

성에 관한한 주님은, 죽어 소멸할 수밖에 없는 것을 재생산하여 전과 같이 그대로 유지하기 위해 성이 필요하다 하는 사실을 분명하게 밝히고 있다. 그러므로 "부활 때에는 장가도 아니 가고 시집도 아니 가고 하늘에 있는 천사들과 같다"(마22:30)고 하셨다. 지상에서는 죽고 썩으니까 성을 통해 재생산하는 일이 필요하지마는 죽는 것도 썩는 일도 없는 천국에서는 성을 통해 재생산하는 일과 같은 것은 없다고 하는 이야기이다. 우리는 자연계를 통해서도 이 사실을 입증할 수 있다. 그러므로 성은 통제되고 조절이 되어야 한다.

"남의 아내와 통간하는 자도 이와 같을 것이라 무릇 그를 만지기만 하는 자도 죄 없게 되지 아니하리라"(잠 6:29)

장차 우리들에게 주어질 세상은 썩거나 우울하거나 탐하거나 변할 그런 세상이 아니다. 지금 우리들이 느끼는 성적인 쾌락은 쾌락도 아닌 그런 놀라운 세상이 도래 하게 되어 있다. 그러므로 우리는 성에대한 바른 이해나 지식을 가지고 있어야 한다. 잘못된 시각이나 이해를 가지면 성은 다분히 육욕을 채울 목적의 것으로만 쓰여 지게 되어 있다.

3. 하나님은 성적인 죄를 용납하지 않으신다.

성경은 인류 멸망이 성적인 타락과 깊은 관계가 있는 것을 보여주고 있다. 소돔과 고모라의 멸망도 그랬고 노아 시대의 홍수 사건도 그랬다.

인간의 성적인 부패의 도는 상상을 초월하는 것이다. 그것은 순리를 역리로 쓰는 파렴치한 죄로까지 발전하였다. "이를 인하여 하나님께서 저희를 부끄러운 욕심에 내어 버려두셨으니 곧 저희 여인들도 순리대로 쓸 것을 바꾸어 역리로 쓰며 이와 같이 남자들도 순리대로 여인 쓰기를 버리고 서로 향하여 음욕이 불일듯하매 남자가 남자로 더불어 부끄러운 일을 행하여 저희의 그릇됨에 상당한 보응을 그 자신에 받았느니라"(롬1:26-27)

동성애는 개들도 하지 않는 짓이다. 동성애는 하나님의 이미지를 닮은 인간이 그 이미지를 포기하는 행위이다. 하나님은 순리를 역리로 쓰는 것을 용납지 아니하시는 하나님이시다. 그러므로 에이즈가 동성애로 인해 생긴다고 하는 사실에 좀 더 관심을 가져야 한다.

"너희 중에 심지어 음행이 있다 함을 들으니 이런 음행은 이방인 중에라도 없는 것이라 누가 그 아비의 아내를 취하였다 하는도다"(고전 4:1) 바울은 그런 자를 교회에 두지 말고 내치라고 가르치고 있다. 구원받을 자격이 없다고 하는 이야기이다.

이제 우리는 내게 주어진 것을 잘 이용해야한다. 자기 몸에 맞지 않는 욕망의 옷을 입으면 그것은 치수가 맞지 않는 옷과 같아 걸리적거릴 수밖에 없다. 그러므로 우리는 내게 주어진 것을 불평하기보다 먼저 감사해야 한다. 그리고 그것을 노래하듯이 기뻐해야 한다.

모든 죄악은 협력적인 관계를 갖고 있다. 하나의 것에 대해 죄성을 가지면 그 죄성은 다른 것도 부추기게 되어있다. 우리는 그래서 내게 주어지는 유혹을 경계해야 하는 데 모든 유혹 중에서 가장 강한 유혹은, 지금의 자기와는 아주 딴판인 것이 되고 싶다고 바라거나 해서는 안 될 일을 정당화하며 그것을 꼭 하려하는 것이다.

단 한 가락의 머리털이라도 유혹의 바퀴에 끼이면 온몸이 휘말려든다고 했다. 아무리 그럴듯한 이유가 있는 것이라 할지라도 죄는 죄이다. 그러므로 그 유혹으로부터 벗어나는 것이 가정을 지키는 일이요 나를 지키는 일이다.

소망이 없는 사회는 성적인 타락을 자랑하는 사회이다.

한 때는 영웅호색(英雄好色)이라고 하여 힘 있는 자의 성적 타락을 미화하거나 아주 자연스러운 일로 받아들이기도 했다. 그 결과는?

성에 관한한 인간은 거의 동물적인 지배욕을 갖고 있다. 그래서 "저 사람은 그러지 않을 사람인데" 하는 아주 존경스러워, 적어도 그만은 그런 부도덕한 일을 하지 않을 사람이라 인정받는 사람도 한 순간의 욕정을 이기지 못해 자신의 생애를 망치는 예는 허다하다. 인류 죄악사가 그것을 실증하고 있다.

소돔 사람들과 똑같은 일을 하는 것이나, 부도덕한 성적인 탐닉, 순리가 아닌 욕정을 정당한 것으로 알고 몰두하는 행위의 모두는 죄이다. 그런데도 그것에서 허우적거리며 벗어나지 못하는 게 인생이다.

우리 주변을 한 번 살펴보자. 사회는 지금 성(性)에 대한 혼란을 겪고 있다. 무엇이 선인지? 악인지가 구별되지 않고 있어 분명 잘못된 성행위인데도 하나의 문화처럼 자연스레 행해지고 있다. 드라마가 그것을 부추기고 있고 인터넷이 그것을 너무도 쉽게 보급하고 있다. 이제는 성이 하나의 상품처럼 상품화하고 있다. 성이 사랑의 행위가 아닌 상업적인 목적과 같은 것으로 전락하고 있다.

결혼이 상품이 되는 시대

"빚 갚아줄 신랑 급구" 미혼여성 급증

다음은 모 일간지에 실린 기사 내용이다.

[서울 동대문구에 사는 미혼여성인 김 모(27.의상디자이너)씨는 한 결혼정보회사에 회원등록을 했다. 뛰어난 외모와 전문직업인으로 주위의 부러움을 샀던 김 씨는 명품 구매와 외모를 가꾸는 데 써버린 5천만 원에 이르는 카드빚을 감당하지 못하자 이를 갚아주는 남성과 결혼하기로 결심했다. 김씨는 6일 결혼정보회사에서 "카드 빚 5천만 원을 도저히 혼자 갚을 수 없고 가족이나 친구에게 도움을 청할 수 없는 형편"이라며 "빚을 갚아줄 경제적 능력만 있다면 다른 조건은 따지지 않겠다"고 털어놨다.

결혼정보업체 등에 따르면 이처럼 불경기에 카드빚이나 집안의 사업 실패 등으로 쌓인 빚을 갚아주는 조건으로 결혼상대를 고르는 미혼여성들이 늘고 있다.

서울 강남구 대치동의 명문대 출신 이모(26.여.회사원)씨는 집안의 빚 때문에 결혼시장에 나온 경우이다. 중국에서 무역업을 하던 아버지가 불경기와 사스(SARS.중증급성호흡기증후군)가 겹쳐 현금회전이 되지 않아 2억 원을 결재하지 못해 부도위기에 빠졌기 때문이다.

이 씨는 "아버지의 사업이 기반을 잡아가는 상태에서 2억 원 때문에 부도를 내는 것이 안타까웠다"며 "아버지 회사에 현금을 지원해주고 같이 경영할 만한 재력이 있는 남성이라면 학력이나 나이, 재혼여부를 따지지 않겠다"고 말했다.

경기도 의정부에 사는 정모(29.회사원)씨는 아버지가 운영하던 식당이 어려워진데다 엎친 데 덮친 격으로 어머니가 병으로 쓰러져 돈이 필요해 결혼정보회사의 회원으로 등록했다.

정씨는 등록 서류의 '이상형'을 적는 곳에 "경제적 어려움만 해결해준다면 재혼자나 아이가 딸려도 괜찮다"라고 적었다.

결혼정보업체에 따르면 최근 들어 빚 청산 등 단지 경제적 사정 때문에 결혼을 하려는 여성들의 상담이 한 달에 30-40건에 이르고 있다.

모 업체 관계자는 "빚을 갚아주는 조건으로 결혼하려는 미혼여성들은 외모나 학력이 출중한 경우가 대부분"이라고 귀띔했다.]

아무리 돈으로 모든 것을 해결하는 시대가 되었다고 해도 결혼을 하나의 상품처럼 제시하는 것은 어딘가 심한 괴리감을 느끼게 한다. 그것은 자기를 노예로 파는 것과 같다.

결혼은 많은 것을 의미한다. 그것은 하나가 되는 길이고 성스러운 일이며 희극과 비극과 착오를 선택하는 일이다.

민족마다 결혼 풍습이 다르다. 동일한 것이 있다고 하면 결혼을 성스럽게 화려하게 뜻 깊게 치르려고 하는 데는 모든 민족 문화가 대동소이하다. 물론 오고가는 것은 있다. 한국에는 예단이라고 하는 것이 있고 외국에는 소나 양을 신부 집에 주고 신부를 데려오는 예도 있다. 이런 것은 딸을 판다거나 자기를 판다고 하는 의미보다 두 가정이 하나로 묶인다는 의미가 짙다. 그런데 이제는 그것이 아니라고 한다. 아예 드러내놓고 "나를 사가라"고 한다. 신 노예 시장과 같은 냄새가 난다. 과연 그래도 괜찮은 것인가?

스코틀랜드에는 "돈 때문에 결혼할 것은 아니다. 그것보다는 더 유리하게 돈을 꿀 수가 있다"고 하는 말이 있다. 하늘이 무너져도 솟아날 구멍이 있다고 하지 않는가? 왜 "경제적 어려움만 해결해 준다면 재혼자나 아이가 딸려도 괜찮다"고 하는 식의 이야기를 하는가? 너무도 어려워서 그랬을 게다. 그렇다고 자기의 생애의 반 이상이 걸린 삶을 그렇게 헌 신짝 버리듯 해서야 되겠는가? 왜 일생을 망칠 수 있는 선택을 하려 하는가? "남편을 잘못 만나면 당대 원수. 아내를 잘못 만나도 당대 원수"라고 했다. 조심에 또 조심해서 결혼해도 실패할 가능성을 지니는 게 결혼인데 자기를 팔아 과연 행복을 살 수 있겠는가? 결혼은 서로를 속박하고 온 정력을 쏟는 게 결혼이다. 그러므로 거기에는 필연적으로 사랑이나 즐거움이 있어야 한다. 의무적인 것으로는 결혼생활을 이어갈 수 없다.

혼인을 부귀(富貴)에 치중하면 장차 가정의 화근(禍根)이 된다고 했다. 그런데도 당장의 곤경을 면하기 위해 빚을 지고 결혼하는 것은 아주 위험하다. 그것은 지배당할 작정을 하고 노예의 삶을 자청하는 것과 같다. L.N.톨스토이는 그러므로 "결혼에 대하여 긴요한 것은, 스무 번이고 백 번이고 깊이 생각해 보는 것이다. 사람은 항상 어찌할 수 없을 때 죽음에 임하듯, 다시 말하면 그렇게 할 수밖에 별도리 없을 때에만 결혼할 것이다"라고 했다. 이처럼 신중히 생각에 생각을 거듭하고 결정해야 하는 것이 결혼이다.

성경도 "내가 혼인하지 아니한 자들과 및 과부들에게 이르노니 나와 같이 그냥 지내는 것이 좋으니라 만일 절제할 수 없거든 혼인하라 정욕이 불같이 타는 것보다 혼인하는 것이 나으니라"(고전7:8-9)고 했다. 꼭 결혼을 해야겠으면 그것은 성스러운 일이 되어야 하고 기쁘고 감사한 일이 되어야 한다. B.존슨도 "돈만을 위하여 결혼하는 것보다 더 나쁜 것이 없고, 사랑만을 위하여 결혼하는 것보다 더 어리석은 일은 없다"고 했다. 돈이 있다고 하여 유지할 수 있는 것도 아니고 그렇다고 사랑만 먹고 살 수도 없는 게 결혼이라고 하는 이야기이다.

결혼은 자기와 동등한 사람과 동등한 이해 속에서 해야 한다. 자기보다 뛰어나거나 신세를 지고 결혼하는 상대는 반려가 아니고, 주종(主從)의 관계를 형성하는 일이 된다.

결혼의 전제는 사랑이어야 하며 그것은 욕구와 감정의 조화가운데 성숙해 있는 것이어야 한다.

결혼의 행복은 부부간의 마음의 화합의 결과로 인해 주어지는 것이다. 그런데 "빚을 갚아줄 경제적 능력만 있다면 다른 조건은 따지지 않겠다"고 한다. 그것도 외모를 가꾸는데 빚을 크게 졌다고 한다. 그래서 과연 성숙한 사랑의 결실을 얻을 수 있겠는가? H.W.비처는 "잘된 결혼은 날개가 돋고 잘못한 결혼은 족쇄에 묶인다"고 했다. 눈앞의 당장의 어려움으로 인해 결혼을 상품화하는 것은 자신을 족쇄에 묶는 일이 된다. 대체적으로 서둘러 결혼하는 사람의 대부분은 평생을 두고 후회를 한다고 한다. 그러니 결혼을 상품으로 할 일은 아니다. 자기를 사가라고 하는 것과 몸 파는 것과 차이가 무엇인가? 여러 사람을 상대하는 것과 한 사람만을 상대하는 것의 차이일까? J.게이는 "연애가 수반되지 않는 결혼은, 결혼이 수반되지 않는 연애보다도 부도덕하다"고 했다. 결혼을 결정하기까지는 서로가 신뢰할 수 있는 공감대를 찾아야 하고 사랑을 가꾸어야 한다. 예전 같은 눈 먼 결혼(Blind Wedding)은 그 시대의 산물이지 지금 시대의 이야기가 아니다.

결혼은 작은 이야기들이 계속되는 긴긴 대화라고 했다. 대단할 것도, 심오할 것도 없는 그런 이야기들이 쌓아가며 서로의 관심을 나누어 가는 게 결혼이다. 그러므로 두 사람은 동등한 자격을 갖고 있어야 한다. 그것이 지혜요 자기를 지키는 길이다.

오늘날 우리사회의 성(性)적 타락 수위는 위험수위(危險水位)를 넘고 있다. 또 역사는 성적 타락이 국가 멸망의 원인이 되는 것을 실증하고 있다. 그래서 역사학자 아놀드 토인비(Arnold Toynbee)는 "멸망한 모든 문명국가들은 스스로 자멸했다. 그들은 외세의 침입자들에 의해 정복된 것이 아니라 내부의 부패 때문에 멸망했다. 성에 대한 지나친 강조는 문명국가의 몰락을 가져온다."고 했다. 그의 말대로 로마가 그랬고 그리스가 그랬다. 그렇다고 하면 지금의 현상이 인간의 종말을 예기하는 것은 아닐런지? 성을 위한 사이보그가 등장하고 있다. 다음은 한국일보 이성해 성문화평론가의 글이다.

"섹시 사이보그"

[기대만큼 과학의 속도가 빠른 것은 아니다. 그러나 언젠가는 사이보

그의 시대가 현실화되지 않을까 싶다. 사이보그하면 보통 사람들은 가정부 정도를 생각할지 모른다. 하지만 이왕 만들 바에는 무엇보다 외로운 남녀의 반쪽을 채워줄 사이보그를 만드는 것이 현명하다.

영화 "브레이드 런너"에 나오는 창녀 사이보그를 떠올리면 비인간적이란 생각이 든다. 아마도 이것은 사이보그가 인간과 너무 완벽하게 똑같기 때문이다. 사이보그란 적당히 사이보그다운 모습으로 있어야 한다. 그래야 죄책감 없이, 감정의 교류 없이, 보조도구로서 자유롭게 사용할 수 있을 것이다.

하기야 이 모든 것이 부질없는 짓인지도 모른다. 아마도 인간은 단순한 로봇에게도 사랑을 만들고 집착할 것이 뻔하다. 하물며 인간과의 섹스와 흡사한 기능을 가진 사이보그가 개발된다면 혼란의 정도는 상상을 뛰어넘을 것이다.

사이보그 시대를 인간이 꿈꾸는 이유는 부족한 것을 얼마든지 채울 수 있기 때문이다. 작은 여자의 젖가슴과 남자의 성기쯤을 키우는 것은 일도 아닐 것이다. 인조성기에 윤활 기능을 가진 인조체액까지 갖춘다면 더욱 완벽해질 것이다.

크리스토퍼 룩소라는 디자이너는 자신이 상상하는 사이보그의 한계를 현실화시켜 보여주고 있다. 인터넷 홈페이지에 공개된 그의 사이보그는 세련되고 섹시하면서도 음울하고 잔잔한 공포에 차있다. 과학의 발전이라는 것이 결코 행복한 것만은 아니라는 사실을 극명하게 보여주고 있는 것이다.

그가 만든 사이보그는 완벽한 인간과 같은 기능을 갖추고 있지만 사이보그만의 특징이 족쇄처럼 채워져 있다. 흠잡을 것 없는 미모와 몸매를 가진 사이보그는 금속 관절이 그대로 드러나 보이는 손을 갖고 있다. 또 다른 장면에서는 알파벳이 선명하게 새겨진 무릎이 드러나기도 하고, 귀를 뚫고 나온 날카로운 금속이 마치 장신구처럼 보이기도 한다.

뒷굽은 사라진 채 앞부분만 있는 하이힐을 위태롭게 신고 있는 장면을 보면 섹시한 사이보그의 슬픈 운명이 절절히 다가온다. 만약 자위행위 로봇이나 섹스 대용 사이보그가 실제로 등장한다면 어떤 선택을 해야 할까? 단지 외로움을 극복하기 위해, 욕망을 해소하기 위해 주저 없이 구입해야 할까. 아니면 인간적인 섹스에만 머물러 있어야 할까. 먼 미래에 주어질 선택이지만 결코 쉬운 결정은 아닌 듯싶다.]

선진국이라고 하는 미국, 영국, 일본에서도 10대 미혼모(未婚母)가 날로 증가하고 있으며 10대 성폭력 사범이 늘고 있다. 그래서 오늘날의 성(性)은 건강하기보다는 병들어 있으며, 아름답기보다는 추해 보이며, 경건하기보다는 음란한 것으로 격하되어 버렸다.

예전에는 여자가 순결을 잃으면 그것이 부끄러움이어서 주변 사람들로부터 멸시와 비난을 받았다. 또 결혼한 부부는 이혼을 하지 못하는 것으로 이해되었다. 그래서 "죽어도 그 집 귀신" "조강지처(糟糠之妻)"라는 말도 생겼다. 그러나 지금은 그렇지 않다. 너무 쉽게 이혼을 하고 여자가 먼저 이혼하자고 요구하기도 한다. 물론 예전의 성이 반듯이 옳다고 하는 이야기는 아니다. 그러나 오늘의 무질서와는 많은 차이가 있다.

지금은 문화가 개방되어서일까?(surface culture) 외국 사람들이 하는 부도덕한 짓이 아무 거리낌 없이 우리 사회를 파고들고 있다. 그래서 수직적인 전통(vertical culture)이 무너지고 있다. 이제는 혼전동거, 혼전 성관계, 스와핑, 성매매, 이혼, 동성애 등이 너무도 자연스럽게 이루어지고 있다. 과연 이래도 되는 것일까? 만일 내 아내, 내 남편이, 내 자녀들이 이 같은 일을 아무렇지도 않게 한다면? "변화된 시대" 탓이라고 자연스럽게 받아들일 수 있겠는가? 성에 관한한 나는 그 일을 해도 다른 사람이 그 일을 하는 것은 사실상 용납하기가 어려운 게 인간의 이해이다.

"스와핑" 끝 모르는 죄의 갈구

스와핑이란 "바꾸다. 교환하다"라는 뜻이다. 미국에는 오래 전부터 스왑밋(swap meet)이라고 하는 한국의 벼룩시장과 같은 마켓이 있어 물건을 바꾸거나 사거나 한다. 그런데 이제는 물건을 바꾸는 것이 아니고 여러 쌍의 부부들이 모여 부부를 바꿔가며 성 관계를 갖는 것을 스와핑이라고 한다. 물론 스와핑은 한국에서 처음 생겨난 일은 아니다. 아주 오래 전에 미국에서도 이 같은 일이 화제가 된 적이 있다.

다음은 2003년 10월 14일자 한국일보에 실린 기사이다.

[의사, 대기업 임원, 공무원 등 상류층 인사들이 배우자를 맞바꿔 성 관계를 맺는 '스와핑'을 벌이다 경찰에 적발돼 파문이 일고 있다. 인터넷을 통해 만난 수십 쌍의 부부들은 노래방, 펜션 등지에서 4-10쌍의 부부씩 스와핑을 벌인 것으로 밝혀졌다. 그러나 이들은 경찰 조사과정에서 "개인적인 취향일 뿐인데 무슨 문제냐"며 항변했고 실제로 경찰은 처벌 법규가 없어 곤혹스러워 하고 있다.

경기도 이천시의 G펜션. 서울, 경기지역에서 자가용 편으로 모여든 30-40대 부부 10쌍은 바베큐 파티를 벌인 뒤 분위기가 무르익자 속옷만 남기고 겉옷을 벗어버렸다. 서로를 희롱하며 노래방 반주에 맞춰 음주가무를 벌이던 부부들은 새벽 1시가 되자 샤워를 마치고 거실로 모여들었다. '남의 남편-부인'과 대화를 나누며 은근한 눈빛을 교환하던 이들은 속속 짝을 이뤄 빈방으로 사라졌다.

서울 서초동의 J노래방에서도 비슷한 모임이 이뤄졌다. 스와핑 알선 전문 S사이트에서 "짜경모(짜릿한 경험을 추구하는 모임) 다이어리" 게시판을 운영하는 이모(38)씨의 소개로 만난 4쌍의 부부는 구석에 있는 빈방에서 술을 마시며 노래를 부르기 시작했다.

분위기가 무르익자 이들은 각각 배우자를 교환해 집단 성 관계를 맺었다. 이씨는 "대부분 호기심과 권태 때문에 스와핑을 시작하고 개인적인 이야기는 거의 나누지 않지만 여성들이 주로 선택권을 가진 다"고 밝혔다.

경찰은 전국적으로 6,000쌍 정도의 부부가 스와핑을 하고 있고 특히 부산-대구지역이 '스와핑 천국'인 것으로 추정하고 있다. 10여 개의 스와핑 관련 인터넷사이트에 가명으로 가입한 스와핑 희망자들은 자신 의 거주지역, 나이, 키, 몸무게 등을 남겨 연락하는 방식으로 만났다.

그러나 부부로 위장해 스와핑에 참여하는 것을 막기 위해 호적등본 이나 결혼식 사진을 지참해야 하는 규정도 있었다. 참가자들은 주로 30-50대의 고학력 전문직 종사자로 교수, 공무원 등도 있는 것으로 알 려졌다.

경찰 관계자는 "성인이 합의하에 대가 없이 성 관계를 맺은 것은 윤 락행위 방지법도 적용할 수 없다"며 조사 과정에서 "우리가 조금 더 성 의식이 개방돼 있을 뿐"이라고 항변하는 것에 혀를 내두를 수밖에 없었 다고 말했다]

어쩌다 이 지경에까지 이르렀는지 모르겠다. 이제는 정말 막가는 세 상 같다. "우리가 조금 더 성 의식이 개방돼 있을 뿐"이라고 하는 데는 아연할 수밖에 없다. 아무리 성 의식이 개방되었다고 하더라도 자기 아 내를 다른 사내와 동침케 하고 자기는 옆방에서 다른 남편의 여자와 동 침한다고 하는 것은 분명 건강한 부부사이가 아니다. 겉은 멀쩡해도 속 은 썩어 냄새나는 것들로만 가득 차 있는 잘못된 가치를 지닌 부부이 다. 가진 것이 없을 때는 감히 상상치도 못하던 일들이, 먹고 살만하니 까 부끄러움 없이 행해지고 있다. 권태로움 때문이라고 한다. 그래서 짜릿한 경험을 하고 싶어 그리한다고 한다. 권태로우면 그래도 괜찮다 고 하는 말인가? 그렇게 하니까 권태로움이 싹 가시든가? 묻고 싶다. 그것은 권태 때문이 아니고 자기 속에 숙주하고 있는 죄의 욕구 때문이 라고 하는 것이 바른 고백일 게다. 그런데도 "지루해서라고 한다" 왜 할 일 많은 세상에서 그렇게 지루하게 사는지 모르겠다.

부부 관계를 유지시켜 주는 것은 순결과 성실이다. 민족에 따라 다소의 차이는 있지만 부부가 되는 데는 "둘이 연합하여 한 몸"을 이루는 것이 공통된 이해이다. 그래서 결혼예식은 그 어느 행사보다도 엄숙하게 아름답게 치른다. "그대는 이 여자를 아내로 맞아 하나님의 거룩한 법도에 따라 함께 살며 이 여자가 병들거나 건강할 때를 막론하고 그를 늘 사랑하고 위로하며 존경하고 보호하며 두 사람이 사는 날까지 이 여자만을 위하여 그대 몸을 지키겠습니까?"하는 것이 기독교 결혼예전의 기본이다. 그만큼 부부가 되는 일은 깊은 의미를 지니는 것이고 그 전제는 "성은 오직 당신만을 위해 있다. 내 아내는 내가 지킨다"는 것을 약속하는 것이다.

예전에는 강간을 당하면 "부끄럽다. 순결을 잃었다"고 자살을 하기도 했고, 아내가 바람피우거나 남편이 바람피우면 원망하거나 그것을 부끄럽게 생각했다. 또 가문의 명예를 지킨다고 음행을 한 여인을 돌로 쳐 죽이는 민족도 있다.

결혼한 남녀는 정조를 지킨다고 하는 것을 큰 명예로 알았고, 그것은 당연히 지켜져야 하는 것으로 알았다. 그래서 바람을 피울 경우 아내 몰래, 남편 몰래 쉬쉬 숨겨가며 피웠고 배우자의 바람을 부정이라고 하여 심하게 질책하고 지탄을 했다. 그런데 지금은 둘이 함께 가서 같은 장소에서 처음 만난 부부와 배우자를 바꿔가며 태연히 성교를 한다고 하니 기가 막힐 일이다. 남편은 이 방에서 아내 아닌 다른 여인과 어울리고, 아내는 다른 방에서 남편 아닌 다른 남자와 어울려 성관계를 갖고는 일이 끝난 후 아무렇지도 않게 태연히 함께 집으로 돌아간다고 하니 생각만 해도 소름이 끼치는 어처구니없는 일이다. 동물의 세계와 다를 게 무에 있겠는가? 동물들 가운데는 그래도 자기 암컷을 뺏기지 않으려고 필사적으로 방어하는 동물도 있다. 그런데 사람이 자기 아내를 태연히 다른 남자에게 내어주고 자기는 다른 여자를 끼고 잔다. 아마 집에 가서는 "좋았어?"하고 서로의 경험을 이야기 할 런지도 모르겠다. 짜장면을 먹은 아내보고 "맛있었어?"하고 묻는 기분과는 분명 다른 이야기이다. 그러다 얼마 후 또 그 맛이 생각나면 다시 스와핑을 할 것이 아니겠는가? 이해심이 많은 건지, 무지한 건지 모르겠다. 몸 파는 것과 무에 차이가 있겠는가? 돈을 주고 산 것이 아니어서 처벌할 수도 없다고 한다. 성인들이 알아서 하는 일인데 법에 저촉될 것도 없다고 한다. 언제부터 우리 민족 속에 그런 너그러운(?) 이해심이 생겼는지 모르겠다.

그들은 그들의 자녀들에게 무엇을 보여 줄 것인지? 자기 아들이나 딸이 그러고 다녀도 "좋다. 괜찮다. 사는 게 다 그런거지 뭐"라고 할 사람들일 것 같다. 그것도 가진 것이 있고 배운 사람들이 그런다고 하니 더 부끄럽다.

성경은 죄가 다음 세대에 전이가 되고 복사가 되는 것을 보여준다.(민14:18)

전이란 다음 대(代)에 행위로 나타나는 것을 말하는 것이고, 복사란 다음 대에 습관으로 나타나는 것을 말한다. 자신들의 죄로 인해 아들이나 딸, 손자들이 불행해진다면 어쩔 것인가? 그래도 괜찮으니 나는 짜릿한 경험만 하면 된다는 말인가?

부부 스와핑을 하면 아주 남남이 될 가능성이 스와핑을 하지 않고 사는 부부보다 훨씬 높아진다. 그럭저럭 살 때는 그리 문제될 것이 없어도 서로에게 실망할 경우에는 트집을 잡게 되고 그것이 빌미가 되어 헤어질 가능성은 스와핑을 하기 전보다 훨씬 높아진다.

헉헉거리며 다른 여자를 끌어안고 뒹구는 남편을 생각할 때 기분이 좋을 여자도 없고 끙끙거리며 다른 사내 품에 안겨있는 아내를 생각할 때 기분 좋을 남편도 없다. 같은 장소에서 같은 일을 동시에 했을지라도 자기가 한 일은 정당하게 생각하면서도 남이 한 일은 부정하게 생각하는 게 인간이다. 만일 같은 장소에서 같이 한 일이기에 "비기는 게임처럼" 아무렇지도 않다고 하면 그 부부는 병든 부부이다. 영국에는 "정조는 고

드름과 같다. 한번 녹으면 마지막"이라는 말이 있다. 그만큼 부부사이의 성은 두 사람만의 것이지 남들에게 줄 수 없는 것이다.

성교는 사람과 사람사이를 친밀하게 해준다. 창녀를 돈 주고 사는 것과는 달리 스와핑의 경우는 비록 관계를 끝냈다고 하더라도 후일 남편 몰래, 아내 몰래 상대와 계속 밀통할 가능성을 갖게 한다. 스와핑을 한다고 하는 것은 부부 서로가 사랑하지 않는다는 이야기이다. 그래서 이상(李箱)은 "이런 경우 — 즉「남편만 없었던들」'남편이 용서만 한다면」 하면서 지켜진 아내의 정조란 이미 간음이다. 정조는 금제(禁制)가 아니요 양심이다. 이 경우의 양심이란 도덕성에서 우러나오는 것을 가리키지 않고「절대적 애정」 그것이다"라고 했다. 상대방이 부정한 짓을 해도 아무렇지 않게 받아드리는 것은 사랑이 없어서이기도 하지만 그 이유 속에는 "지가 그러는데 나도 그럴 수 있지 뭐" 자기의 부정한 짓을 합리화하려고 하는 뜻도 있다.

우리는 호기심을 가질 것에 호기심을 가져야 한다. 하와처럼 호기심을 갖지 않아야 할 것에 호기심을 가지면 그것은 곧 아픔과 실패를 가져온다.

성은 하나님께서 우리에게 주신 가장 아름다운 축복이다. 그것은 부부 사이에서만 허락되어진 것으로 하나님의 아름다운 계획과 질서를 유지케 하기 위해 주어진 것이다.

하나님이 부부에게 성을 허락하신 이유는

1. 부부 사이의 자녀를 얻게 하기 위하여(창1:26-28)
2. 부부의 교제와 가장 친밀한 대화를 위하여(창2:18-25)
3. 부부의 만족을 위하여(잠 5:15-19)
4. 부부의 계속적인 관계를 위하여(고전7:3-5)
5. 부부의 연합을 위하여(마19:5-6)

그러므로 성행위(性行爲)는 거룩한 행위(聖行爲)가 되어야 한다.

아무리 시대가 변했다고 해도 아닌 것은 아니다. 현대인은 어디로 가는지도 모르면서 뛰고 있는 모습을 가지고 있다. 지루해서? 새로운 기분을 맛보려고? 그래서 죄를 짓는 것으로 위안을 삼았는데도 죄책감이 없다고 하면 그 사람은 정말 가망 없는 사람이다.

우리는 지킬 것은 지키면서 살아야 한다. 쾌감이나 즐거움을 부부 바꾸기를 통해 얻으려고 하는 것은 너무도 부끄러운 일이다. 그래서 오다가다 만나 잠시 잠잔 것으로 진정 놀랄만한 짜릿한 쾌감을 얻었는가? 막가는 인생, 지구의 종말을 보는 것 같다.

하나님이 우리에게 주신 것은 두려워하는 마음이 아니요 오직 능력과 사랑과 절제하는 마음이니 그러므로 너는 내가 우리 주를 증언함과 또는 주를 위하여 갇힌 자 된 나를 부끄러워하지 말고 오직 하나님의 능력을 따라 복음과 함께 고난을 받으라 (딤후 1:7-8)

하나님은 다른 여자나 남자 없이도 부부 사이에 성적인 최고의 즐거움을 나눌 수 있도록 부부의 성을 만드셨다. 그러므로 부부는 서로에게서 그 즐거움을 찾아야 한다. 스와핑에 쏟는 정열과 관심을 부부 서로에게 쏟아 보라. 부부는 분명 서로에게 만족할 것이며 지루함이 무엇인지 모르게 될 것이다.

부부는 서로에게 관심을 갖기 위해 부부가 되는 것이지 남과 같이 자려고 부부가 되는 것이 아니다. 이제는 좀 더 상대방이 갖고 있는 욕구에 대한 이해를 가지자. 나보다 다른 남자가 내 아내에게 더 잘해주거나 다른 여자가 내 남편에게 더 잘해 준다고 하면 그 가정은 갈 데까지 간 가정이다. 그들은 서로 무관심하게 되고 증오하게 되고 결국 헤어지게 되어 있다.

스와핑의 역사는 오래되었다. 한 때 미국에서도 스와핑이 사회 문제가 된 적이 있다. 그런데 후일의 통계에 의하면 스와핑을 한 부부의

100%가 이혼을 했다고 한다. 그러니 예사롭게 생각할 일이 아니다.

가정은 부부의 문제만 있는 곳이 아니다. 가정은 자녀와 부모와 이웃과 연계되어있는 곳이다. 그러므로 그 질서를 깨드리는 일을 하는 것은 자신을 불행케 하는 일이 된다.

자신의 순간적인 육욕을 충족키 위해 보장된 미래 전부를 파는 것이 인간이다. 그만큼 육욕에 관한 한 인간은 어리석다.

이제는 죄가 무엇인지를 분명히 깨달아야 한다. 그리고 아닌 것은 단호히 아니라고 해야 한다.

욕구중 성욕의 갈구가 가장 큰 욕구이다. 그러므로 사탄도 이를 집요하게 이용해 많은 사람들을 실패케 한다. 왜 순간적인 죄된 즐거움 때문에 자기의 전부를 파는가? 스와핑에서 얻은 경험 때문에 남편의 능력을 비하하거나 아내의 능력을 비하하는 이야기를 듣게 될 경우 그 심정은 또 어떨까? 비록 사회법이 관용한다고 해도 하나님의 법을 두려워하는 삶이 성공하는 삶이다. 스와핑? 있어서도 안 되고 관심을 가져서도 안 될 일이다. 이제는 여호와를 찾는 것이 생명의 샘인 것을 알아야 한다.

"너희에게 이르노니 아니라 너희도 만일 회개치 아니하면 다 이와 같이 망하리라"(눅 13:5) 얼마나 두려운 말씀인가!

타임지가 최근 실시한 여론조사 결과에 따르면 한국 성인 남성의 65%, 여성의 41%가 혼외정사(婚外情事)의 경험이 있다고 한다. 이래서야 되겠는가? 성(性)에 대한 의식이 전과는 판이하게 변했다. 서울 모 여자 대학 통계학과 교수팀이 서울 시내 남녀 대학생 600명을 대상으로 대학생 성(性)의식을 조사한 결과 "여자는 혼전 순결을 지켜야 한다"는 항목에 동의한 학생은 2.1%에 불과했으며 여대생의 27.8%와 남대생의 30.5%는 혼전 순결을 지킬 필요가 없다고 대답했다고 한다. 또 한 국갤럽이 2-30대의 라이프스타일(life style)을 조사한 바에 의하면

1,000명 중 약 절반이 좋아하는 사람이라면 결혼과 상관없이 성(性)관계를 가질 수 있다고 대답했으며, 무려 30%는 처음 만났어도 마음에 들면 성(性)관계를 할 수 있다고 응답했다고 한다. 이제는 성은 지켜야 할 것이 아니고 자유스럽게 즐겨야 할 것이라는 개념이 강하다. 죄의 개념이 바뀌어가는 것일까? 예전 같으면 상상하지도 못할 일들이 지금은 버젖이 행해지고 있다.

우리나라 청소년 보호 위원회가 경기대학교 교육대학원에 의뢰하여 전국 중학생 2,824명을 대상으로 실시한 조사에 의하면 중학생의 5.8%가 이미 성관계의 경험을 가지고 있으며 첫 관계 시기는 중2학년 때(32.9%)가 가장 많았으며 76.8%가 피임을 하지 않았고 이 가운데 여학생의 0.8%가 임신을 경험했다고 한다. 그리고 인공유산(71.4%)이나 출산 후 입양(28.6%)을 통해 임신문제를 해결한 것으로 나타났다.

여학생의 83.3%는 성관계를 하더라도 꼭 결혼할 필요는 없다는 생각을 갖고 있었으며 전체 여학생의 22.3%는 성추행, 성폭행을 당한 경험이 있고 현재 이성과 교제 중인 학생은 41.3%, 성 고민으로는 이성 교제(20%), 성충동(4.5%), 임신 및 인공유산(4.35), 성행위(2.4%), 자위행위(1.8%) 순으로 나타났다고 한다. 사회의 변화가 청소년들의 의식을 변화시키고 있다고 하는 이야기로 실제 우리 주변에 있는 바람직하지 못한 연예(entertainment)들이 그것들을 부추기고 있다. 그리고 이 가운데 하나로 등장한 것이 원조교제이다.

원조교제는 아무리 신원을 공개해도 사라지지 않고 있다.

원조교제는 나이 어린 10대들에게 돈을 주고 성관계를 맺는 것을 말하는데 그 일을 하는 대부분(77.8%)의 사람들은 성공했다는 말을 듣는 20, 30대의 의사, 교수, 변호사, 고시출신 공무원, 중소기업 사장, 대학원생 등이라고 한다.

신문 기사에 의하면 중소기업 대표인 손 모씨(37세)는 소녀 가장 정모양(17살)에게 25만원을 주고 1년여 동안 9차례 성관계를 맺었고, 의

사 조모씨(34세)는 비디오방에서 알게 된 정 모양(17세)과 6개월 동안 7차례 성관계를 갖고 33만원을 준 것으로 밝혀졌다. 10대 소녀들은 돈이 필요할 경우 아르바이트를 하여 돈을 버는 것보다는 원조교제를 통하여 거액을 손에 넣는 방법을 택하고 있다고 한다. 수요가 있으니 공급이 있다고나 할까?

청소년들이 많이 이용하는 비디오방의 경우 미니 여관이라고 불리울 정도로 성적탈선이 쉽게 이루어지는 대표적인 장소이다. 좁은 공간에 남녀가 밀착상태로 기댄 채로 누워 비디오를 감상하는데 그 비디오의 내용은 거의가 준(準) 포르노 영화들이다.

한창 성욕이 왕성한 그들이 자극적인 장면에 몰입하다 보면 자신들도 모르는 사이에 일을 저지르는 것은 어찌 보면 자연스러운 일일지도 모른다.

> 나의 하나님이 그리스도 예수 안에서 영광 가운데 그 풍성한 대로 너희 모든 쓸 것을 채우시리라 하나님 곧 우리 아버지께 세세 무궁하도록 영광을 돌릴지어다 아멘 (빌 4:19-20)

전에는 매매춘이 어느 특정 지역에서, 은밀하게 이루어졌으나 이제는 언제, 어디서나 너무 쉽게 이루어지고 있는데 그 중에는 어느 누구도 통제할 수 없는 컴퓨터 인터넷과 휴대폰을 통하여 공공연히 이루어지고 있다.

한국 성 과학 연구소가 인터넷을 이용하는 중3-고3 재학생 1,064명을 대상으로 조사한 결과에 의하면 77.1%가 포르노에 접한 경험을 가지고 있다고 하였는데 현재 접속 가능한 음란사이트만도 무려 11만여 곳이나 된다고 한다. 그 중에는 근친상간(近親相姦), 수간(獸姦), 집단혼음(集團混淫) 등 차마 눈을 뜨고는 볼 수 없는 장면들이 가득 차 있다.

일본의 경우 일본 성 교육협회가 전국 12개 지역 5,500명의 중, 고, 대학생을 대상으로 조사 발표한 바에 의하면 남자 대학생 중 63%

가 이미 성경험을 하였으며, 여자 대학생은 50%가 경험하였다고 응답하였다.

고등학생은 남자가 27%, 여자가 24%인데 이는 전년 대비 10%가 상승한 것이라고 한다. 그리고 중학생도 10%가 경험한 것으로 응답하였다.

특히 한국사회는 기업 활동에 성(性)이 접대의 수단으로 쓰이고 있다. 예전에는 손님을 접대할 때 음식이나 차를 대접했으나 이제는 여자와 술로 손님을 접대한다고 한다. 그래서 대기업체의 홍보실에서는 매년 엄청난 돈을 접대비로 책정해 접대만을 담당하는 부서까지 두고 있다고 한다.

우리는 성에대한 하나님의 목적이나 계획에 대한 바른 이해를 가져야 한다. 그리고 그 질서대로 성생활을 해야 한다. 성적인 바른 지식을 가져야 가정도 신앙도 성공할 수 있다.

이제는 초등학교 아동들이 인터넷에서 버젓이 성행위 장면을 보는가 하면 청소년들이 음란 비디오를 보면서 낄낄거리는 시대가 되었다. 또 매스컴은 사이버 섹스에 대한 이야기를 하고 있다. 50년 전만 해도 상상치 못하던 일들이 지금은 버젓이 행해지고 있다. 물론 성적인 죄악은 어제오늘의 이야기가 아니다. 그것은 창세 시대부터 있어온 죄악이다. 그러고 보면 성적인 죄는 치유 불능의 죄악처럼 보인다.

성에 대한 해석

"넘어진 자를, 또다시 차 버리는 것이
인간이 타고난 성질이다"(아이스킬로스)

　어찌 보면 성은 모든 행동의 눈에 보이지 않는 중심이라 할 수 있다. 그것은 드러내 놓지 않으려는 노력가운데 기회만 있으면 얼굴을 내미는 속성을 가지고 있다. 성은 불가사이 하다할 만큼 신비한 것이어서 때로는 화평의 수단이 되기도 하지만 때로는 불화의 원인이기도 하며 자살이나 타락으로 이어지는 것이기도 하다. 그것은 천의 얼굴과 만(萬)의 형상을 갖추고 있는 것이다. 그래서 M.E.몽테뉴는 "성교육은 미적분학(微積分學)이나 그리스 문학처럼 취급할 수 있는 것이 아니"라고 했다. 그만큼 정의하기도, 이해하기도 난해한 것이 성이다. 뭔가 확실한 개념이 설정되지 않아도 강하게 느낄 수 있는 것이 성이요 성욕이다. 그러므로 톨스토이는 "성욕과의 싸움이 가장 어려운 투쟁이다"라고 했다.

　지금 우리가 사는 이 시대는 그 어느 때보다 혼란스럽다. 예전 같으면 숨기거나 감추는 것을 미덕으로 여겼는데 이제는 벗는 것이 미덕이요 개방하는 것이 자연스러운 시대이다. 지금부터 50여 년 전만 하더라도 누드모델을 찾기가 수월치 않아 화가들이 누드를 그리기가 쉽지를 않았다고 한다. 그런데 지금은 벗지 말라고 해도 벗는다.

100여 년 전 사람들 가운데는 단발령(斷髮令)이 내려지자 부모가 주신 머리를 함부로 자를 수가 없다고 해 자살을 한 사람도 있다. 그런데 지금은 머리카락은커녕 얼굴도 마음대로 뜯어고치는 시대가 되었다. 턱이 마음에 들지 않으면 턱을 깎고 코가 마음에 들지 않으면 코도 세우고 얼굴 전체를 바꾸는 시대가 되었다. "신체의 털이나 피부는 부모로부터 받은 것이니 상하게 할 수 없다"는 옛 우리나라 사람들의 초자아가 무색하게 되었다. 이제는 미국이나 불란서에서 유행하면 1주일 후에 한국에서 그것이 유행을 하고 일본에서 유행을 하면 하루 후에 그것이 한국에서도 유행하는 시대가 되었다. 인터넷의 발전이 인간 생활에 큰 변화를 가져오고 있다. 그러다 보니 섹스 산업이 하나의 기업처럼 등장하고 있다.

한 때 휴 헤프너의 "프레이 보이"지가 사람들의 시선을 모았던 시대도 있었다. 그러던 것이 이제는 쇠락의 길을 걷고 있다. 너무 고전적인 방법(?)이어서 보는 사람이 없기 때문이다. 그 때는 잡지의 그림이나 사진을 보고도 자극을 받았으나 지금은 그렇지가 않다.

지금 이후의 시대는 디지털 시대요 사이버 시대이다. 가상적인 일들이 현실처럼 느껴져 우리 생활을 주도하는 시대이다. 이제는 화성에 가지 않고도 화성 체험을 할 수 있고 여자나 남자가 없이도 사실과 꼭 같은 느낌의 성적인 쾌감을 느낄 수 있는 시대이다. 영화 제작자들이 그것을 소재로 영화를 만들고 있다.(total recall / minority report) 그러니 언젠가는 그런 날들이 올 듯도 하다.

그러고 보면 성이 부부 사이의 나눔이나 하나님의 창조질서의 목적이 아닌 오직 육의 즐거움만을 추구하는 기호처럼 되어가고 있다. 부패한 자들이 온갖 이설로 사람들을 더욱 부패시키고 있기 때문이다.

죄성이란 죄를 짓는 성질을 말한다. 그 속에는 "모든 불의, 추악, 탐욕, 악의, 시기, 살인, 분쟁, 사기, 악독, 수군수군하는 것, 비방, 능욕, 교만, 자랑, 악을 도모하는 것, 부모를 거역하는 것, 우매한 것, 배약하는 것 무정한 것, 무자비한 것"이 모두 포함이 되어 있다. 그리고 이런 것은 하나님이 미워하시는 것들(롬1:29-31)이라고 성경은 기록하고 있다. 그런데도 이상스러운 것은 이런 일을 하면 "죽는다"고 하는데도 "죽는 것은 나중 일"이고 계속해 그 죄를 짓는가 하면 다른 사람이 자기와 같은 죄를 지으면 자기의 죄가, 죄가 아닌 것처럼 느껴지는 게 인간이 가진 죄성이다. 그만큼 죄성의 뿌리는 뻔뻔하고 부끄러움을 모르고 깊고 단단하다.

예전에는 숫처녀라거나 숫총각을 명예로 여겼고 그리하는 것을 당연한 것으로 알았다. 숫처녀가 아니면 인생이 종친 것처럼 여겼고 숫총각이 아니면 아주 수양이 덜된 막된 하류 인간처럼 여겼다. 그런데 요즘은 그게 아니다. 숫처녀 숫총각이라고 하면 어딘가 무능하고 재능이 없고 사람들에게 인기가 없고 남자나 여자로부터 호감이나 시선을 받지 못하는 별종(別種) 같은 취급을 당하거나 놀림을 당하고 있다. 그래서 요즘 젊은 세대는 숫처녀를 천연기념물이라고 부르는가 하면 숫총각을 희귀동물이라고까지 부르고 있다.

브랑톰은 "처녀와 포도밭을 지키기는 무척 힘이 든다"고 했고 나도향(羅稻香)은 "남자는 반드시 처녀를 구하지 말 것이다. 처녀는 하룻밤에 사라질 수도 있는 것이요, 동정(童貞)을 지킨 남자는 한 사람도 없다 해도 과언이 아닌 까닭이다"라고 "내가 믿는 문구(文句) 몇 개"라는 글에서 말하고 있다. 그만큼 지키기 어려운 것이 순결이다. 그리고 그만큼 지켜야 할 가치가 있는 것이 순결이기도 하다.

예전에는 처녀성을 아주 중시해 우리 조상들은 그것을 입증하기 위해 결혼 초야에 하얀 베를 잠자리에 깔게 해 얻은 혈흔을 순결의 상징으로 명예롭게 여겨 온 동네에 그것을 알리는 것을 당연시 여겼다. 그런데 지금은 동침을 해도 임신만 하지 않으면 처녀라고 한다. 시대의 변화가 가져온 이해요 초자아이다.

예전에는 섹시하다는 말을 수치스럽게 여겼다. 그것은 음탕과 연계

되는 말로 이해되었다. 그런데 지금은 섹시하다는 말을 칭찬으로 알고 있다. 그것을 매력의 또 다른 표현으로 이해하고 있다. 그만큼 이제는 성을 감춰진 것으로 여기지 않고 열려진 것으로 여긴다. 그래서 겹겹이 여미고 살던 삶이 이제는 경쟁적으로 노출하며 살려고 한다. 결국 이 모두는 욕정으로 가는 길목에서 생기는 일들이다. 꼭 나쁘다고만 할 수 있겠는가? 반듯하게 쓰지 못하고 정당하게 쓰지 못하니 문제이다.

욕정은 인류의 옆구리에 입을 벌리고 있는 신비한 상처라고 했다. 그래서인가? 인간은 이 욕정의 부끄러운 상처를 감추기 위해 예술이라고 하는 미명아래 아름다운 탈을 쓰고 그것을 미화하는 노력도 해왔다. 그러다 보니 잘못된 추한 성도 문화의 변천이요 진보라고 하는 미명아래 미화되어 왔다.

예전에는 가정부인이 외간 남자와 정분이 나는 것을 숨겨야 할 일로 생각했다. 그래서 그것을 글로 쓴다거나 드라마화 하는 것조차 쉽지 않아 조심했다. 지금의 이해로는 별 것도 아닌 정비석 씨의 "자유부인"이 사회적인 물의를 일으킨 것도 같은 이유 때문이다. 그런데 요즘의 드라마나 글은 어떤가? 바람 한번 피워보지 못한 아내는 아주 촌닭취급을 당하는 시대가 되었다. T.V. 드라마나 스포츠 신문의 거의 모두가 경쟁적으로 불륜을 미화하고 있다. 불륜을 로맨스화 하는 게 드라마 작가들의 일인가? 남편이 있는 아내가 외간 남자와 동침하는 것을 천연스럽게 드라마로 구성하거나 글로 써 그렇게 살아도 괜찮다는 식으로 부추기고 있다. 그러다 보니 멀쩡한 사람도 "나도 한번 저런 로맨스를 해보았으면" 하는 호기심을 갖게 한다.

죄를 가까이 하려는 인간의 죄성이 이 같은 욕구와 시각을 갖게 한 것이다.

성에 관한한 예찬론자가 있는가 하면 그 아름다움을 부정하는 사람들이 있다. 그리고 그 모두는 자신들의 경험의 결과로 얻어지는 결론이다. 그러고 보면 인간이 성에 대한 정답을 내는 것은 사실상 어렵다. 그러나 그러면서도 어찌 보면 섹스가 인생의 행복을 좌우한다고 해도 과언이 아닐 정도로 인생의 가장 중요한 문제임은 명백하다.

성에 대해 하나님께서는 어떻게 말씀하시는가? 왜 하나님은 성을 창조하셨을까? 이제는 성을 창조하신 하나님의 뜻이 무엇인지를 찾아야 한다. 그것은 분명 하나님의 목적을 이루기 위해 주어진 즐거움이다.

성적인 만족은 자신감을 주며 부부사이를 성숙케 해 준다. 그러므로 크리스천은 하나님께서 왜 남자에게는 남성을 주시고 여자에게는 여성을 주셨는지에 대한 명확한 이해를 가져야 한다.

"저희의 행위가 저희로 자기 하나님에게 돌아가지 못하게 하나니 이는 음란한 마음이 그 속에 있어 여호와를 알지 못하는 까닭이라"(호5:4)고 했다. 그런데도 왜 남자와 여자를 두어 성생활을 하게 하셨을까?

성적인 잘못된 이해는 하나님을 거절케 할 수 있다.

E.프롬은 "종종 볼 수 있는 불행한 결혼의 원인은, 결혼의 상대자가 「올바른 성적(性的) 적응」이라는 일에 있어서 똑바로 처리하지 못했다는 점에서 반드시 발견될 것이라고 믿어져 왔다. 이 실패의 원인은「올바른」 성행위에 관한 무지(無知)에 있었다. 환언하면 부부 중의 한 사람, 혹은 양자의 그릇된 성기교에 있는 줄로 알고 있었다. 이러한 잘못을 고치기 위하여 여러 책들은 올바른 성의 욕구에 관하여 시사와 조언을 해주고, 그것에 의하여 행복과 사랑이 찾아온다고 은근히 또는 공공연하게 약속하였다. 이들 견해의 근본은, 사랑은 성적인 환희의 소산이라는 것이며, 만일 서로가 성적인 만족을 주는 것을 알게 되면 이 둘은 서로 사랑하게 되리라는 것이다"라고 했다. 그렇다고 하면 내게 주어진 성은 사랑을 지킬 수 있는 보물이 아닌가. 그 보물을 잘 간직하고, 않고는 전적으로 내 몫의 일이라 할 수 있다.

금욕주의(Asceticism)

그 시대가 너무 음란할 때는 그것에 대한 반작용이 생기는 것이 역사의 진행이요 순리이다. 금욕주의도 바로 그 시대가 낳은 새로운 해석이요 사상으로 이는 고행을 미덕으로 아는 것으로부터 시작했다.

이광수는 "그 여자(女子)의 일생(一生)"에서 "이성과 난잡한 말을 하거나 육체적 접촉을 할 때에 어떤 관능적 쾌미? 그것은 너무도 순간적일뿐더러, 그 쾌미보다 몇 백배나 되는 회한의 고통과 심신의 피로와 불쾌를 값으로 가져오는 것이다. 그 관능적 쾌미를 따라서 마음으로나 몸으로나 헤매는 꼴, 그리고 그것이 얻어지지 아니할 때에 목마르고 주린 듯이 괴로워하는 꼴, 그리고 거기 따르는 허욕과 질투와 원망과 아첨과 거짓 등 모든 감정의 소용돌이와 회오리바람——이 모든 것을 돌아보면 지긋지긋하게 더럽고 괴로운 것이다"라고 이야기하고 있는데 금욕주의 시작은 바로 이런 생각으로부터 시작한다고 할 수 있다.

금욕주의란 성이나 성욕을 "인간이 가져서는 안 될 아주 추하고 더러운 것"으로 보는, 성욕에 대한 부정적인 견해를 말한다. 이것은 어거스틴을 중심으로 한 중세 기독교 사회와 율법주의 사상 속에 팽배해 있던 사상으로 그 배경은 극도로 타락한 성의 무분별함을 혐오하는 것으로부터 시작한다. 그러므로 이들은

1. 성은 악하다. 그러므로 억제되어야 한다.
2. 육체적인 만족을 구하는 것은 악한 일이다. 그러므로 육체에 속한 것을 즐겨서는 안 된다.
3. 관능적인 욕구와 성적인 표현은 악한 일이며 영적인 가치가 없다.
4. 종족 보존을 위한 생식의 기능 외의 성은 사악한 즐거움이다.

이것은 일반적으로 중세 기독교 사회에 있어서라고 했는데 팽배해 있던 사상이다.

금욕주의자들은 "성관계를 가질 때는 성령이 떠난다"고 생각했다. 이들은 대체적으로 "성은 악하다. 그러므로 그것은 억제되고 금기되어야 한다"고 주장했고 육체적인 만족을 구하는 것을 악으로 보았다. 그러므로 "신앙인은 육체에 속한 것을 즐겨서는 안 된다"고 생각했다.

이들은 성을 종족 보존을 위한 기능 외에 아무 의미가 없는 것이라고 생각했고 그것을 사악한 즐거움이라 생각했다. 그러므로 성적인 욕구와 관능적인 표현은 모두 악한 일이며 영적인 가치가 없다는 주장했다.

그래서 교회가 부부의 성생활을 통제했는데

□ 수요일은 모세가 계명을 받은 날이므로

□ 목요일은 예수님이 잡히시던 날이므로

□ 금요일은 그리스도께서 십자가에 달리시던 날이므로

□ 토요일은 동정녀의 영광을 위하여

□ 주일은 그리스도의 부활하신 날이기에

□ 월요일은 박해받고 숨진 기독교도들에게 경의를 표하는 날이므로

외에도 이런 저런 이유를 달아 성행위를 하지 않아야 한다고 했다. 이들은 성생활이 마치 신앙생활의 적인 것처럼 인식해 그것은 억제되고 통제되어야 한다고 했다. 분별없는 육욕, 무질서한 성욕이 가져온 결과요 사상이다.

이규보는 "대체로 색이란, 음란하고 사치하고 이상한 것을 좋아하는 자가 보면 구슬이나 옥같이 예쁜 것이지만, 곧고 모나고 순박하고 검소한 자가 보면 흙이나 진흙처럼 추한 것이오. 그러므로 「때로는 아름답고 때로는 추하다」고 한 것입니다"라고 이상자(異相者)에서 말하고 있다. 이처럼 성은 보는 눈에 따라 달리 해석될 수 있는 게 성이다.

도날드 괴르겐은 "성"은 영성의 적이 아니고 친구이다"라고 했고 "활발하고 건강한 성생활은 무더운 여름 길의 청량제이다"라고 했다. 하워드 크라인벨도 "성은 영성의 적이 아닌 친구"라고 했다.

성애주의(Eroticism)의 성

1. 성은 아름답고 선한 것이다. 육체적 행복의 가장 큰 의미는 육체적인 욕구를 만족시키는 데 있다.
2. 그러므로 성은 해방되고 자유스럽게 허용이 되어야 한다.
3. 도덕적이나 영적인 절대성은 없다.
4. 성은 종교적 제한을 받을 수 없는 자유스러운 것이다.

   결국 이들은 구속받지 않는 자유스러운 성을 주장하는데 이들은 방종마저 아름다움이라고 강변하며 성을 타락시켰다.

   □ 결국 금욕주의 성이나 자유주의 성은 사회를 무질서하게 만들었다.

복음주의 성

1. 성은 성경에 근거해야 한다.
2. 성은 억제되고 조절되어야 한다.
3. 성은 하나님의 계획하심대로 질서에 따라 선하게 사용되어야 한다.

   □ 생명을 만드는 성 –

   "하나님이 그들에게(남자와 여자) 복을 주시며 하나님이 그들에게 이르시되 생육하고 번성하여 땅에 충만 하라."(창 1:28)

   "주께서 내 내장을 지으시며 나의 모태에서 나를 만드셨나이다. 내가 주께 감사하옴은 나를 지으심이 심히 기묘하심이라 주께서 하시는 일이 기이함을 내 영혼이 잘 아나이다 내가 은밀한 데서 지음을 받고 땅의 깊은 곳에서 기이하게 지음을 받은 때에 나의 형체가 주의 앞에 숨겨지지 못하였나이다. 내 형질이 이루어지기 전에 주의 눈이 보셨으며 나를 위하여 정한 날이 하루도 되기 전에 주의 책에 다 기록이 되었나이다.(시139:13–16)

3. 성은 하나님의 놀라운 아이디어요 축복이다.

하나님 안에서의 성은

□ 인간의 인격적 가치를 성숙하게 한다.

□ 인간에게 심리적인 안정과 육체적인 안식을 제공한다.

□ 가정을 견고하게 해준다.

□ 부부에게 참된 자유와 즐거움을 준다.

□ 부부의 평등과 진지한 인격적인 관계를 형성케 해 준다.

□ 신앙의 성장을 가져온다.

구약의 성

1. 성은 즐거운 것

"내게 입 맞추기를 원하니 네 사랑이 포도주보다 나음이로구나"(아 1:2)

"사람이 새로이 아내를 취하였거든 그를 군대로 내어 보내지 말 것이요 무슨 직무든지 그에게 맡기지 말 것이며 그는 일 년 동안 집에 한가히 거하여 그 취한 아내를 즐겁게 할지니라"(신 24:5)

2. 성은 신비한 것

"내가 심히 기이히 여기고도 깨닫지 못하는 것 서넛이 있나니 곧 공중에 날아다니는 독수리의 자취와 반석 위로 기어 다니는 뱀의 자취와 바다로 지나다니는 배의 자취와 남자가 여자와 함께한 자취며"(잠 30:18-19)

3. 성은 만족을 위한 것

"남자들 중에 나의 사랑하는 자는 수풀 가운데 사과나무 같구나 내가 그 그늘에 앉아서 심히 기뻐하였고 그 실과는 내 입에 달았구나"(아 2:3)

4. 성은 질서를 위한 것

"이와 같이 남자들도 순리대로 여인 쓰기를 버리고 서로 향하여 음욕이 불일듯 하매 남자가 남자로 더불어 부끄러운 일을 행하여 저희의 그릇됨에 상당한 보응을 그 자신에 받았느니라"(롬 1:27)

5. 성은 평안을 위한 것

　"나는 성벽이요 나의 유방은 망대 같으니 그러므로 나는 그의 보기에 화평을 얻은 자 같구나"(아 8:10)

6. 성은 소속감을 주는 것(아2:16)

　"나의 사랑하는 자는 내게 속하였고 나는 그에게 속하였구나 그가 백합화 가운데서 양 떼를 먹이는구나"(아 2:16)

신약의 성

　고린도전서 7:2에서 사도 바울은 "음행의 연고로 남자마다 자기 아내를 두고 여자마다 자기 남편을 두라"고 했다. 이 점 바울은 인간의 성적인 욕구는 자연스러운 것이라는 이해를 갖고 있다. 그는 다만 그것이 무질서하게 쓰이고 죄의 도구로 쓰이는 것을 경계했다.

　성욕은 정당한 것이다. 그것은 하나님께서 인간에게 주신 놀라운 축복이다. 성욕이 없었으면 어떻게 하나님의 창조를 계승할 수 있었겠는가? 우리는 내가 죽어도 내 다음 대가 이 세상을 보존하고 유지하는 것이 하나님의 계획이요 뜻임을 알아야 한다. 그리고 이 일은 하나님의 창조 가운데 있는 일로 무분별이 아닌 분별을 갖고 질서 가운데서 행해져야 할 일로 구분되어 있다.

> 너희의 쓴 말에 대하여는 남자가 여자를 가까이 아니함이 좋으나 음행의 연고로 남자마다 자기 아내를 두고 여자마다 자기 남편을 두라 남편은 그 아내에게 대한 의무를 다하고 아내도 그 남편에게 그렇게 할지라 아내가 자기 몸을 주장하지 못하고 오직 그 남편이 하며 남편도 이와 같이 자기 몸을 주장하지 못하고 오직 그 아내가 하나니 서로 분방하지 말라 다만 기도할 틈을 얻기 위하여 합의상 얼마 동안은 하되 다시 합하라 이는 너희의 절제 못함을 인하여 사단으로 너희를 시험하지 못하게 하려 함이라 (고전 7:1-5)

부부가 서로에게 성욕을 느끼는 것을 탓할 사람은 없다. 문제는 아내가 아닌 다른 여인, 남편이 아닌 다른 남자에게 성욕을 느끼는 것이 문제이다.

성적인 나눔은 부부 사이에만 허용이 되는 행위이다. 바울은 그러므로 "남편은 그 아내에게 대한 의무를 다하고 아내도 그 남편에게 그렇게 할지라"(고전7:3)라고 권하므로 부부는 서로에게 충실하여야 할 것을 권고하고 있다. 이 개념은 결혼한 자는 1년 동안 군이나 노역을 하지 않게 한 것과도 맥을 같이 한다고 할 수 있다.(신 24:5)

"아내가 자기 몸을 주장하지 못하고 오직 그 남편이 하며 남편도 이와 같이 자기 몸을 주장하지 못하고 오직 그 아내가 하나니"(고전 7:4)
□ 부부의 성은 배우자를 위한 것이다. 그러므로 서로에게 잘 주도록 해야 한다.

"서로 분방하지 말라 다만 기도할 틈을 얻기 위하여 합의상 얼마 동안은 하되 다시 합하라 이는 너희의 절제 못함을 인하여 사단으로 너희를 시험하지 못하게 하려 함이라"(고전 7:5)
□ 어떤 경우도 성을 무기로 삼아서는 안 된다. 부부의 성은 서로의 결합을 위한 것이다.

"모든 사람은 혼인을 귀히 여기고 침소를 더럽히지 않게 하라 음행하는 자들과 간음하는 자들을 하나님이 심판하시리라"(히 13:4)
□ 성은 인간 질서의 기초요 가정 질서의 기초이다.

성에 대한 이해

"아내는 남편을 아내의 정서로 이해해서는 안 된다"

섹스가 건강에 좋은 6가지 이유

섹스는 일종의 운동이고 다른 운동처럼 열량을 소모하는 효과가 있으며 나이를 이겨내는데 도움이 될 수 있다고 한다.

미 NBC는 섹스가 장수에 도움이 된다는 연구결과까지 있다고 전하면서 섹스가 건강에 좋은 6가지 잠재적 효과를 제시했다.

1) 스트레스 완화

오르가즘은 사람을 안정시키고 수면을 돕는 효과가 있다. 뉴욕주립 대학생들의 연구 결과에 의하면 콘돔 없이 섹스를 한 여성들은 콘돔을 사용했거나 섹스를 하지 않는 여성들에 비해 우울증 증세를 덜 겪었다고 하는데 이는 정액이 신경안정 효과를 갖고 있음을 시사하는 증거라 할 수 있다.

2) 통증 완화

오르가즘은 강력한 진통효과가 있다. 이런 효과는 절정의 순간과 그 직전에 분출되는 자궁수축 호르몬과 엔돌핀 등의 성분에 따른 것으로 추정된다.

3) 심장건강 증진

정액은 혈압저하 효과가 있다. 영국 남성들을 대상으로 실시한 2002년도 연구보고서는 잦은 성행위가 치명적인 심장질환을 막아주는 효과가 있는 것으로 나타났다.

4) 전립선암 예방

미국의학협회 연구에 따르면 잦은 사정은 전립선암 위험을 떨어뜨린다고 한다.

5) 상처 치유

실험 결과 자궁수축 호르몬은 특정 세포를 재생시켜 당뇨병에 의한 고질적 상처마저도 나을 수 있도록 돕는다는 것이 입증됐다.

6) 노화 방지

"질쇠퇴"를 겪는 폐경기 여성들의 요도관 감염 등의 합병증을 유발할 수 있는 방안을 해결할 수 있는 한 가지 방법은 좀 더 자주 섹스를 하는 것이다.

섹스가 건강에 좋은 40가지 이유

적절한 성교가 건강에 유익하다고 하는 연구 결과가 발표돼 관심을 집중시키고 있다.

스탠포드 대학과 펜실바니아 대학 연구팀의 연구 결과에 따르면 적절한 성행위야말로 신체의 최상의 컨디션을 유지할 수 있는 비결이라고 한다. 다음은 부부학 연구 / 의학 전문가들이 조사 보고한 내용이다.

연구에 참여한 각 메디컬 전문가들이 제시한 성교가 건강에 좋은 40가지 이유는 다음과 같다.

[1] 주1회 정도의 성교를 갖는 여인은 그렇지 않은 여자에 비해 생리 주기도 일정해지고 신체 내에 에스트로겐이 두 배정도 더 공급이 된다.

[2] 성욕이 왕성한 여자는 호르몬이 활발히 증가해 신체가 비옥한 토지 같이 된다.

[3] 애무도 성교와 같은 효과를 나타낸다. 호르몬과 에스트로겐을 증가시 켜주어 뼈를 더욱 튼튼하게 해주고 신체를 더욱 건강하게 해준다.

[4] 심장 질환을 앓고 있는 사람은 보통 성교를 두려워하는데 그것은 잘 못된 생각이다. 성행위시 심장박동 수가 빨라지는데 그것은 혈액 순환을 원활히 해주기 때문에 건강에 유익하다.

[5] 뉴욕의 섹스 연구가 닥터 쥬디 폴리안스키는 성교하는 동안 몸속에 엔돌핀이 증가하기 때문에 좋다고 주장한다.

[6] 성교는 웃음을 포함한 모든 좋은 감정을 자극시킨다. 옛부터 두 번 웃으면 한번 젊어지듯이 웃음은 스트레스를 격감시켜 준다.

[7] 남자들에게 있어 성교후의 사정은 전립선암의 발생을 감소시켜준다. 남자들은 나이 들어감에 따라 전립선 비대 증상을 보이는데 규칙적인 사정이 전립선 비대를 감소시켜 준다고 뉴욕의 브룩클린 다운 스테이트 메디칼 센터의 닥터 마리아 둔이 말했다.

[8] 대부분의 인간들은 애무와 접촉을 필요로 한다. 과부나 그 밖의 애무와 어떤 신체적인 접촉을 받을 수 없는 나이 많은 여자들은 그렇지 않은 여자보다 스트레스에 더 노출되어 있다.

[9] 성교는 관절염의 치료에 도움을 준다. 그것은 성교가 관절염 주위의 근육을 부드럽게 만들어 주기 때문이다.

[10] 성교는 운동의 대체 효과를 줄 수 있다. 왜냐하면 운동이 근육을 이완 시켜주기 때문이다. 그러나 이런 효과를 보려면 1주일에 서,너번 한번에 20분 정도 해야만 한다.

[11] 성교는 어떤 사람에겐 불면증을 치료해 주며 어떤 사람에겐 활력을 준다.

[12] 성교시 심장박동 수가 증가하므로 혈액순환이 좋아져 얼굴 혈색은 물론 영양 상태도 좋아진다. 또 피부에 수분공급을 충분히 해준다.

[13] 하루를 성교와 함께 시작하는 것이 좋다. 이유인즉 성교는 혈색을 좋게 해 주며, 근육을 느슨하게 해주고, 당신을 하루 종일 싱글벙글 거릴 수 있게 해주기 때문이다.

[14] 성교가 심장 박동 수를 1분에 1백 70번까지 증가시키기 때문에 대단히 좋은 성장 운동이 될 수 있다.

[15] 스트레스를 줄이기에는 성교가 제일 좋다. 하지만 스트레스가 성욕을 감소시키기도 한다. 그러므로 스트레스를 삭히지 말고 사랑하는 사람과 침실에서 풀라.

[16] 성교는 몸무게를 줄여준다. 10분 동안 유리창을 닦는데 48칼로리가 소모되지만 10분 동안 성행위를 하는 데는 200칼로리가 필요하다.

[17] 성교는 특히 여자 몸에 좋다. 700명의 여성을 상대로 조사한 결과 일주일에 한번 정도의 성교는 여자의 생식 기관을 좋은 상태로 유지시켜 준다고 한다.

[18] 규칙적으로 성교를 즐기는 폐경기의 여성보다 지속적이 아니고 가끔씩 즐기는 여성은 내분비 기관에 지장을 초래할 수 있다.

[19] 사랑에 빠지면 뇌 속에 페닐에틸라민이라는 화학물질이 증가하게 되는데 이것은 에너지를 증가시키는 물질이다.

[20] 키스는 즉석 얼굴마사지 효과를 가져온다. 왜냐하면 가벼운 키스라도 12개의 얼굴 근육을 이용해야 하고 긴 키스는 29개의 근육을 이용해야하기 때문이다.

[21] 키스는 당신이 덜 먹고, 담배를 덜 피우게 도와주는데 그 이유는 키스가 입을 달래주기 때문이다.

[22] 키스는 예상 수명보다 더 수명을 길게 해준다. 황홀한 키스는 58%의 심장 박동 수를 증가시키는데 이 같은 심장 운동은 건강에 좋다.

[23] 키스는 당신의 입술, 혀, 턱 그리고 목의 근육을 운동시키기 때문에 당신을 젊고 튼튼하게 보이게 한다.

[24] 키스는 간이 체중조절기가 될 수 있다. 한번에 3칼로리가 소모되므로 한 시간 정도의 키스와 포옹은 책을 읽는 것보다 25%이상 칼로리를 소모한다.

[25] 사랑을 하는 사람은 몸무게를 줄이는데 별로 어려움을 못 느끼게 되는데 이유는 사랑에 빠지면 몸의 화학물질의 작용으로 식욕이 감퇴되기 때문이다.

[26] 열정은 모든 질병으로부터 당신을 치료할 수 있다. 조사에 의하면 수술후에 환자를 자주 포옹해 주는 것이 치료에 도움이 된다고 한다.

[27] 성교는 막힌 코를 뚫어준다. 성교는 사람들로 하여금 가끔 재채기를 하도록 만들어 주기도 한다.

[28] 조사에 의하면 사랑하는 사람이 애무해 주면 두통과 근육통이 없어 진다고 한다.

[29] 성교는 혈액순환에 좋아 혈압을 낮추는데 도움을 준다.

[30] 길고, 사랑에 가득 찬 아침의 이별 키스는 스트레스나 스트레스와 관계된 질병의 예방 주사와도 같다.

[31] 누구에게인가로부터 사랑을 받는다는 느낌은 당신의 자존감을 높여 준다. 자신에 대한 자신감은 당신의 건강에 좋다.

[32] 성교는 당신의 근육 기능을 좋게 한다.

[33] 노인병 전문 병원을 대상으로 한 조사에 의하면 노인 환자들에게 매일 정기적으로 포옹해주면 기억력에 도움을 준다고 한다.

[34] 성교는 당신을 보기 좋게 만든다. 가슴으로 흘러내리는 혈액은 가슴을 풍만하게 만들어주며, 입술은 더욱 붉어지고 혈색을 좋게 한다.

[35] 의학 자료에 의하면 성교는 정맥류성의 정맥 질환을 막아준다고 한다.

[36] 성교는 소화계 근육을 부드럽게 해주며 제 기능을 갖게 해 준다.

[37] 서로 상대방을 따듯하게 유지하면 차가운 세균의 침범을 막을 수 있다.

[38] 성교는 부시시한 머리칼을, 산소가 풍부한 혈액을 공급해 줌으
로 윤이 나게 해 준다.

[39] 성적인 자극은 눈동자의 동공을 확대시켜주어 눈이 더욱 빛나
보이게 한다.

[40] 성교 때 생겨나는 감성들은 삶의 두려움과 공포 등을 없애준다.

그렇다고 하더라도 성에 대한 신화적인 환상을 버려야 한다. 성에 관
한한 가장 바른 자세는 하나님의 뜻을 먼저 생각하는 것이고 두 사람의
공통된 이해이다.

"성 관계는 왜 갖는가?" 남성들은 흔히 오르가슴 때문이라고 하고 여
성은 친밀감을 얻기 위해서라고 한다.

성은 남자에게 있어 무엇보다 우선하는 욕구로 남자는 이 욕구를 충
족시키기 위해 사랑을 한다.

여자의 경우는 이와 다르다. 여자의 제1욕구는 성적인 나눔보다는 따
뜻한 보살핌이다. 이처럼 부부 사이의 성 관계의 의미는 모두 본능에
충실한 행위이긴 하지만 그 목적에는 다소 차이가 있다. 그러나 그런
가운데서도 부부 사이의 성 관계는 서로를 전부 주고받는 끈끈하고 견
고한 대화로서의 의미를 지닌다.

대화가 통하지 않는 부부사이는 원만하게 살기가 어렵다. 이처럼 성
관계가 원만치 못한 부부 사이도 원만하게 살기가 어렵다. 부부가 성
관계를 갖는 것은 원만한 대화를 하기 위해서이다.

섹스라는 용어는 라틴어로 「나눈다」는 뜻을 갖고 있다. 서로의 것을
나누어 행복하게 살기 위해 주어진 것이 성이다. 그러므로 성은 주는
것을 통해 얻는 아주 아름답고 즐거운 행위여야 한다.

성에 대한 하나님의 설계

"서로 다퉜다고 할지라도 분방해서는 안되는 게 부부의 성이다"

부부사이의 성적인 나눔은 주는 것을 통해 환희를 맛보는 것으로 서로를 즐겁게 하기 위해 주어진 것이다. 그러므로 성은 "내 것"이라고 하는 이해보다는 "그의 것"이라고 하는 이해를 가져야 한다. 내 것으로 끝날 경우 성(性)은 배설 기관 이상의 의미를 지니지 못한다. 그러나 내 것이 아닌 사랑하는 이의 것이 될 경우 그것은 사랑하는 이에게 줄 수 있는 가장 고상하고 귀한 것이 되게 된다. 그러므로 부부는 성행위를 통해 서로를 즐겁게 할 뿐만 아니라 상대를 "나"라고 느낄 수 있어야한다. 그럴 때 내가 가진 성은 내 것 이상의 소중한 의미를 지니게 된다.

성(Sex)은 하나님이 부부에게 주신 가장 친밀한 대화이다. 그러므로 우리는 성을 통해서도 비록 비언어적인 표현이기는 하나 좋은 대화를 나눌 수 있어야 한다.

성은 사실상 자기의 것일지라도 자기를 위한 것이 아니요 자기 짝을 위한 것이다. 그러므로 서로에게 충분히 주어야 한다. 부부는 서로에게서 성적인 만족을 얻지 못하면 그것이 빌미가 되어 싸울 수도 있다. 그리고 이 때 사단이 틈을 타 부부사이를 어지럽게 할 수도 있다. 그러므로 부부의 견고한 연합을 위해서도(마19:5-6) 서로에게 성적인 만족을 주고 받아야 한다. 그리고 그것은 서로에게 칭송의 대상이 되어야 한다.

성은 하나님께서 부부에게 주신 놀라운 선물이다. 그러므로 부부는 서로에게 어떻게 하면 더 좋은 것을 줄 수 있을지를 생각해야 한다. 화가 난다고 하여 성을 무기로 삼는 것은 옳지 않다. 또 그것이 부부싸움의 동기가 되어서도 안 된다. 그것은 두 사람이 힘을 모아 개발해야 할 만큼 비밀스럽고 신비한 것이다. 그러므로 성은 한 번으로 모든 것을 다 알 수 있는 것이 아닌 평생을 통해 조금씩 조금씩 캐어내듯 가꾸어가며 즐겨야 하는 것이다.

신자의 삶은 그 중심이 그리스도여야 한다. 주님이 이 일을 어떻게 보시며 해석하시며 결론을 내리실지를 살펴 주님을 기쁘시게 하는 삶이 신자의 삶이어야 한다. 성에 관한한 인간은 너무도 약하고 뻔뻔스럽고 괴팍스러워 그 유혹을 이기지 못할 때가 있다. 이 때 제일먼저 생각해야 할 것은 "하나님이시라면 이 일을 어떻게 보실까?"하는 분별력이다.

부부는 자신의 성을 잘 관리해 천박하지 않게 해야 하며 성행위를 통해 배우자에게 좋은 느낌을 주어야 한다. 성에 대해서 비하하거나 불평하는 것은 옳지 않다.

우리는 속에 숙주해 있는 잘못된 지식이나 이해로 인해 상대방의 성적인 능력을 비하하는 경우가 있는데 이는 무지한 일이다. 비하나 불평보다는 정답게 의논해 개선하고 개발하는 것이 바람직하다.

부부의 흡족한 성교를 위해

1) 평소에 서로를 사랑하며 존중해야 한다.
2) 범사에 서로를 위로하고 즐겁게 해야 한다.
3) 날짜를 미리 정한다.
4) 너무 지치지 않도록 시간을 조절한다.
5) 끝난 후에는 "즐거웠다, 고맙다"는 인사를 한다.

6) 분위기를 조성하되 불안하지 않고 방해받지 않은 따스한 분위기를
   만든다.
7) 좋은 성관계를 위해 몸을 청결하게 씻는다.(목욕)
8) 대화할 시간적, 정신적인 여유를 가지고 서로에게 감사한다.

　무엇이든지 준비하고 시작하는 것과 준비 없이 시작하는 것 사이에
는 상당한 차이가 있다. 가장 거룩한 행위를 하면서 준비 없이 해서야
되겠는가? "어떻게 보느냐? 어떤 자세로 임하느냐?"에 따라 성은 전혀
다른 모습일 수가 있다.

　우리는 때로 성에 대한 두려움을 가질 수도 있다. 특히 첫 관계일 때
는 호기심 반 두려움 반일 수도 있다. 이 때 부부는 상대를 어떻게 도와
줄 수 있나?를 먼저 생각하고 상대가 불안하지 않도록 따뜻하게 배려해
야 한다. 또 배우자는 배우자에게 나의 몸을 전부 맡기는 것이 좋은 시
작의 첫걸음이라고 하는 생각을 가져야 한다. 그러므로 마음속의 장애
나 불안을 먼저 제거하는 것이 좋다. 시작을 잘못하면 신혼의 첫날밤부
터 서로에게 불쾌한 인상을 줄 수도 있는데 이런 추억은 후일 서로 간
에 좋지 않은 기억으로 남을 수도 있으므로 자신의 몸이나 배우자의 몸
에 대해 잘못된 태도를 가져서는 안 된다. 서로 칭송하고 기뻐하고 감
사하며 귀하게 즐겨야 한다.

　"나의 사랑하는 자는 희고도 붉어 만 사람에 뛰어난다 머리는 정금
같고 머리털은 고불고불하고 까마귀 같이 검구나 눈은 시냇가의 비둘
기 같은데 젖으로 씻은 듯하고 아름답게도 박혔구나 뺨은 향기로운 꽃
밭 같고 향기로운 풀언덕과도 같고 입술은 백합화 같고 몰약의 즙이 뚝
뚝 떨어진다 손은 황옥을 물린 황금 노리개 같고 몸은 아로새긴 상아에
청옥을 입힌 듯하구나 다리는 정금 받침에 세운 화반석 기둥 같고 형상
은 레바논 같고 백향목처럼 보기 좋고 입은 심히 다니 그 전체가 사랑

스럽구나 예루살렘 여자들아 이는 나의 사랑하는 자요 나의 친구일다"
(아5:10-16)

부부사이는 벌거벗었어도 부끄럽지 아니한 사이라고 했다. 그러므로 성행위시 상대가 어떻게 해 주었으면 하는 사항이 있으면 자연스레 그것에 대한 이야기를 하여 자신의 생각을 전하는 것이 좋다. "어떻게 했을 때 싫었고 어떻게 했을 때 좋았는가?" 에 대해서 솔직히 이야기 할 수 있는 것은 부부에게 주어진 특권이기도 하다. 그러므로 애로가 있을 경우 개선책을 정겹게 의논하는 것이 좋다. 그리고 서로의 의견을 존중해 따라야 한다.

성은 하나님의 선물이고 더 주려는 자세는 둘이 더욱 더 친밀한 하나 됨을 이룩한다는 사실을 명심해야 한다. 그러므로 평소에 두 사람이 손잡고 사랑을 고백하고 함께 기도하고 위로하고 섬기는 것이 생활화가 되어야 한다.

주어진 것이라고 해서 분별없이 사용하는 것은 존귀함을 잃게 한다. 그것은 아무리 맛있는 음식이라고 할지라도 분별없이 계속 먹으면 그 맛을 모르게 되는 것과 같은 이치이다. 그러므로 부부의 성은 절제되어야 하고, 유익하게 써야 하고 인내하고 조절되어야 한다.

하나님의 성품 속에는 자제와 인내가 있다. 그러므로 결혼 전의 기간은 인내를 키우는 훈련기간으로 미혼자들은 이 기간을 잘 인내하고 자제하므로 아주 슬기롭게 넘겨야 후일 아름다운 결혼 생활을 할 수 있다.

청년기는 참을성이 적은 시기이다. 그러므로 욕구에 쉽게 따르려는 경향이 있다. 그렇다고 이 경향으로 인해 쉽게 죄를 지어서야 되겠는가? 하나님의 요구는 이 시기에 인내를 키우므로 바른 인격을 갖추라고 하는 것이다. 해서 요셉은 청년기에 이 참을 수없는 유혹을 이김으로 자신을 지켜 일국의 재상이 되는 축복을 받았다.

결혼은 사랑의 결과요 하나님의 창조 질서에 참여하는 거룩한 예전이다. 그러므로 결혼한 사람은 서로를 사랑하는 법을 계속해 개발해야 한다.

하나님이 부부에게 성을 주어 그의 일을 하도록 하시지 않았다고 하면 부부는 무엇을 하며 살았을까? 그러고 보면 성은 부부에게 주어진 축복이요 하나님의 일이다.

인간에게 주어진 성은 사실상 생식과 번성에 있다. 그래서 야곱에게 "내가 너로 생육하게 하며 번성하게 하여 네게서 많은 백성이 나게 하고 내가 이 땅을 네 후손에게 주어 영원한 기업이 되게 하리라 하셨느니라"(창48:4)고 하셨는데 이것은 하나님의 질서나 계획 속에 있는 성적인 나눔을 통해 인간에게 주시는 축복의 약속이다. 그러므로 하나님은 "아내를 취하여 자녀를 생산하며 너희 아들로 아내를 취하며 너희 딸로 남편을 맞아 그들로 자녀를 생산케 하여 너희로 거기서 번성하고 쇠잔하지 않게 하라"고 하셨다.(렘29:6)

부부의 성의 제일 되는 목적이 무엇인지를 가늠케 하는 말씀이다. 그것은 인간을 쇠잔하지 않게 하기 위함이요 번성하게 하기 위함이다. 따라서 이 일을 효과적으로 하게하기위해서 하나님은 우리 인체 속에 "생식의 욕구"를 주셨는데 한 때 인간은 이런 욕구로 인해 "자기 씨"라거나 "자기 피"라고 하는 것에 무서우리만치 집착하기도 해 아내 외에 첩을 두는 일까지 생겼고, 잉태하지 못하는 여인은 남편으로부터 버림받는 일까지 있었다.

부부사이의 성적인 나눔의 흥미를 갖게 하는 것은 "쾌감"이다. 그러므로 부부 사이의 성행위는 일방적인 것이 되어서는 안 된다. 그것은 서로에게 기쁨과 평안과 만족과 쾌감을 주는 것이어야 한다. 그런데도 한 때 성적인 쾌감을 갖는 것을 죄악시했던 시대도 있었다.

부부는 둘 사이의 흡족한 성이 무엇인지를 찾아 개발해야 한다. 모른다고 하여 그대로 방치하거나 늘 그 모습 그대로의 습성만을 고집해서는 안 된다. 성은 상대를 위한 것이고 또 자신을 위한 것이다. 그러므로 그 행위가 서로에게 즐거운 행위여야 한다.

영국 왕립에든버러병원 데이비드 윅스 박사가 10여 년에 걸쳐 연구 분석한 "유난히 젊어 보이는 미국인, 영국인 등 3500명의 남녀를 대상으로 공통점을 추적한 결과 놀랍게도 가장 중요한 요인으로 운동과 함께 섹스가 꼽혔다고 한다.

하나님은 인간이 성에 관심을 갖도록 하므로 그의 창조질서를 수행케 하시는데 윅스 박사에 의하면 한 사람이 여러 명의 파트너와 섹스하는 것보다 한 명의 파트너와의 장기적인 성 생활하는 것이 "놀라운 젊음(Super young)"을 유지케 하는 가장 큰 비결이라고 한다. 성적인 난행보다 부부 사이의 건전한 성적인 나눔이 젊음을 유지케 해준다는 이야기이다.

내 사랑 너는 어여쁘고도 어여쁘다 너울 속에 있는 네 눈이 비둘기 같고 네 머리털은 길르앗 산 기슭에 누운 염소 떼 같구나 네 이는 목욕장에서 나오는 털 깎인 암양 곧 새끼 없는 것은 하나도 없이 각각 쌍태를 낳은 양 같구나 네 입술은 홍색 실 같고 네 입은 어여쁘고 너울 속의 네 뺨은 석류 한 쪽 같구나 (아 4:1-3)

때로 부부는 성관계를 갖지 않으려고 할 때도 있는데 이는 서로로부터 상처를 받았거나 너무 피곤하거나 심한 스트레스를 받거나 할 때이다. 그러므로 부부는 서로에게 좋은 느낌을 주거나 좋은 대화로 상대방에게 호감을 주어야 하고 스트레스로부터 떠나야 한다. 특히 여자의 경우 남자와 달리 정서적으로 "상대가 좋다"는 느낌이 없을 경우 성 행위는 하나의 고통이 될 수도 있고 즐거움을 모르는 의무적인 행위의 하나가 될 수도 있다. 그리고 이런 일이 반복될 경우 아내는 온갖 핑계를 만들어 남편의 욕구를 거절할 수 있다. 그러므로 성은 "주기 위해 있는 것"이라는 이해를 가져 내 욕구의 충족이 아닌 상대방의 "즐거움"을 위한 행위라고 하는 사실을 숙지하는 것이 좋다.

특히 여자는 배란기가 되면 본능적으로 남성을 갈구하는 속성을 갖게 되는데 이는 하나님께서 생산의 시기에 생산할 수 있는 마음을 갖도록 하게 하신 것이라 생각할 수 있다. 이때 여성은 체온 자체가 조금 더 상승한다. 의학적으로도 28일 주기의 배란기의 체온은 평소 36.5도에서 37.2도까지 상승하고, 성욕도 최고조에 달한다고 한다. 이는 인간을 유지하려는 하나님의 계획이요 신비가 아니겠는가!

> 너는 네 우물에서 물을 마시며 네 샘에서 흐르는 물을 마시라 어찌하여 네 샘물을 집 밖으로 넘치게 하며 네 도랑물을 거리로 흘러가게 하겠느냐 그 물이 네게만 있게 하고 타인과 더불어 그것을 나누지 말라 (잠 5:15-17)

성은 하루아침에 다 안다거나 이해할 수 있는 것이 아니다. 그것은 평생을 통해 조금씩 알아가야 하는 것이다. 또 무분별하리만치 자주 관계를 가진다고 하여 알아지는 것도 아니다. 자주 관계를 가졌기에 안다고 하면 집창촌의 여인들은 적어도 성에 관한한 박사여야 한다. 그런데 그들도 알 수 없는 게 성이 가진 비밀이다.

청년 시절에는 청년의 성이 있고, 중 장년기에는 중 장년기의 성이 있고, 노년기에는 노년기의 성이 있다. 그러므로 그 때마다 성은 재해석이 될 수 있고 성을 즐기거나 대하는 태도도 달라질 수 있다.

지금은 과학의 발달과 영양식의 영향으로 노인들도 성에 관심을 갖고 있다. 특히 남자의 경우 여자가 폐경기와 함께 성욕이 급감하는 것에 비해 아직도 자신의 씨를 남기려고 하는 욕구가 식지 않은 건강한 노인이 있어 노부부 사이에 성적인 문제를 일으키기도 한다.

여자에게 있어 사춘기나 갱년기는 특별한 의미를 지니는 시기이다. 물론 남자들도 이 시기에 남성 성징이 나타나므로 여러 가지 성징에 따르는 증세를 보이기는 하나 여자의 경우 아이를 생산할 수 있는 환경으로 몸이 전환하는 것 때문에 육체적으로 혹은 심리적으로 큰 변화를 겪는 것에 비해 남자의 경우 그리 큰 변화를 겪는다고 할 수는 없다.

폐경기의 여자의 경우, 사람에 따라 다소의 차이는 있을지라도 성욕이 급증하는데 그것은 그가 수태할 수 있는 마지막 기회라고 하는 특별한 심리상태가 본능적으로 내면에 형성되므로 인해 주어지는 욕구 때문으로 그것은 마치 지는 해가 더 벌겋게 타는 모습을 보이는 것과 같다. 그러므로 이 때 부인은 남편이 평소 자신에게 시선을 주지 않거나 남편이 다른 여인들과 상관하고 있다는 생각이 들 경우 우울증 증세를 보임과 동시 의부증이라고 할 만큼 심하게 남편을 공격할 수 있다. 그러다 폐경기를 지나면 그간에 흥미를 보이던 부부 사이의 성관계에 관심을 보이지 않게 되어 남편이 가까이 와 성관계를 요구해도 "생각 없다. 피곤하다. 당신에게서 냄새가 난다"는 등의 말을 하며 남편과의 성적인 관계를 거절하거나 피한다. 또 실제로 폐경 이후에는 여성 성기에 여러 가지 변화가 생기게 되므로 성관계가 전처럼 즐거운 것이 아닌 고통스러운 것이 되기도 한다.

부부에게 있어 서로에게 따뜻하게 한다거나 서로의 뜻을 받아준다고 하는 것은 아주 중요하다. 사랑을 받는다는 느낌은 상대에게 나를 희생해서라도 베푸는 동기를 주게 된다. 그러기 위해서는 내 욕구보다 상대의 욕구를 먼저 이해하고 수용해야 한다.

성경도 "이것이 너희 안식이요 이것이 너희 상쾌함이니 너희는 곤비한 자에게 안식을 주라"(사28:12)고 했다. 상대방이, 그것도 내 남편이나 아내일 경우 우리는 그가 필요로 하는 것을 기쁜 마음으로 줄 수 있어야 한다. 베풀고, 이해하고, 섬기고, 위로하고, 사랑하고, 수고하는 모두가 피곤한 일이어서 그를 위해 하는 일방적인 일인 것 같아도 그것은 사실상 나를 위해 하는 일이기도 하다. 그러므로 "반드시 네 손을 그에게 펴서 그 요구하는 대로 쓸 것을 넉넉히 꾸어 주라"(신15:8)고 하신 말씀처럼 부부는 서로에게 후하게 대하여야 한다. 그래야 부부의 즐거움이 무엇인지를 깨달을 수 있다.

행복한 성생활은 부부생활의 즐거움을 증폭시켜주는 근거가 된다. 그러므로 부부는 즐거운 성을 위한 전제가 무엇인지에 대해 구체적으로 생각해 서로를 먼저 즐겁게 해주는 노력을 해야 한다. 그럴 때 자신이 원하는 것을 얻을 수 있다.

성은 산술적인 계산으로 결론이 나오는 과학이 아니다. 그것은 말로 무어라 표현할 수없는 감성을 지닌 미묘한 정서이다. 그러므로 잘 다루지 않으면 상처를 입게 되는 것이 성이 가진 속성이다.

참다운 사랑의 교정(交情)은 육욕적인 것이 우선이 아닐지라도, 그것은 두 사람 사이의 가장 숭고한 사랑의 표현이 되어 결국은 상대방을 보듬고 싶은 육욕의 갈구를 갖게 하며 생활의 즐거움을 크게 한다. 그러므로 부부는 자신이 배우자에게 무엇을 어떻게 주고 있는지 좀 더 진지하게 생각해야 한다. 주기를 잘 줄 때 우리는 받기를 잘할 수 있다.

부부의 행복한 성생활을 위한 제언

"'하지마라' 하면 더 해보려고 하는 것이 죄의 속성이다"

죄성이 분명한 성적인 문제도 있으나 표면에는 나타나지 않고 가정 속에 숨겨져 있는 죄성이 분명치 않은 성적인 죄도 있다. 우리는 그것에 대한 경각심이나 바른 이해를 가져야 한다.

능력과 책임 사이의 차이는 인내를 키우기 위한 하나님의 목적 때문에 주어지는 일이다. 하나님의 성품 속에는 자제와 인내가 있다. 그러므로 그것을 따라 살아야 한다. 하나님은 성(性)을 통해서도 우리들의 인내심을 키우시는 하나님이시다.

악은 세대를 거듭하는 가운데 더 광영할 수가 있다.

청년기는 참을성이 적은 시기이다. 통계 자료에 따르면 청년기에는 성적인 장면에 가장 관심을 갖는다고 한다. 그러므로 욕구에 쉽게 적응한다. 그 결과 자위행위에 몰두하기도 한다. 결국 그것은 세상을 향한 하나님의 목적에 반대하는 세력이 될 수도 있다.

결혼은 사랑의 결과요 하나님의 창조 질서에 참석하는 거룩한 예전이다. 그러나 우리는 현실적으로 사실상 육신적인 결과로 결혼을 한다. 그렇더라도 우리는 결혼이 좋은 부부생활이 될 수 있도록 노력해야 한다.

1. 부부가 사랑이 넘치는 의사소통을 하므로 우정이 깊어지고 서로에 대한 보살핌이 자라게 한다. 좋은 대화는 좋은 성 관계를 이루게 한다.

□ 성교는 아주 특별한 의사소통의 하나이다. 성은 부부의 의사소통이 활발할 때 더욱 활기에 넘치는 것이 된다.

2. 성은 부부 관계의 여러 요소가 조화를 이룰 때 친밀감을 더한다.

□ 성행위에 관한한 보수적인 생각을 가진 사람이 성의 횟수를 결정해야 한다. 그 이유는 무분별함으로 인해 존귀함이나 건강을 해치지 않기 위해서이다.

□ 여자가 원치 않을 때 남자가 강요하는 경우도 있고 어느 한 편이 싫어하는 체위로 하려 할 때도 있는데 이런 일은 결혼 생활에 조금도 도움이 되지 않는다. 서로의 의견을 교환하는 것이 좋고 합의하는 것이 좋다. 요구가 아니고 베풀어야 하는 것이 결혼생활의 기본이어야 한다.

3. 자신과 부부 사이에 있는 분노나 짜증, 부당함, 풀지 못한 상처나 인정 받지 못한 느낌들과 같은 감정의 찌꺼기들은 정기적으로 청소해 없애야 한다.

□ 성행위는 사랑의 표현으로 귀결이 되도록 해야 한다.

4. 부부관계를 동등하게 증진시키는 일을 자주 반복적으로, 의도적으로 하는 것이 좋다.

성행위의 형태가 바뀌는 것은 극히 조심해야 한다. 일반적인 형태의 성행위는 얼굴과 얼굴을 마주하게 되어 있다. 이것은 인간에게만 허락되어진 유일한 방법으로 하나님께서는 이 방법을 통해 우리들이 서로를 아끼고 사랑하는 의사 표현을 하도록 하셨다.

□ 받아들일 수 있는 체위와 받아 들일 수 없는 체위에 대해 부부는 정답게 의논해야 한다.

□ 구강성교의 경우 어디까지 허락할 것인가? 구강성교(oral sex)의 경우 맹목적으로 정죄하는 것은 옳지 않다. 무조건 죄악시하는 것은 부부사이를 퇴화시킬 수 있다. 통계 자료에 의하면 여성의 70%만이 올가니즘을 느낄 수 있었다고 하며 그중 30%에 해당하는 사람들이 구

강성교를 병행할 때 쾌감을 느낄 수 있었다는 사실에 관심을 가질 필요가 있다. 그러나 이 행위가 성교의 중심이 되어서는 안 된다. 두 사람중 한 사람이 싫어할 경우 즉시 중단이 되어야 한다.

□ Anal sex(항문성교)는 죄이다. 하나님은 항문과 생식을 위한 여성의 성기를 동일한 목적으로 만들지 않으셨다. 항문 성교를 지속할 경우 항문이 벌어지게 되고 에이즈나 암과 같은 병에 걸리게 된다.

5. 때로는 어른이 되지 않고 어린이 같이 되는 것도 좋다.(Act like children) 부부 사이의 어린이와 같은 치기(稚氣)가 때로는 부부를 더욱 순수하게, 친밀하게 할 수 있다.

6. 성적인 장애를 느낄 때는 혼자서 끙끙거리지 말고 전문의와 의논하는 것이 좋다.

□ 특히 심리적 장애는 빨리 제거하는 것이 좋다.

7. 자기 몸속에 잠재된 쾌락을 자연스럽게 개발하는 것이 좋다.

□ 애무는 더 깊은 것을 유도한다. 부부사이의 애무(petting)는 아주 중요하다. "사랑한다"는 말을 자주하라. 칭찬하는 말도 자주하라.

8. 신앙과 성은 분리된 것이 아니다. 우리는 감각적 영성을 개발해 즐겨야 한다.

□ 성적인 욕망과 정열만을 가지고 상대방을 고르면 안 된다. 육체적인 목적 하나로만으로 결혼을 할 경우 결국 그 목적이 결혼 생활을 지배하게 되어 영적인 것을 개발할 수 없게 된다. 그러므로 종국에는 서로의 육체적인 실망으로 인해 가정생활의 목표를 잃게 된다. 다시 말해 영적이고 우정적인 결합으로 이루어진 결혼이 아닌 성적인 욕망으로만 결합된 결혼은 그 생활이 심하게 굴곡을 이루게 된다.

9. 성은 하루에 알 수 있는 것이 아니다. 그러므로 전 생애를 통해 그것은 개발되어야 한다.

□ 부부 사이가 때로 친구 사이보다 더 잔혹한 경우가 있는데 이것은 하나님의 목적과 전혀 상관이 없는 태도이다. 이런 사람들의 경우 대체

적으로 성적인 행위를 통해 문제를 해결해 보려고 시도하는 경향을
보이는데(Sexual high) 이것은 온전한 문제의 해결책이 아니다.
□ 혼전에 성관계를 가지는 경우 후일 이런 경향으로 기우러질 가능성
이 높다.
□ 혼전에는 영적이고 우정적인 것이 계발되어야 한다.(Spiritual
fellowship & Friendship) 그렇지 않고 육적인 것에만 비중을 두어
그것에 몰입을 하면 결국 육체적인 실망으로 인해 후일 결혼 생활에
나쁜 영향을 주게 된다.
10. 부부 서로는 상대방의 건강을 보살펴야 한다. 그래야 지속적이고
건강한 성을 향유할 수 있다.
□ 건강은 활발한 성 생활을 위한 기초석이다.

기독인 성생활의 기초

"목적은 반드시 달성되기 위해서 세워지는 것이 아니고, 표준점의 구실을 하기
위해서 세워지는 것이다"(J.주베르)

어떤 기준을 갖고 사느냐는 아주 중요하다. 기준은 그를 이끄는 동
인(Driving Power)이 된다. 기독인의 성생활도 어떤 기준이냐에 따라
전혀 다를 수 있다. 그러면 기독인의 바른 성생활의 기준은 무엇인가?

1) 영적차원의 성생활
부부됨은 그리스도와 교회의 연합에 비유된다.
① 그리스도 안에서 부부는 하나이다.
"아내들이여 자기 남편에게 복종하기를 주께 하듯 하라 이는 남편이
아내의 머리됨이 그리스도께서 교회의 머리됨과 같음이니 그가 친히
몸의 구주시니라"(엡 5:22-23) – 가정은 질서가 있어야 한다.
"그러나 교회가 그리스도에게 하듯 아내들도 범사에 그 남편에게 복종
할지니라"(엡 5:24) – 아내의 태도가 가정에 미치는 영향은 상당하다.

"남편들아 아내 사랑하기를 그리스도께서 교회를 사랑하시고 위하여 자신을 주심같이 하라"(엡 5:25) – **남편은 가정을 사랑으로 양육하라. 사랑의 본을 보이라.**

"이는 곧 물로 씻어 말씀으로 깨끗하게 하사 거룩하게 하시고 자기 앞에 영광스러운 교회로 세우사 티나 주름 잡힌 것이나 이런 것들이 없이 거룩하고 흠이 없게 하려 하심이니라"(엡 5:27) – **가정도 거룩한 교회여야 한다.**

"이와 같이 남편들도 자기 아내 사랑하기를 제 몸같이 할지니 자기 아내를 사랑하는 자는 자기를 사랑하는 것이라 누구든지 언제든지 제 육체를 미워하지 않고 오직 양육하여 보호하기를 그리스도께서 교회를 보양함과 같이 하나니"(엡 5:28-29) – **아내를 사랑하는 것을 내 몸을 사랑하는 것처럼 해야 한다. 그리스도가 교회를 사랑하는 것을 본받으라.**

"우리는 그 몸의 지체임이니라"(엡 5:30) – **부부는 한 몸이요 그리스도의 지체이다.**

"이러므로 사람이 부모를 떠나 그 아내와 합하여 그 둘이 한 육체가 될지니"(엡 5:31) – **이제는 옛 것을 떠나 새로운 관계에 힘쓰라. 서로에게 집중하라.**

"이 비밀이 크도다 내가 그리스도와 교회에 대하여 말하노라"(엡 5:32) – **부부생활은 신비하다.**

"그러나 너희도 각각 자기의 아내 사랑하기를 자기같이 하고 아내도 그 남편을 경외하라"(엡 5:33) – **결혼하는 것은 서로를 위해하는 것이다.**

② 부부는 하나 됨을 성령 안에서 지켜야 한다.

"평안의 매는 줄로 성령의 하나 되게 하신 것을 힘써 지키라"(엡 4:3) – **보다 나은 부부생활을 위해 신앙생활을 열심히 하라.**

③ 성교는 부부의 하나 됨을 이끌어 준다.

"그 둘이 한 몸이 될지니라 이러한즉 이제 둘이 아니요 한 몸이니"(막 10:8) – **성생활을 부부의 하나됨에 잘 활용하라.**

④ 성은 천국에는 없는 것으로 하나님의 전적인 계획에 의해 인간에게 주어졌다.

"사람이 죽은 자 가운데서 살아날 때에는 장가도 아니 가고 시집도 아니 가고 하늘에 있는 천사들과 같으니라"(막 12:25) – **성생활은 세상을 유지하기위한 놀라운 방법이다.**

⑤ 성은 반듯이 하나님의 계획과 질서에 따라야 한다.

"남편은 그 아내에게 대한 의무를 다하고 아내도 그 남편에게 그렇게 할지라 아내가 자기 몸을 주장하지 못하고 오직 그 남편이 하며 남편도 이와 같이 자기 몸을 주장하지 못하고 오직 그 아내가 하나니"(고전 7:3) – **결혼한 이후는 자기 멋대로 할 수 없다. 서로를 소유하고 있으므로 서로의 뜻에 먼저 따르라.**

2) 인격적 차원의 성생활

인격이 수반되지 않은 성은 음욕이외의 아무 것도 아니다.

① 성은 육체의 결합보다 인격적인 결합이 선행하여야 한다.

② 풍요로운 성을 위해서는 인격적인 사랑의 대화를 나누어야 한다.

③ 부부사이는, 조건이나 흥정이나 부정적인 거절과 같은 비인격적인 조작이나 거짓이 없어야 한다.

④ 어느 한 쪽이 성관계를 원할 때는 자연스럽게 받아드리는 것이 좋다. 부주의한 거절이나 감정적인 거절은 부부사이를 나쁘게 할 수 있다.

⑤ 행복한 부부의 성은 부부의 영적인 생활의 활력소가 될 수 있다.

⑥ 오르가즘보다 우선하는 것은 사랑의 교제이다.

3) 신체적 차원의 성생활

① 부부는 육체의 모든 감각을 통해 성의 즐거움을 나누어야 한다.

② 때로는 부부 둘만의 즐거운 외박을 계획하는 것도 좋다.

③ 서로의 합의하에 다양한 기교를 개발하라.

④ 서로의 요구를 분명하게 표현하고 그 요구가 죄가 아닐 경우 자연스럽게 수용하라.

⑤ 너무 무절제 한 것은 즐거움을 퇴화시킨다. 절제하며 조절하는 것이 좋다.

⑥ 성에대한 지나친 환상이나 기대를 버리라.

⑦ 항간에 알려진 다른 사람들의 통계를 너무 신뢰하지 말라.

⑧ 성교 전후에 충분히 애무를 하되 서로를 칭찬하는 이야기를 하라. 여자는 분위기에 약하다.

⑨ 성은 서서히 개발된다. 너무 서둘지 말고 차근차근 개발하라.

하나님께서 성을 주신 목적

① 질서의 계승과 유지

② 가정의 순결과 하나님의 거룩

③ 부부 생활의 성숙

④ 육체를 통한 영적인 연합

⑤ 부부의 즐거움과 사랑

⑥ 위로(창24:67)

⑦ 영속성

⑧ 좋은 신앙생활의 유지

성의 기본원리

① 성은 하나님이 창조하신 것

② 성은 거룩한 것

③ 성은 생육과 번성을 위한 것

④ 성은 부부의 연합을 위해 부부 사이에만 허락되어진 것

⑤ 성은 일방적으로 중단할 수 없는 배우자를 위한 규칙적이고 지속적인 의무(고전7:2-4)

⑥ 성은 상대방에게 주는 것

⑦ 성은 죄를 짓지 않게 하기 위해 주어진 것

성은 주는 것이 먼저여야 한다

"소박하면서도 화사한 즐거움을 주는 성생활이란?"

성은 한번 관계를 가졌다고 하여 알 수 있는 것도 아니요 이해가 되는 것도 아니다. 그것은 아주 비밀스런 보석과 같은 것이어서 캐내고 다듬고 개발할 때 조금씩 그 모습을 달리해 새로운 즐거움을 주는 것이다. 그러므로 한 번에 모든 것을 아는 것 같은 태도는 버려야 한다.

성의 즐거움은 혼자서 개발할 수 있는 것이 아니다. 그것은 부부가 서로를 주는 가운데 인내와 끊기를 가지고 둘이 힘을 모아 서서히 개발해야 하는 것이다.

"서로를 준다"는 말은 내가 만족하기보다 상대방을 만족시키는 일이 먼저여야 한다는 의미이다. 그러므로 상대방으로부터 성적인 만족을 얻으려고 하지 말고 상대방에게 먼저 만족을 주려는 노력을 해야 한다. 그래야 성의 즐거움이 무엇인지를 알게 되고 그것을 즐길 수 있게 된다. 성만큼 기브 앤드 테이크(Give & Take)의 이론이 잘 적용되는 것도 없다.

사람들 가운데는 성에 대해 만족하지 못하면 아내 아닌 다른 여인을 찾거나 남편 아닌 다른 남자를 찾는 경우도 있는데 이는 아주 좋지 않은 행실로 그 행실의 결과는 허탈과 상실과 죄책감일 뿐 진정한 성의 기쁨을 맛보는 것은 아니다.

성을 통한 진정한 기쁨은 사실 성행위에 국한하는 것이 아닌 정서적인 교감 전체에 있다. 그러므로 부부는 늘 서로에게 따듯해야 하고 서로를 보듬어야 하고 서로를 위로하고 배려해야 한다. 상대방을 이해하고 서둘지 않고 인내를 가지고 둘이 정답게 의논해 가면서 둘 사이의 바램을 나누며 수용해야 한다. 이 때 조심할 것은 체위나 횟수와 같은 것은 보수적인 사람의 의견에 따르는 것이 좋다. 그래야 무분별한 것이 되지 않고 존귀한 성이 될 수 있다. D.H.로렌스는 그러므로 "성(性)과 미(美)는, 생명과 의식(意識)처럼 한 개의 것이다. 성을 미워하는 것은 미를 미워하는 것이다. 살아 있는 미를 사랑하는 자는 성을 존중한다."고 했다.

내게 주어진 내 남편은 정말 내게 있어 가장 존경할만한 대상이 되어야 하고 내게 주어진 내 아내는 정말 내게 있어 가장 아름답고 고상한 여인이 되어야 한다. 그것은 인물이 잘나고 못나고의 이야기가 아니다. 상대방의 여건이나 조건과 상관없이 그가 내 남편이므로 소중하고 내 아내임으로 내 선택이 소중해 그를 순수하게 좋아하는 것이어야 한다. 그러므로 부부는 친구처럼, 연인처럼, 부부처럼 살아야 한다. 일정한 거리를 유지하면서 서로의 속을 털어놓으며 존중할 수 있는 관계. 그러면서도 따듯하고 살갑고 정겨워 늘 그가 보고 싶고 그리워 그만을 생각하며 그와 한 지붕아래에서 호흡하며 한 식탁에서 먹고 마시며 한 침대에서 자는 그런 사이어야 한다. 그래야 부부는 부부다움의 참 즐거움이 무엇인지를 깨달을 수 있다.

남자와 여자는 사실상 많은 차이가 있다. 육체적으로 다른 것처럼 성에 대한 느낌이나 반응도 다르다. 그래서 R.브라디는 "남자라는 것은 정작 육체에 의한 것이 아니라면 행복을 느끼지 않는다. 그의 가장 깊고 가장 절대적인 쾌락은 육체 속에 있다."고 했다. 여자가 정겨운 속삭임에 약한데 비해 남자는 좀 더 육체적이라고 하는 이야기이다. 그리고 이 이야기는 남자는 한바탕 부부싸움을 하고도 성행위를 할 욕망을 갖는데 비해 여자는 마음의 문이 열리지 않으면 사실상 성이 고통스러운 것이 될 수 있다고 하는 이야기이다. 그만큼 남자와 여자 사이에는 성적으로 보이지 않는 큰 차이가 있다.

성은 성만을 즐기기 위해 주어진 것이 아니다. 그것은 앞에서도 말한 바와 같이 하나님의 창조 질서를 계승케 하기 위해 주어진 것이요, 하나님을 알게 하기 위해 주어진 것이요 "두 사람을 한 몸"되게 하기위해 주어진 것이다. 그러므로 부부는 즐기는 것을 통해 하나님이 성을 부부에게 주신 목적을 잘 이해하여야 한다.

육체적인 향락만을 위한 성은 죄를 짓게 한다. 그러므로 육체보다 정신적으로 "왜 그가 좋은지?"를 찾아 그 좋아하는 것을 사랑해 그의 모두를 수용해야 한다. 그래야 부부의 성은 서로에게 아주 따듯한 성이 될 수 있다.

성욕 자체는 죄가 아니다. 그것은 하나님께서 그의 일을 이루시기 위해 우리에게 주신 본능적 욕구(Needs)이다. 그러므로 남편이 아내를 보고 성욕을 느낀다거나 아내가 남편을 보고 성욕을 느끼는 것을 탓할 사람은 없다. 문제는 아내 아닌 다른 여자를 보고 욕정을 느낀다거나 남편 아닌 다른 남자를 보고 욕정을 느끼는 것이 문제요 죄이다. 그것은 하나님이 우리에게 주신 욕구 이상의 탐욕이나 과욕으로 "네 이웃의 아내를 탐내지도 말지니라 네 이웃의 집이나 그의 밭이나 그의 남종이나 그의 여종이나 그의 소나 그의 나귀나 무릇 네 이웃의 소유를 탐내지 말지니라"(신 5:21)하신 말씀을 거역하는 일이다.

성은 비밀이고 신비이고 감사이다. 그것은 그것을 대하는 태도에 따라 여러 형태의 기이한 느낌을 주는 것이다. 그러므로 존귀하게 여겨야 더욱 소중한 것이 될 수 있다.

보석을 보석으로 알지 않으면 그것이 보석이 되지 못하는 것처럼 사람에 따라 주어진 것을 소중하게 다루는 사람이 있는가 하면 어떤 사람은 소중한 것도 천박하게 다루는 사람이 있는데 이 경우 그는 주어진 행복도 제대로 누리지 못하거나 상실하는 사람이 될 수 있다. 그러므로 우리는 우리에게 주어진 작은 것이라고 할지라도 그것이 하나님이 내게 주신 것이라는 생각을 하여 보석처럼 소중하게 다룰 수 있어야 한다.

인생에 있어 가장 다루기가 어려운 것의 하나가 성욕이다. 그러므로 그것을 어떻게 다루느냐에 따라 그 사람이 어떤 사람이냐의 가늠이 될 수 있다. 주어진 것이고 내 것이라고 하여 마음대로 할 수 없는 게 성이 가진 속성이다. 그러므로 우리는 성에 대해 좀 더 진지해야 하고 조심해야 한다.

성생활. 어찌 보면 그것은 인생의 가장 중요한 문제일 수도 있다. 그래서 인간은 그 굴레에서 벗어나지 못하는지도 모른다. 그러나 그렇다고 하여 하나님의 질서에서 벗어날 수는 없지 않은가?

E.프롬은 "사랑의 기술"에서 "사랑은 성적인 환희의 소산이며, 만일 서로가 성적인 만족을 주는 것을 알게 되면 두 사람은 서로 사랑하게 될 것이다."라고 했다. 부부에게 있어 성적인 만족은 아주 중요하다. 천박하지 않으면서도 즐겁고, 소박하면서도 화사한 즐거움을 주는 성생활. 그것이 크리스천의 성이요 부부의 성이 되어야 하지 않겠는가!

사랑의 정서는 부부생활을 윤택하게 한다

"부부는 성에 대해 좀 더 진솔한 자세를 가져야 한다"

사랑은 눈으로 보지 않고 마음으로 보는 것이다. 인간의 실존처럼 사랑도 실존하고 있다. 그것은 풍만함이요 만족감이다. 사랑에는 연령이 없다. 사랑은 어려서도 있어야하고 늙어서도 있어야 한다. 그것은 삶에 자신감을 주는 것이다. 그래서 '사랑은 지식의 어머니'라고도 했다. 우리는 그래서 그것을 늘 메말라 한다. 로슈푸코는 "사랑은 하나뿐인데 사랑의 사본은 여러 가지"라고 했다. 볼테르는 "사랑에는 실로 수많은 종류가 있어서 무엇부터 정의를 내려야만 좋을지 알 수 없을 정도이다. 사랑이라는 말은 대담하게도 며칠밖에 계속되지 않는 변덕에 대해서도 쓰이고 있다. 애착 없는 친밀성, 판단 없는 감상(感傷), 탕아의 교태, 냉담한 습관이나 낭만적 공상, 또는 곧바로 싫증이 나는 어떠한 미각까지도 사랑이라고 불린다. 사람들은 수많은 공상까지도 사랑이라고 부른다"고 했다. 천의 얼굴, 만의 속삭임을 가진 것이 사랑의 모습이다. "사랑은 가장 단 것"이기도 하지만 또한 "가장 쓴 것"이기도 하다.

사랑은 가장 변하기 쉬우면서도 가장 끈질긴 불가사의한 정서이다. 어찌 보면 그것은 사랑이 가지고 있는 이기심이요 죄성이다. 그래서 아가서는 "사랑은 죽음처럼 강한 것, 시샘은 저승처럼 극성스러운 것, 어떤 불길이 그보다 거세리요 ?"(8:6)라고 했다.

아무도 "이것이 사랑이라"고 사랑을 가르쳐 주지 않는다고 할지라도 우리는 그것을 필요로 하고 있고, 그것이 꼭 있어야 할 줄 알고 있다.

사랑의 욕구는 태어날 때부터 가지고 태어나는 것이다. 그리고 그것은 인간의 생애를 통해 슬프도록 추구되고 있다. 사랑이 추구하는 것은 오늘이나 내일만을 위한 것이 아니고 어느 한 시기(時期)만을 위한 것도 아니다. 그것은 늘 있어야 할, 나 만으로서의 독립적인 인격이 아니고 다른 사람 속에서 나 자신을 얻어 그와 공유하는 것이다. 그러다 보면 때로 모순에 도달할 수도 있다. 왜냐하면 인간사는 자기중심적이기 때문이다. 그러나 우리는 사랑이 모순을 낳기도 하지만 동시에 그 모순을 풀기도 한다고 하는 사실을 주목해야 한다. 그래서 잠언 기자는 "미움은 말썽을 일으키고, 사랑은 온갖 허물을 덮어 준다"(10:12)고 했다.

인간은 밥으로만 살 수 없다. 사랑이 있어야 살 수 있다. "사랑은 외투보다도 추위를 잘 막아 준다. 사랑은 음식과 옷의 역할을 한다"고 했다. 톨스토이는 그래서 "신과 만인에 대한 사랑은 삶의 시초"라고 했고 "사랑이란 자기희생이다. 이것은 우연에 의존하지 않는 유일한 행복이다'"라고 했다.

사랑은 죽음이나 죽음의 공포보다도 강한 것이다. 그래서 로미오와 줄리엣은 함께 죽을 수 있었다.

사랑은 손에 들 수 있는 불이 아니라고 했다. 그것은 우리 인격 전체를 뜨겁게 할 수 있는 마음의 불이다.

성경은 사랑을 아름다운 말 이상의 것이라고 했다. 그것은 악한 것을 생각지 않는 마음이요 불의한 것을 기뻐하지 않는 마음이라고 했다.(고전13:1-8) 진정한 사랑은 우리의 인격을 높이고, 우리의 마음을 견실케 하고, 또 생활을 정화시킨다. 그리고 그것은 하나님이 주신 선물이기도 하다. 사랑의 의미를 모르는 사람은 삶의 의미도 모르게 되어있다.

사랑은 관용으로부터 시작하는 것이다. 또 그것은 인내로 인해 영글어 가는 것이다. 사랑한다고 하는 것은 자기를 초월하는 것이다. 사랑한다고 하는 것은 둘이 서로 들여다보는 것이 아니라 함께 같은 방향을 바라보는 것이다. 우리는 사랑의 마음 없이는 어떠한 본질도 진리도 파악을 할 수 없다. 인간은 오직 사랑의 따뜻한 정으로서만 하나님의 전지전능하심에 접근할 수 있다. 사랑의 정서 속에는 모든 것을 포근히 안을 수 있는 힘이 있다. 사랑은 인간생활의 최후의 진리이며 본질이다. 그것은 받는 것이 아니라 주는 것이라고 했다. 그것은 향락의 거친 꿈도 아니며 정욕의 광기도 아니라고 했다. 또한 그것은 선이고 명예이고 평화이고 깨끗한 삶이라고 했다. 비록 유행가 적인 사랑이라고 할지라도 그것에는 애 타는 그리움과 보듬어주는 힘이 있다.

사랑은 놀라운 생명력이다. 그것은 주변 모두에 관심을 갖는 것이요 돌보는 것이다. 천지창조 이후 "사랑한다"고 고백해서 여자에게 목 졸려 죽은 남자는 없다고 했다.

사랑에는 느낌이 있어야 한다. 주는 사랑에도 느낌이 있어야 하고 받는 사랑에도 느낌이 있어야 한다. "장년에 이를 때까지 사랑을 미루어 온 사람은 비싼 이자를 지불하여야만 한다"고 하는 말이 있다. 사랑은 미룰 것이 아니고 인색해 할 것이 아니다. 지금 주어야 하는 것이다. 가장 아름다운 사랑은 격렬한 욕망이 아닌 일상생활의 평화와 순전함 속에서 꾸준히 주어지는 것이다.

그것은 성취나 완성이 아니고 과정이다. 그러므로 "지극히 사랑했다"고 하는 것은 아무 의미가 없을 수도 있다. 왜냐하면 그것은 소유가 아니고 진행이기 때문이다. 우리는 사랑을 했기에 사랑을 잃는 경우도 있다. 그렇다고 해도 그것은 전연 사랑하지 않는 것보다 낫다.

사랑은 아름다워야 하고, 헌신적이어야 하고, 활동적이어야 하고, 실제적이어야 한다. 봄이 되면 초목이 싹트지 않을 수 없는 것처럼 참다운 사랑은 세상이 비록 차다고 하더라도 반듯이 꽃을 피우는 법이다.

사랑은 천국의 신비로움을 이해할 수 있는 유일한 통로이다. 그것은 차디찬 고독을 탈출할 수 있게 하는 힘이기도 하다. 그것은 우리의 모든 것을 포기케 하는 것이요 동시에 성취케 하는 것이다. 미완성의 것을 완성케 하는 것이 사랑이다. 그래서 오스카 와일드는 "사랑은 성찬이므로 무릎을 꿇고 받아야 하고, 그 사랑을 받는 사람의 입술과 마음속에는 「주여, 우리는 높은 자가 아니오」라는 말이 울려야 될 것"이라고 했다.

참다운 사랑을 찾노라면 사랑도 그를 위해 기다린다고 했다. 사랑은 구할 때 주어지는 것이요, 찾을 때 찾게 되는 것이요, 두드릴 때 열리게 되는 것이다.

사랑은 인간에게 주어진 새 계명이다.(요13:34) 그것은 영혼의 궁극적인 진리이다. 또 그것은 사람과의 만남이기도 하다. 사랑은 생각만으로 되는 것이 아니다. 그것은 실제로 주어져야 하는 것이다. 그래서 바울은 "사랑엔 거짓이 없나니 악을 미워하고 선에 속하라"(롬 12:9)라고 했고 "모든 겸손과 온유로 하고 오래 참음으로 사랑 가운데서 서로 용납하라"(엡 4:2)고 했다.

사랑하는 사람과 함께 지내는 데는 한 가지 비결이 있다. 그것은 상대방을 변화시키려하지 말고 내가 그에게 맞도록 변하는 것이다. 또 있는 그대로 인정하고 받아드리는 것이다. 사랑은 인간을 성숙케 한다. 주어진 아픔을 거두게 한다. 사랑의 정서는 사람이 가져야할 가장 아름다운 정서이다.

사랑이란 아주 좋은 것이다. 그래서 사랑을 싫어하는 사람은 없다. 기독인이 아니라고 할지라도 우리 모두는 "사랑 사랑 어화둥둥 내 사랑아" 하면서 사랑을 노래하며 산다. 그래서 유행가에도 사랑이 빠지면 노래가 되지를 않는다. 왜 모두들 이토록 사랑을 좋아하고 굼주려하며 갈구하는 것일까?

C.디들로는 "사랑은 지성 있는 사람에게서 지성을 빼앗고, 지성 없는 사람에게 지성을 준다"고 했다. 그만큼 아리송하고 난해한 것이 사랑의 속성이다. 어떤 때는 고상하고 어떤 때는 비열하다. 비굴한가 하면 당당하기도 하고, 다정한가하면 폭력적인 것이 사랑이다. 천(千)의 얼굴 만(萬)의 모습을 가지는 게 사랑이다. 그러므로 어떤 사랑을 추구하는가는 아주 중요하다.

사랑을 해 본 사람들은 사랑이 부부로 하여금 일체감을 느끼게 하고 부부생활을 윤택케 하는 것을 안다. 그리고 그것이 아름답고 정겨운 육체적인 나눔으로부터 주어지는 것인 것도 안다.

부부는 "둘이 한 몸"을 이루는 육체적인 결합을 통해 사랑을 확인하게 되어있다. 그러므로 부부 사이에 육체의 결합이 없이 정신적인 사랑으로만 사랑을 확인한다고 하는 것은 너무도 이상적인 이야기(idealistic myths)로 사실상 상당히 어렵다. 아내를 너무 사랑하는데 어떻게 마음만으로 만 사랑할 수가 있겠는가? 꽃이 탐이 나면 그 꽃을 꺾으려고 하는 게 인간이 가진 속성이 아닌가? 육체가 아닌 정신적인 사랑(platonic love)은 부부사이에서 실재하는 사랑은 아니다. 그것은 부부가 아닌 연인들의 이야기이다.

사실 부부 사이의 성은 오랜 여정의 시작이요 도착지이다. 그것은 서로 다른 두 사람이 같이 자고, 같이 일어나고 같은 공간에서 미래를 함께 공유하며 숨을 함께 쉬며 살아가는 데 꼭 있어야할 삶의 현실이요 현장이요 동기이기도 하다.

□ 부부의 성적인 나눔은 서로에게 끌리게 하고 소속감을 갖게 한다.

□ 남자와 여자가 서로 다른 육체를 가지는 것은 서로 끌리게 하기 위함이다. 그러므로 상대가 내게 잘 끌리도록 좋은 모습을 갖춘다고 하는 것은 부부생활에 있어 아주 중요하다.

□ 부부는 상대방이 나의 "어떤 점을 좋아하는지?"를 알아야 한다. 그리고 그 좋아하는 부분을 상대가 늘 느끼도록 해 주어야 한다. 그럴 때 부부 사이의 문제가 줄어든다.

좋은 성, 만족한 성은 상대방을 아름답게 보이게 하고 신체적인 긴장을 풀어주므로 몸에 활력을 준다. 또 면역 기능을 높여주는가 하면, 편두통이나 여드름도 없애 준다. 실제로 성의 나눔이 없는(sexless) 부부는 저항력이 떨어져 신체에도 쉽게 이상을 일으킬 수가 있다. 또 부부 사이의 유대감도 줄어들게 된다. 꼭 삽입 성행위가 아니더라도 부부는 서로를 정답게 보듬는 육체적인 접촉이 있어야 하는 데 이것은 남편보다 아내에게 있어 더 중요하다.

부부는 성에 대해 좀 더 진솔한 자세를 가져야 하고 무엇이 좋았는지 무엇이 나빴는지에 대해 이야기를 나누어야 한다. 지나쳐도 안 좋고 부족해도 좋지 않은 게 성이다. 그러므로 부부는 부부 모두가 만족할 수 있는 방법을 정답게 의논해 그것을 즐길 수 있어야 한다.

성 행위로 아내와 남편의 피부가 부드럽게 접촉하면 새로운 에너지가 창출하게 되는데 이 새로운 에너지로 인해 올가니즘을 느낄 수 있는 뇌의 반응을 가져와 쾌감을 체험할 수 있다. 그러므로 부부는 올가니즘을 느낄 수 있도록 서로에게 최선의 배려를 해야 한다.

우리는 부부의 성을 통해 자녀를 얻는다. 그리고 그것이 하나님의 계획이요 창조 질서이다. 동물이나 식물도 다 암수가 있다. 하나님은 세상을 유지하시기 위해 암수를 두었고 그들의 성을 통해 하나님의 일을 하게 하시므로 세상을 유지하고 있다. 그래서 많은 세대가 이 세상을 떠났지만 아직도 이 세대가 유지하고 있다. 성욕 때문이다.

철학자 헤겔은 "사랑에 있어서 제1의 계기는, 내가 나 만으로서의 독립된 인격이고자 하지 않는 것, 나아가서 자기를 결점이 많은 불충분한 존재로 느끼는 것이요 제2의 계기는, 내가 한 사람의 다른 인격 속에서 나 자신을 획득한다는 것이며 다른 사람 속에서 보람을 얻으며 또 다른 사람도 나의 속에서 그렇게 되는 것이다"라고 했다. 그러면서 그는 "사랑은 모순을 낳는 동시에 그것을 풀어 나가는 것이다"라고 했다.

서로 다른 가정 문화 속에서 자라온 두 사람이 하나가 된다고 하는 것은 사실상 쉬운 일이 아니다. 그것은 자기가 고집하던 가치나 익숙해 있던 행위를 버려야 하는 것이기도 하다. 그러면서도 하나가 될 수 있는 것은 부부 사이의 성적인 행위 때문이라 할 수 있다.

가정이란 무엇인가? 가족이 하나의 사회를 이루는 곳이다. 그리고 그 기초는 부부의 하나 됨이다.

이제 부부는 내가 과연 어떤 모습으로 살고 있는지? 자신을 살피는 시간을 가져야 한다. 자기를 살피지 않으면 우리는 부도덕한 행위를 도덕적인 행위로 알 수 있다.

아내가 남편에게 끌리고 남편이 아내에게 끌리는 것이 사랑이 아니겠는가? 행위 후에 기분 좋게 지친 몸으로 누워있는 모습이 인간이 추구하는 평안이 아니겠는가? 기독인은 기독인다운 기준의 성행위를 해야 한다. 그래야 그것이 아름다움으로 승화할 수 있다.

성경은 성을 거부하거나 피하지 말라고 권고하고 있다

"성은 육체적인 즐거움 이상의 것이 되어야 한다"

성은 우리 욕구의 중심에 있다. 그러므로 그것을 존귀하게 여겨 비하하거나 불평하지 않아야 하고 서로 분별력을 가지고 나누어야 한다. 우리는 흔히 내 나름의 성지식을 갖고 있다. 그러므로 사실과 다르거나 하나님이 원하시는 것과는 상당한 차이가 있는 성적인 지식이나 이해를 가질 수 있다. 세상이 얼마나 혼탁한가? 가치가 아닌 것이 가치처럼 버젓이 행해지고 있는 게 지금의 세태이다. 그건 분명 음란인데도 음란이 아니라 욕구일 뿐이라고 강변을 하는 게 오늘의 현실이다. 그래서 벌거벗기를 좋아하고 찰라적인 성적 충동에 자신을 마낀다. 이제는 자기중심의 해석이나 지식을 고집하고 있다. 그래서 자유주의 성을 갈구하고 있다.

기독인의 성은 하나님의 거룩 안에서만 허락되어진 것이다. 그것은 부부에게만 주어진 선물이요 축복이다. 아무렇게나 저질스럽게 사용할 수 없는 게 하나님이 허락하신 성이다. 그러므로 "서로 분방하지 말라 다만 기도할 틈을 얻기 위하여 합의상 얼마 동안은 하되 다시 합하라 이는 너희의 절제 못함을 인하여 사단으로 너희를 시험하지 못하게 하려 함이라"(고전7:5)고 하시므로 부부는 서로에게 성을 통해 배우자를 만족케 하는 것으로 자신을 지켜야 할 것과 부부가 설사 불화한다고 하더라도 성을 무기로 해서는 안 된다고 하는 것을 보여주고 있다.

> 네 헛된 평생의 모든 날 곧 하나님이 해 아래서 네게 주신 모든 헛된 날에 사랑하는 아내와 함께 즐겁게 살지어다 이는 네가 일평생에 해 아래서 수고하고 얻은 분복이니라 (전 9:9)

"살아 있는 미를 사랑하는 자는 성을 존중한다."고 했다. 성은 아름다운 것이요 고귀한 것이다. 그런데도 사람들 가운데는 성을 천박하게 여기는 사람들이 있다. 무절제한 성, 타락한 성, 인본적인 성이 낳은 결과이다.

부부는 자신들에게 주어진 성적인 차이를 자신이 풀어야 할 숙제라고 생각해야 한다.

성은 한 번에 다 알 수 있는 게 아니다. 그러므로 모르는 부분이나 이해되지 않는 부분은 부부 서로가 정답게 의논해 가면서 협력해 풀어야 한다.

"그런즉 너희가 먹든지 마시든지 무엇을 하든지 다 하나님의 영광을 위하여 하라"(고전10:31)고 하지 않았는가! 우리는 우리에게 주어진 성을 하나님의 영광을 위해 사용하여야 한다.

성적인 쾌감(오르가즘)보다 우선하는 것은 사랑의 교제이다.

이어령 씨는 "이것이 오늘의 세대(世代)이다"에서 "오늘날 섹스는 사랑의 종점이 아니라 개찰구(開札口)이다. 정신의 결합에서 육체의 결합을 이루던 사랑의 순서는 19세기에 끝나고, 이제는 그것이 뒤집혀서 육체의 결합 끝에 정신이 교통된다."고 했다.

성은 늘 시작하는 것이지 마치는 것이 아니다. 그러므로 부부는 성을 삶의 시작이라고 하는 차원에서 매일 새롭게 접근하되 모든 감각을 통해서 그것을 즐겨야 하고 서로의 이해와 합의하에 새로운 즐거움을 지속적으로 개발해야 한다.

성에대한 지나친 기대나 잘못된 지식은 버리는 게 좋다.

성은 서서히 개발되게 되어있다. 그러므로 한 번에 다 안다고 하지 말고 평생의 일이라 생각해 너무 서둘지 않고 차근차근 개발하는 것이 좋다.

육체적인 즐거움만 탐익하면 여러 가지 잘못된 결과를 가져올 수 있다. 그러므로 부부의 성은 육체적인 즐거움 이상의 것이 되어야 한다. 그것은 영혼의 결합이요 둘 사이의 하나의 호흡이어야 한다. 그러므로 늘 내가 먼저 준다고 하는 베푸는 자세로 임하는 것이 좋다.

성경(聖經) 속의 성경(性經)

"성욕과의 싸움이 가장 어려운 투쟁이다"(L.N.톨스토이)

지금처럼 성이 개방되어 있는 시대가 있었을까? G.베르나노스는 "욕정은 인류의 옆구리에 입을 벌리고 있는 신비한 상처이다. 사람에게만 있는 색정과 남자와 여자를 접근시키는 욕망과를 혼동하는 것은, 종기 자체와 종기가 나서 모양이 흉하게 되어 무서우리만큼 종기의 모양을 닮아 있는 기관과를 혼동하는 것이나 마찬가지이다. 사회는 예술이라고 하는 미명아래 부끄러운 상처를 감추려고 무척이나 많은 노력을 하고 있다. 그러나 죄에 대해서 얼마간의 경험이 있는 사람이면 누구나, 색정이 그 기생적 생장작용과 추악한 번식으로 끊임없는 생식력과 지력을 가지고 질식시키려 든다는 것을 다 알고 있다. 창조적인 힘이 없는 색정은 인류의 가냘픈 약속을 눈[芽]이 틀 때부터 더럽히는 일밖에는 못 한다. 색정은 아아 우리 인류의 모든 결함의 근원이요 원리일 것이다."라고 했다. 이처럼 창조적인 힘이 없는 성은 기회만 있으면 우리를 타락케 하려는 속성을 가지고 있다.

A.쇼펜하우어도 "성(性)은 모든 행동의 눈에 보이지 않는 중심점으로 이것을 감추는 여러 가지 베일이 있어도 도처에서 얼굴을 내미는데 성관계는 전쟁의 원인도 되고, 평화의 목적도 되며, 자살의 기초도 되고, 또한 타락의 목표도 되며, 무한한 해학(諧謔)의 원천도 되고, 모든 풍자

의 열쇠도 되고, 모든 비밀스런 눈짓의 의미도 된다.”고 했다. 이처럼 성은 인간의 삶의 구석구석에 영향을 준다. 잘 사용하면 복이요 잘못 사용하면 악(惡)인 게 성이 가진 속성이다.

그러므로 크리스천은 성에 대해 좀 더 깊은 경각심을 가져야 한다. 특히 젊은 시절은 고뇌하면서도 성적인 감정이나 사상의 혼돈으로 인해 혼란을 겪는 시기이기 때문에 이 때 이들에게 주어지는 성적인 갈구는 때로 그들의 통제력을 잃게 하기도 한다. 그러므로 이 시기의 청년들은 성에 대한 잘못된 이해나 지식을 얻기보다는 인내로서 자연스럽게 모든 것이 해결되도록 기다리는 것이 순리이다.

성은 배우지 않아도 성장하는 가운데 저절로 알 수 있도록 되어 있다. 그러므로 너무 조급해 하지 말고 성적인 문제에 관한한 오랫동안 성실히 생각하고, 오랫동안 하나님의 말씀 안에서 그 해결을 구하되 치밀어 오르는 욕구를 인내하고 극복해야 후일 배우자를 통해 참 진실한 순결과 신선한 만족을 얻을 수 있다.

성경은 성에 대한 기본 개념을 직접적으로, 혹은 간접적으로 자주 언급하고 있다. 우선 우리는 하나님께서 일부일처(一夫一妻)로 에덴에서 살게 하였다고 하는데 관심을 가져야 한다. 그리고 “간음하지 말라”(출 20:14)고 엄히 경계를 하시되 십계명을 통해 엄히 가르치신 것에 대해 관심을 가져야 한다.

간음이란 성적으로 죄를 짓는 것이다. 오늘날 비윤리적인 행위들이 얼마나 윤리적인 것처럼 미화되고 있는가!

“누구든지 그 계모와 동침하는 자는 그 아비의 하체를 범하였은즉 둘 다 반드시 죽일지니 그 피가 자기에게로 돌아가리라 누구든지 그 자부와 동침하거든 둘 다 반드시 죽일지니 그들이 가증한 일을 행하였음이라 그 피가 자기에게로 돌아가리라 누구든지 여인과 교합하듯 남자와 교합하면 둘 다 가증한 일을 행함인즉 반드시 죽일지니 그 피가 자기에게로 돌아가리라 누구든지 아내와 그 장모를 아울러 취하면 악행인즉 그와 그들을 함께 불사를지니 이는 너희 중에 악행이 없게 하려 함이니라 남자가 짐승과 교합하면 반드시 죽이고 너희는 그 짐승도 죽일 것이며 여자가 짐승에게 가까이하여 교합하거든 너는 여자와 짐승을 죽이되 이들을 반드시 죽일지니 그 피가 자기에게로 돌아가리라 누구든지 그 자매 곧 아비의 딸이나 어미의 딸을 취하여 그 여자의 하체를 보고 여자는 그 남자의 하체를 보면 부끄러운 일이라 그 민족 앞에서 그들이 끊어질지니 그가 그 자매의 하체를 범하였은즉 그 죄를 당하리라"(레 20:11-17)

"너희는 골육지친을 가까이하여 그 하체를 범치 말라 나는 여호와니라 네 어미의 하체는 곧 네 아비의 하체니 너는 범치 말라 그는 네 어미인즉 너는 그의 하체를 범치 말지니라 너는 계모의 하체를 범치 말라 이는 네 아비의 하체니라 너는 네 자매 곧 네 아비의 딸이나 네 어미의 딸이나 집에서나 타처에서 출생하였음을 물론하고 그들의 하체를 범치 말지니라 너는 손녀나 외손녀의 하체를 범치 말라 이는 너의 하체니라 네 계모가 네 아비에게 낳은 딸은 네 누이니 너는 그 하체를 범치 말지니라 너는 고모의 하체를 범치 말라 그는 네 아비의 골육지친이니라 너는 이모의 하체를 범치 말라 그는 네 어미의 골육지친이니라 너는 네 아비 형제의 아내를 가까이하여 그 하체를 범치 말라 그는 네 백숙모니라 너는 자부의 하체를 범치 말라 그는 네 아들의 아내니 그 하체를 범치 말지니라 너는 형제의 아내의 하체를 범치 말라 이는 네 형제의 하체니라 너는 여인과 그 여인의 딸의 하체를 아울러 범치 말며 또 그 여인의 손녀나 외손녀를 아울러 취하여 그 하체를 범치 말라 그들은 그의 골육지친이니 이는 악행이니라 너는 아내가 생존할 동안에 그 형제를 취하여 하체를 범하여 그로 투기케 하지 말지니라 너는 여인이 경도로 불결할 동안에 그에게 가까이하여 그 하체를 범치 말지니라 너는 타인의 아내와 통간하여 그로 자기를 더럽히지 말지니라 너는 결단코 자녀를 몰렉에게 주어 불로 통과케 말아서 네 하나님의 이름을 욕되게 하지 말라 나는 여호와니라 너는 여자와 교합함같이 남자와 교합하지 말라 이는 가증한 일이니라 너는 짐승과 교합하여 자기를 더럽히지 말며 여자가 된 자는 짐승 앞에 서서 그것과 교접하지 말라 이는 문란한 일이니라 너희는 이 모든 일로 스스로 더럽히지 말라 내가 너희의 앞에서 쫓아내는 족속들이 이 모든 일로 인하여 더러워졌고 그 땅도 더러워졌으므로 내가 그 악을 인하여 벌하고 그 땅도 스스로 그 거민을 토하여 내느니라"(레 18:6-26)

왜 이토록 구체적으로 경계하셨을까? 그 일들이 실제로 행해지고 있고 또 그것은 무서운 죄이기 때문이다. 이런 류의 성적인 타락에 대해 하나님은 신명기 27:20-23절에서도 엄히 경계하고 있다.

성적인 타락이나 간음은 죽임을 당할 범죄에 속하는 죄이다. 히브리서 기자는 그러므로 "모든 사람은 혼인을 귀히 여기고 침소를 더럽히지 않게 하라 음행하는 자들과 간음하는 자들을 하나님이 심판하시리라" (히 13:4)라고 경고하고 있다. 또 "음행과 온갖 더러운 것과 탐욕은 너희 중에서 그 이름이라도 부르지 말라"(엡5:3)고 하였다. 그것은 "썩어지지 아니하는 하나님의 영광을 썩어질 사람과 금수와 버러지 형상의 우상으로 바꾸는 일"(롬1:23)과 같다고 하였다.

> 나는 너희에게 이르노니 여자를 보고 음욕을 품는 자마다 마음에 이미 간음하였느니라 만일 네 오른눈이 너로 실족케 하거든 빼어 내버리라 네 백체 중 하나가 없어지고 온 몸이 지옥에 던지우지 않는 것이 유익하며 (마 5:28-29)

찰라적인 즐거움은 사탄이 주는 것이다. 그것은 영원한 즐거움을 앗아가기 위해 주어지는 미끼이다. 그러므로 거기에는 치뤄야 할 대가가 반듯이 따르게 되어있다.

성적 타락은 하나님을 마음에 두기 싫어하는 사람들의 독특한 형태이다. 그것은 "상실한 마음"에서 나오는 것들로(롬1:28) "모든 불의, 추악, 탐욕, 악의, 시기, 살인, 분쟁, 사기, 악독"등과 같은 것들과 연결되어 있다. 그러므로 성경은 "이런 일 하는 자는 죽여 마땅하다"(롬1:32)고 기술하고 있다. 하나님은 그의 질서의 순수성을 지키시기 위해서라도 성적인 타락을 용납지 아니하시는 하나님이시다.

그러므로 부부외의 것은 그 어떤 이유로도 정당화 될 수가 없다. 하나님의 뜻은 "너희의 거룩함이라 곧 음란을 버리고 각각 거룩함과 존귀함으로 자기의 아내 취할 줄을 알고 하나님을 모르는 이방인과 같이 색욕을 좇지 않는 것"에 있다. (살전4:3-5) 또 "창기와 합하는 자는 저와 한 몸이 되는 것"이라고 경고하고 있다.(고전6:17) 음행은 피하여야 한다. 왜냐하면 그것은 "자기 몸에게 죄를 범하는 것"이기 때문이다.(고전6:18)

성적인 죄는 인격이 변하지 않으면 없어지지 않는다. 그 이유는 사단이 집요하게 그것을 무기로 삼고 있기 때문이다. 죄를 벗을 수 있는 길은 "회개"뿐이다. 회개할 때에 주님께서 우리의 인격을 변화시켜 주신다.

이제는 성에 대한 하나님의 가르치심이 무엇인지 좀 더 깊이 이해하여야 한다. 그리고 그 가치를 지킬 수 있어야 한다. 그래야 하나님의 나라를 유업으로 받을 수가 있다.

"불의한 자가 하나님의 나라를 유업으로 받지 못할 줄을 알지 못하느냐 미혹을 받지 말라 음란하는 자나 우상 숭배하는 자나 간음하는 자나 탐색하는 자나 남색하는 자나 도적이나 탐람하는 자나 술 취하는 자나 후욕하는 자나 토색하는 자들은 하나님의 나라를 유업으로 받지 못하리라 너희 중에 이와 같은 자들이 있더니 주 예수 그리스도의 이름과 우리 하나님의 성령 안에서 씻음과 거룩함과 의롭다 하심을 얻었느니라"(고전6:9-11)

하나님은 질서의 하나님이시다. 그러므로 그 질서는 존귀하게 유지되어야 한다. 사람은 부부 사이의 성만으로도 충분히 기쁨과 만족을 누릴 수 있게 되어 있다. 그러므로 부부가 합심하여 그것을 개발하도록 하여야 한다. 그것이 하나님의 뜻이다.

불행한 결혼의 원인 가운데는 거의 모든 경우 배우자의 성적인 죄가 나타나고 있다.「부부만을 위한 성」이라는 원칙으로부터 벗어남으로 성을 바로 사용하지 못했다고 하는 것 때문에 부부는 아플 수밖에 없다. 더욱이 우리 주변에는 성에 대해 과장적인 흥미위주의 책이나 자료들이 너무도 많다. 그리고 인터넷의 발달로 인해 그것은 주변 너무 가까이 까지 들어와 성장기의 어린이들을 혼란스럽게 하고 부부 사이의 성의 가치를 무가치하게 하고 있다. 그러다 보니 성적인 환희의 소산이 사랑이며 서로에게서 성적인 만족을 얻게 되면 서로 사랑할 수 있다는 이해까지 주고 있다. 얼마나 육적인 생각인가!

인간에게 주어진 성은 하나님의 계획아래에서 우리가 가꾸어야 할 것이다. 잘 가꾸면 꽃이 피고 열매를 맺으나 잘 가꾸지 않으면 꽃도 열매도 얻을 수없는 게 성이 가진 속성이다. 그러므로 아름다운 꽃과 결실을 얻기 위해 하나님께서 하신 말씀에 귀를 기우려야 한다. 왜냐하면 성은 하나님이 주신 것이요 하나님에게 속하여 있는 내가 임의로 할 수 없는 것이기 때문이다.

왜곡된 성

"저희의 행위가 저희로 자기 하나님에게 돌아가지 못하게 하나니
이는 음란한 마음이 그 속에 있어 여호와를 알지 못하는 까닭이라"(호 5:4)

성의 상품화와 개방

일본 등 선진국에서는 흔히 볼 수 있는 음란 카페가 우리나라에서 처음 문을 열어 화제가 되고 있다. 국내 첫 음란 카페 G-spot의 주인은 스튜어디스 출신의 이씨. 20대 미혼의 몸으로 "여자도 섹스를 즐길 권리가 있다"고 당당하게 주장하는 이씨의 '톡톡 튀는' 삶을 들여다봤다. 이 씨는 섹스라는 말을 꺼내는 것조차 쑥스럽게 여길 것처럼 곱상하게 생긴 미혼의 여자이다.

"처음에는 카페 이름을 '클리토리스'로 지을까도 생각해 봤어요. 그런데 그것보다는 '선택받은' 여성의 민감한 곳을 의미하는 G-spot으로 하는 게 음란 카페를 만들고자 하는 취지에 더 어울린다고 생각했죠. 그러나 G-spot을 잘 모르는 여성들도 많고, 섹스할 때 오르가슴을 느껴보지 못한 여성들도 굉장히 많아요. 여성들이 섹스를 즐길 수 있는 권리, 오르가슴을 느낄 수 있는 권리를 세상에 널리 알리고 싶었어요. 사실 오르가슴을 못 느끼는 섹스라는 게 무슨 재미가 있겠어요. 진정한 오르가슴을 느끼기 위한 방법의 일환으로 섹스에 대한 이야기를 서로 솔직하게 터놓고 얘기할 수 있는 공간이 필요하다고 생각해 음란 카페를 열었어요."

이곳에서 간판 못지않게 눈길을 끄는 것이 메뉴 판이다. 수줍음이 심한 사람이라면 메뉴 판을 제대로 훑어보는 것조차 쉽지 않다. 김홍도의 춘화 (春畵)와 성행위를 묘사한 서양화, 자위행위를 하고 있는 여성의 모습은 물론 페니스 모양으로 만든 '페니스 돈까스'와 으깬 감자를 동그란 모양으로 담아 건포도로 장식한 '유방 포테이토' 등 안주도 만만치 않은 모습으로 표현돼 있기 때문이다.

"이 메뉴 판은 음식을 주문하면서 이야기의 주제가 자연스럽게 섹스 쪽으로 흐르도록 일부러 그렇게 만든 거예요. 손님들도 처음에는 쑥스러워 하다가 점점 재미있어 해요. 이중 가장 인기 있는 메뉴는 페니스 모양의 돈까스와 "페니스 핫바"예요. 성인 남성의 성기와 모양과 크기가 흡사한 핫바에 감자를 이용해 고환을 만들고 겨자 소스를 맨 위에 뿌려놓아요. 손님들은 남녀를 가리지 않고 그 음식을 보면서 박장대소 (拍掌大笑)하죠. 단순히 눈길을 끌기 위해 개발한 메뉴가 아니에요. 여자들이 "특이한" 모양의 음식을 먹으면서 은연중에 남성의 성기에 대한 거부감을 갖지 않도록 하자는 의미를 담고 있어요."

"G-SPOT"에서는 여성들이 당당하게 성문화를 즐기는 데 도움을 주는 이벤트를 정기적으로 마련, 여성들뿐만 아니라 남성들도 섹스에 대해 진솔한 대화를 나눌 수 있는 장으로 활용할 계획을 갖고 있다. 이 씨가 음란 카페를 연 궁극적인 목표는 성에 대한 고정관념을 깨고 남녀가 동등한 입장에서 성을 즐기게 하는 데 있다고 한다.

"섹스는 남녀 모두가 즐거워야 해요. 남자들이야 삽입해서 사정을 하고 나면 그만이지만 여자들은 그렇지 않잖아요. 남자들만 즐기고 마는 섹스에 누군가는 반기를 들어야 한다고 생각했어요. 삽입만으로 이뤄지는 섹스는 마스터베이션(자위행위)보다 오히려 재미가 없더라고요. 남자들은 그런 사실을 잘 모르고, 여자들은 별 재미가 없으면서도 오르가슴에 도달하기 위해 노력하기보다는 음란해 보일까봐, 아니면 밝히는 여자라는 소리를 들을까봐 그냥 참고 살잖아요. 사랑하는 사람과 나누는 섹스만큼 즐겁고 황홀한 게 없는데 많은 여성들이 사회적인 관념이나 통념에 묶여 즐길 것을 즐기지 못하고 있는 현실이 안타까웠어요."

스튜어디스 출신인 이 씨는 자신의 재미없는 섹스 경험이 음란 카페를 열게 된 직접적인 동기가 되었다고 한다. 우리 사회에서는 아직 미혼인 여자가 "나 섹스 해 봤어요."라고 털어놓는 것이 쉽지 않다. "섹스를 해봤더니 별로 재미가 없더라.'고 고백하기란 더더욱 쉬운 일이 아닐 텐데, 이 씨는 솔직하고 당당하게 자신의 섹스 경험을 털어놓는다.

자위행위

자위행위는 부끄러운 행위로 죄의식이나 불안을 초래할 수 있다.

"고등학교 2학년 때 처음 자위행위를 했는데, 자주 하는 편이었어요. 맛있는 음식은 자주 먹고 싶듯 재미있는 일도 자주 하게 되잖아요. 그러다 대학교 2학년 때 남자친구와 처음으로 섹스를 했는데, 영 재미가 없는 거예요. 성관계를 여러번 했지만 오르가슴은커녕 아프기만 하고 언제 끝나나 하는 생각만 들더라고요. 그래도 남자친구를 위해 즐거운 척, 오르가슴에 오른 척 신음소리를 내고 연기를 했죠. 하지만 솔직히 자위행위보다 재미가 없었어요." 그러나 이 씨는 섹스의 불만을 남자친구에게 털어놓지 못했다. 그도 보통 여자들처럼 '밝히는 여자' 로 오인 받기 싫어서였다. 여자가 섹스에 대해서 밝힌다고 하면 이 남자 저 남자 가리지 않는 '날라리' 취급을 당하는 사회적 분위기에 순응할 수밖에 없었다.

"참 난감하더라고요. 남자친구에게 재미있는 척하면서 섹스를 할 것이냐, 아니면 재미있는 섹스를 위해 노력할 것이냐를 두고 한참 동안 고민하다가 남자친구에게 '그렇게 하면 재미없어. 이렇게 해줘' 라고 요구하기에 이르렀어요. 그 후 오르가슴을 맛보게 되었죠. 제가 느낀 황홀한 오르가슴을 다른 여성들도 맛보고 살아갈 수 있도록 도와주고 싶었어요."

성욕은 인간이 가지고 있는 기본적인 욕구이다. 그러나 그것은 통제가 되고 절제가 되어야 한다. 사도 바울은 그러므로 "만일 절제할 수 없거든 혼인하라 정욕이 불같이 타는 것보다 혼인하는 것이 나으니라"(고전 7:9)고 했는데 이 이야기는 결혼을 할 시기가 되었으면 결혼을 하여 욕정으로 인해 죄를 짓지 말고 아직 결혼할 시기가 되지 않았으면 치밀어 오르는 욕정을 인내로 잘 통제하라고 하는 이야기이다.

어른들 뿐만 아니고 자라는 청소년들에게도 성욕은 있다. 그리고 실제로 청소년들이 성에대해 관심을 갖는 것은 어른들이 상상하는 것 이상이다. 그러므로 충동을 억제하고 인내한다고 하는 것은 사실상 너무 힘든 일이라 할 수 있다.

대부분의 사람들은 인간의 기본적인 본능(basic instinct) 중 하나인 성적 욕구를 참는다고 하는 것은 쉬운 일이 아니라고 한다. 따라서 자위행위를 통해 성적인 욕구를 발산하는 일을 죄악시 하지 말고 자연스럽게 이해해야 한다고 한다. 이런 말을 하는 이들은 그러므로 성욕은 "호흡이나 식욕과 같이 인간이 가지는 아주 자연스러운 본능"이라고 까지 말을 한다. 틀린 말은 아니다. 그러나 그 일이 지속적으로 계속될 때 생기는 부작용이나 인성의 파괴에 대해서는 어떻게 설명할 것인가?

자위행위에 대해서는 기독교적인 해석과 사회적인 해석에 상당한 차이가 있다. 기독교에서는 자위행위를 해서는 안 된다고 가르치는데 비해 사회적인 해석은 "자위행위는 자연적인 욕구발산의 행위로 건강한 청소년들이 이 행위를 하는 것은 자연스러운 일이고 또 자연스럽게 보고 용납해야 한다고 한다. 그렇게 할 때 성적인 범죄도 줄일 수 있다"고 한다. 그래서인가? 이제는 그 연령이 점점 더 낮아져 어린이 가운데서도 이 일을 하는 아이들이 있다고 하고 7,80 노인들 가운데서도 이 행위에 몰두하는 이들이 있다고 한다. 건강해서도 그렇겠지만 수평문화의 영향이요, 컴퓨터가 생활 속의 한 부분을 차지해 무분별한 정보에 접속할 수 있어서 생긴 일이라고 할 수도 있다.

자위행위는 자신을 흥분시키는 일로, 행위 중 거의 모든 경우 음란한 성적인 상상을 하게 되는데 그것은 한마디로 죄이다. 그리고 그 행위가 끝나는 순간 쾌감을 얻을 수는 있을지라도 그 일 뒤에는 거의 모든 경우 죄책감이나 허무감을 맛보게 되는데 이는 성이 부부사이에 행해져야 하는데도 혼자서 행하기 때문에(自慰) 주어지는 상실감 때문이라 할 수 있다. 그러므로 성이 "부부의 성"의 목적 이외에 쓰이는 것은 죄라고 하는 분명한 의식이 중요하다.

자위행위의 경우 보통 남자는 15세, 여자는 13세에서 가장 많이 시작하는 것으로 알려져 있다. 그리고 16세까지의 남녀의 60%, 20세까지의 여자는 58%, 20세까지의 남성은 97%가 각각 자위를 한다는 보고서가 있다. 이 보고서대로라고 하면 적지 않은 사람들이 자위행위를 하는 것을 보여 주고 있다.

자위행위는 성행위가 금지된 청소년들만이 하는 것이 아니다. 일생 동안 남자는 90% 이상, 여자는 60% 이상이 자위행위를 경험한다고 한다. 1990년의 미국 통계에 의하면 같이 사는 부부 중, 남성의 85% 그리고 여성의 45%가 일 년에 한번 이상 자위행위를 하는 것으로 보고되고 있는데 이는 자위행위가 단지 결혼하지 않은 사람에게 국한된 이야기가 아니라고 하는 이야기이다.

어떻게 보면 자위행위는 성적인 만족을 얻거나 성적표현을 하는데 있어서 매우 안전하다고 생각할 수도 있다. 그러나 이 행위는 부끄러운 행위로 죄의식이나 불안을 초래할 수가 있다. 그러므로 자신에게 나쁜 것을 계속 입력하는 결과를 가져 올수도 있는데 이런 일에 익숙해 습관화하게 되면 후일 결혼생활에 아주 나쁜 영향을 줄 수 있다.

한 예로 어느 날 한 부인으로부터 전화를 받았는데 부인은 처녀 때부터 심할 정도로 자위를 했는데 결혼 후에도 남편 몰래 그 일을 계속했다고 한다. 그런데 어느 날 담임 목사님이 태어난 지 8개월 된 아들이 유아세례를 받아야 된다고 하는 말을 듣고 갑자기 죄책감이 드는데 "나

같이 나쁜 습관을 갖고 있는 사람이 아이에게 유아세례를 받도록 해도 되는지?" 그 때부터 불안과 공포심이 생겨 전화로 상담을 청한다는 이야기였다. 이처럼 자위행위는 지금뿐만 아니라 후일에도 죄책감을 주는 하지 않아야 할 행위요 습관이다.

하나님은 결혼 이전의 청소년기를 인내의 시기로 규정하고 있다. 하나님은 "너희의 인내로 너희 영혼을 얻으리라"(눅 21:19)고 말씀하시는데 이 말씀은 후일 우리가 받을 복은 지금 내가 무엇을 어떻게 하고 있나와 연계되어 있다고 하는 말씀이다. 그러므로 청소년기에 성적인 욕구가 있다고 해서 그 욕구에 따라 분별없이 행동하는 것은 결국 자기에게 주어질 복을 박차는 것과 같다. 욕구가 있어도 인내로 그 욕구를 잘 조절할 때 사람은 인격적으로 성숙한 사람이 될 수 있고 후일 결혼생활을 할 때도 잘못된 지식이나 습관을 갖지 않게 된다. 더구나 결혼한 사람이 성적인 만족을 얻기 위해 배우자 몰래 자위행위를 하는 일은 배우자에 대한 예의가 아닐 뿐만 아니라 자신을 부패하게 하는 일이 된다.

부부의 성은 부부가 함께 노력하고 개발하는 가운데서 즐거움을 찾아야 한다. 그런데 그런 노력도 없이 혼자 자위를 한다고 하는 것은 옳지 않다. 바울은 "주께서 너희 마음을 인도하여 하나님의 사랑과 그리스도의 인내에 들어가게 하시기를 원하노라"(살후 3:5)라고 권고하고 있다. 이처럼 우리는 주어진 생활을 인내로 가꾸어야 한다. 특히 신앙생활을 하는 사람은 "오직 너 하나님의 사람아 이것들을 피하고 의와 경건과 믿음과 사랑과 인내와 온유를 좇으며 믿음의 선한 싸움을 싸우라 영생을 취하라 이를 위하여 네가 부르심을 입었고 많은 증인 앞에서 선한 증거를 증거하였도다"(딤전 6:11-12)하신 말씀에 관심을 가져야 한다. 그렇지 않으면 한 순간 모든 것을 잃을 수 있다.

우리는 아닌 것은 아니라고 할 수 있는 용기가 있어야 한다. 분명 아닌데도 욕구 때문에 하지 않아야 할 일을 하면 결국 그 일이 그 사람의 걸림돌이 된다.

마음이 가는대로 따라 분별없이 사는 것은 아주 위험한 일이다. 더욱이 청소년기는 주체성을 확립하여야 하는 시기로 생의 목표와 의의에 관심을 가져야 하는 시기이다. 그런데도 이 시기에 너무도 성적인 것에 탐닉하여 하지 않아야 할 일을 하는 것은 인격형성에 나쁜 영향을 줄 수 있다. 만일 이 때 자기 관리를 잘하지 못하여 혼란을 겪거나 잘못된 것의 영향을 받으면 후일 자신이 무엇을 해야 할지를 모르는 사람이 되게 되고 자신이 탐닉한 성적인 습관 때문에 집중력을 잃게 되어 잘 할 수 있는 일도 잘하지 못하는 사람이 되게 된다. 그러므로 자위행위는 자신을 열등하게 만드는 일임을 알아야 한다.

"너희에게 인내가 필요함은 너희가 하나님의 뜻을 행한 후에 약속을 받기 위함이라"(히 10:36)고 했다. 될성부른 나무는 떡잎부터 다르다는 말이 있다. 후일 큰 사람이 되려고 하면 젊었을 때 자기 관리를 잘 하여야 한다. 그래야 하나님의 약속을 내 것으로 할 수 있다. 욕구가 있다고 해서 그것을 분별없이 따라 하는 것은 죄이다. E.프롬은 "인간(人間)의 마음"에서 "자유는 사람이 악을 버리고 선을 선택하는 위대한 기회였다...자유는 각성과 노력을 바탕으로 현실적인 가능성을 선택하는 기회였다."고 말하고 있다. 우리는 앞에 놓여있는 두 선택 "할 것이냐? 안 할 것이냐?"에 대해 좀 더 신중히 생각해야 한다. 한 번의 어쭙잖은 행위로 자신의 생애를 망칠 수는 없지 않은가. 이제는 욕구가 강요하는 대로 끌려가기보다 그 욕구를 잘 다스려 다른 에너지로 전환하는 지혜를 가져야 한다.

배우자(異性) 대신에 어덜트 토이(Adult toy)등 모조 성기구를 사용하는 것도 옳지 않다. 하나님은 성행위를 하는데 어떤 기구가 필요하다고 가르치시지 않으셨다.

진동기 같은 것을 계속적으로 사용하면 당초의 목적과는 달리 불감증에 걸릴 확률이 훨씬 높아진다. 진동기는 질에 상처를 주고 내막을 상하게 하거나 월경 불순 등을 일으 킬 수 있다.

동성애

동성애는 남성이 남성을, 여성이 여성을 사랑하는 것을 말한다. 성경은 이런 행위를 가르켜 순리가 아닌 역리라는 말로 표현하고 있다.

역리란 자연스러움을 거역하는 것을 뜻한다. 그리고 성경은 그것을 부끄러운 일이라고 규정하고 있다. 이런 부끄러운 일은 어제, 오늘의 이야기가 아니다. 멀리는 소돔(창18장) 시대부터 2000여 년 전인 초대교회 때도 있었던 일이다.

남자가 여자에게 끌리고 여자가 남자에게 끌리는 것이 순리이다. 그런데 왜 남자가 남자에게 끌리고 여자가 여자에게 끌리는가? 고장이 났기 때문이다. 그들끼리는 하나님의 창조섭리를 계승할 수가 없다. 그런데도 그들은 "신께서 동성애자를 창조하셨다"고 강변을 한다. 그리고 신은 허락하셨는데 인간이 이 행위를 금지하고 있다고 주장한다.

그들이 말하는 신이 어떤 신인지는 알 수 없으나 하나님은 이를 허락하신 적이 없다. 만일 그들의 주장대로라면 이미 세상에는 인간이 존재하지 않게 되어 있다. 우리는 남녀가 부부되는 것이 하나님의 놀라운 섭리인 것을 알아야 한다.

어떤 이들은, 동성애를 하는 사람은 태어날 때 이미 그런 성향을 가지고 태어나기 때문에 동성애를 할 수밖에 없다는 놀라운(?) 이해심을 갖고 있다. 물론 그럴 수도 있다. 칼 융(C. Jung)은 그래서 집단 무의식을 이야기하고 있다.

그것은 누대에 걸쳐 오는 죄의 결과(전이나 복사) 때문에 그리 되어지는 것이지 하나님의 계획과는 상관이 없다. 그런데도 자신들의 죄를 정당화하기 위해 "하나님이 동성애자도 창조하셨다"고 강변을 한다.

우리나라 청소년 10명중 8명은 동성애에 대해 부정적인 견해를 갖고 있는 것으로 나타났다. 부정적인 견해를 구체적으로 살펴보면 "이해하기 어렵다"가 15.5%, "징그럽다"가 14.0%, "비정상적이다"가 12.7%,

"나와는 다른 사람이다"가 9.9%, "변태다"가 7.7% "더럽다"가 7.4%. "정신병자다"가 6.8%로 나타났다. 이 조사는 청소년을 위한 내일여성센터가 서울과 경기지역 청소년 1483명(남자 435명, 여자 1048명)을 대상으로 동성애 관련 의식조사를 한 것이다. 이 결과를 토대로 어떤 이는 대다수가 아직은 동성애에 대해 부정적인 시각을 갖고 있다는데 안심을 한다. 과연 안심해도 괜찮을까? 야금야금 파고 들어오는 것에 대해 너무 무신경한 것은 아닌가?

"악은 모든 모양이라도 버리라"(살전5:22)고 했다. 80%가 아직은 동성애에 대해 부정적인 생각을 갖고 있으니 안심할 수 있다는 생각은 너무도 안이하다. 청소년의 절반 정도가 동성애를 주제로 한 만화나 인터넷 사이트에 접속하고 있다니 무서운 일이다. 이제 인터넷으로 들어가면 너무도 쉽게 동성애자들의 사이트에 접속할 수 있다. 누가 그곳에 들어가는가? 죄를 죄로 보지 않거나 부끄러움을 모르는 사람들이 들어간다.

얼마 전 국가인권위원회가 인권이라고 하는 미명아래 청소년보호위원회에 청소년 유해 매체물(인터넷 음란물 등) 심의기준에서 "동성애 항목"을 삭제하라고 권고한 일이 있다. 동성애를 말려야 할 정부 기관이 동성애를 방조 내지 후원하는 투의 일을 한 것이다. 10년 후나 20년 후에 아들이 결혼을 하겠다고 수염이 듬성 듬성난 사내를 데리고 온다면 기분이 어떨 것인가? 그들이 자식을 놓을 수 있을 것이며 손자를 기다리는 부모에게 손자를 안겨 줄 수 있을 것인가? 동성끼리는 자녀를 낳을 수 없다. "과학이 발달하니까 복제하면 될게 아니에요" 복제해서 얻은 자식과 부부의 사랑으로 결실한 자식의 차이는 엄청나다.

사람이 자기의 육적인 즐거움을 위해 자연스러운 질서를 파괴한다고 하는 것이 얼마나 무서운 일인가? 정상 부부에게서 난 아이를 입양하겠다는 생각을 가진 염체 없는 동성애자들도 있는데 그러면 그들은 도대체 무엇을 위해 산다는 말인가? 아이 낳는 수고는 남에게 지우고 자기는 오직 육의 즐거움 하나만을 위해 산다는 이야기가 아닌가? 비록 토닥거리며 살아도 남자와 여자가 부부되어 살 때 몸이 저리도록 느껴지는 애틋한 사랑의 의미를 알 수 있다.

20년여 전, 미국 롱비치의 동성애자들이 "동성애도 합법적인 결혼 생활"이라는 것을 학생들에게 상담을 해 주기 위해 '챕터 10'이라는 법안을 제출한 적이 있다. 이 때 그 지역 사람들이 이를 반대해 그 법안이 좌절되었다. 그런데 우리는 "그것이 아닌데"도 그것을 오히려 부추기고 있다. 인권은 보호받을 만한 가치를 지녀야 한다. 비도덕적이고 반인륜적인 행위까지 묵인 내지 보호하겠다는 것은 너무 무지한 발상이고 사회 정서에도 맞지 않는다.

비록 얼마 되지 않는 사람들의 행위라고 할지라도 죄는 죄라고 하는 인식을 가져야 한다. 그리고 단호히 거절해야 한다. 20%가 30%가 되고, 나중 온 나라가 동성애를 여사롭게 보면 어떻게 할 것인가?

우리는 "에이즈"를 천형(天刑)의 질병으로 알고 있다. 그런데 이 에이즈의 발생 원인이 동성애이다. 하나님의 뜻을 거역하는 자에게 주어진 하늘이 내리는 형벌적인 질병이라고 하는 이야기이다.

동성애자들이 아무리 그들 자신을 합리화하고 미화한다 해도 아닌 것은 아니다. 그들도 아버지와 어머니 사이에서 태어난 사람들이다. 그런데도 그들은 아버지와 어머니 사이의 순리에 역행하는 일을 하고 있다.

개 같은 인간이라는 말이 있다. 음란한 사람을 지칭할 때 쓰는 속된 형용사다. 그런데 그렇게 음란한 개들이 동성애를 하는 것을 보았는가? 개는 동성애를 하지 않는다. 그런데 왜 사람은 동성애를 하는가? 죄로 인해 자기를 사탄에게 팔았기 때문이다.

사람이 동성애를 하는 것은 자신을 동물의 수준 이하로 떨어트리는 일이 된다. 우리는 사탄이 우리가 하나님의 이미지(형상)를 갖고 있는 것에 늘 분을 내고 있음을 알아야 한다. 사탄은 어떻게 하든 우리로 하여금 하나님의 이미지를 버리게 한다. 그래서 온갖 술수를 쓰는데 그

수법의 하나가 사람으로 하여금 동성애를 하게 하는 것이다.

동성애에 대한 관심을 갖는 사람은 동성애로 인해 모든 것을 잃을 수 있다. 한 순간의 육적인 쾌락 때문에 그 삶이 방향을 잃는다고 하면 얼마나 불행한 일인가. 아무리 사회가 너그러워졌다고 해도 사회 질서나 가정구조를 깰 수 있는 너그러움은 너그러움이 아니다.

"이와 같이 남자들도 순리대로 여인 쓰기를 버리고 서로 향하여 음욕이 불 일듯 하매 남자가 남자로 더불어 부끄러운 일을 행하여 저희의 그릇됨에 상당한 보응을 그 자신에 받았느니라"(롬1:27)

동성애는 음욕의 결과이다. 아무리 미화를 해도 그것은 죄이다. 그리고 그 결과는 형벌이다. 우리 민족을 사랑하는가? 동성애는 하지 말자. 그것이 살길이다. 주어진 자유를 방종으로 아는 것은 무지이다.

"만일 절제할 수 없거든 혼인하라 정욕이 불같이 타는 것보다 혼인하는 것이 나으니라"(고전 7:9)고 했다.

부부는 부부 사이의 성(性)만으로도 충분한 기쁨과 만족을 누릴 수 있게 되어 있다. 그러므로 부부는 합심해 그것을 나누도록 해야 하고 새롭게 개발해야 한다.

성을 잘못되게 사용하거나 왜곡되게(Deviated & Distorted) 사용하는 것은 죄이다. 음행과 호색은 육체의 일이라고 했다.(갈 5:19) 부부 사이의 일을 가지고 음란이라고 하지는 않는다. 부부외의 성적인 일을 가르켜 음란이라거나 호색이라고 한다. 그러므로 바울은 신앙인들을 향해 "낮에와 같이 단정히 행하고 방탕과 술 취하지 말며 음란과 호색하지 말며 쟁투와 시기하지 말라"고(롬 13:13) 했다.

호색에 속하는 것들에는 음란한 사진(Pornograph)이나 비디오나 필름과 같은 것들이 있다. 요즘은 영화관뿐만 아니라 케블T.V.나 인테넷을 통해서도 이런 것들이 배포되고 있다. 또 도에 지나치는 음욕(Lust)이나 쌔디즘(Sadism)이나 마소히즘(Masochism)과 같은 변태성욕이나 동성애(Homosexuality, Sodomy)같은 것들도 호색에 속한다. 외에도 남성

위주의 차별적인 성(Sexism)이라던가 의상 도착증(Tranvestism)이라던
가 여성 물건애(Fetishim)나, 노출증(Exhibitionism), 관음증
(Voyeurism), 소아성애증(Pedophilia), 수간증(Bestiality), 성중독 증
(Sex addiction), 근친상간, 강간(Rape) 등도 호색과 관계되는 하나님이
싫어하시는 죄악이다. 얼마나 무지하고 부끄러운 일인가! 하나님은 이런
일 하는 자 뿐 아니라 "남의 아내와 간음하는 자 곧 그 이웃의 아내와 간
음하는 자는 그 간부와 음부를 반드시 죽이라"(레 20:10)고 명하셨다. 그
만큼 그것은 무서운 범죄라고 하는 이야기이다.

"부녀와 간음하는 자는 무지한 자라 이것을 행하는 자는 자기의 영혼
을 망하게 하며 상함과 능욕을 받고 부끄러움을 씻을 수 없게 되나니"
(잠 6:32-33)라고 했다. 그런데도 왜 그런 일에서 떠나지 못하는지? 죄
를 청산하지 못한 인간들의 구원받지 못할 저주스런 모습이다.

G.베르나노스는 "시골 사제(司祭)의 일기"에서 "요컨대 나는 음란이
겁이 난다. 나는 그것을 안다. 물론 나는 그것도 비극적으로 생각하지 않
는다. 오히려 나는 우리들의 그것을 아주 참을성 있게 견디어 내야 한다
고 생각한다. 왜냐 하면 이 문제에 있어서는 사소한 부주의가 무서운 결
과를 가져올 수 있으니까. 그 깊은 상처를 다른 상처와 구별하기도 몹시
어렵고, 따라서 그 깊이를 재어 보는 것이 극히 위험하기까지 한 것이다.
어떤 때는 차라리 그 상처가 저절로 아물게 내버려 두는 것이 낫다"는 말
로 자신속의 음란에 대해 고민했다. 당신은 어떤가? 한 번쯤은 자신 속의
욕구에 대해 진솔이 생각해야 하지 않겠는가?

성적인 문헌과 상상으로 인한 영향

성적인 문헌은 젊은 사람들에게 여러 가지 형태의 반응을 하게 한다.
청소년 시절에는 동경하는 심리가 강하다. 그래서 성적인 상상도 많
이 하게 되는데 이 때 성적인 문헌이 촉매적인 역할을 한다.

성적인 상상이 심해지면 그것은 부지중에 실행하려는 행동으로 나타
날 수 있다.

세상은 상상하는 것은 죄가 아니라고 가르치지만 성경은 하나님의
목적에 맞지 않는 상상은 죄라고 규정하고 있다.(마 9:4)

성적인 문제와 관련된 상상은 자기만을 위한다고 하는 이기심이 잠
재해 있다. 그러므로 상상을 유발할 수 있는 성적인 문헌을 가까이 하
지 않아야 한다.

성적 치료사들은 불감증을 고치기 위해서는 상상을 하라고 권고하고
있으나 이것은 신앙에 위배되는 방법이다.

피임에 관하여(Contraceptive)

피임은 원칙적으로 그리스도인들이 취할 행위가 아니다. 특히 러드
(lud) 방식의 피임은 피해야 한다.(스프링으로 만든 것) 러드는 자궁 속
에 장치하는 것으로 이것은 임신을 방지하려는 목적보다 난자를 죽이
려고 하는 목적으로 만들어진 피임 기구이다. 코일을 사용하는데, 때로
코일이 출혈을 유발하게 되므로 여자의 건강을 해치거나 영구 불임으
로 만들기도 한다.

우리 몸은 하나님의 성령이 거하시는 전이기 때문에 육체에 해가 되
는 방법을 사용해서는 안 된다.

피임약을 쓰는 것도 옳지 않다. 특히 미니 필(Minipill)과 같은 것은
생긴 아기도 없앨 수 있는 약으로 모닝 애프터 필(morning after pill-
RU486)이라고도 부른다. 많은 여자들이 이 방법을 즐겨 쓰는데 이 역
시 월경 주기를 바꾸고 그로 인한 부작용으로 인해 기억 상실증을 유발
할 수 있다.

제일 좋은 방법은 월경주기를 이용하는 방법이요 콘돔을 사용하는
방법이다.

음행과 출교 – 고린도 교회의 교훈(고전 5:1-13)

"교회도 음란의 문제로 많은 어려움을 겪고 있다"

음행이라고 하는 말과 음란이라고 하는 말과 간음이라고 하는 말은 다 서로가 상통하는 말이다. 그것은 어느 것이 더 중하고 경한 차이를 둘 수가 없는 동질의 속성을 가지고 있다. 음행은 죄에 물든 인간의 역사와 더불어 꾸준히 계속되어 왔다. 그러나 이상스럽게도 그 속성은 조금도 변하지 않고 있다. 아브라함이 살던 시대에 있었던 음란의 행위가 (창 19:4~8 참조) 바울이 살던 시대에도 있었고(롬 1:26~27 참조) 오늘 우리가 사는 시대에도 있어 조금도 변하지 않은 예전의 그 모습 그대로를 우리들에게 보여주거나 강요하고 있다.

하나님은 죄에 물든 인간의 취약점이 무엇인지를 아시는 하나님이시다. 그러므로 계명을 주실 때 그 취약함을 특별히 중심하여 경계를 하신다. 그리고 그 중의 하나가 "간음하지 말지니라"(출20:14) 하신 것이다. 그런데도 인간은 죄에 물든 탓으로 간음하면서 살아오고 있다.

음란이라는 것은 시집가고 장가가는 것을 가르쳐 음란이라고 하지를 않는다. 시집가고 장가가는 것은 하나님의 특별한 계획에 참여하는 것으로 그것은 하나님이 세워 주시고 축복하여 주신 하나님의 창조 질서의 한 부분이기도 하다. 그러므로 우리는 부부됨을 기뻐하고 떳떳해 한다.

음행이라고 하는 것은 하나님의 창조 질서를 파괴하는 것으로 그것은 하나님에 대한 대적 행위의 하나로 나타나는 불신앙적인 행위이다 (레 20:10, 욥 24:15, 마 5:27, 롬 7:3, 고전 6:9, 벧후 2:14 참조). 그러 므로 신앙인들에게는 결코 있어서는 안 될 일이다. 그럼에도 그런 행위 가 고린도교회 안에서 묵인되고 용납되었다고 하는 것은 우리들에게 주는 교훈이 너무도 크다.

바울은 이 일에 대해 "어찌하여 통한이 여기지 아니하고 그 일 행한 자를 너희 중에서 물리치지 아니 하였느냐"(고전 5:2 하반절) 고 힐문하 면서 "물리치라"고 하는 말로 교회의 권위를 손상시키는 자를 교회에서 "쫓아낼 것"을 강권하고 있다.

바울을 노하게 한 것은 같은 음란의 문제라고 할지라도, 구원받지 못 할 이방인들도 하지 않는 행위를 그리스도인 이라고 하는 사람이 하고 있는데 대해 노하였던 것 같다.

"근친상간"이라고 하는 것은 동서고금을 통하여 이방인의 세계에서 도 금기로 되어 있는 것이며 이교도 사회에서도 엄히 경계되고 있는 것 이다. 그런데 그런 류의 죄가 고린도교회 안에 있었다.

고린도교회 안에 있었던 음란의 죄는 "그 아비의 아내를 취하였다"고 하는 것으로(고전 5:1) 그것은 여느 음란의 죄와 비록 죄질은 같다고 할 지라도 사회 윤리가 용납하지 않는 것으로 하나님이 절대 용납하실 수 없는 그런 유의 음란이었다. 물론 "그 아비의 아내"라고 한 것으로 보아 생모는 아니라 할 수 있으나 비록 생모가 아니라 하더라도 "아비의 아 내"이면 그에게 있어서는 어머니의 위치에 있는 사람이므로 절대로 성 적인 대상이 되어서는 안 된다. 그럼에도 그러한 일이 교회 안에 있었 고 또 그 일이 수수방관되어 별탈없이 신자들에게 용인되고 있었다고 하는 사실이 바울을 괴롭혔다.

교회가 혼탁해 지면 이러한 일이 일어날 수 있다. "그 아비의 아내를 취하였다"고 하는 것은 가정 질서의 파괴이기도 하다. 고린도 교회의 경우 무질서가 무질서를 용인하는 결과를 가져왔다.

유대 사회에서는 비록 계모일지라도 계모를 성적인 대상으로 취할
수 없도록 엄격히 제한하고 있다. 만일 그 율을 깨트리고 계모를 취할
경우 그 사람은 사형에 해당하는 중벌에 처해지게 된다(레 18:8, 신
22:30 참조). 그럼에도 교회가 혼란한 틈을 이용하여 그와 같은 일이
별 저항감 없이 행하여 졌다고 하는 것은 확실히 통한이 여겨야 할 일
이다. 그것은 분명 사랑과 관용의 범위를 벗어나는 행위이다. 사도 바
울은, 그러므로, 그와 같은 애매모호한 태도를 가진 신자들을 향해 고
린도전서 5장을 통하여 신랄히 비판하고 있다.

"그리하고도 너희가 오히려 교만하여져서"(2절 상반절)

"어찌하여 통한히 여기지 아니하고"(2절 중간절)

"이런 자를 사단에게 내어 주었으니"(5절 상반절)

"너희의 자랑하는 것이 옳지아니 하도다"(6절 상반절)

"묵은 누룩도 말고 괴악하고 악독한 누룩도 말고"(8절 중간절)

"음행하는 자들을 사귀지 말라 하였거니와"(9절)

"어떤 형제라 일컫는 자가 음행하거나"(11절 상반절)

"사귀지도 말고 그런 자와는 함께 먹지도 말라 함이라"(11절 하반절)

"이 악한 사람은 너희 중에서 내어 쫓으라"(13절 하반절)

바울의 태도는 단호했다. 그는 5장을 기록하면서 세상에 속한 사람들
이야 음행을 할지라도 "형제라 일컫는" 우리 성도들은 그런 일에서 반
드시 떠나야 할 것을 강권하고 있다. 그의 그러한 강한 권고는 6절에서
8절에 그 이유가 "누룩"이라고 하는 것을 통하여 잘 설명되고 있다.

죄의 확산이라고 하는 것과 누룩의 부풀림이라고 하는 것은 유대역사
속에 꾸준히 전하여 오는 사상이다. 그 사상을 통하여 바울은 육에 속한
묵은 누룩은 과감히 내어 버려야 한다고 가르치고 있다. 그리고 그것은
단순하게는, 개개인의 죄로부터의 이탈을 말하는 것이나 깊게는 "용서받
지 못할 죄"는 교회에서도 단호하게 처리가 되어야 한다고 하는 것을 보
여주고 있다. 바울은 비록 세상이 음란하다 할지라도 교회와 교회에 속

해있는 믿음의 형제들은 "우리의 유월절 양 곧 그리스도께서 희생"되신 그 이유 하나만으로도 음란하여서는 안 된다고 가르치고 있다.

신앙이라고 하는 것과 신앙생활이라고 하는 것은 단호한 면을 가지고 있어야 한다. 세상에 나가면 세상 사람이고 교회에 들어오면 신자이고 하는 그런 식으로는 되지 않는다. 세상에서 생활을 하든, 교회에서 생활을 하든, 신앙인은 신앙에 따르는 생활을 함으로 하나님 앞에 서기에 부끄럽지 않아야 한다.

창세기 35장 1절에 보면, 야곱이 세겜이 지배하던 땅을 떠나 하나님의 명령에 순종하여 벧엘로 올라가는 장면이 나온다. 그 장면을 보면 거기에는 야곱의 특별한 각오가 나타나고 있는데, 벧엘로 향해 올라가기 전 야곱은 "자기 집 사람과 자기와 함께한 모든 자에게"(2절) 그들이 지니고 있는 이방의 신상을 버리고 몸을 정결케 하고 의복을 갈아입도록 하는 것이 나타나고 있다.

세겜을 떠난다고 하는 것은 옛 행실에서 떠난다고 하는 것을 의미하는 것으로 세겜을 떠나 벧엘로 올라간다고 하는 것은 육의 죄악을 떠나 하나님의 가르침 속에 들어간다고 하는 것을 의미한다. 그러므로 거기에는 필연적으로 선행하여야할 행위가 수반하여야 함을 보여주고 있다. 바로 "이방 신상을 버리고 몸을 정결하게 하고 옷을 갈아입는" 것이다.

이방 신상을 버린다고 하는 것은 여호와 하나님만을 확실한 신앙의 대상으로 삼는다는 선언으로 그것은 몸을 정결하게 하는 것과 관계가 있으며 옷을 갈아입는 것과 관계가 있다. 여호와 하나님만을 확실한 신앙의 대상으로 삼아 그의 의 앞에 바로 나아가려고 하면 거기에는 반드시 죄를 회개하는 순서가 선행되어야 하며 그 회개에 합당한 행위의 열매가 있어야 한다. 그리고 그것이 바로 "몸을 정결하게 하는 것"이며 "옷을 갈아입는 것"이다. 예수를 믿는다고 하는 것은 "예전의 나로부터 새로운 나로의 전환(reform/repent)"을 의미한다. 그러므로 야곱의 이러한 태도에서 우리는 신앙의 교훈과 생활의 교훈을 얻어야 한다.

신앙의 길이라고 하는 것은 과거의 나와 육적인 나로부터, 내가 익숙해 있던 세상적인 즐거움을 거절하고, 나를 확실하게 분리시켜 죄와 상관이 없게 만드는 것이 신앙의 길이다. 그러므로 그것은 인간적인 가치 기준으로 볼 때에 말 할 수 없는 손해와 손실이 따라오는 것이며 육적인 자기희생이 따라오는 것이다. 그러나 하나님은 그 손해와 손실과 희생이 비록 인간에게 잠시 동안 괴로움이 될 수 있다고 할지라도 그것을 이겨야 영원한 것으로 보상받을 수 있다고 약속하고 있다. 그러므로 우리는 욕망을 "버릴 줄 알며 죽일 줄 알며 제어할 줄" 알아야 한다.

음행이라고 하는 것이나 음란이라고 하는 것이나 간음이라고 하는 것에는 탐색도 포함이 되며 남색(동색이라고도 칭함 Homosexual offenders)도 포함이 되고(고전 6:9 참조) 창기와 몸을 섞는 것도 포함이 된다.(고전 6:19 참조) 또 무절제한 성생활이나 변태적인 성생활도 포함이 된다.

오늘날 교회 안에도 이 음란의 문제로 많은 어려움을 당하고 있는데 분명 있어서는 안 되는 일임에도 "형제"라고 불리우는 사람들 가운데에서 이와 같은 음란의 문제가 있으므로 교회가 시험을 받게 되고 불신 속에 빠지게 된다. 그러므로 조심하여야 한다. 신앙생활을 하면서도 음란의 길을 떠나지 못하는 것은 하나님을 믿으면서도 겸하여 우상을 함께 섬기는 것과 같다할 수 있다. 그러므로 교회는 그것을 용납하지도, 간과하지도 말아야 한다. 교회는 그것을 고치도록 권고하여야 하며 그것이 용서받을 수 없는 죄인 것을 일깨워 주어야 한다. 그리고 그렇게 함으로 교회의 가르침에 순복하도록 그를 이끌어야 한다. 거기에는 목회자와 평신도의 구별이 있을 수가 없다. 죄를 범한 자에게 교회가 요구할 수 있는 것은 그 죄에 대한 철저한 회개이며 그 회개에 뒤따르는 용서와 사랑의 실천이다. 죄는 죄로 보아야 회개할 수 있고 회복할 수 있다. 신자가 음행을 하는 것은 불신자가 음행을 하는 것보다 더 추하다.

행복은 곁에 있다

"행복한 가정을 만들기 원하면 주어진 것에 대해 감사해야 한다"

소포클레스는 "참된 행복 앞에는 부(富)도 연기만큼의 가치밖에 없다"고 했다.

"자기 스스로를 행복하다고 생각하는 사람은 행복하다"고 한다. 그러므로 행복은 주어지는 것이 아니고 만들어가는 것이라고 하는 이해를 갖는 것이 좋다.

자신에게 주어진 것을 어떤 시각으로 바라보느냐? 는 아주 중요하다. 괴롭고 힘들다고 하여 불평을 하는 것과 괴롭고 힘들더라도 감사하는 것과는 큰 차이가 있다. 불평을 계속 하면 우리는 어둡게 되거나 비관적이 될 수 있다. 그러나 불평할 것도 불평하지 않고 감사하면 우리는 밝고 긍정적이 될 수 있다.

행복이란 불행과 마찬가지로 여러 가지 모습을 가지고 있다. 어떤 이들은 물질이 많으면 행복하다고 생각하고 어떤 이들은 명예를 얻으면 행복하다고 생각을 한다. 과연 그럴까?

행복의 기준은 사람마다 조금씩 다를 수 있다. 어떤 이는 그래서 행복을 "저녁노을에 반짝이며 일렁거리는 물결과 같거나 비애의 강물 바닥에 가라앉아서 희미하게 빛나는 사금파리와 같은 속성을 지니고 있다"고도 했다. 잠시 희미하게 빛나다가는 사라지거나 없어질 것과 같은 것들이 우리가 추구하는 행복이요 아스라이 저 멀리서 보일 듯 보이지 않으면서도 보이는 것이 행복이라고 하는 이야기이다.

진정한 행복은 돈으로 만들어지는 것이 아니다. 또 명예가 사람을 행복케 해 주는 것도 아니다. 그런데도 우리는 그런 것이 행복인 줄 알고 그것에 집착할 때가 있다.

J.V.체니는 "가장 행복하였던 사람은 조용히 가슴을 안고 일상의 여느 햇빛을 즐겁게 여기며 나머지는 하느님에게 맡기는 사람이라"고 했다. 얼마나 좋은 이야기인가!

가장 큰 행복은 사랑할 대상이 있어 그것을 사랑하고 늘 그 사랑을 고백하는 것이다. 그래서일까? 안톤 체홉은 "인간만이 자신의 행복을 창조한다"고 했다. 어쩌면 행복은 인간이 가질 수 있는 특권이기도 하다. 그러므로 그 특권을 얻기 위해 우리는 "사랑한다"는 말을 아끼지 않아야 한다. 왜 결혼을 했는가? 사랑한다는 말을 하기위해서가 아닌가? 그러면 "사랑한다"고 자연스레 일상적으로 고백을 해야 한다.

인간의 행복은 우연히 주어지는 행운으로 이루어지는 것이 아니고 매일 일어나는 작은 기쁨 속에서 조금씩 찾아지는 것이요 가꾸어지는 것이다. 그래서 "재산을 늘리는 일 없이 재산을 낭비해서는 안 되는 것처럼 행복을 만들어 내지 않으면서 낭비해서는 안 되는 것"과 같다고 했다.

행복은 행복을 추구하는 것도 중요하지만 행복을 누릴 자격을 갖추는 사람이 되는 것이 더 중요하다.

우리는 "어떻게 해야 행복을 얻을 수 있을까? 그것을 그대로 계속 유지할 수는 있을까?"를 늘 생각하며 살아가고 있다. 내일에 대한 삶의 동기가 바로 행복을 추구하는데 있다고 해도 과언이 아니다.

행복은 내 노력과 하나님의 은혜가운데서 얻어지는 것이다. 그러므로 내일의 행복을 확보하는 가장 확실한 방법은, 오늘 내게 허락된 삶을 행복이라고 생각하고 그것에 대해 한껏 감사하며 하나님을 찬양하며 주어진 것을 가꾸며 기쁘게 누리는 것이다.

행복은 바로 내 곁에 있다. 그러므로 내게 주어진 삶이 비록 열악하다고 해도 그 속에서 행복을 찾고 가꾸어야 한다. 힘든가? 힘들 때는 지금의 삶의 단계가 행복을 얻기 위한 과정이라고 이해하는 것이 좋다.

행복은 "내" 안에 있다. 그러므로 먼저 자신 속에서 그것을 찾아야 한다. 행복의 씨를 주시는 이는 하나님이시다. 그러므로 남편은 남편대로 아내는 아내대로 아이들은 아이들대로 자신 속에 행복의 씨를 갖고 있어야 한다.

마음이 지옥인 사람이 온갖 것을 다 갖고 있다고 하여 과연 행복할 수 있을까? 아니다.

소크라테스는 "행복을 자기 자신 이외의 것에서 발견하려고 하는 사람은 그릇된 사람이다. ……현재의 생활 또는 미래의 생활 그 어느 것에 있어서나, 자기 자신 이외의 것에서 행복을 얻으려고 하는 사람은 그릇된 사람이다. 불행을 겁낼 때 당신은 이미 불행하다. 불행을 가져야 할 자는 영구히 불행을 겁내고 있는 자일뿐이다. 나는 생각한다. 「잘 되겠다고 노력하는 그 이상으로 잘 사는 방법은 없으며, 그리고 실제로 잘 되어 간다고 느끼는 그 이상으로 큰 만족은 없다.」라고. 이것은 내가 오늘까지 살아오며 경험하고 있는 행복이며, 그리고 그것이 행복인 것은 내 양심이 증명해 주고 있다" 고 했다. 우리는 먼저 자기 속에서 행복의 씨를 찾아 싹을 티어야 한다. 그리고나서 "인간은 신의 생활에 참여함으로써만 참되게 행복해 질 수가 있다"고한 보에티우스의 말처럼 하나님 안에서 그것을 완성할 수 있어야 한다. 하나님이 없는 행복은 참다운 행복이 아니다.

플라톤은 "남을 행복하게 할 수 있는 자만이 행복을 얻는다"고 했다. 어리석은 사람은 행복을 멀리서 찾으나 슬기로운 사람은 자신의 발밑에서 행복을 키운다고 한다. 그러므로 멀리서 행복을 찾지 않아야 한다. 멀리 있는 것이 아니라 행복은 자신의 뜰에 있다. 그러므로 자신의 행복을 타인의 뜰에서 찾으려고 하는 것은 우둔한 일이 된다. 내 뜰 안에서, 주어진 환경을 가꾸어 가며, 남편을 가꾸고, 아내를 가꾸고, 자녀를 가꾸고, 자기를 가꾸는 것이 곧 행복을 키우는 길이다.

행복은, 자라 가는 한 송이의 꽃에서 느끼는 즐거움과 같은 것이다. 그것은 한가로이 한 잔의 커피를 마시며 무심히 날아다니는 나비 한 마리에 시선을 주며 마음을 설레는 것과 같은 것이다.

행복은 남을 행복하게 해 줄 수 있는 사람만이 얻는 상급이다. 그러므로 누군가를 행복하게 해 줄 때 나도 행복할 수 있다.

행복의 큰 장애는 너무 큰 행복을 기대하는 데 있다. 우리는 터무니없는 기대를 버려야 한다. 비록 적은 것이라 할지라도 내 뜰 안에 있는 것을 소중히 여길 수 있어야 한다. 그래야 "아- 이것이 행복이로구나" 할 수 있다. 행복은 우연히 외부에서 찾아오는 것이 아닌 자신의 올바른 행위와 생각의 결과로 얻어지는 것이요 믿음으로 인해 주어지는 것이다.

기독교 가정으로 행복한 가정이 되려면 가정 속에 성령 충만함이 있어야 한다. 성령 충만은 건전한 가정과 행복한 부부 생활의 기초가 된다. 또 성령 충만은 가정에 필요한 사랑과 복종과 이해와 용서와 인내와 기쁨과 감사의 공급원이 된다.

"그리스도의 말씀이 너희 속에 풍성히 거하여 모든 지혜로 피차 가르치며 권면하고 시와 찬미와 신령한 노래를 부르며 마음에 감사함으로 하나님을 찬양하고 또 무엇을 하든지 말에나 일에나 다 주 예수의 이름으로 하고 그를 힘입어 하나님 아버지께 감사하라 아내들아 남편에게 복종하라 이는 주 안에서 마땅하니라. 남편들아 아내를 사랑하며 괴롭게 하지 말라"(골3:16-19)고 했다. 그러므로 부부는 서로에게 복종하는 사이가 되어야 한다. 그리고 "그리스도의 말씀이 가정 속에 풍성하게" 하기 위해 가정 예배가 필수적인 요소인 것을 알아야 한다.

행복한 가정을 만들기를 원하면, 자기에게 주어진 것에 대해 감사하고 자기 역할에 충실해야 한다. 그리고 하나님이 나를 얼마나 사랑하시는지를 실감해야 한다. 남편과 아내 사이는 하나님과 가까워질 때 가까워지고 하나님과 멀어질 때 멀어지는 속성을 가지고 있다. 왜냐하면 하나님이 곧 사랑이시기 때문이다.

행복한 부부 생활은 내 작은 노력으로부터 시작한다

“부부는 하나님께서 내게 꼭 맞는 ‘최고를 주셨다’는 확신을 가져야 한다”

하나님은 남자에게 자신의 남성을 주시었고 여자에게 자신의 여성을 주시었다. 부부는 그러므로 이 차이를 알아 주어진 성을 잘 가꾸어야 하고 부부 서로에게 그것을 느끼게 해야 한다. 주어진 성에 대한 바른 이해는 부부 사이를 윤택하고 아름답게 한다. 그러므로 남편은 남편대로, 아내는 아내대로 자신에게 주어진 성을 잘 개발해 상대가 그것에 끌리도록 해야 한다.

남편에게는 대체적으로 이끌어가고, 사랑하고, 공급하고, 보호하는 역할이 주어져 있고, 아내에게는 남편을 돕고, 순종하고, 협력하며 가정을 돌보는 역할이 주어져 있다. 그러므로 아내는 불건전한 여성 해방 운동과 같은 것에 휩쓸리는 것에 조심해야 한다. 불건전한 여성 해방 운동과 같은 것은 하나님의 질서를 어지럽히는 사탄의 농간일 수가 있다.

행복한 가정이 되려면 남편은 예수 그리스도 안에 있어야 하고 아내는 남편 안에 있어야 한다. 성경은, 우리가 하나님 안에 있을 때 참 자유를 얻을 수 있다고 했다. 그처럼 아내도 남편 안에 있을 때 참 자유를 얻을 수 있다. 아내가 불행하게 되는 것은 남편을 떠날 때이다.

남편은 한 여자를 사랑할 수 있게 된 것에 대해 감사해야 하고 아내는 한 남자로 인해 주어진 섬김의 기쁨과 미래의 지도자가 자신 속에서 자란다고 하는 사실에 보람과 긍지를 가져야 한다.

부부는 그리스도 안에서 명확하고 일치된 부부 공동의 목표를 가지고 있어야 한다. 그리고 그것을 향해 서로에게 용기를 주며 손잡고 보조를 마쳐 나가야 한다. 공동의 목표는 두 사람에게 희망과 보람과 삶의 동기를 부여하며 서로를 깊이 결속케 하고 신뢰케 한다.

결혼을 했으면 부부는 하나님께서 내게 꼭 맞는 '최고를 주셨다'는 확신을 가져야 한다. '나에게 꼭 맞는 배필을 주셨다'고 확신할 때 행복과 만족을 얻을 수 있다. 만족이란 상대적인 것이기도 하지만 그것은 다분히 자신의 마음으로부터 오는 것이기도 하다.

행복한 부부가 되려면 영적으로나 지적으로나 함께 성장하여 균형을 유지해야 한다. 부부는 비슷한 수준의 영적, 지적인 성장을 가져야 깊은 대화를 나눌 수 있다. 그러므로 부부는 서로를 성장시킬 수 있는 좋은 계획을 세워 함께 참여하는 것이 좋다.

행복한 부부가 되기 원하면 상대방을 고치려고 하지 말고 자신이 먼저 변하여 상대방에게 맞추는 노력을 해야 한다. 솔직히 말해 우리는 상대방이 나보다 부족하다고 생각할 때가 많다. 그런데 이 생각은 나만이 가지는 생각이 아니고 배우자도 그렇게 생각하고 있다고 하는데 문제가 있다. 그러므로 이런 생각은 아예 품지 않는 것이 좋다. 차라리 그가 내게 조금은 과분한 사람이라고 생각하는 것이 좋다.

서로에 대한 사랑은 공개적이어야 한다. 내 남편, 내 아내를 공개적으로 사랑한다고 하여 비난할 사람은 없다. 사랑하면서도 "사랑한다"는 말을 하지 못하는 사람들이 이외로 많다. 사랑하면 입으로 그것을 표현해야 한다. 표현하지 않으면 느낌이 주어지지 않고 느낌이 주어지지 않으면 상대방이 아무리 깊은 사랑을 가지고 있다고 해도 당사자는 고독하게 된다.

자녀들 앞에서 자연스러운 사랑의 표현은 자녀들을 안정시키고 안심시킬 수 있다. 또 그것은 자녀들에게 자연스레 사랑을 가르치는 일이 되기도 한다. 그러므로 부부는 스스럼없이 사랑을 고백해야 한다. 먼저 "사랑한다"는 말을 하라. 그래야 "나도 사랑해요" 하는 말을 들을 수 있다.

행복한 부부가 되려면 성에 대한 성경적인 바른 이해를 가지고 있어야 한다. 성은 하나님이 주신 축복의 선물이다. 그러므로 부부는 서로에게 성적인 의무를 다하여야 한다. 부부 사이의 만족한 성생활은 가정을 범죄와 유혹으로부터 지켜준다.

"음행의 연고로 남자마다 자기 아내를 두고 여자마다 자기 남편을 두라 남편은 그 아내에게 대한 의무를 다하고 아내도 그 남편에게 그렇게 할지라 아내가 자기 몸을 주장하지 못하고 오직 그 남편이 하며 남편도 이와 같이 자기 몸을 주장하지 못하고 오직 그 아내가 하나니 서로 분방하지 말라 다만 기도할 틈을 얻기 위하여 합의상 얼마 동안은 하되 다시 합하라 이는 너희의 절제 못함을 인하여 사단으로 너희를 시험하지 못하게 하려 함이라"(고전7:2-5)

행복한 부부가 되려면, 용서를 구하고 용서하는 일에 인색하지 않아야 한다. 세상에는 완전한 사람이 없다. 배우자가 완전하기를 원하는 것은 자기의 욕심일 뿐 그것은 실제로 이루어질 수 있는 것이 아니다. 그래서 주님은 70번씩 7번까지라도 용서를 하라고 했다. 그러므로 부부 사이는 용서할 수없는 것마저 늘 용서해야 한다.

행복한 가정이 되려면 가족 간에 서로의 재능을 개발해 주고 서로를 인정하여야 한다. 나는 대접을 받기 원하면서 상대방, 그것도 자기의 가족을 인정하지 않는 것은 곧 자기를 인정하지 않는 것과 같다. 그러므로 "남에게 대접을 받고자 하는 대로 너희도 남을 대접하라"(눅 6:31)고 하신 말씀처럼 먼저 대접을 해야 한다. 집에서뿐만 아니라 공공장소에서도 서로를 존중해야 한다. 그리고 공개적으로 서로를 사랑해야 한다.

행복한 가정이 되는 데는 합리적인 가정 경제를 경영하는 것도 필요하다. 버는 대로 흥청망청 다 써버리는 것도 무지한 일이지만 좀 더 벌겠다고 돈벌이에 혈안이 되어 가족과 함께 하지 못하는 것도 무지한 일이다. 어느 한 쪽에만 몰두하다 보면 다른 한 쪽은 필연적인 손실을 감수할 수밖에 없다. 그러므로 주어진 수입을 감사하고, 수입의 범위 내에서 가정을 꾸려 가는 지혜가 필요하다.

부부에게 요구되는 것은 언제나 서로에게 최선을 다하는 것이다. 서로를 축복하라. 아내를 축복하면 그것은 남편에게도 영글고, 남편을 축복하면 그것은 아내에게도 영글게 되어 있다.

"악을 악으로, 욕을 욕으로 갚지 말고 도리어 복을 빌라 이를 위하여 너희가 부르심을 입었으니 이는 복을 유업으로 받게하려 하심이라 그러므로 생명을 사랑하고 좋은 날 보기를 원하는 자는 혀를 금하여 악한 말을 그치며 그 입술로 궤휼을 말하지 말고 악에서 떠나 선을 행하고 화평을 구하여 이를 좇으라"(벧전3:9-11)

부부가 되었으면 이제 후로는 사랑의 말과 친절과 감사와 화평으로 서로를 축복하면서 살아야 한다. 그것이 자신을 복되게 하는 길이다.

서로를 개발하라. 서로에게 용기를 주어 "할 수 있다"고 하는 자신감을 심어주어야 한다. "네까짓 게 무얼 할 수 있어" 하는 것은 자기를 멸시하는 것과 같다. 그것은 보석을 갈지 않고 그대로 두는 것과 같다. 성경은 "이러므로 우리가 화평의 일과 서로 덕을 세우는 일을 힘쓴다"(롬14:19) 고 했다. 서로 인정해 주고, 권면하고, 격려하고, 할 수 있다고 하는 용기를 주는 것은 서로를 개발해 주는 것이 된다.

부부는 서로의 것을 공유하고, 동시에 나누어야 한다. 디모데 전서 6:18에 "선한 일을 행하고 선한 사업에 부하고 나눠주기를 좋아하며 동정하는 자가 되게 하라"고 했다. 서로의 것, 시간이나 지식이나 정서나 물질이나 일이나 대화와 같은 것에 관심을 가지고 그것들을 나누어야 한다. 그게 부부이다.

행복한 부부가 되려고 하면 터칭이 있어야 한다. 서로 가볍게 쓰다듬는 것(Touching)이 있어야 하고 서로를 정감스럽게 포옹하는 것(Hug)이 있어야 한다. 마음에 드는 골동품을 소장했을 경우 우리는 그것을 자주 쓰다듬게 된다. 왜인가? 소중하기 때문이다. 마찬가지로 부부도 서로를 소중히 여겨야 한다. 그 표시로 부부가 서로 포옹을 하거나 쓰다듬는 것은 아주 중요한 행위이다. 쓰다듬어 줄 때 우리는 아름다운 긍정적인 정서를 가질 수 있다.

뺨을 사랑스럽게 쓰다듬어 준다든가, 등이나 손등과 같은 곳을 쓰다 듬어 주는 것은 상대방에게 안도감을 주는 일이 된다. 행복한 부부 생 활은 내 작은 노력으로부터 시작한다.

부부에게 있어야 할 것은 사랑의 정서이다

"너는 나를 인같이 마음에 품고 도장같이 팔에 두라 사랑은 죽음같이 강하고 투기는 음부같이 잔혹하며 불같이 일어나니 그 기세가 여호와의 불과 같으니 라"(아 8:6)

사랑은 눈으로 보지 않고 마음으로 보는 것이다. 인간의 실존처럼 사 랑도 실존하고 있다. 그것은 풍만함이요 만족감이다. 사랑에는 연령이 없다. 사랑은 어려서도 있어야하고 늙어서도 있어야 한다. 그것은 삶에 자신감을 주는 것이기도 하다. 그래서 "사랑은 지식의 어머니"라고도 했 다. 우리는 그래서 그것을 늘 메말라 한다. 볼테르는 "사랑에는 실로 수 많은 종류가 있어서 무엇부터 정의를 내려야만 좋을지 알 수 없을 정도 이다. 사랑이라는 명칭은 대담하게도 며칠밖에 사랑하지 않는 변덕에 대 해서도 쓰이고 있다. 애착 없는 친밀성, 판단 없는 감상(感傷), 탕아의 교 태, 냉담한 습관이나 낭만적 공상, 또는 곧바로 싫증이 나는 어떠한 미각 까지도 사랑이라고 불린다. 사람들은 수많은 공상까지도 사랑이라고 부 른다"고 했다. 천의 얼굴, 만의 속삭임을 가진 것이 사랑의 모습이다. "사 랑은 가장 단 것"이기도 하지만 또한 '가장 쓴 것' 이기도 하다.

사랑은 가장 변하기 쉬우면서도 가장 끈질긴 불가사의한 정서이다. 어찌 보면 그것은 사랑이 가지고 있는 이기심이요 죄성이다. 그래서 아 가서는 "사랑은 죽음처럼 강한 것, 시샘은 저승처럼 극성스러운 것, 어 떤 불길이 그보다 거세리요?"(8:6)라고 했다. 아무도 사랑을 가르쳐 주 는 사람은 없다. 그러나 우리는 그것을 필요로 하고 있고, 그것이 꼭 있 어야 할 줄 알고 있다. 사랑의 욕구는 태어날 때부터 가지고 태어나는 것이다. 그리고 그것은 인간의 생애를 통해 슬프도록 추구되고 있다. 사랑이 추구하는 것은 오늘이나 내일만을 위한 것이 아니고 어느 한 시기만을 위한 것도 아니다. 그것은 늘 있어야 할, 나 만으로서의 독립적인 인격이 아니고 다른 사람 속에서 나 자신을 얻어 그와 공유하는 것이다. 그러다 보면 때로 모순에 도달할 수도 있다. 왜냐하면 인간사는 자기중심이기 때문이다. 그러나 우리는 사랑이 모순을 낳기도 하지만 동시에 그 모순을 풀기도 한다고 하는 사실을 주목해야 한다. 그래서 잠언 기자는 "미움은 말썽을 일으키고, 사랑은 온갖 허물을 덮어 준다"(10:12)고 했다.

인간은 밥으로만 살 수 없다. 사랑이 있어야 살 수 있다. "사랑은 외투보다도 추위를 잘 막아 준다. 사랑은 음식과 옷의 역할을 한다"고 했다. 톨스토이는 그래서 "신과 만인에 대한 사랑은 삶의 시초"라고 했고 "사랑이란 자기희생이다. 이것은 우연에 의존하지 않는 유일한 행복이다"라고 했다.

사랑은 죽음이나 죽음의 공포보다도 강한 것이다. 그래서 로미오와 줄리엣은 함께 죽을 수 있었다. 사랑은 손에 들 수 있는 불이 아니라고 했다. 그것은 우리 인격 전체를 뜨겁게 할 수 있는 마음의 불이다.

성경은 사랑을 아름다운 말 이상의 것이라고 했다. 그것은 악한 것을 생각지 않는 마음이요 불의한 것을 기뻐하지 않는 마음이라고 했다.(고전13:1-8) 진정한 사랑은 우리의 인격을 높이고, 우리의 마음을 견실케 하고, 또 생활을 정화시킨다. 그리고 그것은 하나님이 주신 선물이기도 하다. 사랑의 의미를 모르는 사람은 삶의 의미도 모르게 되어있다.

사랑은 관용으로부터 시작하는 것이다. 또 그것은 인내로 인해 영글어 가는 것이다. 사랑한다고 하는 것은 자기를 초월하는 것이다. 사랑한다고 하는 것은 둘이 서로 들여다보는 것이 아니라 함께 같은 방향을 쳐다보는 것이다. 우리는 사랑의 마음 없이는 어떠한 본질도 진리도 파악을 할 수 없다. 인간은 오직 사랑의 따뜻한 정으로서만 하나님의 전지전능하심에 접근할 수 있다. 사랑의 정서 속에는 모든 것을 포근히 안을 수 있는 힘이 있다.

사랑은 인간생활의 최후의 진리이며 본질이다. 그것은 받는 것이 아니라 주는 것이라고 했다. 그것은 향락의 거친 꿈도 아니며 정욕의 광기도 아니라고 했다. 또한 그것은 선이고 명예이고 평화이고 깨끗한 삶이라고 했다. 비록 유행가 적인 사랑이라고 할지라도 그것에는 애타는 그리움과 보듬어주는 힘이 있다.

사랑은 놀라운 생명력이다. 그것은 주변 모두에 관심을 갖는 것이요 돌보는 것이다. 천지창조 이후 "'랑한다"고 고백해서 여자에게 목 졸려 죽은 남자는 없다고 했다.

사랑에는 느낌이 있어야 한다. 주는 사랑에도 느낌이 있어야 하고 받는 사랑에도 느낌이 있어야 한다. "장년에 이를 때까지 사랑을 미루어 온 사람은 비싼 이자를 지불하여야만 한다"고 하는 말이 있다. 사랑은 미룰 것이 아니고 인색해 할 것이 아니다. 지금 주어야 하는 것이다. 가장 아름다운 사랑은 격렬한 욕망이 아닌 일상생활의 평화와 순전함 속에서 꾸준히 주어지는 것이다.

그것은 성취나 완성이 아니고 과정이다. 그러므로 '지극히 사랑했다'고 하는 것은 아무 의미가 없을 수도 있다. 왜냐하면 그것은 소유가 아니고 진행이기 때문이다. 우리는 사랑을 했기에 사랑을 잃는 경우도 있다. 그렇다고 해도 그것은 전연 사랑하지 않는 것보다 낫다.

사랑은 아름다워야 하고, 헌신적이어야 하고, 활동적이어야 하고, 실제적이어야 한다. 봄이 되면 초목이 싹트지 않을 수 없는 것처럼 참다운 사랑은 세상이 비록 차다고 하더라도 반듯이 꽃을 피우는 법이다.

사랑은 천국의 신비로움을 이해할 수 있는 유일한 통로이다. 그것은 차디찬 고독을 탈출할 수 있게 하는 힘이기도 하다. 그것은 우리의 모든 것을 포기케 하는 것이요 동시에 성취케 하는 것이다. 미완성의 것을 완성케 하는 것이기도 하다. 그래서 오스카 와일드는 "사랑은 성찬이므로 무릎을 꿇고 받아야 하고, 그 사랑을 받는 사람의 입술과 마음 속에는 「주여, 우리는 높은 자가 아니오」라는 말이 울려야 될 것"이라고 했다.

참다운 사랑을 찾노라면 사랑도 그를 위해 기다린다고 했다. 사랑은 구할 때 주어지는 것이요, 찾을 때 찾게 되는 것이요, 두드릴 때 열리게 되는 것이다.

사랑은 인간에게 주어진 새 계명이다.(요13:34) 그것은 영혼의 궁극적인 진리이다. 또 그것은 사람과의 만남이기도 하다. 사랑은 생각만으로 되는 것이 아니다. 그것은 실제로 주어져야 하는 것이다. 그래서 바울은 "사랑엔 거짓이 없나니 악을 미워하고 선에 속하라"(롬 12:9)고 했고 "모든 겸손과 온유로 하고 오래 참음으로 사랑 가운데서 서로 용납하라"(엡 4:2)고 했다.

사랑하는 사람과 함께 지내는 데는 한 가지 비결이 있다. 그것은 상대방을 변화시키려하지 말고 내가 그에게 맞도록 변하는 것이다. 또 있는 그대로 인정하고 받아드리는 것이다. 사랑은 인간을 성숙케 한다. 주어진 아픔을 거두게 한다. 사랑의 정서는 사람이 가져야할 가장 아름다운 정서이다.

마치면서

"사흘 굶어 도둑질하지 않을 사람이 없다"는 말이 있다. 먹는다든가 마신다고 하는 것은 인간 생존에 있어 필수적이다. 그렇다고 하더라도 그것 또한 정당하게 충족되어야 한다. 아내나 남편이 있는데도 다른 남자나 여자와 관계를 갖는 것은 욕구 이상의 것이다. 먹고 살만한데도 계속 더 가지려고 수단과 방법을 가리지 않는 것도 욕구 이상의 것이다. 그런 것은 하나님이 주신 니즈(needs)의 범위를 벗어나는 과욕이요 탐욕이다.

주님께서는 이런 욕구에 대해 "화 있을진저 외식하는 서기관들과 바리새인들이여 잔과 대접의 겉은 깨끗이 하되 그 안에는 탐욕과 방탕으로 가득하게 하는도다"(마23:25)라고 경계하셨고 "일용할 양식"(마6:11)에 대해서도 말씀하셨다. 또 바울은 "음행과 온갖 더러운 것과 탐욕은 너희 중에서 그 이름이라도 부르지 말라 이는 성도의 마땅한 바니라"(엡5:3)고 했다. 늘 문제가 되는 것은 과욕이요 탐욕이요 주어진 것을 감사치 못하는 것이다.

우리는 가질만한 욕구만을 가져야 한다. 토마스 아켐피스는 "욕망을 버리라, 그러면 너는 평안을 얻을 것이다."라고 했다. 주어진 것에 만족할 때 평안이 주어진다는 이야기이다.

단테는 "신곡(神曲)"에서 "천상의 행복이 인간의 지상의 욕망인데도,

지상의 것을 가지고 지상의 욕망으로 삼는 것은 인간의 얼마나 잘못된 추리인가”라고 했다. 인간의 어리석음은 만족을 모르는 것이고 잘못된 욕구를 갖고 있으면서도 그것이 잘못이라고 하는 사실을 모르거나 정당화 하는데 있다.

우리 모두는 안정되기를 원하고 행복하기를 원한다. 생활이 안정되고 생업이나 직장도 안정되기를 원한다. 그러려면 나와 내 삶은 안전한 가운데 있어야 하고 일관성이나 확실성이 있어야 한다. 그래야 불안하지 않게 된다. 어제는 잘 먹고 오늘은 굶거나 하는 것 따위는 “나”를 불안케 한다. 그러면 그 안정을 어떻게 얻을 것인가? 하나님은 “너희 목마른 자들아 물로 나아오라 돈 없는 자도 오라 너희는 와서 사 먹되 돈 없이 값없이 와서 포도주와 젖을 사라”(사 55:1)고 하신다. 안정과 행복은 내가 쟁취할 수 있는 것이 아니고 하나님이 주시는 것이다.

인간의 근본적인 안정의 욕구는 스스로 애쓰지 않더라도 외부의 어떤 힘에 의해서 보호받고 있다고 하는 신념이나 소망과 같은 것으로 그것은 마치 어린이가 부모에게 의지하는 것과 같은 의미를 지닌다.

아이가 부모의 품에서 안정을 찾거나 안전하다고 생각하듯이 우리 모두는 자신의 안정을 위해 무엇인가 의지할 품을 찾고 있다. 그리고 그것은 종교일 수도 있고 재산일 수도 있고 권세일 수도 있다. 그렇다고 진정으로 그것들이 우리에게 안정감을 주는가? 진정한 안정감을 얻으려면 외부의 것보다는 사실 자기의 느낌이나 해석이나 만족이 더 중요하다. 이 이야기는 궁전과 같은 집에서 그리운 것이 없이 살아도 불안할 수 있다는 이야기이다.

문제는 “자기 속에 무엇이 있나?” 이다. 이 점 성경은 “아무것도 염려하지 말고 오직 모든 일에 기도와 간구로 너희 구할 것을 감사함으로 하나님께 아뢰라”(빌4:6)고 권고하고 있다.

성경은 “사랑은 죽음같이 강하다”(아8:6)고 했다. 그만큼 집요하게 사람의 삶속을 파고드는 게 사랑이다. 누가 사랑을 싫어할 것인가? 사랑을 싫어하는 사람은 없다. 불신자라도 사랑은 좋아한다. 그래서 다소 의미는 다르다 할지라도 유행가 속에는 늘 사랑타령이 있지 아니한가! 우리는 사랑을 줄 수 있어야 하고 받을 수 있어야 한다. 그래야 순기능을 할 수 있다.

사람에게는 "자신이 존중받기 원하는" 욕구도 있다. 이런 욕구 탓으로 우리는 내가 남보다 우월하다는 이야기를 듣기 원한다. 또 좋은 직업이나 지위를 가짐으로 사람들로부터 존경을 받기 원한다. 그러므로 부부는 부부될 때 기본적으로 이 욕구를 충족해야 한다. 이 욕구가 충족이 되지 않으면 분노하게 되고 부정적이 되고 미움이 싹트게 된다. 그래서 서로 상처를 주고받는다.

잘못된 욕구나 과욕이나 탐욕은 죄이다. 그러므로 그것은 억제되거나 조절이 되어야 한다. 그대로 방치하거나 그것에 따라 살면 그는 탐욕의 지배를 받아 죄의 종이 될 수밖에 없어 죄가 이끄는 대로 끌려가며 살게 된다. 결국 자기 성취를 위해 살면서도 모든 것을 잃는 삶을 살게 된다. "참된 욕구가 없으면 참된 만족도 없다."는 말이 있다. 이 말은 하나님이 주신 정당한 욕구 외에는 우리를 만족케 할 욕구는 없다고 하는 이야기이다.

우리는 너무도 많은 것을 원한다. 그러나 사실 살아가는 데는 그렇게 많은 것이 필요치가 않다. 필요한 것은 아주 제한적이다. 좋아하는 음식이 한 상 가득하다고 해서 그것을 다 먹을 수는 없지 않은가! 그런데도 과욕이나 탐욕을 부리는 것은 죄의 속성이요 어리석음이다. 시골구석에서 텃밭을 가꾸며 흙집에서 주어진 모든 여건을 감사하며 오순도순 사는 이들을 보라. 그들은 "있어서" 행복한가?

중요한 것은 자신의 욕구를 "어떻게 해석하는가?" 이다. 바른 해석을 해야 주어진 것을 감사할 수 있고 만족할 수 있다. "우리를 비천한 데서 기념하신 이에게 감사하라 그 인자하심이 영원함이로다 우리를 우리 대적에게서 건지신 이에게 감사하라 그 인자하심이 영원함이로다 모든 육체에게 식물을 주신 이에게 감사하라 그 인자하심이 영원함이로다”
(시136:23-25) 감사할 조건을 따져보면 주변에 얼마나 감사할 것이 많
은지! 그런데도 우리는 불평을 하고 있다. 그래서 부부는 서서히 아파
간다.

성교가 없는 부부의 삶? 그것은 어떤 모습이며 어떤 의미일까? 하나
님은 필요 없는 것을 만드시는 하나님이 아니시다. 하나님의 계획에 필
요하니까, 하나님은 남자와 여자를 만드셨고 그것으로 지극히 서로를
사랑하도록 하셨다. 그러면 우리는 그것을 잘 관리하고 사용할 의무가
있지 않은가! 우리는 성에 대해 너무도 자의적이다. 그러다 보니 하나
님의 아름다움을 위해 창조된 성이 추한 죄의 도구로 전락하고 있다.
이제는 성적인 죄에 대해 좀 더 경각심을 가져야 한다. 경각심을 갖지
않으면 하나님의 영광을 위한 성이 사탄이 기뻐하는 육욕의 도구가 되
게 된다.

“성에 대한 내 태도는 과연 어떤가?”

“과연 나는 내 아내에게 기쁨을 주고 남편에게 기쁨을 주고 있는가?”

이 책은 결혼과 가정 그리고 성에 대한 기독인의 바른 이해를 위해
썼다. 그러므로 이제는 결혼과 가정 그리고 성에 대한 잘못된 태도나
이해는 버려야 한다. 그리고 나를 향하신 하나님의 뜻이 무엇인지를 생
각하며 주어진 성을 기쁨의 도구로 활용해 부부 서로에게 기쁨을 주어
야 한다.

성욕이 충족이 되지 않는다고 게걸스레 헤매는 사람은 왜 헤매게 되
는가? 그 속에 주님이 없기 때문이다. 잘못된 지식이 그의 삶의 중심이
되기 때문이다. 또 속에 숙주하고 있는 잘못된 의식 때문이기도 하다.
그러므로 이제는 좀 더 자신을 솔직하게 대면해야 한다. 무엇이 자신을
이렇게 추하게 만드는지를 살펴야 한다.

결혼이나 가정이나 성에 대해 어떤 태도를 취하는가는 그의 인격을 가늠하는 것이 될 수 있다. 그러므로 이제는 스스로를 살펴 자신이 어떤 삶을 살고 있는지를 점검해야 한다. 자기를 돌아볼 때 그리고 변할 때 누가 기뻐할 것인가? 하나님이 기뻐하실 것이고 그것은 부부 서로의 기쁨과 감사의 대상이 될 것이다.

세상은 끊임없이 우리에게 잘못된 지식을 전하고 있다. 그러므로 조심하지 않으면 우리는 고귀한 것을 천박한 것으로 만들 수 있다. 조심하자. "근신하라 깨어라 너희 대적 마귀가 우는 사자같이 두루 다니며 삼킬 자를 찾나니"(벧전 5:8)라고 했다. 주어진 내 삶을 뺏겨서야 되겠는가?

이 글을 쓰면서 행복할 수 있는 여건을 가지고 있으면서도 불행해 하는 이들을 생각해 본다. 이제는 원망이나 분노나 좌절과 같은 것을 벗어야 한다. 용서할 수 없는 것을 용서하는 것이 진정한 용서이다. 시각의 변화를 가지라. 자기에게 긍정적인 이야기를 들려주라. 그리고 예수를 믿으라. 그래야 밝아질 수 있고 문제를 해결 받을 수 있다. 마음의 눈을 들라. 하나님의 약속이 귀에 들리지 않는가? "야곱아 너를 창조하신 여호와께서 이제 말씀하시느니라 이스라엘아 너를 조성하신 자가 이제 말씀하시느니라 너는 두려워 말라 내가 너를 구속하였고 내가 너를 지명하여 불렀나니 너는 내 것이라"(사 43:1) 하나님은 "너는 내 것"이라고 하시는데 과연 그 음성이 들리는가? 듣지 못한다고 하면 당신에게 문제가 있다.

이제는 하나님의 것이 된 "나" 하나님의 것이 된 "가정" 하나님의 것이 된 "생활" 그것이 삶의 기초가 되어야 한다. 그래야 아름다운 결혼과 가정을 이룰 수 있다.

Bibliography

Larry Crabb : Understanding People
F.B. Minirth & Paul D. Meier : Happiness is Choice
Charles Solomon : Handbook to Happiness
Gerald Corey : Theory and Practice of Counseling and Psychotherapy
Jack O. Balswick : The Family
David E. Scharff : Object Relations Family Therapy
Leslie Parrott : How to change negative attitude
Archibalt D. Hart : Unlocking the mistery of your emotion
Eleanor Weisberger : Your Young Child and You
Frank B. Minirth & Paul D. Meier : Counseling and the Nature of Man
Stan DeKOvan : On Belay
Tim LaHaye & Bob Phillips : Anger is a choice
Everett L. Worthington Jr. : Marriage Counseling
Frank Minirth : You can
Nate Adams : Home Team
G. Lloyd Rediger : Ministry & Sexuality-Cases, Counseling & Care
Victor Paul Furnish : The moral teaching of Paul
창조주가 만든 성 - 김치원
기독교 상담의 이론과 실제 - 주계영
John Gray : Mars and Venus on a Date
Thomas Moore : The Soul of Sex
Thomas Moore : Care of the Soul and Soul Mates
David and Claudia Arp : no time for sex